广西医药古籍整理书系

广西中医药民族医药古籍整理系列

广西中医药民族医药古籍总目（第一辑）

黄国东　潘明甫　赖克道 ◎ 主编

广西科学技术出版社

图书在版编目（CIP）数据

广西中医药民族医药古籍总目 . 第一辑 / 黄国东，潘明甫，赖克道主编 .-- 南宁：广西科学技术出版社，2024.11
ISBN 978-7-5551-2005-6

Ⅰ.①广… Ⅱ.①黄… ②潘… ③赖… Ⅲ.①壮医—民族医学—古籍—图书目录—广西②瑶医—民族医学—古籍—图书目录—广西 Ⅳ.① Z88: R29

中国国家版本馆 CIP 数据核字（2023）第 172592 号

广西中医药民族医药古籍总目（第一辑）
GUANGXI ZHONGYIYAO MINZU YIYAO GUJI ZONGMU（DI-YIJI）

黄国东　潘明甫　赖克道　主编

责任编辑：李　媛　　　　　　　　　　装帧设计：韦娇林
助理编辑：黎　奚　　　　　　　　　　责任印制：陆　弟
责任校对：夏晓雯

出 版 人：岑　刚　　　　　　　　　　出版发行：广西科学技术出版社
社　　址：广西南宁市东葛路 66 号　　邮政编码：530023
网　　址：http://www.gxkjs.com

印　　刷：广西民族印刷包装集团有限公司

开　　本：787 mm×1092 mm　　1/16
字　　数：584 千字　　　　　　　　　印　　张：29
版　　次：2024 年 11 月第 1 版　　　印　　次：2024 年 11 月第 1 次印刷
书　　号：ISBN 978-7-5551-2005-6
定　　价：200.00 元

《广西中医药民族医药古籍总目（第一辑）》
编委会

资助项目

1. 广西壮族自治区中医药管理局"广西中医药学术传承暨古籍、秘方、验方挖掘研究项目"

2. 广西壮族自治区中医药管理局"广西中医药壮瑶医药古籍保护项目"

序一

  古籍文献是文化的重要载体，而保护和整理古代典籍是文化传承的直接途径。广西各民族在历史上都创造了独特文化，留下卷帙浩繁的古籍文献。据统计，广西 11 个世居少数民族都有古籍，其中壮族、京族、彝族、水族 4 个民族有民族文字古籍，瑶族、苗族、侗族、仫佬族、毛南族等民族有土俗字抄写的古籍。这些古代典籍记载着广西丰富生动的历史文脉，是中华优秀传统文化的重要构成。

  古籍具有不可再生性，保护古籍文献、传承文化遗产是全社会的共同责任。2007 年，国家启动"中华古籍保护计划"，少数民族古籍保护工作正式进入国家规划。党的十八大以来，广西首创"古籍复制件交换原件"的古籍抢救保护工作新模式，这一模式成为全国少数民族古籍工作的"广西经验"，少数民族古籍抢救保护工作取得丰硕成果。截至 2020 年底，共抢救保护少数民族古籍 1.2 万多册（件），翻译整理出版少数民族古籍 800 多种，共计 9000 多万字，受到国内外学术界广泛关注和肯定。壮族、瑶族、苗族、侗族、仫佬族等民族代表性经典文化作品走向全国，成为广西民族的文化精品。

  医药古籍是广西古籍普查与保护的重要领域，1988 年以来持续开展了多批次的中医药和民族医药古籍普查，先后完成了对广西方志史料的医药文献整理，搜集一批民族民间医药抄本，整理 20000 余条以口传文献为形式的验方秘方，出版一批中医药民族医药文献研究专著的工作，结束壮瑶医药无专著记载的历史，为广西中医药和民族医药学科建设发展奠定了坚实基础。

  令人欣慰的是，2020 年以来，广西壮族自治区中医药管理局陆续启动了"广西中医药学术传承暨古籍、秘方、验方挖掘研究项目""广西中医药壮瑶医药古籍保护项目"等研究项目，广西国际壮医医院在继承其前身广西民族医药研究所古籍研究传统的基础上，在项目的支持下对广西中医药民族医药古籍开展了更为系统的研究，包括系统性的馆藏医药古籍调研、全覆盖式的历代方志古籍文献梳理、多层级的民间医药文献搜集、回顾性的目录学成果存目、首创性的广西民国期刊文献目录整理等，编撰完成了《广西中医药民族医药古籍总目（第一辑）》，在医药古籍文献的来源、类型、数量等方面都有新突破，较为系统地反映了广西医药古籍的最新研究成果，是广西古籍文献研究的一件大事，值得祝贺！

古籍保护的目的在于传承利用，我相信《广西中医药民族医药古籍总目（第一辑）》的出版，是新时期广西医药古籍文献研究的新起点，不仅有助于厘清广西本地区医药经验的传承脉络，夯实壮瑶医药等民族医药的学术根基，而且还可以进一步丰富和充实广西中医药民族医药的临床内涵，为广西中医药民族医药事业的长远发展提供重要的学术支撑。

是为序。

2024 年 10 月

序二

自从有了人类，就有了医疗活动。如果从"柳江人"的活动算起，广西先民已在这片土地上繁衍生息了5万年以上。在漫长的历史时期，广西先民不仅成为我国最早种植水稻和最先栽培棉花的民族之一，还结合独特的自然环境和气候特点，积累了丰富而独特的医疗卫生经验。

壮族是广西人口最多的少数民族，由于缺乏本民族规范化的文字，在相当长的历史时期，广西先民的卫生经验主要保存于各类汉文文献和中医典籍中，如战国《素问·异法方宜论》对"九针从南方来"的记载、宋代《桂海虞衡志》对瘴疾的分类、宋代《岭外代答》关于南人针刺治瘴的描述、明代《本草纲目》对广西大量道地药材的记录等。此外，《神农本草经》《新修本草》《肘后方》《千金方》《千金翼方》《太平圣惠方》《岭南卫生方》《本草图经》等中医典籍，也都记录了大量广西医药卫生的经验。通过这些零散的文献辑录，大致可以梳理出广西民族医药卫生经验缓慢积累的历史脉络，举凡草药内服外洗、熏蒸敷贴、佩药、药刮、角疗、灸法、挑针疗法、陶针疗法及金针疗法等各种医疗技法，于先秦时期开始萌芽，经汉魏六朝的发展，到了唐宋之际已基本构成了地方特色突出、民族底蕴丰富的防病治病体系，成为我国传统医药宝库的重要组成部分。

明代以来，随着地方志编纂的制度化发展，散布于民间的大量卫生经验被各县府方志加以收录，不见于经传的医家医著也被各类方志加以辑录，地方志成为保存明清至民国医药文献的重要载体。此外，大量医书医著也以抄本形式在民间辗转流传，各类口述卫生经验通过师承途径传承下来。这些文献保存着广西千百年防病治病的鲜活经验，成为传承广西中医药和民族医药的重要载体。

1985年5月，国家科学技术委员会和广西壮族自治区人民政府批准成立广西民族医药研究所；1986年广西壮族自治区卫生厅成立少数民族医药古籍整理领导小组及办公室，并在全区开展大规模的民族医药古籍普查整理工作，搜集了大量的壮族民间医技验方、医史文物和文献资料。以这些工作为基础，"阴阳为本""三气同步""三道两路""毒虚致病"等壮医理论逐步总结凝练，壮医药和瑶医药学科建设不断系统化，其他民族医药经验被深入整理，《壮族医学史》《中国壮医学》等标志性著作相继问世，为广西中医药民族医药的长远发展奠定了坚实基础。

2016年，广西民族医药研究院整建制并入新成立的广西国际壮医医院，广西民族医药传承发展进入了新的历史时期。2020年以来，在广西壮族自治区中医药管理局相关项目的支持下，广西国际壮医医院持续开展了广西中医药壮瑶医药古籍保护研究，综合运用文献学、田野调查、专家调研等方法，编制《广西中医药民族医药古籍总目（第一辑）》，完成对广西馆藏机构的中医药民族医药古籍家底的系统整理、对改革开放以来各时期民族医药古籍普查成果的全面总结，总体厘清了广西中医药民族医药知识传承传播的知识脉络，是对20世纪80年代广西民族医药古籍普查工作的延续和补充，内容充实，成果突出，值得祝贺！相信这部目录学专著的出版，必将对广西中医药民族医药的学术研究和传承发展发挥有力的推动作用。

是为序

黄汉儒

2024年10月

前言

一

    中医药古籍是中医药事业发展的基础性资源，是中医药知识的重要载体。对中医药古籍的目录进行整理和编纂，是摸清中医药古籍资源家底、推进中医药文化传承的重要途径。

    广西中医药古籍是全国中医药古籍资源的重要组成部分，以鲜明的岭南医学特色记录保存了壮瑶医药等民族医药的传承发展。但受民族文化多样、研究起步晚等因素影响，广西中医药古籍整理研究存在一些难点和不足：一是文献载体和来源庞杂，除了中医纸质古籍文献，广西地方史志、民俗资料、碑刻岩画、民歌唱本、民间宗教抄本等文献形式也保存了丰富的医药古籍内容。二是古籍文献采集整理存在缺失，如古代广西医家医著、广西道地药材等古籍领域尚未开展系统研究。三是保存收藏条件较为原始，很多馆藏中医药古籍缺乏必要的保护条件，大量民间医药抄本在收藏人手中处于简陋的保存状态。四是发掘研究呈现碎片化，一些文献仅完成了初步汇编或校注，尚未对壮瑶医药学术形成与发展等重大学术问题提供支撑。

    在这一背景下，对广西各个历史时期、各种载体、各种来源的中医药民族医药古籍开展全面收集和分类整理，编撰广西中医药民族医药古籍目录，可以完成对广西中医药古籍家底的系统性梳理，为制定广西中医药古籍研究与保护方案提供目录学依据，也可为明确和发现广西壮瑶医药等民族医药的传承脉络提供有效的学术支撑。

二

    回顾广西中医药古籍目录的编撰历程，呈现三个特点：一是起步较早，1982 年即完成了广西 3 家主要馆藏中医古籍书目的编撰和印制，与改革开放以后全国中医古籍书目的编撰工作同步，成果问世甚至更早。二是书目收集范围有限，无论广西还是全国性的中医书目编撰，古籍收集范围仅限于 3～5 家代表性图书馆，对广西其他馆藏机构未能覆盖。三是未收录民间收藏的中医古籍和其他载体的中医古籍，无法反映广西中医药和民族医药古籍文献丰富博杂的历史原貌。

    为系统梳理广西中医药和民族医药古籍资源家底，充分发挥中医药古籍对广西中医药和民族医药事业的支撑作用，广西壮族自治区中医药管理局于 2021—2022 年批准广西国际壮医医院承担"广西中医药学术传承暨古籍、秘方、验方挖掘研究项目""广西中医药壮瑶医药古籍保护项目"，旨在整理广西独特的中医药民族医药古籍资源，并通过制定古籍资源名录和相应保护方案，提升医药古籍图书的利用价值和研究价值。

项目启动以来，广西国际壮医医院组织协调区内外相关领域研究资源，对广西中医药民族医药古籍开展了全面调研，重点开展了四个方面的工作：一是对收录广西中医药古籍的 10 余种目录学工具书进行分析和整理，尤其是围绕既往研究中的不足制定有针对性的调研计划，力求补短板、扩容量。二是对全区馆藏医药古籍开展全覆盖式调查，采用线上线下相结合的方式，完成对全区 113 家县级以上图书馆的调研，对其中 21 家确有医药古籍的图书馆开展实地考察，对其内容和版本进行反复鉴别，最终获得了 13 家馆藏机构的医药古籍目录。三是开展了对民间医药古籍的广泛调研，通过举办专题调研会议和专程拜访等途径，对广西知名医家、藏书家、民间医生所收藏的中医药古籍开展了广泛调研，覆盖南宁、柳州、桂林、梧州、贵港、百色、贺州、来宾、崇左 9 个地级市，较为充分地反映了民间医药古籍的收藏成果。四是对广西历代方志、民族学文献、各类口传文献等收录的医药文献进行收集、辑录和整理，集中体现了广西中医药和民族医药文献的原始风貌和鲜活特点。

三

依据广西中医药和民族医药古籍调研结果，项目组对全部古籍资源进行分类整理，综合文献来源、文献载体、文献类型等要素，汇编为五种书目。

第一编为"广西馆藏医药古籍书"。本编依据对广西 113 家县级以上图书馆（含科研院所图书馆）的调研结果，对 13 家馆藏机构 3000 余条古籍信息进行整理；依据《中国中医古籍总目》的中医药古籍分类方法，对全部条目按医经、基础理论、伤寒金匮、诊法、针灸推拿、本草、方书、临证各科、养生、医案医话医论、医史、综合性著作、其他类共 13 类进行汇编，并以表格形式对每种古籍的基本信息进行著录说明，旨在反映广西馆藏中医药和民族医药古籍的基本家底。

第二编为"广西民间医药抄本提要"。本编以 1980 年以来广西民族医药古籍发掘整理工作为依据，依托近三年的文献调研和实地访问，对 89 种民间医药文献进行分类，包括 46 种民间抄本及藏书、6 种石刻文献、37 种口传文献。每种文献以提要形式加以简介，旨在对广西民间丰富鲜活的医药文献加以辑录，真实反映广西各民族医药经验的源头活水。

第三编为"广西古代地方志医药文献目录"。本编依据《广西地方史志文献联合目录》等方志目录工具书，对 280 余种广西古代地方志所载的医家著述加以辑录，共整理出 51 种医著文献，涵盖几乎所有中医古籍种类，是广西医家将中医药理论与本地防治疾病经验融合发展的具体体现。

第四编为"目录学专著所载广西医药古籍目录"。本编选择 7 种代表性目录学著作（含综合性目录和中医专科目录），对其收录的广西医药古籍进行整理，共形成广西古籍文献书目 800 余条。对这些目录学成果以存目形式加以著录，可以集中反映广西中医药民族医药古籍目录学研究成果，系统展示既往广西中医药古籍文献家底。

本书收录范围为广西各级各类图书馆藏书和私人藏书，产生于 1912 年以前的中医药民族医药古籍文献；对于涉及壮瑶医药等少数民族医药内容的文献，根据国家有关规定，其文献写订时间延至 1949 年；对保存少数民族医药经验的口碑式史料（如传统史诗唱词）也一并收录。每种古籍文献为一条单独的条目，根据来源不同、信息著录翔实程度不同，采取保存目录信息、提要、存目等形式。

四

本次编目综合采用了文献学、田野调查、专家调研等方法，是自 1982 年《馆藏中医图书联合目录》以来，广西首次开展的跨地域、多来源的中医专科目录编制，呈现三个特点。

一是系统整理广西馆藏机构的中医药民族医药古籍。相较于以往各类书目仅限于广西壮族自治区图书馆、广西壮族自治区桂林图书馆、广西中医药大学图书馆的辑录工作，本次收录范围以全区县级以上图书馆的全覆盖式调研为基础，共收录 13 家图书馆的 3000 余条古籍信息，是对以往各类目录成果的明显突破。其中，广西师范大学图书馆中医药古籍书目、广西中医药大学第一附属医院中医药古籍书目都是首次披露，具有重要的学术价值。

二是全面汇总改革开放以来各时期的民族医药古籍普查成果。1986 年，广西少数民族古籍整理出版规划领导小组及办公室成立，广西民族医药古籍的搜集保护工作正式启动，在广西分期分批开展了民族医药古籍的发掘整理，征集到《痧症针方图解》《童人仔灸疗图》等一批珍贵民间医药抄本。本项目启动以来，持续面向全区开展民族医药古籍调研，合并 20 世纪 80—90 年代的调研结果，累计整理 89 种民间医药文献提要，这是首次对广西民间医药文献的系统性整理。

三是总体厘清广西中医药民族医药知识传承传播的时空脉络。广西地方志编纂起于明代、兴于清代而盛于民国，并覆盖广西各地府县，几乎每部方志都对本地医家及其著述有专门记载。本书不仅编撰了这些医著的提要，还列出了其传世和馆藏收录现状。对广西民国医药期刊发表的文献目录加以辑录，有助于厘清广西中医药古籍传承发展的民国余绪。对各种目录学专著所在的广西中医药书目加以整理，则可以尽显广西中医药古籍的真实收藏现状。举凡种种目录学整理，从时间和空间两个维度上，有助于发现广西中医药和民族医药融合发展的基本脉络。

五

　　本书的编撰出版历时三年，调研范围遍及全区图书馆和相关科研院所，广西壮族自治区中医药管理局给予高度支持和指导；广西壮族自治区图书馆、广西壮族自治区桂林图书馆、广西中医药大学图书馆、广西医科大学图书馆、广西中医药研究院图书馆、广西中医药大学第一附属医院图书馆、柳州市图书馆、合浦县图书馆、广西师范大学图书馆、百色市右江区图书馆、广西民族大学图书馆、广西玉林师范学院图书馆、玉林市图书馆等13家图书馆给予了大力的支持；韦体吉、赵妙元、陆勇顺、韦庆勇、李庆远等民间医生无私地公开了收藏的抄本。在本书编撰过程中，全体编委分工协作，积极做好调研走访、资料收集、整理与分析、编辑加工等工作，确保书籍内容的科学性和权威性。在此，向所有支持本书出版的单位、专家学者、朋友表示衷心感谢。

　　尽管本书在收录范围、书目数量、文献类型等方面较同类目录学著作有所突破，对广西中医药民族医药传承发展具有多方面的学术价值，但是受到广西中医药古籍历史跨度大、民间保存形式多样化等因素的影响，加上受民族语言文字制约、口述文献流传广泛，以致本书的编撰工作仍然存在很多不足和缺失，如明以前文献著录不足、馆藏文献缺乏详细考证、对民间抄本的搜集工作未能实现全区性覆盖、地方志所载医著的收录工作还未覆盖广西全部方志、民国医学期刊部分卷次收录不全等。鉴于此，本书书名定为《广西中医药民族医药古籍总目（第一辑）》，旨在通过后续研究不断弥补不足、补益缺失，定期编撰新版广西中医药民族医药古籍总目，为广西中医药和民族医药传承发展提供及时的文献目录支持。在此过程中，也敬请广大读者给予批评指正，以便编委及时推进本书的修订再版工作。

编　者

2024 年 10 月

目录

第一编 广西馆藏医药古籍书

图书馆是古籍保存的重要场所，对图书馆保存的古籍进行全面整理，编制跨馆联合目录，是对古籍本底资源开展调研的主要途径。为系统梳理广西中医药古籍保存现状、完成广西中医药古籍馆藏资源整理，该编依据对广西全区113家县级以上图书馆的调研结果，对13家确有中医药古籍收藏的图书馆完成了目录学整理，共收集中医药古籍目录3000余条。现依据《中国中医古籍总目》的中医药古籍分类法，对全部条目按医经、基础理论、伤寒金匮、诊法、针灸推拿、本草、方书、临证各科、养生、医案医话医论、医史、综合性著作和其他类共13类进行分类整理，每类依据学科及内容进一步做二级、三级分类，所有条目在二级、三级分类下按成书时间排序，分别按序号、书名和成书年、作者、版本、收藏馆对馆藏信息进行说明。

2

凡例

1 收录范围

1.1　明确为 1911 年以前印制的医药古籍。

1.2　印制时间发生于 1911—1949 年，但成书时间明确为早于 1911 年的医药古籍。

2 内容结构

正文内容采用列表形式，依次包括序号、书名和成书年、作者、版本、收藏馆等共 5 种基本信息，如下表所示。如馆藏信息含有该书卷数，附在书名之后；如馆藏信息包含册数，附在版本之后；如有信息缺失，作者栏标注为"佚名"，版本栏标注为"版本不详"。

广西馆藏医药古籍书目著录表

序号	书名和成书年	作者和著作形式	版本	收藏馆
0001	黄帝内经（24 卷），762 年	（宋）孙兆重改误	上海锦章图书局石印，1 册	06

3 编排顺序

3.1　本编依据《中国中医古籍总目》对所有著录整理的条目按 13 类完成一级分类，每类按学科完成二级分类，所有书目在二级分类下按成书时间排序。

3.2　无法确认成书时间的，以该典籍成书所处朝代的最后一年作为参考年号，如明代标为［1644 年］、清代标为［1911 年］、民国标为［1949 年］。

3.3　成书时间不详但明确为相同朝代的书目，以印制时间为排序依据。同一年印制的则按学科顺序排序。

4　著录原则

4.1　序号：采用单独编号，每种文献只有 1 个编号，根据实际需要本编需要 4 位数字进行编号。

4.2　书目：每条书目代表一部独立著作，同一部著作的重订、校注、辑录版本，视为不同文献，列为独立序号。单行本与合刻本列为不同书目。

4.3　书名：凡一书多名，取通用名作为正书名，其他名称冠以"又名"，并在括号中加以说明。

4.4　卷：指本书的内容分卷，如民国时期以"章"等形式的分类，则不记录。

4.5　成书年：指明确的书稿完成时间，非出版时间。如书稿成书时间不详，则以出版时间为成书年；如成书年不详，则以著者去世年标注；如著者去世年不详，则以著者所处朝代的最后一年标注；如本书为丛书中的一种，且成书年不详，则以丛书成书年标注；如成书年不详且著者佚名，则收为该书所属的二级分类条目的末尾。

4.6　作者：包括作者的历史年代、姓名，依据封面、扉页、版权页著录作者信息。如某个古籍有多个作者，如某某撰、某某增补，则根据该文献实际署名情况，一并如实著录。如多个作者处于相同朝代，在第一个作者前冠以朝代名；不同朝代，在每个作者前标注各自朝代名称；如作者为机构，1911 年以前的机构在名称前冠以朝代，不加括号，如"清太医院编"；如作者为僧人，其法名前冠以"释"字，与朝代一并著录，如"（清释）普净撰"。

4.7　版本：指该文献印刷出版的信息记录，包括出版地、印制方式和时间等信息，如信息不全，则空缺；手抄本应尽可能记录抄写时间，如抄写时间持续多年，则记录完成时间。

4.8   册数：指该图书馆保存相同名称、相同版本的古籍数量。如同名同版本古籍由多个图书馆收藏，册数则为各图书馆保存册数之和。

4.9   收藏馆：是指该文献实际保存的机构或场所，如某图书馆。

5   收藏馆编号

01——广西壮族自治区图书馆

02——广西壮族自治区桂林图书馆

03——广西中医药大学图书馆

04——广西医科大学图书馆

05——广西中医药研究院图书馆

06——广西中医药大学第一附属医院图书馆

07——广西柳州市图书馆

08——广西合浦县图书馆

09——广西师范大学图书馆

10——广西百色市右江区图书馆

11——广西民族大学图书馆

12——广西玉林师范学院东校区图书馆

13——广西玉林市图书馆

一、医经

（一）内经

1. 本文

序号	书名和成书年	作者和著作形式	版本	收藏馆
0001	黄帝内经（24卷），762年	（宋）孙兆重改误	上海锦章图书局石印，1册	06
0002	黄帝内经（37卷），762年	（唐）王冰注	清光绪八年（1882年）浙江书局据明武陵顾氏影宋嘉祐本重刻，10册	10
0003	黄帝内经素问（24卷），黄帝内经灵枢（12卷），黄帝内经补遗篇（1卷），762年	（唐）王冰注	①清道光二十九年（1849年）金陵宋仁甫刻本，10册	03
			②清光绪三年（1877年）浙江书局据明武陵顾氏影宋嘉祐刻本，10册	01、03
			③清刻本，10册	03
			④上海大德书局石印本，2册	03
			⑤1933年上海铸记书局石印本，4册	01
0004	黄帝内经素问（24卷），黄帝内经灵枢（24卷），附校记，762年	（唐）王冰注	1920年中国学会据守山阁校本影印，8册	01
0005	黄帝内经，1057年	（唐）王冰注，（宋）林亿、高保衡等校正	铸记书局石印本（残本，卷一缺2页），4册	05
0006	黄帝内经（36卷），1057年	（唐）王冰注，（宋）林亿、高保衡等校正	清光绪三年（1877年）浙江书局据明武陵顾氏影宋嘉祐刻本，10册	05
0007	内经灵枢素问（10卷），1670年	（清）张志聪集注	清光绪三年（1877年）重刻本，8册	01
0008	黄帝内经素问（46卷），黄帝内经灵枢（22卷），1725年	佚名	见影印古今图书集成博物汇编艺术典医部全录（卷二十一至卷二十八）	01、03
0009	黄帝内经（6卷，存卷十九至卷二十四），1911年	（清）黄以周撰	绵长图书局刊，民国石印本，1册	11
0010	黄帝内经素问、黄帝内经灵枢经（22卷），1919年	佚名	见四部丛刊，1919年上海商务印书馆出版	01
0011	黄帝内经（24卷），1949年	（民国）陆费逵总勘，高时显辑校	上海中华书局据浙江局刻本校刊，4册	06

2. 注释

序号	书名和成书年	作者和著作形式	版本	收藏馆
0001	重广补注黄帝内经素问（24卷），黄帝内经灵枢（12卷），附一种（1卷），762年 附录子目： 黄帝内经素问遗篇（1卷），（宋）刘温舒原本	（唐）王冰注，（宋）林亿等校正，孙兆重改误	清光绪三年（1877年）浙江书局据明武陵顾氏影宋嘉祐本刻本，10册	09
0002	重广补注黄帝内经素问（24卷）、黄帝内经素问遗篇（1卷）、黄帝内经灵枢（12卷），762年	（宋）林亿校正	清刻本，3册	03
0003	重广补注黄帝内经素问（24卷），黄帝内经灵枢（24卷），附素问遗篇，762年	素问－（唐）王冰注、（宋）林亿等校正，灵枢－（宋）史崧音释	1928年中国学会据清咸丰二年（1852年）钱熙祚守山阁校本影印本（附素问校勘记1卷、灵枢校勘记1卷）	01
0004	重广补注黄帝内经素问（24卷），黄帝内经灵枢（12卷），附素问遗篇，762年	素问－（唐）王冰注、（宋）林亿等校正，灵枢－（宋）史崧音释	①清道光二十九年（1849年）金陵宋仁甫刻本	03
			②清光绪三年（1877年）浙江书局刻二十二子本，10册	01、02、03
			③清光绪三年（1877年）浙江书局据明武陵顾氏影宋嘉祐刻本	01、03
			④清光绪二十三年（1897年）上海图书集成印书局铅印子书二十二种本	01
			⑤1928年上海大德书局石印本	03
			⑥1933年上海铸记书局石印本	01
			⑦民国上海锦章书局石印本（存灵枢）	01
0005	黄帝内经素问注证发微（9卷），黄帝内经灵枢注证发微（9卷），附素问补遗，1586年	（明）马莳注	①清嘉庆十年（1805年）古歙鲍氏慎余堂刻本	02
			②清光绪五年（1879年）善成堂刻本太医院藏版（存灵枢）	02、03
			③清光绪五年（1879年）太医院刻本，9册	03
			④清光绪十四年（1888年）广陵丘氏刻本	02
			⑤清善成堂刻本，24册	03
			⑥清善成堂刻本［灵枢经为清光绪五年（1879年）刻本］，18册	03

续表

序号	书名和成书年	作者和著作形式	版本	收藏馆
0006	黄帝内经素问集注（9 卷），黄帝内经灵枢集注（9 卷），1670 年	（清）张志聪集注	①清光绪十六年（1890 年）浙江书局刻本（存素问），6 册	02、03
			②清光绪刘青云刻本（灵枢 10 卷）	01
			③清刻本（7 卷，存卷三至卷九）	03
0007	黄帝内经素问集注（10 卷），黄帝内经灵枢集注（10 卷），1670 年	（清）张志聪集注	①北京中西医学院研究总会石印本，5 册	03
			②上海锦章书局石印本，16 册	03
0008	黄帝内经素问注证发微（9 卷），黄帝内经灵枢注证发微（4 卷），附补遗（1 卷），1805 年	（明）马莳注	清嘉庆十年（1805 年）维扬文富堂刻本，24 册	02
0009	合注素问灵枢（又名黄帝内经素问灵枢合编）（20 卷），1910 年	（明）马莳、（清）张志聪合注，王成甫编	1919 年、1922 年、1926 年、1931 年、1936 年上海锦章书局石印本北京中西医学研究总会藏版	03
0010	合注素问灵枢，1910 年	（明）马莳、（清）张志聪注	清宣统二年（1910 年）上海锦章书局石印本，16 册	04
0011	合注素问灵枢（20 卷），1910 年	（明）马莳、（清）张志聪注	上海锦章书局出版，北京西医学研究总会藏版，16 册	04
0012	合注素问灵枢（10 卷），1910 年	（明）马莳、（清）张志聪注	上海锦章书局出版，8 册	04
0013	合注素问灵枢，黄帝内经素问合纂（10 卷），黄帝内经灵枢合纂（10 卷），1910 年	（明）马莳、（清）张志聪合注，高世栻参订，王宏义、黄绍姚校正	上海锦章书局出版，16 册	06
0014	黄帝内经素问灵枢注证发微（9 卷），1910 年	（清）张志聪注	①清光绪十六年（1890 年）浙江书局刻本，18 册	03
			②清刻本（灵枢经缺卷一至卷二），2 册	03
0015	合注素问灵枢（10 卷），1910 年	（明）马莳、（清）张志聪合注	1955 年上海锦章书局，1 函 8 册	05
0016	黄帝内经素问灵枢合编（又名马莳、张志聪合注素问灵枢），1910 年	（明）马莳、（清）张志聪合注	上海锦章书局，1 函 8 册	05
0017	合注素问灵枢（10 卷），1910 年	（明）马莳、（清）张志聪合注	1931 年上海锦章书局石印本，4 册	05
0018	合注素问灵枢（10 卷），1910 年	（明）马莳、（清）张志聪注	1931 年上海锦章书局石印本，4 册	05

3. 类编、摘编

序号	书名和成书年	作者和著作形式	版本	收藏馆
0001	黄帝内经太素，666 年	（唐）杨上善撰	①清光绪二十三年（1897 年）通隐堂刻本，6 册	04
			②见丛书集成初编	01
0002	黄帝内经太素（30 卷，存 9 卷），666 年	（唐）杨上善撰	清光绪二十三年（1897 年）通隐堂刊，3 册	04
0003	黄帝内经太素（14 卷），666 年	（唐）杨上善撰	版本不详，3 册	04
0004	黄帝内经太素（30 卷），明堂（1 卷），附录（1 卷），666 年	（唐）杨上善撰	清光绪二十三年（1897 年）通隐堂刻本，6 册	09
0005	黄帝内经太素（30 卷），666 年	（唐）杨上善撰	清光绪二十三年（1897 年）通隐堂刻本，5 册	05
0006	黄帝内经太素（30 卷，原佚 7 卷），附遗文（1 卷）、内经明堂（1 卷）、附录（1 卷），666 年	（唐）杨上善撰	清光绪二十三年（1897 年）通隐堂刻渐西村舍汇刊本，6 册	02
0007	医经溯洄集，1368 年	（元）王履撰	①见丛书集成初编	01
			②见东垣十书	03
0008	医经溯洄集（1 卷，存卷 4），1368 年	（元）王履撰	清刻本，1 册	08
0009	医经溯洄集、医圣元戎，1368 年	（元）王履撰，（明）吴勉学校	版本不详，1 册	06
0010	医经小学（5 卷），首附（1 卷），1388 年	（明）刘纯撰	见珍本医书集成	01、03
0011	医经秘旨，1418 年	（明）盛寅著	民国杭州三三医社铅印本，1 册	01
0012	类经（32 卷），附类经图翼（11 卷）、类经附翼（4 卷），1624 年	（明）张介宾撰	①明天启四年（1624 年）天德堂刻本，15 册	01
			②清嘉庆四年（1799 年）金阊萃英堂刻本，32 册	01
			③清道光二十年（1840 年）宏道堂刻本，40 册	03
			④1919 年上海千顷堂书局石印本，16 册	03
0013	类经（又名张氏类经）（32 卷），类经图翼附：类经附翼合刻（15 卷），类经图翼（11 卷），类经附翼 4 卷），1624 年	（明）张介宾撰，（清）唐驼署	1919 年上海千顷堂书局发行，16 册	06
0014	类经图翼附：类经附翼合刻（47 卷），1624 年	（明）张介宾撰	清道光二十年（1840 年）宏道堂藏版，4 函 40 册	05
0015	类经（3 卷，存卷五至卷七），1624 年	（明）张介宾撰	上海千顷堂书局印行	06

续表

序号	书名和成书年	作者和著作形式	版本	收藏馆
0016	内经知要（2卷），1642年	（明）李中梓撰	①清乾隆二十九年（1764年）薛雪校扫叶山房刻本	03
			②清乾隆二十九年（1764年）扫叶山房刻本，2册	03
			③1937年上海世界书局铅印本，1册	01
0017	内经知要（2卷），1642年	（明）李中梓撰	1933年第1版，上海商务印书馆，2册	04
0018	内经知要（2卷），1642年	（明）李中梓撰，（清）薛雪重刊	①清乾隆二十九年（1764年）薛雪扫叶山房刻本，2册	03
			②清乾隆二十九年（1764年）薛雪扫叶山房刻后补印本，2册	03
			③清光绪二十八年（1902年）重镌，云阳周氏医室藏版，2册	06
			④普新书局发兑，振余书庄发行，1册	06
0019	重校内经知要（2卷），1642年	（明）李中梓撰	上海文瑞楼石印本，1册	05
0020	内经博议（4卷），1675年	（清）罗美撰	见珍本医书集成	01、03
0021	素问灵枢类纂约注（又名黄帝素问灵枢合纂）（3卷），1689年	（清）汪昂撰	①清康熙二十八年（1689年）刻本，1册	03
			②清康熙二十九年（1690年）还读斋刻本，2册	02
			③清同治十年（1871年）扫叶山房刻本，5册	01、05
			④清光绪六年（1880年）紫文阁刻本，1册	01
			⑤清光绪六年（1880年）上海江左书林刻本，1册	03
			⑥清光绪十三年（1887年）上海大文堂刻本	02
			⑦清光绪十三年（1887年）上海大文堂刻本，3册	02
			⑧清光绪十三年（1887年）扫叶山房刻本	07
			⑨清光绪十四年（1888年）镇江文成堂刻本	01
			⑩清光绪十六年（1890年）镇江文成堂刻本，3册	01、03
			⑪清刻本，2册	02、03
0022	素问灵枢类纂约注，1689年	（清）汪昂撰	清光绪六年（1880年）紫文阁刻本，1册	01

续表

序号	书名和成书年	作者和著作形式	版本	收藏馆
0023	素问灵枢类纂约注（3卷），1689年	（清）汪昂撰	清光绪十四年（1888年）镇江文成堂刻本，3册	01、03
0024	医经原旨，1754年	（清）薛雪撰，赵使君鉴定，杨采青重校	清乾隆十九年（1754年）扫叶山房督造，本衙藏版，6册	06
0025	医经原旨（3卷），1754年	（清）薛雪撰	清本衙藏版，3册	04
0026	医经原旨（6卷），1754年	（清）薛雪撰	①清乾隆十九年（1754年）薛氏扫叶山房刻本，6册	03、04
			②清同治光绪间扫叶山房刻本，6册	03
			③清杨采青重校宁郡简香斋刻本，8册	03、04
			④1928年上海千顷堂书局石印本，6册	01、02、04
0027	医经原旨（6卷），1754年	（清）薛雪撰	①清简香斋藏版，6册	04
			②上海千顷堂书局出版，6册	04
			③清扫叶庄藏版，1册	04
			④清刻本，8册	03
			⑤扫叶山房刻本，6册	05
			⑥版本不详，1函6册	05
0028	医经原旨（6卷），1754年	（清）薛雪撰，李林馥重校，赵使君鉴定	1928年上海千顷堂书局印行，上海文瑞楼印行，本衙藏版，18册	06
0029	内经纂要，1760年	（清）顾世澄撰	见疡医大全	03
0030	内经诠释，1764年	（清）徐大椿撰	见徐氏医书十六种、徐灵胎医书三十二种	03
0031	内经要略（1卷），1764年	（清）徐大椿编	见徐灵胎医略六书	03
0032	医经读，1764年	（清）沈又彭撰	民国杭州三三医社铅印本，1册	01
0033	灵枢素问节要浅注（又名灵素集注节要）（12卷），1803年	（清）陈念祖注	①清同治四年（1865年）南雅堂刻南雅堂医书全集渔古山房印本	01、02
			②清同治五年（1866年）南雅堂刻本	02
			③1919年颐性室石印本	01、03
0034	灵枢素问集注节要（4卷），1803年	（清）陈念祖注	1919年颐性室刻本，2册	01、03、04
0035	灵枢素问集注节要（12卷），1803年	（清）陈念祖注	石印本，1册	04
0036	内经辩言，1850年	（清）俞樾著	1923年杭州三三医社铅印本，1册	01
0037	内经纂要，1861年	佚名	清咸丰十一年（1861年）抄本	02
0038	内经难字音义（1卷），1866年	（清）陆懋修撰	见世补斋医书前集	03

续表

序号	书名和成书年	作者和著作形式	版本	收藏馆
0039	内经评文（36卷），1896年	（清）周学海评注	见周氏医学丛书	01、03
0040	内经知要讲义（4卷），1922年	（明）李中梓撰，（清）钱荣光注	上海锦章书局石印本，1册	03、04
0041	新订内经知要讲义（4卷），1922年	（清）钱荣光撰	上海锦章书局印行，1册	04

4. 发挥

序号	书名和成书年	作者和著作形式	版本	收藏馆
0001	医津一筏，1662年	（清）江之兰撰	民国杭州三三医社铅印本，1册	01
0002	素灵微蕴（4卷），1753年	（清）黄元御著	①清道光十年（1830年）阳湖张琦刻宛邻张氏丛书本	01
			②清道光十年（1830年）文德斋刻本，1册	01
			③清咸丰十年（1860年）长沙燮和精舍刻黄氏医书八种本，1册	02
			④清光绪二十年（1894年）上海图书集成印书局铅印本，1册	02
			⑤清刻本，2册	03
			⑥见黄氏医书八种	01、03
0003	灵素节要浅注（12卷），1820年	（清）陈念祖集注	清同治四年（1865年）南雅堂刻南雅堂医书全集渔古山房印本，6册	02
0004	中西汇通医经精义（又名中西医判、中西医解、中西医学入门）（2卷），1884年	（清）唐宗海撰	①清光绪十八年（1892年）上海袖海山房石印本，1册	02
			②清光绪二十年（1894年）上海顺承书局石印本	02
			③清光绪二十年（1894年）申江顺承书局石印本	02
			④清光绪三十四年（1908年）上海千顷堂书局石印中西汇通医书五种本，2册	01、02、03
			⑤1914年上海千顷堂书局石印百草庐校刻本	02、03
			⑥1935年上海千顷堂书局铅印本，1册	01
			⑦民国上海广益书局铅印本	01
0005	二十世纪新内经，1908年	（清）丁福保编	1926年商务铅印本，2册	01
0006	唐氏中西医判（2卷），1914年	（清）唐宗海撰	1914年春百草庐校刊，上海千顷堂发行，2册	06

续表

序号	书名和成书年	作者和著作形式	版本	收藏馆
0007	灵素商兑，附砭新医蓥病人，1916 年	（民国）余岩著	①民国铅印本	03
			②中华新学社铅印本，1 册	03
0008	内经讲义，1922 年	（民国）恽铁樵撰	见群经见智录	03
0009	群经见智录（又名内经纲要、内经讲义）(3 卷)，1922 年	（民国）恽铁樵撰	1922 年武进恽氏铅印本（附古医经论）	02、03
0010	群经见智录（3 卷），附古方经论，1922 年	（民国）恽铁樵撰	1922 年武进恽氏铅印本，2 册	03
0011	群经见智录（3 卷），重广补注黄帝内经素问（24 卷），1922 年	（民国）恽铁樵撰	1922 年武进恽氏铅印本，1 函 10 册	05
0012	读内经记，1928 年	（民国）秦伯未撰	1936 年上海中医书局铅印本	03
0013	灵枢内经体用精蕴（2 卷），1933 年	（民国）黄周撰	1933 年国医研究社石印本	02
0014	秦氏内经学，1934 年	（民国）秦伯未撰	1935 年、1936 年、1938 年、1941 年、1946 年上海中医书局铅印本，1 册	01、03

（二）素问

1. 本文

序号	书名和成书年	作者和著作形式	版本	收藏馆
0001	黄帝内经（24 卷），素问遗编（1 卷），762 年	（唐）王冰注	清光绪三年（1877 年）浙江书局据明武陵顾氏影宋嘉祐刻本，8 册	01
0002	黄帝内经素问，762 年	（唐）王冰注	万有文库本，4 册	01
0003	黄帝内经素问（24 卷），762 年	（唐）王冰注	中华聚珍仿宋本，4 册	01
0004	黄帝内经素问，762 年	（唐）王冰注	清光绪二十三年（1897 年）新化三味书室刻本，10 册	04
0005	黄帝内经素问（24 卷），1057 年	（唐）王冰注，（宋）林亿，高保衡等校正	清光绪三年（1877 年）浙江书局据明武陵顾氏影宋嘉祐刻本，12 册	05
0006	黄帝内经素问吴注（24 卷），1609 年	（明）吴昆注	清刻本，6 册	03
0007	黄帝内经素问吴注（24 卷），1609 年	（明）吴昆注，江子振参阅	明万历三十七年（1609 年）刻本	01
0008	黄帝内经素问集注（9 卷），1670 年	（清）张志聪集注	①清康熙三十四年（1695 年）刻本，2 册	03
			②清光绪刻本，8 册	01
			③清刻本，8 册	01

续表

序号	书名和成书年	作者和著作形式	版本	收藏馆
0009	黄帝内经素问吴注（24卷），1670年	（明）吴昆注	清刻本，8册	02
0010	黄帝内经素问（24卷），1897年	佚名	清光绪二十三年（1897年）新化三味书室校刊，10册	04

2. 注释

序号	书名和成书年	作者和著作形式	版本	收藏馆
0001	重广补注黄帝内经素问（24卷），762年	（唐）王冰注	见四部备要	01
0002	重广补注黄帝内经素问，762年	（唐）王冰注，（宋）林亿、高保衡等校正	版本不详（残本），7册（第2～8册）	05
0003	重广补注黄帝内经素问（24卷），762年	（唐）王冰注	1936年上海商务印书馆据明顾氏翻宋本影印四部丛刊本，5册	01
0004	素问王冰注（24卷），1057年	（唐）王冰注	上海中华书局据明顾氏影宋本校刊，1函6册	05
0005	重广补注黄帝内经素问（24卷），附一种（1卷），762年 附录子目： 黄帝内经素问遗篇（1卷），（宋）刘温舒原本	（唐）王冰注，（宋）林亿等校正，孙兆重改误	清光绪三年（1877年）浙江书局据明武陵顾氏影宋嘉祐本刻本，24册	09
0006	重广补注黄帝内经素问（24卷，存卷十九至卷二十四），附一种（1卷），762年 附录子目： 黄帝内经素问遗篇（1卷），（宋）刘温舒原本	（唐）王冰注，（宋）林亿等校正，孙兆重改误	清光绪三年（1877年）浙江书局据明武陵顾氏影宋嘉祐本刻本，1册	09
0007	读素问钞（9卷），1519年	（明）汪机续注	见汪石山医书八种	03
0008	黄帝内经素问吴注（24卷），1594年	（明）吴昆注	①清光绪二十四年（1898年）新安程氏重刻本，6册	03
			②清光绪二十五年（1899年）绩溪程氏刻本	03
			③清刻本	01、02
0009	黄帝内经素问集注，1670年	（清）张志聪集注	1936年大东书局铅印本，8册	01
0010	黄帝素问直解（9卷），1695年	（清）高世栻注	①清康熙三十四年（1695年）侣山堂刻本，8册	03
			②清光绪十三年（1887年）浙江书局刻本，24册	02、03

续表

序号	书名和成书年	作者和著作形式	版本	收藏馆
0011	素问识（8卷），1806年	（日本）丹波元简撰	见皇汉医学丛书	01、03
0012	素问识，1806年	（日本）丹波元简撰	日本天保八年（1837年）青云堂刻本，8册	04
0013	素问识（8卷），1806年	（日本）丹波元简撰	东都书林青云堂版，1册	04
0014	素问绍识（4卷），1846年	（日本）丹波元简撰	见皇汉医学丛书	01、03
0015	黄帝内经素问注解（10卷，缺卷一、卷二），1924年	（民国）孙沛注	1939年北京救世新教总会铅印本，4册	01、03
0016	黄帝内经素问集注，1937年	（民国）陆士谔编	1937年世界书局铅印本，1册	01

3. 发挥

序号	书名和成书年	作者和著作形式	版本	收藏馆
0001	素问玄机原病式（1卷），1152年	（金）刘完素撰	见刘河间伤寒三书、六书	03
0002	素问玄机原病式（又名刘河间伤寒六书），1152年	（金）刘完素撰，（明）吴勉学校	版本不详，2册	06
0003	素问玄机原病式，1152年	（金）刘完素撰，（明）吴勉学校	版本不详，2册	06
0004	素问玄机原病式，1152年	（金）刘完素撰	版本不详，1册	06
0005	注释素问玄机原病式（2卷），1152年	（金）刘完素撰，（元）薛时平注，（明）吴起祥校刊	①明吴起祥刻本，1册	03
			②明刻本，1册	03
0006	素问病机气宜保命集（3卷），1186年	（金）刘完素撰	①明万历绣谷吴继宗刻刘河间伤寒三书本，3册	02
			②清怀德堂刻本	02
			③见刘河间伤寒三书、六书	03
0007	素问病机气宜保命集（3卷），1186年	（金）刘完素撰，（明）吴勉学校	版本不详，5册	06
0008	素问病机气宜保命集（3卷），1186年	（金）刘完素撰，（清）程应旄订	（金）宣德辛亥（1431年）瞿山书序	06
0009	素问病机气宜保命集（3卷），1186年	（金）刘完素撰	版本不详，5册	06
0010	素问病机气宜保命集（3卷），1186年	（金）刘完素撰	①明怀德堂刻本，3册	03
			②清怀德堂刻刘河间伤寒三书本	03
0011	素问病机气宜保命集（3卷），1186年	（金）刘完素撰	清怀德堂刻刘河间伤寒三书本，30册	03

续表

序号	书名和成书年	作者和著作形式	版本	收藏馆
0012	云岐子保命集论类要（2卷），1341年	（元）张璧撰	①1936年商务印书馆丛书集成初编本，2册	01
			②见影印元明善本丛书十种之济生拔粹方	01、03
0013	素问悬解（13卷），附校余偶识（1卷）、灵枢悬解（9卷），1755年	（清）黄元御撰	见黄氏遗书三种	03
0014	素问解题（1卷），附难经解题，1780年	（日本）丹波元简撰	见皇汉医学丛书	01、03
0015	黄帝内经素问校义，1872年	（清）胡澍撰	①清同治吴县潘祖荫刻滂喜斋丛书本	01
			②清刻本，1册	01
			③民国杭州三三医社铅印本，1册	01
			④见珍本医书集成	01、03

（三）灵枢

1. 本文

序号	书名和成书年	作者和著作形式	版本	收藏馆
0001	黄帝内经（24卷），附黄帝内经灵枢（12卷），762年	（唐）王冰注	清光绪二十二年（1896年）图书集成局铅印本，4册	01
0002	黄帝内经灵枢（12卷），762年	（唐）王冰注	见四部备要	01
0003	黄帝内经灵枢（12卷），遗编（1卷），762年	（唐）王冰注	①上海锦章书局石印本，1册	01
			②见万有文库	01
0004	黄帝内经灵枢（12卷），762年	（唐）王冰注	见四部备要	01
0005	黄帝内经灵枢经（12卷），1279年	（东周～战国）无名氏撰，（宋）史崧校释	四部备要，上海中华书局据古今医统本校刊，民国铅印本，2册	11
0006	黄帝内经灵枢（9卷，存5卷），1879年	（清）张志聪集注	清光绪五年（1879年）刻本，3册	03
0007	黄帝内经灵枢（9卷），1890年	（清）张志聪集注	清光绪十六年（1890年）浙江书局刻本，8册	03
0008	黄帝内经灵枢（12卷），1911年	佚名	清刻本，1册	03

续表

序号	书名和成书年	作者和著作形式	版本	收藏馆
0009	黄帝内经灵枢（12卷），1911年	（清）黄以周等校	①清晚期刻本，2册	09
			②清刻本，2册	01、09
0010	黄帝内经灵枢（12卷），1949年	（民国）陆费逵总勘，高时显辑校	上海中华书局据医统本校刊，4册	06

2. 注释

序号	书名和成书年	作者和著作形式	版本	收藏馆
0001	黄帝内经灵枢（又名黄帝素问灵枢经、黄帝内经灵枢集注）（12卷），战国	（宋）史崧音释	清刻本	01、03
0002	黄帝内经灵枢注证发微（9卷），补遗（1卷），1586年	佚名	清光绪五年（1879年）刻本，9册	03
0003	黄帝内经灵枢集注，1672年	（清）张志聪集注	1936年大东书局铅印本，8册	01
0004	黄帝内经灵枢注证发微（9卷），附补遗（1卷），1805年	（明）马莳注	①清光绪五年（1879年）太医院刻本，10册	02
			②清古歙鲍氏慎余堂刻本，5册	02
0005	灵枢识，1808年	（日本）丹波元简撰	1936年大东书局铅印本，6册	01

（四）难经

1. 本文

序号	书名和成书年	作者和著作形式	版本	收藏馆
0001	难经（9卷），战国	佚名	鸿宝斋书局印行，1册	04
0002	难经（1卷），战国	佚名	白云阁藏本，1册	05
0003	难经（2卷），1723年	佚名	见古今图书集成	01、03
0004	难经（2卷），1936年	（民国）蔡陆仙编	见中国医药汇海	03

2. 注释

序号	书名和成书年	作者和著作形式	版本	收藏馆
0001	图注八十一难经（4卷），战国	（战国）扁鹊（秦越人）著	善成堂刻本，1册	04
0002	图注八十一难经，战国	（晋）王叔和著	影印本，1册	10

续表

序号	书名和成书年	作者和著作形式	版本	收藏馆
0003	王翰林集注黄帝八十一难经（又名难经集注）（12卷），1026年	（宋）王惟一等校	①1919年、1929年、1936年商务印书馆影印四部丛刊本	01
			②1936年上海中华书局铅印四部备要本，2册	01、04
			③1936年上海商务印书馆四部丛刊缩印本	01
			④上海商务印书馆影印四部丛刊本	01
			⑤见守山阁丛书	01
0004	难经集注（2卷），1026年	（宋）王惟一等校	上海中华书局聚珍仿宋版，2册	04
0005	难经集注（5卷），1026年	（明）王九思、石友谅、王鼎象、王惟一撰，（清）钱熙祚校	上海中华书局据守山阁丛书校本，中华书局聚珍仿宋版印，2册	06
0006	难经集注（13卷），1026年	（明）王九思撰	四部备要，上海中华书局据守山阁本校刊，民国铅印本，2册	11
0007	图注八十一难经辨真（4卷），1510年	（明）张世贤图注	①清光绪二年（1876年）通州西山堂刻本	01
			②清光绪二十六年（1900年）通州西酉山堂刻本	01
			③清尚德堂刻本（2卷）	02
			④清刻本，7册	02
			⑤见图注难经脉诀	01、03
0008	图注难经（4卷），1510年	（明）张世贤图注	清刻本，2册	01
0009	图注难经（又名图注八十一难经辨真）（4卷），1510年	（明）张世贤图注	版本不详，1函2册	05
0010	图注八十一难经辨真（4卷），1510年	（战国）扁鹊著，（明）张世贤注	清刻本，1册	03
0011	图注八十一难经（2卷），1510年	（战国）扁鹊著，（明）张世贤图注	清尚德堂刻本，2册	02
0012	图注八十一难经（4卷），1510年	（明）张世贤图注	①清刻本，3册	01
			②善成堂刻本，2册	04
			③鸿宝斋书局石印本，4册	04

续表

序号	书名和成书年	作者和著作形式	版本	收藏馆
0013	难经经释（2卷），1727年	（清）徐大椿注	①清同治十二年（1873年）湖北崇文书局刻本	02
			②清刻本	03
			③见徐氏医书六种、徐氏医书八种、徐灵胎十二种全集	01、03
0014	古本难经阐注（2卷），1736年	（清）丁锦注	①清同治三年（1864年）高邮赵春普刻本，4册	01、02、03
			②见珍本医书集成	01、03
0015	难经悬解（2卷），1756年	（清）黄元御撰	见黄氏遗书三种	03
0016	难经疏证，1819年	（日本）丹波元胤撰	日本文政己卯（1819年）东都青云堂刻本，2册	04
0017	难经疏证（2卷），1819年	（日本）丹波元胤著	①东都书林青云堂版，1册	04
			②见皇汉医学丛书	01、03
0018	难经编正（2卷），1919年	（民国）司树屏编疏	1920年南通翰墨林铅印本，2册	01、03

3. 发挥

序号	书名和成书年	作者和著作形式	版本	收藏馆
0001	难经本义（2卷），1361年	（元）滑寿撰	①见周氏医学丛书	01、03
			②见薛氏医案二十四种	03
0002	难经古义（2卷），1760年	（日本）滕万卿撰	见珍本医书集成	01、03
0003	难经正义（6卷），1895年	（清）叶霖撰	见珍本医书集成	01、03
0004	难经章句（3卷），1932年	（民国）孙鼎宜编	见孙氏医学丛书	01、03
0005	难经集义，附难经之研究，1934年	（民国）吴考槃撰，秦伯未校	1935年、1936年上海中医书局铅印本，1册	01
0006	难经读本，1936年	（民国）王一仁撰	1936年杭州仁庵学社铅印本	03

（五）内经难经合类

序号	书名和成书年	作者和著作形式	版本	收藏馆
0001	黄氏遗书三种 25 卷，1756 年 子目： ①素问悬解（13卷），附校余偶识（1卷） ②灵枢悬解（9卷） ③难经悬解（2卷）	（清）黄元御著	清同治十一年至光绪六年（1872—1880年）阳湖冯氏刻本	03

续表

序号	书名和成书年	作者和著作形式	版本	收藏馆
0002	黄氏遗书三种（25 卷），1756 年 子目： ①素问悬解（13 卷），附校余偶识 （1 卷） ②灵枢悬解（9 卷） ③难经悬解（2 卷）	（清）黄元御著	清同治光绪年间阳湖冯氏刻本，12 册	03
0003	新刻黄氏遗书三种 25 卷，1756 年 子目： ①素问悬解（13 卷），附校余偶识 （1 卷） ②灵枢悬解（9 卷） ③难经悬解（2 卷）	（清）黄元御著	清同治十一年（1872 年）阳湖冯氏刻本，12 册	03

二、基础理论

（一）理论综合

序号	书名和成书年	作者和著作形式	版本	收藏馆
0001	中藏经（8 卷），234 年	（汉）华佗撰	清光绪六年（1880 年）上虞徐氏兰兰山房刻本藏版，3 册	03、05
0002	中藏经（8 卷），附内照法，234 年	（汉）华佗撰	①清光绪六年（1880 年）上虞徐氏兰兰山房刻本藏版	03
			②江阴宝文堂刻本	02
0003	中藏经（又名华氏中藏经）(3 卷），附方（1 卷），234 年	（汉）华佗撰	①见周氏医学丛书	01、03
			②见中国医药汇海经部	03
0004	中藏经（8 卷），华佗内照法（1 卷），234 年	（汉）华佗撰	清光绪六年（1880 年）上虞徐氏兰兰山房刻本，2 册	03
0005	华氏中藏经（2 卷），附素女方（1 卷），234 年	（汉）华佗撰	清嘉庆十三年（1808 年）平津馆孙氏刻本，1 函 1 册	05
0006	华氏中藏经（3 卷），234 年	（汉）华佗撰	清嘉庆十三年（1808 年）平津馆孙氏刻本，1 函 3 册	05
0007	华氏中藏经（3 卷），附建立伏博士始末（2 卷）、素女方（1 卷），234 年	（汉）华佗撰	清光绪十一年（1885 年）白堤八字桥朱氏槐庐家塾珍藏，1 函 2 册	05

续表

序号	书名和成书年	作者和著作形式	版本	收藏馆
0008	济生拔粹方十九种（25卷），1308年 子目： ①针经节要（1卷） ②云岐子论经络迎随补泻法（1卷） ③窦太师流注指要赋（1卷） ④针经摘英集（1卷） ⑤云岐子七表八里九道脉诀论并治法（1卷） ⑥内外伤辨惑论（3卷） ⑦此事难知集（2卷） ⑧汤液本草（3卷） ⑨医经溯回集（1卷） ⑩外科精义（2卷） ⑪医垒元戎（1卷） ⑫班论萃英（1卷） ⑬云岐子保命集论类要（2卷） ⑭海藏斑论萃英（1卷） ⑮田氏保婴集（1卷） ⑯兰室秘藏（1卷） ⑰活法机要（1卷） ⑱卫生宝鉴（1卷） ⑲杂类名方（1卷）	（元）杜思敬辑	1938年上海商务印书馆影印元明善本丛书十种本	03
0009	济生拔粹方（19卷），1308年	（元）杜思敬辑	1938年商务印书馆影印本，10册	09
0010	济生拔粹，1308年	（元）杜思敬辑	1938年上海商务印书馆影印本，1函10册	05
0011	医旨绪余（2卷），1573年	（明）孙一奎撰	见赤水玄珠	03
0012	医旨绪余（2卷），1573年	（明）孙一奎撰	版本不详，1册	04
0013	运气总论，1575年	（明）李梴著	见医学入门	03
0014	传忠录（3卷），1624年	（明）张介宾撰	见景岳全书	03
0015	四圣心源（10卷），1753年	（清）黄元御著	①清咸丰十年（1860年）长沙徐树铭燮和精舍校刻黄氏医书八种本，2册	02
			②清宣统元年（1909年）上海江左书林石印本（缺卷五）	02
			③清宣统元年（1909年）淳文书局刻黄氏医书八种本，2册	02
			④清宣统元年（1909年）益元书局刻昌邑黄氏医书八种本，2册	02
			⑤见黄氏医书八种	01、03
0016	四圣心源（7卷，存卷四至卷十），附素灵微蕴（1卷），1753年	（清）黄元御著，徐树铭校刊	版本不详，2册	06

续表

序号	书名和成书年	作者和著作形式	版本	收藏馆
0017	医学指归（2卷），1848年	（清）赵术堂编	清同治元年（1862年）高邮赵氏旌孝堂刻本，3册	02、03
0018	医学指归（3卷），1848年	（清）赵术堂编	清同治元年（1862年）旌孝堂藏版，1函2册	05
0019	医学指归（2卷），图（1卷），首（1卷），1848年	（清）赵术堂编	清同治元年（1862年）旌孝堂刻本	02
0020	内经运气病释（9卷），附内经遗篇病释，1866年	（清）陆懋修撰	①1931年上海中医书局铅印本，1册	01
			②见世补斋医学丛书前集	03
0021	内经运气表（1卷），1866年	（清）陆懋修撰	见世补斋医学丛书前集	03
0022	内经遗篇病释（1卷），1866年	（清）陆懋修撰	见世补斋医学丛书前集	03
0023	医易一理，1897年	（清）邵同珍撰	民国杭州三三医社铅印本，1册	01
0024	中西汇参医学图说，1906年	（清）王有忠撰	清光绪三十二年（1906年）、1917年上海广益书局石印本，2册	02

（二）阴阳五行、五运六气

序号	书名和成书年	作者和著作形式	版本	收藏馆
0001	运气（2卷），1117年	（宋）申甫撰	见圣济总录	01、03
0002	运气易览（3卷），1519年	（明）汪机撰	见汪石山医书八种	03
0003	运气易览（4卷），1519年	佚名	明嘉靖元年（1522年）程镳廷彝书，清嘉庆七年（1802年）张机序，2册	06
0004	天人解（1卷），1753年	（清）黄元御撰	见黄氏医书八种	01、03
0005	运气掌诀录（1卷），1838年	（清）曹乐斋撰	见仲景全书五种	01、03

（三）藏象骨度

序号	书名和成书年	作者和著作形式	版本	收藏馆
0001	内照法（1卷），234年	（汉）华佗撰	见周氏医学丛书	01、03
0002	医林改错（2卷），1830年	（清）王清任著	①清光绪十七年（1891年）常熟三峰寺刻本，1册	03
			②清光绪刻本，2册	01
			③清道光二十九年（1849年）纬文堂刻本，1册	02
			④清光绪三十三年（1907年）校经山房刻本，1函2册	05
			⑤1914年上海锦章书局石印本，1册	01、02
			⑥1937年上海大东书局铅印本	02

续表

序号	书名和成书年	作者和著作形式	版本	收藏馆
0003	全体新论（10 卷），1851 年	（英国）合信氏注	①清咸丰元年（1851 年）番禺潘氏海山仙馆丛书本，2 册	01
			②清咸丰二年（1852 年）刻本，2 册	01
0004	全体新论，1851 年	（英国）合信氏注	清咸丰元年（1851 年）新镌，上海墨海书馆藏版	04
0005	全体新论、博物新编，1855 年	（英国）合信氏注	清咸丰五年（1855 年）上海墨海书馆刻本，2 册	04
0006	博物新编，1855 年	（英国）合信氏注	清咸丰五年（1855 年）新镌，上海墨海书馆藏版，1 册 2 部	04
0007	藏腑图说症治要言合璧（又名中西医粹)(3 卷），1882 年	（清）罗定昌撰	1921 年上海千顷堂书局石印本（附春温三字诀、痢证三字诀），1 册	03
0008	全体通考（18 卷，缺"图中"），1884 年	（英国）德贞著	清光绪十二年（1886 年）同文馆铅印本（残本），11 册（缺第 3 册）	05
0009	华洋藏象约纂（3 卷），附录（1 卷），1892 年	（清）朱沛文撰	清光绪二十三年（1897 年）宏文阁石印本	02

（四）生理

序号	书名和成书年	作者和著作形式	版本	收藏馆
0001	生理新语（又名新生理）（4 卷），1928 年	（民国）恽铁樵撰	①1928 年、1936 年恽氏铅印本	02
			②1936 年上海中医书局铅印本	02
0002	生理新语（4 卷），1928 年	（民国）恽铁樵撰，徐铨、章巨膺参校	1928 年出版，华丰印刷铸字所印刷，1 册	06
0003	国医生理新论（6 卷），1934 年	（民国）朱国钧撰	1934 年、1935 年上海中医书局铅印本	01

（五）病源病机

序号	书名和成书年	作者和著作形式	版本	收藏馆
0001	巢氏病源（50 卷），610 年	（隋）巢元方等撰	①清嘉庆十四年（1809 年）吴门经义斋刻本，12 册	03
			②清光绪十二年（1886 年）湖北官书处重刻本，8 册	03
			③清光绪二十二年（1896 年）博文书局石印本，6 册	03
0002	巢氏病源（50 卷），610 年	（隋）巢元方等撰，（清）史恩绵署检	清光绪元年（1875 年）湖北崇文书局开雕，8 册	06

续表

序号	书名和成书年	作者和著作形式	版本	收藏馆
0003	巢氏诸病源候论（50 卷），610 年	（隋）巢元方等撰	①清嘉庆十四年（1809 年）吴门经义斋胡益谦校刻本	03
			②清光绪元年（1875 年）湖北崇文书局刻本	02
			③清光绪十二年（1886 年）湖北官书处刻本	03
			④清光绪二十二年（1896 年）博文书局石印本	03
			⑤1918 年上海千顷堂石印本	02
			⑥1936 年大东书局铅印本	01、02
0004	巢氏诸病源候论（50 卷），610 年	（隋）巢元方撰	清光绪十七年（1891 年）池阳周氏刻本，1 函 8 册	05
0005	巢氏诸病源候总论，610 年	（宋）宋绶撰	1935 年大东书局铅印本，1 册	01
0006	巢氏诸病源候总论（50 卷，存卷二十一至卷五十），610 年	（隋）巢元方撰	清刻本，2 册	03
0007	重刊巢氏诸病源候总论（12 卷），610 年	（隋）巢元方撰	清光绪二十二年（1896 年）博文书局石印本，6 册	03
0008	重刊巢氏诸病源候总论（50 卷），610 年	（隋）巢元方等撰	①清光绪元年（1875 年）湖北崇文书局刻本，8 册	02
			②清光绪十二年（1886 年）湖北官书处刻本，2 册	03
0009	病机赋，1911 年	佚名	①抄本	01
			②疑民国抄本	01
0010	病源辞典，1936 年	（民国）吴克潜编	1936 年上海大众书局铅印本	02

（六）病理

序号	书名和成书年	作者和著作形式	版本	收藏馆
0001	病理撮要（1 卷），1892 年	（清）严端模译	清光绪十八年（1892 年）羊城博济医局刻本，2 册	02
0002	病理学稿裁二编，1930 年	（民国）姚心源撰，姚文藻编	1931 年、1933 年上海和平艺社铅印本，2 册	02、04
0003	病理学稿裁（1 卷），1930 年	佚名	版本不详，1 册	04
0004	病理学稿裁，1930 年	（民国）姚文藻撰、徐承桢裁，姚心源编，姚畲芬、蒋廷铭甫校	1931 年初版，上海和平艺社丛书，2 册	06
0005	病理学读本（2 卷），1931 年	（民国）张寿颐编	1931 年浙江兰溪中医专门学校铅印本，2 册	03

续表

序号	书名和成书年	作者和著作形式	版本	收藏馆
0006	病理学讲义，1931 年	（民国）许勉斋撰	手抄本，2 册	03
0007	中医病理学会宗，1935 年	（民国）刘宝森撰	1935 年、1937 年、1946 年上海中医书局铅印本	02
0008	国医病理学，1935 年	（民国）胡安邦著	1935 年、1936 年、1941 年、1943 年、1947 年上海中央书店铅印本	02

三、伤寒金匮

（一）伤寒金匮合编

1. 合刻、合编

序号	书名和成书年	作者和著作形式	版本	收藏馆
0001	仲景全书，1668 年 子目： ① 集注伤寒论（13 卷），（明）张卿子撰 ② 金匮要略方论（3 卷），（东汉）张仲景撰 ③ 伤寒类证（3 卷），（金）宋云公撰 ④ 伤寒明理论（3 卷），（金）成无己撰 ⑤ 运气华诀录（1 卷），（清）曹乐斋撰	（东汉）张仲景等撰	①清光绪二十年（1894 年）成都邓氏崇文斋校刻本	03
			②清光绪二十年（1894 年）成都正左堂刻本，10 册	03
			③1916 年上海千顷堂书局石印本，8 册	01、04
0002	仲景全书（20 卷），1668 年 子目： ①伤寒论集注 ②金匮要略方论 ③伤寒类证 ④伤寒明理论 ⑤运气掌诀录	（东汉）张仲景等撰	清光绪二十年（1894 年）成都崇文斋校刻本，2 函 12 册	05
0003	仲景全书（21 卷），1668 年	（东汉）张仲景等撰	1916 年春校印，上海千顷堂书局印行，石印本，8 册	04
0004	张仲景医学全书，1668 年	（东汉）张仲景等撰	1929 年上海受古书店、上海中一书局石印本，1 册	04
0005	张仲景医学全书（21 卷），1668 年	（东汉）张仲景等撰	1929 年上海受古书店、上海中一书局印行，8 册	04
0006	仲景存真集，1864 年	（清）吴蓬莱编撰	1931 年上海锦章书局石印本	04

续表

序号	书名和成书年	作者和著作形式	版本	收藏馆
0007	仲景存真集（2卷），1864年	（清）吴蓬莱编撰	1931年，2册	04
0008	仲景伤寒论，1880年	（东汉）张仲景撰	清光绪六年（1880年）扫叶山房重刻本，4册	04
0009	仲景伤寒论（11卷），1880年	（东汉）张仲景撰	清光绪六年（1880年）重镌，扫叶山房藏版，4册	04
0010	订正仲景伤寒论释义（又名订正医圣全集），附针线拾遗，1888年	（清）李缵文撰	清宣统元年（1909年）刻本，上海文瑞楼藏版，6册	02
0011	订正仲景伤寒论释义（不分卷），1888年	（清）李缵文撰	清宣统元年（1909年）上海文瑞楼藏版，1函6册	05
0012	皇汉医学（3卷），1927年	（日本）汤本求真撰，（民国）刘泗桥译	1930年上海东洞学社铅印本	02
0013	皇汉医学（3卷），1927年	（日本）汤本求真撰，（民国）周子叙译	1929年、1930年、1931年、1934年、1935年、1939年中华书局铅印本	01、02
0014	皇汉医学，1927年	（日本）汤本求真撰	1934年中华书局铅印本，3册	01、03
0015	伤寒杂病论集（16卷），1932年	（民国）黄维翰校订	1939年张钫捐刻本南阳医圣祠藏版	03
0016	伤寒杂病论读本（3卷），1932年	（民国）孙鼎宜编	①1932年、1936年上海中华书局铅印本	01、03
			②见孙氏医学丛书	01、03
0017	古本伤寒杂病论（16卷），1932年	（东汉）张仲景撰，（民国）刘瑞瀜校	①1932年长沙石印本	01
			②1932年铅印本，2册	01、03
			③1932年影印何键写本，4册	01
			④1932年贵阳文通书局铅印本，4册	01
			⑤1936年上海大成书社铅印本	02
			⑥1939年张钫捐刻本，1册	03
			⑦民国铅印本	01、03
			⑧杨文蔚抄本	02
			⑨千顷堂书局铅印本，2册	03
0018	古本伤寒论（16卷），1932年	（东汉）张仲景撰	1932年（长沙本），4册	05
0019	伤寒杂病论（16卷），1932年	（东汉）张仲景撰	①六石山房（长沙古本版），4册	04
			②白云阁藏本（桂林本），4册	05

续表

序号	书名和成书年	作者和著作形式	版本	收藏馆
0020	汤液经（6卷），1948年	（商）伊尹撰，（汉）杨师尹考订	1948年刘氏一钱阁曾福臻铅印本，1册	03
0021	伊尹汤液经（6卷），卷首（1卷），卷末（1卷），附录（1卷），1948年	（商）伊尹撰，（东汉）张仲景广论，（民国）杨绍伊考次，刘复补修	1948年刘氏一钱阁曾福臻铅印本	01、03、04
0022	伊尹汤液经（7卷），1948年	（商）伊尹撰，（民国）杨绍伊考次	刘氏一钱阁曾福臻铅印本，1册	04

2. 注释发挥

序号	书名和成书年	作者和著作形式	版本	收藏馆
0001	长沙证汇，1790年	（日本）田中荣信撰	民国杭州三三医社铅印本，1册	01
0002	长沙正经证汇，1790年	（日本）田中荣信撰	见皇汉医学丛书	01、03

（二）伤寒论

1. 本文

序号	书名和成书年	作者和著作形式	版本	收藏馆
0001	伤寒论（又名校正伤寒论、宋本伤寒论）（10卷），219年	（东汉）张仲景撰，（晋）王叔和编，（宋）林亿校	①1923年、1925年、1927年恽铁樵据明万历赵开美刻本影印本	01、02、03
			②抄本	02
0002	伤寒论（10卷），219年	（东汉）张仲景撰	①清同治九年（1870年）重镌，常郡陆氏双白燕堂藏版，6册	04
			②1923年武进恽氏翻宋版刻本，4册	01
			③1924年中华书局影印聚珍仿宋本，4册	04
			④中华聚珍仿宋四部备要本，4册	01
			⑤上海中华书局聚珍仿宋版，1册	04
			⑥四部备要，上海中华书局据古今医统本校刊，民国铅印本，4册	11
0003	伤寒论（10卷），219年	（晋）王叔和编	1923年恽铁樵据明赵开美翻刻宋本影印，6册	03
0004	伤寒论（10卷），1144年	（金）成无己注	清同治九年（1870年）常郡陆氏双白燕堂刻本，6册	01、04

续表

序号	书名和成书年	作者和著作形式	版本	收藏馆
0005	仲景伤寒论（10 卷），附伤寒明理论，1144 年	（金）成无己注	清光绪二十二年（1896 年）湖南书局刻本，6 册	01
0006	集注伤寒论（10 卷），1144 年	（金）成无己注	见仲景全书	01
0007	伤寒直格（又名刘河间伤寒论方），1186 年	（金）刘完素撰	见刘河间伤寒三、六书	03
0008	刘河间伤寒论方（又名伤寒直格）（2 卷，中下卷），附一种（1 卷），1186 年 附录子目： 伤寒标本心法类萃（1 卷，上卷），（金）刘完素撰，（明）吴勉学校	（元）葛雍编，（明）吴勉学校	千顷堂书局，1 册	06
0009	伤寒标本，1186 年	（元）葛雍编，（明）吴勉学校	版本不详，1 册	06
0010	伤寒标本心法类萃（2 卷），1186 年	（金）刘完素撰	见刘河间伤寒三、六书	03
0011	伤寒标本心法类萃（1 卷，下卷），附二种，1186 年 附录子目： ①河间伤寒心要，（金）镏洪编，（明）吴勉学校 ②张子和心镜别集，（金）常德编，（明）吴勉学校	（金）刘完素撰，（明）吴勉学校	版本不详	06
0012	伤寒心镜（又名伤寒心镜别集、张从正心镜别集），1217 年	（金）常德编	见刘河间伤寒三、六书	03
0013	伤寒心要（1 卷），1234 年	（金）镏洪编	见刘河间伤寒三、六书	03
0014	删定伤寒论，1813 年	（东汉）张仲景撰，（日本）吉益猷删定	清宣统二年（1910 年）上海文明书局铅印丁氏医学丛书本	02
0015	伤寒论章节（5 卷），1902 年	（清）包育华、（民国）包识生合撰	①1920 年铅印本	03
			②1930 年、1936 年上海铅印本	02

2. 别本

序号	书名和成书年	作者和著作形式	版本	收藏馆
0001	伤寒汲古（3 卷），1932 年	（民国）周岐隐编	①1933 年四明怡怡书屋铅印本，1 册	01
			②四明怡怡书屋藏版，民国铅印本，1 函 1 册	05

3. 注释

序号	书名和成书年	作者和著作形式	版本	收藏馆
0001	注解伤寒论（10卷），1144年	（东汉）张仲景撰，（晋）王叔和编，（金）成无己注	①清同治九年（1870年）常郡陆氏双白燕堂刻本（附伤寒明理论4卷）	01
			②清光绪六年（1880年）扫叶山房刻本（附伤寒明理论4卷），6册	03
			③清光绪二十二年（1896年）湖南书局刻本（附伤寒明理论4卷）	01
			④1919年上海商务印书馆据明嘉靖汪济川刻本影印四部丛刊本	01、02
			⑤1936年上海中华书局铅印四部备要本	01
			⑥1936年上海商务印书馆缩印四部丛刊本（附伤寒明理论4卷）	01
			⑦1936年中华书局缩印四部备要本（附伤寒明理论4卷）	01
0002	注解伤寒论（10卷），1144年	（金）成无己注	清同治九年（1870年）常郡陆氏双白燕堂刻本，1函4册	05
0003	注解伤寒论（10卷），附伤寒明理论，1144年	（金）成无己注	清光绪六年（1880年）扫叶山房藏版，1函4册	05
0004	注解伤寒论（10卷），论图（1卷），附一种（4卷），1144年 附录子目： 伤寒明理论（4卷），（金）成无己撰	（东汉）张仲景撰，（晋）王叔和编，（金）成无己注	①清同治九年（1870年）常郡陆氏双白燕堂刻本，6册	01
			②清光绪六年（1880年）扫叶山房刻本，8册	03
			③清光绪二十二年（1896年）湖南书局刻本，6册	01
0005	注解伤寒论（10卷），图解运气图（1卷），1144年	（东汉）张仲景撰，（晋）王叔和编，（金）成无己注	清光绪六年（1880年）扫叶山房刻本，6册	03
0006	伤寒明理论（3卷），1156年	（金）成无己撰	①1936年大东书局铅印本，1册	01
			②见仲景全书	01、03、04
0007	伤寒明理论（4卷），1156年	（金）成无己撰	版本不详，2册	05
0008	伤寒类证（3卷），1163年	（金）宋云公撰	见仲景全书	01、04
0009	伤寒论条辨（8卷），1589年	（明）方有执编	1959年四川人民出版社就渭南严氏原版印行，1函4册	05
0010	痓书（1卷），1589年	（明）方有执编	见伤寒论条辨	03
0011	张卿子伤寒论，1624年	（东汉）张仲景撰	1924年大东书局铅印本，8册	01

续表

序号	书名和成书年	作者和著作形式	版本	收藏馆
0012	尚论篇（又名尚论张仲景伤寒论重编三百九十七法）（4卷），附后篇（4卷），卷首（1卷），1648年	（清）喻昌著	①清乾隆十六年（1751年）博古堂刻本，4册	01
			②清乾隆二十八年（1763年）黎川陈守诚刻本嵩秀堂藏版	01
			③清光绪三十一年（1905年）经元书室刻本，7册	02
			④清光绪三十三年（1907年）上海简青斋书局石印本	01、02
			⑤民国上海广益书局石印本	01
0013	尚论篇（5卷），1648年	（清）喻昌著	简青斋书局石印，1册	04
0014	尚论篇（8卷），1648年	（清）喻昌著	①清乾隆三十年（1765年）嵩秀堂重刻本，8册	01
			②见喻氏医书三种	01、03
			③简青斋书局石印本，2册	01、04
			④上海广益书局石印本，1册	01
0015	尚论后篇（2卷），1648年	（清）喻昌著	竹秀山房藏版，2册	05
0016	尚论后篇（4卷），1648年	（清）喻昌著	版本不详，2册	05
0017	尚论篇、尚论后篇（8卷），1648年	（清）喻昌著	版本不详，1函8册	05
0018	尚论篇（4卷），尚论后篇（4卷），寓意草（1卷），1648年	（清）喻昌著	清光绪三十三年（1907年）上海简青斋书局石印本，1册	02
0019	伤寒论注（4卷），1669年	（清）柯琴编注	①清乾隆二十年（1755年）刻本昆山马氏校绥福堂藏版	03
			②清乾隆二十年（1755年）金阊绿慎堂刻本，6册	01、02
			③清乾隆三十一年（1766年）博古堂刻本，4册	02
			④清扫叶山房刻本	03
			⑤民国上海锦章书局石印本（附伤寒附翼）	03
0020	伤寒论注（4卷），1669年	（东汉）张仲景撰，（清）柯琴编注，马中骅校订	清乾隆二十年（1755年）昆山马中骅绥福堂刻本，4册	03
0021	伤寒论注（4卷，存卷四），1669年	（东汉）张仲景撰，（清）柯琴编注，马中骅校订	清刻本，1册	08

续表

序号	书名和成书年	作者和著作形式	版本	收藏馆
0022	伤寒论注（4卷），附一种（2卷），1669年 附录子目： 伤寒附翼（2卷），（清）柯琴编注，马中骅校订	（东汉）张仲景撰文，（清）柯琴编注，（清）马中骅校订	清刻本，9册	03
0023	伤寒论注（4卷），附一种（2卷），1669年 附录子目： 附翼（2卷），（清）柯琴编注，马中骅校订，叶桂评	（东汉）张仲景撰，（清）柯琴编注，马中骅校订，叶桂评	清扫叶山房刻本，6册	01
0024	伤寒论注（4卷），附伤寒附翼，1669年	（清）柯琴编注	①清乾隆二十年（1755年）扫叶山房刻本	03
			②清乾隆二十年（1755年）昆山绥福堂刻本	03
			③上海锦章书局石印本	03
0025	伤寒论后条辨（12卷），1670年	（清）程应旄条注，王式钰校	版本不详，8册	06
0026	伤寒论后条辨（15卷），1670年	（清）程应旄条注	清乾隆九年（1744年）致和堂刻本，8册	01
0027	伤寒论三注（16卷），1677年	（清）周扬俊撰	①清康熙二十二年（1683年）刻本，6册	01
			②清光绪十三年（1887年）味经堂刻本，11册	03、04
			③清光绪十三年（1887年）刻本，渔古山房藏版，6册	03
			④清光绪十三年（1887年）重刊，味经堂藏版，8册	04
			⑤清光绪十三年（1887年）渔古山房刻本，3册	03
			⑥清刻本，6册	01
0028	伤寒论集注（6卷），1683年	（清）张志聪注，高世栻注	①清末石印本，1册	02
			②1923年、1925年、1928年、1930年、1932年、1935年上海广益书局石印本	02（残）
			③民国上海进步书局石印本（附疟疾新论）	01、02
			④上海锦章书局石印本	02
0029	伤寒论集注，1683年	（金）成无己注	民国上海启新书局石印本，4册	04
0030	伤寒论集注，1683年	（清）张志聪注	上海进步书局石印本，1册	01
0031	伤寒论集注（14卷），1683年	（东汉）张仲景撰	上海启新书局印行，4册	04
0032	伤寒论集注（6卷，存卷三、卷四），1683年	（清）张志聪注	清光绪元年（1875年）石印本，3册	05

续表

序号	书名和成书年	作者和著作形式	版本	收藏馆
0033	伤寒论集注（6卷），1683年	（清）张志聪注	上海锦章书局石印本，3册	05
0034	伤寒附翼，1706年	（清）柯琴编注	①版本不详，1册	04
			②见伤寒来苏集	03
0035	伤寒附翼（2卷），1706年	（清）柯琴编注	①版本不详，1册	04
			②姑苏原版，2册	05
0036	伤寒来苏集（4卷），1706年	（清）柯琴撰	①清刻本，8册	01
			②1936年大东书局铅印本，6册	01
			③金阊绿慎堂刻本，8册	01
0037	伤寒来苏集（6卷），1706年	（清）柯琴撰	清乾隆五十九年（1794年）苏州扫叶山房刻本，6册	01
0038	伤寒来苏集（6卷），1706年 子目： ①伤寒论注（4卷），（东汉）张仲景原文，（清）柯琴编注，马中骅校订 ②伤寒论翼（2卷，上下卷），（清）柯琴撰，王陈梁阅	（清）柯琴撰，叶桂评订	清古香室原板，6册	06
0039	伤寒来苏集（1卷，存伤寒论注卷二），1706年	（东汉）张仲景原文，（清）柯琴撰，马中骅校订	上海锦章图书局印行，1册	06
0040	伤寒来苏全集（4卷），1706年	（清）柯琴撰	清弘仁会藏版，4册	05
0041	伤寒来苏集（6卷），1706年	（清）柯琴撰	版本不详，1函6册	05
0042	校正伤寒来苏集（不分卷），1706年	（清）柯琴撰	上海锦章书局石印本，1函1册	05
0043	伤寒论注来苏集（8卷），1706年 子目： ①伤寒论注（4卷） ②伤寒论翼（2卷） ③伤寒附翼（2卷）	（清）柯琴撰	①清乾隆二十年（1755年）刻本昆山绥福堂藏版	03
			②清乾隆二十年（1755年）马中骅校刻本，6册	03
			③清乾隆三十一年（1766年）博古堂刻本	02
			④清金阊绿慎堂刻本	01、02
			⑤清苏州扫叶山房刻本	01
			⑥清弘仁会刻本	03
			⑦清刻本	01
			⑧清弘仁堂刻本，4册	03
			⑨1931年上海千顷堂书局石印本，2册	03

续表

序号	书名和成书年	作者和著作形式	版本	收藏馆
0044	伤寒论直解（6卷），附伤寒附余（1卷），1712年	（清）张锡驹撰	①清康熙五十一年（1712年）钱塘张氏三余堂刻本，10册	02
			②清刻本	02
0045	伤寒论三注（18卷），1713年	（清）周扬俊、刘宏璧撰	清浙江书局刻本，1函8册	05
0046	伤寒论本义（18卷），卷首（1卷），卷末（1卷），1721年	（清）魏荔彤撰	①清康熙六十年（1721年）刻本（缺卷一），5册	02
			②清雍正三年（1725年）宝纶堂刻本	02
0047	伤寒贯珠集（又名宗圣要旨伤寒贯珠集）（8卷），1729年	（清）尤怡注	①清嘉庆十五年（1810年）朱陶性木活字本白鹿山房藏版，4册	01
			②清嘉庆十五年（1810年）苏州绿荫堂刻本，4册	03、04
			③清光绪四年（1878年）苏州会文堂刻本，4册	03
			④清苏州绿润堂刻本	02
			⑤清苏州来青阁刻本，4册	03
			⑥民国大东书局铅印本，4册	01
0048	张仲景伤寒论贯珠集（8卷），1729年	（清）尤怡注	①清嘉庆十五年（1810年）活字版本，4册	01
			②清苏州来青阁木活字本，2册	03
			③清苏州绿润堂刻本，4册	02
			④苏州绿荫堂藏版，1册	04
			⑤苏州来青阁藏版，1函4册	05
0049	张仲景伤寒论贯珠集（又名伤寒贯珠集）（8卷），1729年	（清）尤怡注，朱陶性校	清嘉庆十五年（1810年）苏州来青阁藏版，4册	06
0050	张仲景伤寒论贯珠集（8卷），1729年	（东汉）张仲景原文，（清）尤怡注，朱陶性校	清光绪四年（1878年）刻木活字苏州会文堂印本，2册	03
0051	伤寒集注（4卷），1739年	（清）舒诏撰	文光堂梓，1函4册	05
0052	重订伤寒集注（10卷），附录（1卷），1739年	（清）舒诏撰，夏之翰参订	清嘉庆十六年（1811年）重刻本，6册	08
0053	再重订伤寒集注（13卷），1739年	（清）舒诏撰	清乾隆三十五年（1770年）两仪堂刻本，5册	02
0054	舒氏伤寒集注（10卷），附录（5卷），1739年	（清）舒诏撰	清两仪堂刻本	02（残）

续表

序号	书名和成书年	作者和著作形式	版本	收藏馆
0055	伤寒卒病论读（又名伤寒论读），1765年	（清）沈又彭撰	①清乾隆三十四年（1769年）博古堂刻本	02
			②民国杭州三三医社铅印本，1册	01
0056	伤寒卒病论读（10卷），医经读（4卷），1765年	（清）沈又彭撰	清博古堂刻本，4册	02
0057	伤寒分经（10卷），1766年	（清）吴仪洛订	清乾隆三十一年（1766年）硖川利济堂刻本，8册	03
0058	伤寒论纲目（16卷），卷首（2卷），1773年	（清）沈金鳌撰	①清乾隆四十九年（1784年）无锡沈氏刻沈氏尊生书本，7册	02
			②清同治十三年（1874年）湖北崇文书局刻本	02
0059	伤寒论纲目（16卷），1773年	（清）沈金鳌撰	见沈氏尊生书	01、03、04
0060	伤寒论分注（又名伤寒论纲要)(1卷），1791年	（日本）伊势橘春晖	日本宽政三年（1791年）刻本，1函1册	05
0061	伤寒论浅注（6卷），1797年	（清）陈念祖集注	①清同治八年（1869年）广州同文堂刻本，3册	02
			②清光绪十五年（1889年）光裕书屋，3册	05
			③清光绪二十七年（1901年）新化三味书局校刊，4册	05
			④清光绪三十四年（1908年）宝庆富记书局刻本（附长沙方歌括），5册	03
			⑤清羊城刻本	02
			⑥清佛镇连元阁刻本（附长沙方歌括），3册	01
			⑦1934年、1936年上海千顷堂书局石印本	02
			⑧1937年上海大文书局铅印本	02
			⑨民国上海文华书局石印本	02
			⑩见陈修园医书诸种本（附长沙方歌括）	01、03
0062	伤寒论浅注（3卷，存卷四至卷六），1797年	（清）陈念祖集注，陈蔚、陈元犀同参校	版本不详，1册	06
0063	张仲景伤寒论原文浅注（6卷），1797年	（清）陈念祖集注	①见南雅堂医书全集	01、03
			②清道光佛镇连元阁刻本，3册	01

续表

序号	书名和成书年	作者和著作形式	版本	收藏馆
0064	张仲景伤寒论原文浅注（6卷），附一种（6卷），1797年 附录子目： 长沙方歌括（6卷），（清）陈念祖著，陈蔚擬注，陈元犀参订	（清）陈念祖集注	清光绪三十四年（1908年）宝庆富记书局刻本，2册	03
0065	伤寒论辑义（7卷），1801年	（日本）丹波元简撰	①日本文政五年（1822年）聿修堂刻本，清光绪十年（1884年）杨守敬重印本	03
			②日本文政五年（1822年）新刊，聿修堂藏版，1册	04
			③1935年上海中医书局铅印本，10册	03
			④1939年上海中医书局皇汉医学编译社铅印本	03
0066	伤寒论辑义（6卷），1801年	（日本）丹波元简撰	1928年出版，恽铁樵医寓，10册	04
0067	校正王朴庄伤寒论注（6卷），1866年	（清）王丙撰	见世补斋医书续集	03
0068	伤寒论浅注补正（7卷，缺卷二至卷四），卷首（1卷），1884年	（东汉）张仲景撰，（清）陈念祖集注，唐宗海补正	清光绪三十四年（1908年）上海千顷堂书局石印本，3册	02
0069	伤寒论浅注补正（7卷），卷首（1卷），1884年	（东汉）张仲景撰，（清）陈念祖集注，唐宗海补正	清光绪三十四年（1908年）上海千顷堂书局石印中西汇通医书五种本，7册	01、03
0070	伤寒论浅注补正（7卷），附长沙方歌括、灵素集注节要，1884年	（清）陈念祖集注，唐宗海补正	①清光绪三十二年（1906年）、清光绪三十四年（1908年）上海千顷堂书局石印本，3册	01
			②1934年、1935年、1936年 上海千顷堂书局铅印本，1册	01
			③1935年大达图书供应社铅印本	02
			④见中西汇通医书五种	03
0071	伤寒论新注（1卷），1909年	（清）王丙撰	见世补斋医书	03
0072	伤寒论讲义，1912年	（民国）包识生撰	1930年著者铅印本	02
0073	伤寒论汇注精华（9卷），1920年	（民国）汪莲石编	1920年上海扫叶山房石印本，6册	03

续表

序号	书名和成书年	作者和著作形式	版本	收藏馆
0074	最新伤寒论精义折衷（2卷），1922年	（民国）朱茆撰	①1922年、1934年、1936年北平华北国医学院铅印本	03
			②1934年北京直隶书局铅印本，2册	03
0075	伤寒杂病论精义折中（4卷），1922年	（民国）朱茆撰	民国铅印本，1函4册	05
0076	伤寒论辑义按（6卷），附章太炎先生霍乱论，1927年	（民国）恽铁樵撰	①1928年、1929年上海商务印书馆铅印本，10册	02、03、04
			②1929年武进恽氏铅印本，10册	03
			③1941年上海民友公司印，6册本	03
			④1941年、1946年上海千顷堂书局铅印本	03
0077	伤寒论辑义按（1卷，存卷六），附隋息居霍乱论，1927年	（清）王士雄原本，陆懋修摘抄	版本不详，1册	06
0078	伤寒论辑义按（4卷），1927年	（民国）恽铁樵撰	民国铅印本，1函10册	05
0079	增订伤寒百证歌注，1928年	（民国）何廉臣增订	1931年六也堂书药局铅印本	04
0080	伤寒论今释（8卷），1930年	（民国）陆渊雷撰	①1931年上海国医学院铅印本，8册	01、02、03、04
			②1931年上海国医学院本，8册	04
0081	伤寒论阳明病释（4卷），1931年	（清）陆懋修撰	见世补斋医书前集	03
0082	增订条注伤寒心法（8卷），1932年	（民国）陈绍勋撰	①1932年四川省江北县鱼镇里医学传习所石印本	02
			②民国石印本，8册	05
0083	伤寒条辨，1933年	（民国）费通甫撰	①1936年中国医学院出版部，2册（合订一本）	01、04
			②1937年上海中国医学院铅印本	01
0084	伤寒条辨（1卷），1933年	（民国）费通甫撰	1937年再版，中国医学院出版部，1册	04
0085	伤寒杂病论义疏（16卷），1934年	（民国）刘世祯述义	1934年长沙商务印书馆铅印本，1册	01、03
0086	伤寒论广训（8卷），1936年	（民国）巫燡注	民国铅印本，1函8册	05

续表

序号	书名和成书年	作者和著作形式	版本	收藏馆
0087	（图表注释）伤寒论新义（10卷），1939年	（民国）余无言撰	1940年、1949年上海中华书局铅印本	02
0088	伤寒学讲义，1940年	（民国）黄榉门编	民国广西省立南宁医药研究所铅印本	02
0089	伤寒论析义，1948年	（民国）范敏言著	1948年南宁合利印刷所石印本	02
0090	广东中医药专门学校伤寒学讲义，1949年	（民国）冯瑞鎏编	广东中医药专门学校印刷部印	06
0091	中医学院伤寒论讲义，1949年	（民国）季裘手录	版本不详，4册	04

4. 发挥

序号	书名和成书年	作者和著作形式	版本	收藏馆
0001	伤寒微旨论（2卷），1086年	（宋）韩祗和撰	①清咸丰四年（1854年）新昌庄肇麟过客轩刻长恩书室丛书本（附旅舍备要方），1册	01
			②1914年上海千顷堂书局石印本	02
0002	伤寒微旨论（2卷），附施舍备要方，1086年	（宋）韩祗和撰	1914年上海千顷堂书局石印，1册	06
0003	伤寒总病论（6卷），1100年	（宋）庞安时撰	①清道光三年（1823年）黄氏士礼居覆宋刻本（附札记1卷）	01、02
			②民国元年（1912年）武昌医馆刻本	01
0004	伤寒总病论（6卷），附札（1卷），1100年	（宋）庞安时撰，（清）黄丕烈撰	①民国元年（1912年）武昌医馆重刻本	01
			②1937年商务印书馆丛书集成初编本，2册	01、03
			③见士礼居黄氏丛书	01
0005	伤寒总病论（6卷），1100年	（宋）庞安时撰	民国元年（1912年）武昌医馆重刊本，1函2册	05
0006	伤寒总病论（3卷，存卷三、卷四、卷六），1100年	（宋）庞安时撰	版本不详，3册	05
0007	伤寒类证活人书（又名南阳活人书）（22卷），1107年	（宋）朱肱撰	①清光绪十年（1884年）江南机器制造总局刻本（附伤寒十劝）	01、02、03
			②清光绪十二年（1886年）广东刻本	03
			③1939年商务印书馆铅印本	01、02
0008	类证活人书（22卷），1107年	（宋）朱肱撰	清光绪十年（1884年）本，4册	04
0009	增注伤寒类证活人书（22卷），1107年	（宋）朱肱撰	①清光绪十年（1884年）江南机器制造总局重刻本，4册	01、03、04
			②清光绪十二年（1886年）刻本，4册	03

续表

序号	书名和成书年	作者和著作形式	版本	收藏馆
0010	增注类证活人书（22卷），释音（1卷），1107年	（明）吴勉学校	清光绪十二年（1886年）刻本	07
0011	增注类证活人书（22卷），释音（1卷），药性（1卷），1107年	（宋）朱肱撰	①清光绪十年（1884年）江南机器制造总局刻本，4册	02
			②清光绪刻本，4册	01
0012	增注类证活人书（22卷），释音（1卷），药性（1卷），1107年	（宋）朱肱撰，（明）吴勉学校	清光绪十二年（1886年）刻本，4册	03
0013	伤寒发微论（2卷），1132年	（宋）许叔微撰	清光绪七年（1881年）吴兴陆氏刻本	02
0014	新编张仲景注解伤寒发微论（2卷），新编张仲景注解伤寒百证歌（5卷，存卷一），1132年	（宋）许叔微撰	清光绪七年（1881年）归安陆氏十万卷楼刻十万卷楼丛书本，1册	02
0015	伤寒补亡论（5卷），1181年	（宋）郭雍撰	手抄本影印，1册	04
0016	伤寒补亡论（20卷），1181年	（宋）郭雍撰	①清宣统三年（1911年）武昌医馆重校心太平轩刻本，4册	01
			②清宣统三年（1911年）武昌医馆重校心太平轩刊版，4册	06
			③清宣统三年（1911年）武昌医馆重校心太平轩刻本，1函4册	05
			④1925年苏州锡承医社铅印本，2册	04
			⑤见豫医双璧	03
0017	仲景伤寒补亡论（20卷），1181年	（宋）郭雍撰	1925年苏州锡承医社重刊，2册	04
0018	伤寒九十论，1132年	（宋）许叔微撰	1936年大东书局铅印本，1册	01
0019	伤寒钤法，1234年	（元）马宗素撰	见仲景全书	03
0020	刘河间伤寒医鉴（1卷），1234年	（元）马宗素撰	见刘河间伤寒三书、六书	03
0021	刘河间伤寒医鉴，附伤寒直格上卷，1234年	（元）马宗素撰，（明）吴勉学校	版本不详，1册	06
0022	海藏老人阴证略例（1卷），1237年	（元）王好古撰	①清光绪十万卷楼丛书本	01
			②见影印元明善本丛书十种	01
0023	阴证略例，1237年	（元）王好古撰	①1936年商务印书馆丛书集成初编本，1册	01
			②1936年大东书局铅印本，1册	01
			③民国年间杭州三三医社铅印本，1册	01
0024	此事难知（2卷），1308年	（元）王好古撰	①见影印元明善本丛书十种之济生拔粹方	01、03
			②见东垣十书	03

续表

序号	书名和成书年	作者和著作形式	版本	收藏馆
0025	海藏老人此事难知（1卷），1308年	（元）王好古撰	见影印元明善本丛书十种之济生拔粹方	01、03
0026	东垣先生集此事难知（2卷，上下卷），1308年	（明）吴勉学校	版本不详，1册	06
0027	伤寒全生集（4卷），1445年	（明）陶华撰	①明崇祯十三年（1640年）娄东蔡懋德刻本	02、03
			②明崇祯豫章长春堂刻本，2册	03
			③清乾隆四十七年（1782年）眉寿堂刻本，10册	01、02
			④清嘉庆眉寿堂刻本，本衙藏版，8册	01、02、03
			⑤本衙藏版，1函4册	05
0028	陶节庵全生集（4卷），1445年	（明）陶华撰，朱映璧校正，何燉重校，戈如壁重校	明崇祯十三年（1640年）豫章长春堂刻本，2册	02、03
0029	伤寒六书（6卷），1445年 子目： ①伤寒家秘的本（1卷） ②伤寒明理续论（1卷） ③伤寒琐言（1卷） ④伤寒杀车槌法（1卷） ⑤伤寒一提金（1卷） ⑥伤寒截江网（1卷）	（明）陶华撰	①明步月楼刻本，4册	01、03
			②明刻本，2册	01
			③清道光十三年（1833年）文发堂刻本，天德堂藏版，4册	03
			④1930年上海千顷堂书局石印本（4卷），4册	02、03
			⑤1931年、1934年上海中医书局铅印本	02
0030	余杭陶节庵伤寒六种（6卷），1445年	（明）陶华撰	明正统十年（1445年）刻本，2册	01
0031	伤寒琐言（2卷），1445年	（明）陶华撰	见刘河间伤寒六书	03
0032	伤寒准绳（8卷），1602年	（明）王肯堂撰	清乾隆五十八年（1793年）修敬堂程永培校刻本	01
0033	伤寒典（2卷），1624年	（明）张介宾撰	见景岳全书	01
0034	伤寒六书纂要辨疑（4卷），1632年	（明）童养学撰	清顺治十八年（1661年）新筑玉堂书室刻本，1册	02
0035	伤寒补天石（2卷），续伤寒补天石（2卷），1644年	（明）戈维城撰	①清嘉庆十六年（1811年）朱陶性活字本经义堂藏版	03
			②清嘉庆十六年（1811年）吴中朱陶性汲绠斋木活字印本，2册	02
			③清嘉庆十六年（1811年）活字本，2册	08
			④清宁波汲绠斋刻本，6册	03、04
			⑤清刻本	02
			⑥清白鹿山房刻本（缺附件），1册	03
			⑦清活字本，1册	03
			⑧清活字本（存伤寒补天石卷一至卷二），1册	03

续表

序号	书名和成书年	作者和著作形式	版本	收藏馆
0036	伤寒补天石（2卷），1644年	（明）戈维城撰	汲绠斋梓，5册	04
0037	续伤寒补天石（2卷），1644年	（明）戈维城撰	①清嘉庆十六年（1811年）吴中朱陶性汲绠斋木活字印本，2册	02
			②版本不详	05
0038	伤寒缵论（2卷），1663年	（清）张璐撰	①清康熙刻本	01
			②清康熙刻张氏医书七种本，3册	01
			③清刻本（存下卷），1册	02
			④见张氏医书七种	01
			⑤见张氏医通	03
0039	伤寒绪论（2卷），1665年	（清）张璐撰	①见张氏医书七种	01
			②见张氏医通	03
			③版本不详，1函4册	05
0040	伤寒大成，1665年 子目： ①伤寒缵论（2卷），（清）张璐撰 ②伤寒绪论（2卷），（清）张璐撰 ③伤寒舌鉴，（清）张登撰 ④伤寒兼症析义，（清）张倬撰 ⑤诊宗三昧，（清）张登编	（清）张璐等撰	清康熙六年（1667年）同德堂刻本，10册	03
0041	伤寒附翼，1674年	（清）柯琴编注	见伤寒论注附录	03
0042	伤寒论翼（2卷），1674年	（清）柯琴撰	①清康熙五十五年（1716年）江都王氏秩斯堂刻本，2册	02
			②见艺海珠尘	01
			③见伤寒论注来苏集	03
			④古香室原版，2册	05
			⑤务本堂发兑，2册	05
0043	伤寒辨证（4卷），1678年	（清）陈尧道撰	①清嘉庆十一年（1806年）阳信劳氏江苏粮储道刻本，本衙藏版，1册	03
			②见伤寒痘疹辨证合编	03
0044	伤寒辨证（4卷），1678年	（清）陈尧道撰，劳凤翔订	清嘉庆十一年（1806年）刻本，1册	03
0045	伤寒辨证（4卷），附三种（7卷），1678年 附录子目： ①痘科辨证（3卷），（清）陈尧道撰 ②疹科辨证（3卷），（清）陈尧道撰，陈修园评订 ③末（1卷），（清）张鹏飞校梓	（清）陈念祖评，陈尧道撰，劳凤翔订	清嘉庆二年（1797年）聚奎堂刻本，3册	03

续表

序号	书名和成书年	作者和著作形式	版本	收藏馆
0046	伤寒六经辨证治法，1693年	（清）沈明宗撰	1937年大东书局铅印本，4册	01
0047	伤寒大白（4卷），总论（1卷），1714年	（清）秦之桢撰	①清康熙五十三年（1714年）陈懋宽其顺堂刻本，4册	02
			②清光绪九年（1883年）刻本上海味兰书屋藏版，4册	03
			③清光绪十年（1884年）还读楼刻本，4册	03
			④1922年宁瑞堂石印本，4册	04
0048	伤寒大白（4卷），1714年	（清）秦之桢撰	①清光绪九年（1883年）上海味兰书屋，1函4册	05
			②清光绪九年（1883年）味兰书屋刻本，4册	03
			③清光绪十年（1884年）还读楼刻本，2册	03
0049	伤寒大白（4卷），1714年	（清）高世栻撰	吴门秘瑞堂殷氏藏本，4册	04
0050	医效秘传（3卷），1742年	（清）叶桂述	①清道光十一年（1831年）刻本，吴氏贮春仙馆藏版，11册	01、02（残）、03、04
			②清道光十一年（1831年）文聚堂刻本，3册	01
			③清道光十二年（1832年）宏道堂刻本，2册	03、04
			④清光绪二十七年（1901年）上海汉续楼石印本	02
			⑤清末石印本，1册	02
			⑥清刻本，3册	01
0051	医效秘传（3卷），1742年	（清）叶桂述，吴金寿纂	①清道光十一年（1831年）吴氏贮春仙馆刻本，1册	03
			②清刻本，1册	03
0052	医效秘传（3卷），附一种（1卷），1742年 附录子目： 温热赘言（1卷），（清）寄瓢子述	（清）叶桂述，吴金寿纂	清宏道堂刻本，1册	03
0053	叶氏医效秘传（3卷），1742年	（清）叶桂述	清道光十一年（1831年）宏道堂藏版，1册	04
0054	叶氏医效秘传（3卷），1742年	（清）叶桂述，吴金寿纂，张友樵审定	清道光十一年（1831年）开雕，吴氏贮春仙馆藏版，3册	06

续表

序号	书名和成书年	作者和著作形式	版本	收藏馆
0055	伤寒悬解（14卷），卷首（1卷），卷末（1卷），1748年	（清）黄元御著	①清道光十二年（1832年）长沙徐氏燮和精舍刻黄氏医书八种本（附伤寒说意）	01
			②清咸丰十年（1860年）长沙燮和精舍刻黄氏医书八种本，5册	01
			③清同治五年（1866年）刻本，3册	03
			④清光绪二十年（1894年）上海图书集成印书局铅印本，3册	02
			⑤见黄氏医书八种	01、03
0056	伤寒说意（10卷），卷首（1卷），1756年	（清）黄元御著	①清光绪二十年（1894年）上海图书集成印书局铅印本，1册	02
			②清宣统三年（1911年）上海江左书林石印本	02
0057	伤寒说意（10卷），1756年	（清）黄元御著	见黄氏医书八种	01、03
0058	伤寒约编（6卷），1759年	（清）徐大椿撰	见徐氏医书十六种、徐灵胎医书三十二种、徐灵胎医略六书	03
0059	六经病解，1759年	（清）徐大椿撰	见徐氏医书六种、徐灵胎医书三十二种	03
0060	伤寒指掌（又名感症宝筏）（4卷），1796年	（清）吴贞撰	1912年绍兴明强书药局铅印何廉臣重订本	02
0061	伤寒撮要（4卷），1799年	（清）王梦祖撰	①见影印古本医学丛书第一集	01
			②上海中医书局影印古本医学丛书之二，1函4册	05
0062	伤寒医诀串解（6卷），1803年	（清）陈念祖撰	①清咸丰六年（1856年）敦厚堂刻本，1册	02
			②上海锦章书局石印本，1册	01
			③见南雅堂医书全集	01、03
0063	伤寒医诀串解（2卷），1803年	（清）陈念祖撰	见陈修园医书十五种、陈修园医书五十种、陈修园医书七十二种	01、03
0064	伤寒广要，1825年	（日本）丹波元简撰	日本文政十年（1827年）聿修堂刻本，4册	04
0065	伤寒广要（11卷），1825年	（日本）丹波元简撰	日本文政十年（1827年），聿修堂藏版，1册	04
0066	新增伤寒广要（12卷），1825年	（日本）丹波元简撰，（清）何廉臣增订	1928年、1931年、1939年上海六也堂书药局铅印本，6册	02、03、04
0067	伤寒论本旨（9卷），1825年	（清）章楠撰	见医门棒喝二集	03

续表

序号	书名和成书年	作者和著作形式	版本	收藏馆
0068	伤寒论述义（5卷），附伤寒论述义补（1卷），1827年	（日本）丹波元简撰	①1929年、1931年六也堂书药局铅印本，2册	03
			②1931年上海六也堂书药局铅印本	03
0069	伤寒论述义，1827年	（日本）丹波元简撰	日本文政五年（1822年）聿修堂刻本，7册	04
0070	伤寒论述义，1827年	（日本）丹波元简撰	日本文政十年（1827年）江户青云堂本，1册	04
0071	伤寒论述义（6卷），1827年	（日本）丹波元简撰	江户青云堂版，1册	04
0072	何氏医学丛书三种伤寒论述义（5卷），1827年	（日本）丹波元简撰，（民国）何廉臣鉴定，何幼廉校勘	六也堂书药局印行，2册	06
0073	切总伤寒，1844年	（清）廖云溪撰	见医学五则	03
0074	伤寒论归真（又名仲景归真）(7卷)，1849年	（清）陈焕堂撰	清道光二十九年（1849年）光华堂刻本，3册	01（残）
0075	伤寒寻源（3卷），1850年	（清）吕震名撰	①清光绪七年（1881年）重刻本，3册	01
			②见珍本医书集成	01、03
0076	伤寒法祖（2卷），1854年	（清）任越庵撰	见珍本医书集成	01、03
0077	伤寒医诀串解（6卷），伤寒真方歌括（6卷），1856年	（清）陈念祖撰	清咸丰上海锦章书局石印本，1册	01
0078	伤寒医诀串解（6卷），1856年	（清）陈念祖撰	清光绪十五年（1889年）江左书林刻本，1册	05
0079	伤寒论附余（2卷），1866年	（清）王丙撰	见世补斋医书	03
0080	澄园医类（15卷），1886年	（清）关耀南编	版本不详，1函6册	05
0081	余注伤寒论翼（4卷），1888年	（清）柯琴撰	清光绪十九年（1893年）苏州谢文翰斋刊印，4册	04
0082	余注伤寒论翼（4卷），1888年	（清）柯琴撰，（清）余景和重订，能静居士评	清光绪十九年（1893年）苏州谢文翰斋刻本，1册	03、04
0083	余注伤寒论翼（4卷），1888年	（清）柯琴撰，余景和重订，扫闲居士校刊	清光绪十九年（1893年）苏州谢文翰斋刻本，1册	03
0084	伤寒补例（2卷），1891年	（清）周学海撰	①1936年大东书局铅印本，1册	01
			②见周氏医学丛书	01、03

续表

序号	书名和成书年	作者和著作形式	版本	收藏馆
0085	伤寒论识（6 卷），1894 年	（日本）浅田惟常撰	1931 年上海六也堂书药局铅印本，6 册	03
0086	何氏医学丛书三种伤寒论识，1894 年	（日本）浅田惟常撰，（民国）何廉臣鉴定，何幼廉校勘	六也堂书药局印行，6 册	06
0087	伤寒捷诀（1 卷），1908 年	（清）严宫方撰	见珍本医书集成	01、03
0088	伤寒折中，1911 年	（清）欧阳逸休编	1941 年，2 册	06
0089	通俗伤寒论（12 卷），附历代伤寒书目考，1916 年	（清）俞根初撰，（民国）何廉臣增订	1932 年、1933 年、1934 年上海六也堂书药局铅印本，10 册	03
0090	伤寒论研究（4 卷），1923 年	（民国）恽铁樵撰	①1923 年上海商务印书馆铅印本，2 册	01、03
			②1924 年上海商务印书馆铅印本	01、03
			③1924 年、1935 年恽氏铅印本	02
			④1935 年铁樵医药事务所印，2 册	04
			⑤1935 年再版，铁樵医药事务所发行，1 册	04
			⑥民国铅印本，1 函 2 册	05
0091	伤寒论研究，1923 年	（民国）恽铁樵撰	1924 年商务铅印本	04
0092	伤寒论研究（4 卷），1923 年	（民国）恽铁樵撰	1924 年初版，恽铁樵寓印刷发行，1 册	04
0093	新伤寒论，1930 年	（民国）丁福保编	1930 年上海医学书局铅印本，1 册	01
0094	伤寒杂病论章句（16 卷），1932 年	（民国）孙鼎宜撰	见孙氏医学丛书	01、03
0095	伤寒证治述要，1932 年	（民国）陈邦镇撰	1932 年武昌永盛书局铅印本	02
0096	伤寒概要，1934 年	（民国）朱志成	清道光元年（1821 年）印本	13
0097	伤寒之研究，1935 年	（日本）中西惟忠编	见皇汉医学丛书	01、03
0098	曹氏伤寒发微，1939 年	（民国）曹家达撰	见 1931 年气听斋刻本，4 册	04
0099	曹氏伤寒发微（4 卷），1939 年	（民国）曹家达撰	1931 年昌明医药学社印刷发行，气听斋藏版，4 册	04
0100	新伤寒证治庸言（4 卷），1946 年	（民国）罗文杰	民国铅印本，1 函 1 册	05
0101	秘传御选伤寒三十六症，附舌图样，1949 年	佚名	民国汪如垲抄本	02

5. 方论

序号	书名和成书年	作者和著作形式	版本	收藏馆
0001	伤寒论类方，1759 年	（清）徐大椿撰	抄本，2 册	01
0002	伤寒论类方，1759 年	佚名	抄本	01
0003	伤寒论类方（1卷），1759 年	（清）徐大椿撰	①见徐氏医书八种、徐氏医书十三种、徐氏医书十六种、徐灵胎医书三十二种	01、03
			②见徐灵胎医书十二种	01、04
			③版本不详，1 册	04
0004	增辑伤寒论类方（4卷），1865 年	（清）徐大椿撰，潘霨增辑	①清同治五年（1866 年）古吴潘氏刻韡园医学六种本	01、03
			②民国初苏州振新书社据清光绪十年（1884 年）江西书局刻本重印本	01
0005	增辑伤寒论类方（4卷），附一种（1卷），1865 年 附录子目： 长沙方歌括（1卷），（清）陈念祖原文，萧庭滋、潘霨增辑	（清）徐大椿撰，潘霨增辑	清同治五年（1866 年）苏州振新书社刻韡园医学六种本，4 册种本	01
0006	增辑伤寒论类方（4卷），附长沙方歌括、伤寒附法，1865 年	（清）潘霨辑	见韡园医学丛书	03

6. 歌括

序号	书名和成书年	作者和著作形式	版本	收藏馆
0001	伤寒百证歌（5卷），1132 年	（宋）许叔微撰	清藏修书屋刻本，2 册	02
0002	伤寒百证歌发微论，1132 年	（宋）许叔微撰	①清光绪七年（1881 年）吴兴陆氏十万卷楼丛书重刻本，2 册	04
			②抄本，2 册	03
0003	伤寒百证歌发微论（7卷），1132 年	（宋）许叔微撰	清光绪七年（1881 年）丽宋楼重刻本，2 册	04
0004	新镌注解仲景张先生伤寒百证歌发微论（4卷），1132 年	（宋）许叔微撰，（明）雷顺春校证	清抄本，1 册	03
0005	伤寒图歌活人指掌［5卷，卷首（1卷）］，1337 年	（元）吴恕撰	明末致和堂刻本，4 册	03

续表

序号	书名和成书年	作者和著作形式	版本	收藏馆
0006	伤寒括要（1卷），1649年	（清）钟远洋著	清光绪三十四年（1908年）郁林钟章元刻小天别墅印本，1册	02
0007	伤寒括要（2卷），1649年	（明）李中梓撰	见珍本医书集成	01、03
0008	伤寒括要（3卷），方（2卷），1649年	（明）李中梓撰	见珍本医书集成	01、03
0009	伤寒真方歌括（6卷），1803年	（清）陈念祖撰	①见南雅堂医书全集	01、03
			②见陈修园医书诸种本	01、03
0010	长沙方歌括（6卷），1803年	（清）陈念祖撰	①清光绪二十一年（1895年）巴蜀善成堂校刻本	04
			②清光绪二十七年（1901年）新化三味书局校刻本，2册	04
			③清光绪二十七年（1901年）新化三味书局校刊，4册	04
			④清光绪二十九年（1903年）湖南益元书局刻本，4册	01
			⑤清南雅堂篆刻本	01
			⑥清光绪三十三年（1907年）巴蜀善成堂校刊，1册	04
			⑦清刻本（存卷三、卷四），1册	02
			⑧见陈修园医书诸种本及韡园医学六种本	03
			⑨见南雅堂医书全集	01
0011	伤寒审症表，1870年	（清）包诚撰	①清同治九年（1870年）刻本，2册	03、04
			②清同治十年（1871年）湖北崇文书局刻本	03
			③清同治十年（1871年）湖北崇文书局开雕，1册	06
0012	伤寒审症表，1870年	佚名	清同治十年（1871年）崇文书局开雕，1册	06
0013	增订伤寒百证歌注（又名新编张仲景注解伤寒百证录）(4卷)，1892年	（宋）许叔微撰，（清）何其昌增注，何廉臣增订	1931年、1936年上海六也堂书药局铅印本	03
0014	增订伤寒百证歌注（4卷），1892年	（宋）许叔微撰	1931年初版，上海六也堂书药局印行，铅印本，4册	04

续表

序号	书名和成书年	作者和著作形式	版本	收藏馆
0015	医方歌括（1卷），1897年	（清）王泰林撰	清抄本，1册	01
0016	医方歌括，1938年	佚名	抄本，1册	01

7. 杂著

序号	书名和成书年	作者和著作形式	版本	收藏馆
001	伤寒第一书（4卷），附余（2卷），1780年	（清）车宗略、胡宪丰撰	①清光绪十一年（1885年）刻本，浙绍奎照楼藏版，3册	03
			②清光绪十七年（1891年）浙江绍兴奎照楼刻本，2册	03
0002	伤寒第一书（4卷），1780年	（清）车宗略、胡宪丰撰	民国石印本，4册	05
0003	伤寒第一书读本，1780年	（清）沈月光等撰	1917年大德书局本，4册	04
0004	秘本伤寒第一书读本（6卷），1780年	（清）沈月光等撰	上海大德书局印行，4册	04

（三）金匮要略

1. 本文、注释

序号	书名和成书年	作者和著作形式	版本	收藏馆
0001	伤寒第一书（4卷），附余（2卷），1780年	（清）车宗略、胡宪丰撰	①清光绪十一年（1885年）刻本，浙江绍兴奎照楼藏版，3册	03
			②清光绪十七年（1891年）浙江绍兴奎照楼刻本，2册	03
0002	伤寒第一书（4卷），1780年	（清）车宗略、胡宪丰撰	民国石印本，4册	05
0003	伤寒第一书读本，1780年	（清）沈月光等撰	1917年大德书局本，4册	04
0004	秘本伤寒第一书读本（6卷），1780年	（清）沈月光等撰	上海大德书局印行，4册	04
0005	金匮要略方论（又名金匮玉函要略方论、金匮要略）（3卷），219年	（东汉）张仲景撰，（晋）王叔和集，（宋）林亿校	①1919年上海商务印书馆影印四部丛刊本	01、02
			②1936年中华书局铅印四部备要本	01、02
			③见仲景全书	01、03
0006	金匮要略（3卷），219年	（东汉）张仲景撰	①中华聚珍仿宋本，1册	01
			②见四部备要，上海中华书局医统本校刊，民国铅印本，1册	11
0007	金匮要略（2卷），219年	（东汉）张仲景撰	上海中华书局聚珍仿宋版，1册	04
0008	玉函经，1260年	（唐）杜光庭撰	1936年上海大东书局铅印本，1册	01

续表

序号	书名和成书年	作者和著作形式	版本	收藏馆
0009	金匮要略论注（24卷），1671年	（清）徐彬注	①清光绪五年（1879年）扫叶山房刻本，6册	03
			②1914年上海校经山房石印本，2册（合订一本）	04
			③1914年上海校经山房印行，1册	04
0010	金匮要略论注（25卷），1671年	（清）徐彬注	版本不详，1函4册	05
0011	张仲景金匮要略论注（24卷），1671年	（清）徐彬注，朱菲校	清光绪五年（1879年）扫叶山房刻本，3册	03
0012	金匮要略直解，1673年	（清）程林撰	1930年中医书局铅印本，1册	04
0013	金匮要略直解（3卷），1673年	（清）程林撰	1930年上海中医局印行，艺渊书屋藏版，1册	04
0014	金匮玉函经二注（22卷），附补方（1卷）、十药神书（1卷），1687年	（元）赵良仁衍义，（清）周扬俊补注	①清道光十八年（1838年）元和李清俊刻本，吴郡经义斋藏版（书口作养恬斋藏版），6册	02
			②清同治二年（1863年）刻本，上洋经义斋藏版（书口作养恬斋藏版）	03
			③清同治二年（1863年）养恬斋刻本，6册	03
0015	金匮玉函经二注（22卷），1687年	（元）赵良仁衍义，（清）周扬俊补注	①清咸丰十一年（1861年）姑苏萃芬书屋校刊，养恬斋藏版，6册	05
			②清同治二年（1863年）养恬斋藏版，1函6册	05
			③白鹿山房校印，4册	05
0016	金匮玉函经（22卷），1687年	（元）赵良仁衍义，（清）李清俊重刊，周扬俊补注，叶万青参校	养恬斋藏版，4册	06
0017	重刊金匮玉函经二注，1687年	（清）李清俊重刊	1937年大东书局铅印本，4册	01
0018	张仲景金匮要略（又名沈注金匮要略、金匮要略编注、医征金匮要略）（24卷），1692年	（清）沈明宗编注	①清康熙三十一年（1692年）刻本，3册	02
			②清康熙三十二年（1693年）致和堂刻本	02
			③清存朴堂刻本，2册	03
			④1936年大东书局铅印本，4册	01

续表

序号	书名和成书年	作者和著作形式	版本	收藏馆
0019	金匮要略方论本义（22卷），1720年	（清）魏荔彤撰	清乾隆金阊绿荫堂刻本，6册	01
0020	金匮心典（3卷），1729年	（清）尤怡集注	①清雍正刻本，遂初堂藏版	03
			②清同治八年（1869年）刻本，常郡陆氏双白燕堂藏版，3册	03、04
			③清光绪七年（1881年）刻本，崇德书院藏版，3册	01、02、03、05
			④清光绪二十四年（1898年）常郡宛委山庄刻本，3册	03
			⑤清光绪二十五年（1899年）常郡宛委山庄刻本，3册	03
			⑥清刻本，3册	01、02
			⑦遂初堂刻本，3册	03
0021	金匮心典（3卷），1729年	（清）尤怡集注	清同治八年（1869年）重镌，常郡陆氏双白燕堂藏版，1册	04
0022	金匮心典（3卷），1729年	（东汉）张仲景著，（清）尤怡集注	①清雍正十年（1732年）遂初堂刻本，1册	03
			②清光绪二十五年（1899年）常郡宛委山庄刻本，1册	03
0023	金匮心典（3卷），1729年	（东汉）张仲景著，（清）尤怡集注，倪济安勘	苏州扫叶山房藏版，3册	06
0024	金匮要略心典（3卷），1729年	（东汉）张仲景著，（清）尤怡集注	①清同治八年（1869年）曹英毂集，3册	06
			②清光绪七年（1881年）重镌，崇德书院藏版	06
0025	金匮要略心典，1729年	（清）尤怡集注	①清光绪七年（1881年）崇德书院刻本，3册	01、04
			②1937年大东书局铅印本，3册	01
0026	尤在泾金匮要略心典，1729年	（民国）陆士谔编	1937年世界书局铅印本，1册	01
0027	金匮悬解（22卷），卷首（1卷），卷末（1卷），1756年	（清）黄元御著	①清咸丰十年（1860年）长沙徐树铭燮和精舍刻黄氏医书八种本	03
			②清望云草庐刻本，2册	02
			③黄氏医书八种本，3册	01、03
			④燮和精舍刻本，3册	04

续表

序号	书名和成书年	作者和著作形式	版本	收藏馆
0028	金匮悬解（14卷，存卷九至卷二十二），1756年	（清）黄元御著，徐树铭校刊	清燮和精舍，2册	06
0029	金匮悬解（22卷），1756年	（清）黄元御著	清燮和精舍，7册	04
0030	金匮要略浅注（10卷），1803年	（清）陈念祖集注	①清咸丰五年（1855年）重庆闿氏书业堂刻本，2册	01
			②清同治八年（1869年）广州纬文堂刻本，5册	02
			③清光绪十五年（1889年）光裕书屋扫叶山房藏版，6册	05
			④清光绪十七年（1891年）新化三味书局刻本，5册	03
			⑤清光绪三十四年（1908年）宝庆富记书局刻本，4册	03
			⑥清末石印本（存卷六至卷十），1册	02
			⑦1914年重庆瀛州书局刻本	02
			⑧石印本，2册	01
			⑨见南雅堂医书全集	01
0031	金匮要略浅注（10卷），1803年	（东汉）张仲景原文，（清）陈念祖集注	①清道光十年（1830年）刻本（存卷一至卷四），1册	08
			②清光绪二十七年（1901年）新化三味书局刻本，1册	03
			③清光绪三十一年（1905年）上海文盛堂书局石印本（存卷一至卷十），1册	08
0032	金匮要略浅注（10卷，存卷一至卷八），1803年	（东汉）张仲景原文，（清）陈念祖集注	清光绪三十四年（1908年）宝庆富记书局刻本，4册	03
0033	金匮要略浅注（9卷，存卷三至卷九），1803年	（东汉）张仲景原文，（清）陈念祖集注	清刻本，4册	02
0034	金匮要略浅注（10卷），1803年	（清）黄宫绣撰	清文升阁刻本	08
0035	金匮要略浅注（10卷），1803年	佚名	清刻本	08
0036	金匮要略正义（又名金匮读本）（2卷），1805年	（清）朱光被撰	1936年上海仁庵学舍铅印本	03
0037	金匮玉函要略辑义（6卷），1807年	（日本）丹波元简撰	①1935年上海中医书局铅印本，3册	03
			②见皇汉医学丛书	01、03

续表

序号	书名和成书年	作者和著作形式	版本	收藏馆
0038	金匮要略辑义，1807 年	（日本）丹波元简撰	东都书林青云堂本，6 册	04
0039	金匮要略辑义（6 卷），1807 年	（日本）丹波元简撰	聿修堂藏版，东都书林青云堂藏版，1 册	04
0040	金匮玉函要略述义（3 卷），1842 年	（日本）丹波元简撰	见皇汉医学丛书	01、03
0041	金匮述义，1842 年	（日本）丹波元简撰	日本嘉永七年（1854 年）刻本	04
0042	金匮述义（3 卷），1842 年	（日本）丹波元简撰	日本嘉永七年（1854 年）镌，存诚药室丛书，1 册	04
0043	金匮要略浅注补正（9 卷），1884 年	（清）陈念祖集注，唐宗海补注	①清光绪三十四年（1908 年）上海千顷堂书局石印中西汇通医书五种本，3 册	01、02
			②清刻本	02
			③1935 年上海千顷堂书局中西汇通医书五种本，1 册	01
			④民国石印本，1 函 1 册	05
			⑤见中西汇通医书五种	03
0044	金匮要略浅注补正（9 卷，卷四至卷六），1884 年	（东汉）张仲景原文，（清）陈念祖浅注，陈蔚、陈元犀同校字，唐宗海补正，郑其章参校	清光绪三十四年（1908 年）上海千顷堂书局发行，4 册	06
0045	金匮要略浅注方论合编（10 卷），1908 年	（清）陈念祖集注	见医学初阶本，5 册	03
0046	新编金匮要略方论（3 卷），1919 年	（东汉）张仲景撰	见四部丛刊	01
0047	金匮要略五十家注（24 卷），卷首（1 卷），卷末（1 卷），附素灵药义（1 卷），1929 年	（民国）吴考槃编	1929 年、1931 年上海千顷堂书局石印本，10 册	03
0048	金匮要略今释（又名金匮要略方论今释、订正金匮今释）(8 卷），1934 年	（民国）陆渊雷撰	①1934 年、1935 年上海陆氏医室铅印本	01
			②1934 年制版，1935 年发行，上海陆渊雷医室发行，8 册	04
0049	金匮要略今释，1934 年	（民国）陆渊雷撰	1935 年上海陆渊雷医室本	04
0050	金匮今释下册，1934 年	（民国）陆渊雷撰	1935 年上海三明印刷厂铅印本，1 册	01
0051	金匮要略讲义（9 卷），1936 年	（民国）陈绍勋编	民国成都祥记彬明印刷社铅印本，1 函 4 册	05
0052	金匮要略集注折衷（9 卷），伤寒论集注折衷（7 卷），1935 年	（民国）胡毓秀编	民国铅印本，1 函 10 册	05

2.发挥

序号	书名和成书年	作者和著作形式	版本	收藏馆
0001	金匮发微（4卷），1931年	（民国）曹颖甫撰	1936年上海铅印本	02

3.歌括

序号	书名和成书年	作者和著作形式	版本	收藏馆
0001	金匮方歌括（6卷），1830年	（清）陈元犀撰	清道光十六年（1836年）南雅堂刻本	01
0002	金匮方歌括（6卷），1830年	（清）陈念祖撰	①清道光十五年（1835年）南雅堂刻本，3册	01
			②清道光十六年（1836年）南雅堂刻本，3册	01
			③清光绪十五年（1889年）江左书林藏版，3册	05
			④清刻本，4册	01
			⑤见陈修园医书诸种本	01、03
			⑥见南雅堂医书全集	01
0003	金匮方歌，1911年	佚名	抄本	01
0004	金匮方歌，1911年	（清）迢结居士	抄本，1册	01

四、诊法

（一）诊法通论

序号	书名和成书年	作者和著作形式	版本	收藏馆
0001	察病指南（3卷），1241年	（宋）施发撰	1925年、1926年、1932年、1949年上海中华新教育社石印本	01
0002	察病指南，1241年	（宋）施发撰	①1932年中华新教育社铅印本，1册	01
			②民国杭州三三医社铅印本，1册	01
0003	外诊法（又名历代名医外诊察病法），1723年	（清）蒋廷锡重辑	①1930年上海千顷堂书局铅印本，4册	03
			②见古今图书集成博物汇编艺术典医部全录，4册	01、03
0004	望闻问切四诊抉微（2卷），1723年	（清）林之翰撰	上海会文堂新记书局印行，1册	06
0005	四诊抉微（8卷），1723年	（清）林之翰撰	本衙藏版，1函4册	05

续表

序号	书名和成书年	作者和著作形式	版本	收藏馆
0006	四诊抉微（8卷），附管窥附余（1卷），1723年	（清）林之翰撰	①清雍正元年（1723年）刻本，6册	03
			②清雍正四年（1726年）玉映堂刻本，本衙藏版，6册	02、03
			③清近文堂刻本，8册	03
			④清刻本，6册	02
0007	医学辑要，1825年	（清）吴燡撰	民国杭州三三医社铅印本，1册	01
0008	四诊科讲义，1913年	中国国医函授学院编	1913年、1936年、1940年中国国医函授学院铅印本	02
0009	诊断治疗学（2卷），1935年	（民国）陆渊雷撰	①民国铅印本，2册	01、03
			②版本不详，1册	03

（二）脉诊

序号	书名和成书年	作者和著作形式	版本	收藏馆
0001	脉经，280年	（晋）王叔和撰	1937年上海大东书局铅印本，4册	01
0002	脉经（又名脉经真本、王氏脉经)(10卷），280年	（晋）王叔和撰	①清道光二十三年（1843年）嘉定黄汝成西溪草庐刻本，8册	03
			②清光绪十五年（1889年）上海鸿文书局石印本	01
			③清光绪十九年（1893年）宜都杨守敬景苏园影宋刻本，4册	03
			④清光绪二十二年（1896年）新化三味堂刻本，4册	03
			⑤清末民初上海鸿章书局石印本，6册	03
			⑥1935年上海商务印书馆据元广勤书堂刻本影印四部丛刊本	02
			⑦1936年上海商务缩印本	01、03
			⑧见姜氏医学丛书	03
			⑨见周氏医学丛书	01、03
0003	脉经（10卷），280年	（晋）王叔和撰，（宋）林亿类次	清光绪十九年（1893年）苏园刻本，2册	03
0004	脉经（10卷，存卷七至卷十），280年	（晋）王叔和撰	清刻本，1册	03
0005	王叔和脉经，280年	（晋）王叔和撰	清道光二十三年（1843年）上海文瑞楼刻本，6册	04
0006	王叔和脉经（10卷，存卷六至卷九），280年	（晋）王叔和撰	上海文瑞楼印行，1册	04

续表

序号	书名和成书年	作者和著作形式	版本	收藏馆
0007	王叔和脉经（10 卷），280 年	（晋）王叔和撰	上海文瑞楼发行，鸿章书局石印本，6 册	04
0008	脉诀，280 年	佚名	抄本，1 册	04
0009	脉诀，280 年	佚名	版本不详，1 册 1 部	04
0010	脉诀，280 年	（宋）崔嘉彦撰	见东垣十书	01、03
0011	千金方平脉篇，651 年	（唐）孙思邈撰	见千金方诸种	03
0012	色脉篇，651 年	（唐）孙思邈撰	见千金方诸种本	03
0013	云岐子七表八里九道脉诀论并治法，1237 年	（元）张璧撰	见影印元明善本丛书十种之济生拔粹方	01、03
0014	脉诀刊误（又名脉诀刊误集解）(2 卷），1333 年	（元）戴起宗撰、（明）朱升节抄、汪机补订	①清光绪十七年（1891 年）江爱素草堂藏版，2 册	05
			②清光绪十七年（1891 年）池阳周氏校刊，2 册	05
0015	脉诀刊识集解（2 卷），1333 年	（元）戴起宗撰	①见周氏医学丛书	01、03
			②见汪石山医书八种	01
0016	脉诀刊误附录，1333 年	（元）戴起宗撰	1937 年商务印书馆铅印本，1 册	01
0017	脉诀指掌病式图说（又名丹溪重修脉诀），1347 年	（元）朱震亨著	①1934 年上海千顷堂书局石印本	01
			②见丹溪心法附余	03
0018	脉诀指掌（1 卷），1347 年	（元）朱震亨著	清末上海千顷堂书局石印本，1 册	01
0019	脉诀指掌，1347 年	（元）朱震亨著	民国上海千顷堂书局石印本，1 册	01
0020	诊家枢要（1 卷），1359 年	（元）滑寿撰	见周氏医学丛书	01、03
0021	图注脉诀（4 卷），1510 年	（明）李中梓撰	民国石印本，2 册	01
0022	图注脉诀辨真（又名图注王叔和脉诀、图注王叔和脉诀琮璜）(4 卷），附方（1 卷），1510 年	（明）张世贤注	①明隆庆刻本（存卷三、卷四），1 册	02
			②民国石印本	01
0023	图注脉诀辨真（4 卷），1510 年	（晋）王叔和撰，（明）张世贤注	清刻本，2 册	03
0024	脉家早晏法，1519 年	（明）汪机撰	见汪石山医书八种、脉诀刊误之附录	03
0025	濒湖脉学，1564 年	（明）李时珍撰	①清光绪五年（1879 年）扫叶山房刻本，2 册	01
			②清刻本（1 卷），1 册	01
			③刻本	01
			④抄本	01
			⑤见本草纲目、图注难经脉诀	01、03
0026	濒湖脉学（1 卷），脉诀考证（1 卷），奇经八脉考（1 卷），1564 年	（明）李时珍撰	①明刻本，2 册	01
			②清光绪五年（1879 年）刻本，2 册	01
			③清刻本，1 册	03

续表

序号	书名和成书年	作者和著作形式	版本	收藏馆
0027	奇经八脉考（1卷），濒湖脉学（1卷），1564年	（明）李时珍撰	①明末刻本，1册	01
			②明刻本，1册	03
			③清刻本，1册	03
0028	脉诀考证（1卷），濒湖脉学（1卷），1564年	（明）李时珍撰	清恒德堂刻本，1册	03
0029	奇经八脉考（1卷），校正濒湖脉学（1卷），1564年	（明）李时珍撰	①清光绪十九年（1893年）上海鸿宝斋书局石印本，1册	02
			②清末石印本，1册	02
0030	濒湖脉学，奇经八脉考，脉诀考证，1564年	（明）李时珍撰	①明刻本	01
			②清光绪五年（1879年）刻本	01
			③清光绪三十一年（1905年）上新书局石印本	01、02
0031	校正濒湖脉学（1卷），附奇经考，1564年	（明）李时珍撰	①民国石印本，1册	01
			②见本草纲目、图注难经脉诀	01、03
0032	诊家正眼（2卷），1642年	（明）李中梓撰，（清）尤乘增补	①清抄本，2册	02
			②见士材三书	03
0033	学古诊则（4卷），1644年	（明）卢之颐编	①清乾隆三十五年（1770年）宝笏楼刻本	02
			②清刻本	02
			③见医林指月丛书	03
0034	医灯续焰，1650年	（明）王绍隆撰	1937年上海大东书局铅印本，6册（全8册，缺1册、2册）	01
0035	脉诀汇辨（10卷），附五运六气医案，1662年	（清）李延昰撰	清康熙六十一年（1722年）刻本，4册	03
0036	脉诀汇辨（10卷），1662年	（清）李延昰撰	清刻本，1册	03
0037	脉诀四言举要注释，1662年	（明）王道纯注释	见本草品汇精要	03
0038	五运六气（1卷），1662年	（清）李延昰撰	见脉诀汇辨	03
0039	石顽老人诊宗三昧（又名诊宗三昧），1665年	（清）张璐撰、张登编	日本文化元年（1804年）亦西斋刻本，思得堂藏版	03
0040	诊宗三昧（1卷），1665年	（清）张璐撰	①1804年日本思得堂刻本	03
			②见张氏医书七种	01
			③见张氏医通	03
			④见伤寒大成	03
0041	删注脉诀规正（2卷），1693年	（清）沈镜删注	①清咸丰七年（1857年）经纶堂刻本，2册	02
			②清光绪十八年（1892年）宝庆经世书局刻本，2册	01
			③清光绪二十年（1894年）澹雅书局刻本，4册	02
			④清刻本，5册	02、03

续表

序号	书名和成书年	作者和著作形式	版本	收藏馆
0042	删注脉诀规正（2卷，存上卷），1693年	（清）沈镜删注	清宣统元年（1909年）仁记书局刻图注难经脉诀本，1册	03
0043	删注脉诀规正（又名王叔和图注脉诀规正）（2卷），1693年	（清）沈镜删注	①务本堂藏版，1函2册	05
			②鼎翰楼藏版，1函2册	05
0044	王叔和难经脉诀规正（2卷），1693年	（清）沈镜删注	清光绪十八年（1892年）宝庆经世书局刻本，2册	01
0045	删注王叔和难经诀规正，1693年	（明）张世贤图注，（清）沈镜删注	①清康熙三十二年（1693年）大文堂刻本，4册	03
			②清光绪十八年（1892年）宝庆务本书局刻本，4册	03
			③清宣统元年（1909年）仁记书局刻本，2册	03
			④清宣统元年（1909年）大和书局刻本，4册	03
			⑤清崇德堂刻本，4册	03
			⑥上海昌文书局刻本，4册	03
0046	脉诀纂要（1卷），1694年	（清）冯兆张撰	见冯氏锦囊秘录	03
0047	千金方衍义，1698年	（唐）孙思邈撰	见千金方衍义	03
0048	奇经八脉考（1卷），本草万方针线（8卷），1712年	（明）李时珍撰、（清）蔡烈先著	上海锦章书局石印本，1册	05
0049	脉诀合参，1737年	佚名	清抄本	02
0050	脉诀合参，1737年	（清）章氏校刊	清抄本，1册	02
0051	脉确，1746年	（清）黄蕴兮撰	见疡医大全	03
0052	洄溪脉学，1759年	（清）徐大椿撰	见徐氏医书十六种	03
0053	脉诀启悟（1卷），附经络诊视图，1764年	（清）徐大椿撰	见徐灵胎医略六书	03
0054	脉诀启悟注释，1764年	（清）徐大椿撰	见徐氏医书十六种、徐灵胎医书三十二种	03
0055	六经脉诊（1卷），1764年	（清）徐大椿撰	见徐灵胎医书三十二种	03
0056	脉理求真（3卷），1769年	（清）黄宫绣撰	①清刻本，1册	02
			②见本草求真、医学便览	03
0057	诸脉主病诗（1卷），1773年	（清）沈金鳌撰	见沈氏尊生书	03
0058	脉象统类（1卷），1773年	（清）沈金鳌撰	见沈氏尊生书	01
0059	脉药联珠、古方考合刻，1795年	（清）龙柏撰	上海江左书林石印本，4册	04
0060	脉药联珠（2卷），1795年	（清）龙柏撰	清乾隆六十年（1795年）江左书林石印，1册	04

续表

序号	书名和成书年	作者和著作形式	版本	收藏馆
0061	脉学辑要（3卷），1795年	（日本）丹波元简撰	①日本宽政七年（1795年）江沪万笈堂刻本，聿修堂藏版	03
			②日本宽政七年（1795年）江户万笈堂发行，1册	04
			③江户万笈堂发行，聿修堂藏版影印本，1册	04
			④清光绪二十三年（1897年）文芳堂刻本，1册	04
			⑤聿修堂刻本，1册	03
			⑥见皇汉医学丛书	01、03
0062	脉学辑要，1795年	（日本）丹波元简撰	日宽政七年（1795年）江户万笈堂刻本，1册	04
0063	三指禅（3卷），1827年	（清）周学霆撰	①清光绪二十一年（1895年）澹雅书局刻本，3册	02、03
			②清益元书局刻本，1册	02
			③1932年上海锦章书局石印本（2卷）	01、02
			④清富记书局刻本，1册	02
0064	三指禅，1827年	（清）周学霆撰	清光绪二十一年（1895年）澹雅书局刻本	03
0065	校正三指禅（2卷），1827年	（清）周学霆撰	民国上海锦章书局石印本，2册	01
0066	校正三指禅（2卷），1827年	（清）周学霆撰，周光宝、周光梓、周荣宗、周荣祖、周荣达、周荣适录，陈富旭校字，余观察、方学博鉴定	1932年上海锦章图书局印行，1册	06
0067	新著四言脉诀，附脉法心参，1830年	（明）李中梓撰	见医家必读	03
0068	李中梓四言脉诀（又名四种歌诀），1830年	（明）李中梓撰	汪达题写抄本，1册	03
0069	增补脉诀，1844年	（清）廖云溪编	见医学五则	03
0070	晋卿脉法，1863年	（清）费伯雄撰	见医醇剩义卷1	03
0071	脉诀入门（1卷），1884年	（清）程曦等编	见医家四要	03
0072	脉义简摩（8卷），1886年	（清）周学海撰	①清光绪二十二年（1896年）池阳周学海刻周氏医学丛书本，5册	01
			②见周氏医学丛书	01、03
0073	脉说，1889年	（清）叶霖撰	1936年大东书局铅印本，2册	01
0074	脉简补义（2卷），1891年	（清）周学海撰	①见周氏医学丛书	01、03
			②版本不详，1函2册	05

续表

序号	书名和成书年	作者和著作形式	版本	收藏馆
0075	脉诀乳海（6卷），1891年	（清）王邦傅撰	见珍本医书集成	01
0076	诸脉条辨（1卷），1891年	（清）程文囿撰	见周氏医学丛书	01、03
0077	诊家直诀（2卷），1891年	（清）周学海撰	见周氏医学丛书	01、03
0078	重订诊家直诀，1891年	（清）周学海撰	1936年上海大东书局铅印本，1册	01
0079	重订诊家直诀（2卷），1891年	（清）周学海撰	见周氏医学丛书	01、03
0080	辨脉平脉章句，1891年	（清）周学海撰	见影印古本医学丛书	01
0081	内经脉学部位考，1892年	（清）姜国伊撰	见姜氏医学丛书五种	03
0082	脉法韵语，1893年	（清）马冠群撰	见医悟卷一、卷二	03
0083	诊脉三十二辨（1卷），1909年	（清）管玉衡撰	见珍本医书集成	01
0084	丹溪脉诀指掌，1910年	（清）刘恒瑞校正选录	民国杭州三三医社铅印本，1册	01
0085	七言脉诀，1910年	（宋）崔嘉彦、（明）李时珍撰	抄本，1册	01
0086	医方脉诀（□卷，存卷二、卷三），附医方集解（存卷上、卷二），1911年	（清）汪昂撰	清刻本，1册	08
0087	脉学辑要评，1913年	（日本）丹波元简撰	1936年上海大东书局铅印本，1册	01
0088	脉学指南（4卷），1922年	（民国）卢其慎撰	①1922年上海千顷堂书局石印本，8册	01、03
			②1922年、1932年上海千顷堂书局石印本	01、03
0089	新刊诊脉三十二辨，1923年	（清）管玉衡撰	民国杭州三三医社铅印本，1册	01
0090	脉学发微（又名脉学讲义）（4卷），1928年	（民国）恽铁樵撰	①1928年、1930年上海恽铁樵医寓铅印恽铁樵医书四种本	02
			②1930年、1931年上海新群印刷所铅印本	01
			③1930年上海新群印刷所铅印本，1册	01
			④1936年上海章巨膺医寓铅印本，1册	03、04
0091	脉学发微（5卷），1928年	（民国）恽铁樵撰	1936年再版，章巨膺医寓，1册	04
0092	脉学发微，1928年	（民国）恽铁樵撰，徐铨、巨膺参校	1928年孙永祚本	06
0093	脉经钞（2卷），1932年	（民国）孙鼎宜编	见孙氏医学丛书	01、03
0094	脉经钞（2卷），末（1卷），1932年	（民国）孙鼎宜编	见孙氏医学丛书本	01
0095	脉学新义，1934年	（民国）黄啸梅撰	1934年铅印本（出版单位不详），1册	01

续表

序号	书名和成书年	作者和著作形式	版本	收藏馆
0096	增订脉学新义，1934 年	（民国）黄啸梅撰	① 1934 年铅印本	01
			② 1937 年南宁铅印本	02
0097	脉学丛书，1937 年 子目： ①三部脉学讲词，（民国）姚心源撰 ②中国三部脉法叙义，（民国）姚心源撰 ③中国脉学研究会章程 ④脉学复古评注，（民国）姚心源撰，张子英评注 ⑤诊少阴脉之发明，（民国）张子英注 ⑥古本伤寒杂病论平脉增条，（民国）张子英撰 ⑦四言科学脉诀，（民国）张子英撰 ⑧三部脉学论著，（民国）缪允中撰 ⑨三部脉学质疑问难，（民国）缪允中撰 ⑩三部脉学试卷，（民国）廖振民等编 ⑪三部脉实验录，（民国）王钦录	（民国）姚心源、张子英编	1941 年、1946 年中山日报社柳州分社铅印本	01
0098	脉学丛书第一集，1937 年	（民国）姚心源编	1941 年柳州复兴医药杂志社铅印本，1 册	01
0099	脉学大要，1947 年	佚名	抄本，1 册	01
0100	诊脉歌舌鉴，1949 年	佚名	抄本，1 册	01
0101	验脉术	佚名	①抄本，1 册	04
			②版本不详，1 册 1 部	04

（三）望诊

序号	书名和成书年	作者和著作形式	版本	收藏馆
0001	望诊遵经，1875 年	（清）汪宏撰	1936 年上海大东书局铅印本，2 册	01
0002	形色外诊简摩（2 卷），1894 年	（清）周学海撰	见周氏医学丛书	01、03

（四）舌诊

序号	书名和成书年	作者和著作形式	版本	收藏馆
0001	敖氏伤寒金镜录，1341 年	（元）敖氏原撰	见薛氏医案	03
0002	伤寒舌诊（1 卷），1341 年	（元）杜清碧撰	见陈修园医书诸种	03

续表

序号	书名和成书年	作者和著作形式	版本	收藏馆
0003	伤寒舌鉴，1665 年	（清）张登撰	①清光绪四年（1878 年）刻本，本宅藏版	01、03
			②清光绪四年（1878 年）浙江绍兴徐墨润堂刻本（不分卷），2 册	01
			③抄本	02
0004	伤寒舌鉴，1665 年	（清）张登撰，邵之鹏校	清光绪二十三年（1897 年）重镌，校经山房藏版，2 册	06
0005	伤寒舌鉴（1 卷），1665 年	（清）张登撰	①清光绪四年（1878 年）刻本，2 册	01、03
			②张氏医书七种本	01
			③见张氏医通	03
			④校经山房藏版，1 函 1 册	05
0006	伤寒舌鉴（1 卷），1665 年	（清）张登撰，邵之鹏校	清光绪四年（1878 年）刻本，1 册	03
0007	舌鉴总论，附舌鉴图，1741 年	（清）徐大椿撰	见徐灵胎医学全书诸种	03
0008	临症验舌法，1745 年	（清）杨乘六撰	①1938 年艺海出版社，1 册	01
			②民国杭州三三医社铅印本，1 册	01
0009	临症验舌新法（2 卷），1745 年	（清）杨乘六撰	1933 年上海艺海出版社铅印本	01
0010	临症验舌法，察舌辨症新法，1745 年	（清）杨乘六、刘恒瑞撰	1936 年上海大东书局铅印本，1 册	01
0011	韩氏舌苔图说，1911 年	（清）刘绍汉、张书坤编	1917 年桂林经益堂刻本	02
0012	彩图辨舌指南（6 卷），1916 年	（民国）曹炳章撰	①1917 年、1924 年、1926 年、1933 年绍兴育新书局石印本	02
			②1926 年、1933 年上海会文印刷所石印本	01
			③1928 年集古阁印本，3 册	04
0013	辨舌指南（6 卷），1916 年	（民国）曹炳章撰	1928 年集古阁印行，3 册	04
0014	辨舌指南，1916 年	（民国）曹炳章撰	1921 年上海大东书局石印本，6 册	01

（五）其他诊法

序号	书名和成书年	作者和著作形式	版本	收藏馆
0001	太素脉秘诀（又名太素脉、太素秘诀）（2 卷），1575 年	（明）张太素撰，刘伯祥注，周文炜校	①1928 年北京天华馆铅印本	01、02
			②见珍本医书集成	01、03

续表

序号	书名和成书年	作者和著作形式	版本	收藏馆
0002	重订太素脉秘诀，1575年	（明）张太素撰	1936年上海大东书局铅印本，2册	01
0003	行医八事图，1695年	（清）丁雄飞撰	清康熙三十四年（1695年）新安张氏霞举堂刻檀几丛书本	02
0004	太素脉诀，1916年	（明）张太素撰	1928年北京天华馆印本，2册	01
0005	订正太素脉秘诀（2卷），1936年	（明）张太素撰，刘伯祥注	见珍本医书集成	01
0006	太素脉考（1卷），1936年	（民国）董志仁撰	见珍本医书集成	01、03

五、针灸推拿

（一）针灸通论

序号	书名和成书年	作者和著作形式	版本	收藏馆
0001	甲乙经，259年	（晋）皇甫谧撰	1936年大东书局铅印本，4册	01
0002	黄帝甲乙经（12卷），259年	（晋）皇甫谧撰	①清光绪十三年（1887年）行素草堂藏版，1函6册	05
			②1931年上海中原书局石印本，1函4册	05
0003	针灸甲乙经（又名黄帝针灸甲乙经）(12卷)，282年	（晋）皇甫谧撰，（宋）林亿等校	①清光绪十三年（1887年）刻本行素草堂藏版，6册	01
			②1917年上海江左书林石印本，4册	03
			③日本寺町通本能寺前八尾勘兵卫刻本，5册	03
0004	千金方针灸篇，千金翼方针灸篇，651年	（唐）孙思邈撰	见千金方、千金翼方诸种	01、03
0005	铜人针灸经（7卷），西方子明堂灸经（8卷），附校勘记，992年	针灸经，佚名；明堂灸经，（元）西方子撰	清光绪九年（1883年）钱塘丁氏校刻本	01
0006	明堂灸经（8卷），铜人针灸经（7卷），附校勘记（1卷），992年	（清）丁丙辑	清光绪九年（1883年）钱塘丁氏校刊，6册	06
0007	铜人针灸经（7卷），附校勘记（1卷），992年	佚名	清光绪九年（1883年）当归草堂刻本，1册	01、03
0008	针灸门（4卷），1117年	佚名	见圣济总录卷一百九十一至卷一百九十四	01、03
0009	景宋本备急灸方（不分卷），1226年	（宋）闻人耆年撰	清光绪十七年（1891年）江宁藩署重刻，十瓣同心兰室藏版，1函1册	05

续表

序号	书名和成书年	作者和著作形式	版本	收藏馆
0010	备急灸方（又名备急灸法）（不分卷），1226 年	（宋）闻人耆年撰	清光绪十八年（1892 年）海宁钟氏重刊，1 册	05
0011	扁鹊神应针灸玉龙经（1 卷），1295 年	（元）王国瑞撰	民国商务铅印本，1 册	01
0012	针经节要（1 卷），1308 年	（晋）皇甫谧撰	见影印元明善本丛书十种之济生拔粹方	01
0013	针经节要，1308 年	（元）杜思敬编	见影印元明善本丛书十种之济生拔粹方	01、03
0014	针经摘英集（1 卷），1308 年	佚名	见影印元明善本丛书十种之济生拔粹方	01、03
0015	针经摘英集，1308 年	（元）杜思敬编	见影印元明善本丛书十种之济生拔粹方	01、03
0016	西方子明堂灸经（8 卷），附校勘记（1 卷），1368 年	（元）西方子撰	清光绪当归草堂刻本，1 册	01
0017	景宋本备急灸方，1447 年	（宋）孙炬卿撰	清光绪江宁藩署刻本，2 册	04
0018	景宋本备急灸方，1447 年	佚名	清光绪十七年（1891 年）江宁藩署重刻，十瓣同心兰室藏版，2 册 2 部	04
0019	针灸择日编集、备急灸法，1447 年	择日编集 -（明）金循义、金义孙撰；备急灸法 -（宋）闻人耆年撰	①清光绪十六年（1890 年）上杭罗氏刻本，十瓣同心兰室藏版	03
			②清光绪十七年（1891 年）江宁藩署刻本，十瓣同心兰室藏版	03
			③清宣统二年（1910 年）上海六艺书局石印本	03
0020	针灸择日编集（1 卷），1447 年	（明）金循义、金义孙撰	①清光绪十八年（1892 年）海宁钟氏重刊，1 册	05
			②清宣统二年（1910 年）上海六艺书局石印本，1 册	03
0021	针灸择日编集（1 卷），附一种（1 卷），1447 年 附录子目：备急灸法（1 卷），（宋）闻人耆年述	（明）金循义、金义孙撰	清光绪十七年（1891 年）江宁藩署刻本，1 册	03
0022	重刻针灸择日编集（1 卷），1447 年	（明）金循义、金义孙撰	清光绪十七年（1891 年）江宁藩署重刻，十瓣同心兰室藏版，1 函 1 册	05
0023	重刻针灸择日编，1447 年	（明）金循义撰	①清光绪十六年（1890 年）上杭罗氏刻本，1 册	03
			②清光绪十七年（1891 年）江宁藩署刻本，1 册	03
			③清宣统二年（1910 年）上海六艺书局石印本，2 册	03

续表

序号	书名和成书年	作者和著作形式	版本	收藏馆
0024	针灸问对（3卷），1519年	（明）汪机编	见汪石山医书八种	03
0025	针灸（1卷），附灸脐针灸禁忌，1575年	佚名	见医学入门	03
0026	针灸大成（又名针灸大全、卫生针灸玄机秘要）（10卷），1601年	（明）杨继洲撰，靳贤补辑重编	①清康熙十九年（1680年）李月桂重刻本，8册	03
			②清嘉庆十七年（1812年）函三堂刻本，书业堂藏版，10册	03
			③清光绪元年（1875年）刻本，经国堂藏版，10册	01
			④清光绪六年（1880年）经国堂刻本，10册	01
			⑤清宣统元年（1909年）京都荣禄堂刻本，10册	03
			⑥清末紫文阁刻本，上海千顷堂书局藏版，13册	02、03
			⑦清致和堂刻本	03
			⑧清刻本，10册	01
			⑨1925年上海鸿宝斋书局石印本	01（残）
			⑩民国上海锦章书局石印本（12卷）	01
0027	针灸大成（10卷），1601年	（明）杨继洲撰	①清康熙十九年（1680年）刻本，4册	03
			②清嘉庆十七年（1812年）刻本，3册	03
			③清宣统元年（1909年）刻本，3册	03
0028	针灸大成（10卷，存卷一、卷四、卷六至卷十），1601年	（明）杨继洲撰，（清）李月桂重订	清嘉庆六年（1801年）刻本，7册	03
0029	针灸大成（12卷），1601年	（清）章廷珪重修	①清末石印本（存卷一至卷七），1册	02
			②清末石印本（存卷八至卷十二），1册	02
			③上海锦章图书局石印本（存卷一、卷二），1册	02
0030	绘图针灸大成（10卷），1601年	（明）杨继洲撰	清光绪三十四年（1908年）上海章福记石印本，1函7册	05
0031	增补绘图针灸大成（12卷），1601年	（明）杨继洲撰，（清）章廷珪重修	①清末石印本，1册	02
			②1925年上海鸿宝斋石印本（存卷一、卷二、卷八、卷十一、卷十二），3册	01
			③民国上海锦章书局石印本，6册	01

续表

序号	书名和成书年	作者和著作形式	版本	收藏馆
0032	针灸篇，1611 年	（朝鲜）许浚撰	见东医宝鉴丛书	01、03
0033	针灸诸赋（1卷），1624 年	（明）张介宾撰	见类经附翼卷四	03
0034	勉学堂针灸集成（4卷），1722 年	（清）廖润鸿编	①清光绪五年（1879 年）宝名斋刻本，文宝堂重印本	01
			②清光绪五年（1879 年）琉璃厂文宝堂刻本，4 册	01
			③1930 年北京天华馆铅印本	01
0035	针灸集成（4卷），1722 年	佚名	北京天华馆铅印本，4 册	01
0036	针灸学纲要，1766 年	（日本）管周桂撰	见皇汉医学丛书	01、03
0037	针灸易学（2卷），1798 年	（清）李守先撰	①清嘉庆三年（1798 年）茶亭刻本，4 册	02
			②清刻本	02
0038	选针三要集（2卷），1887 年	（日本）杉山和一撰	见皇汉医学丛书	01、03
0039	医学金针（8卷），1877 年	（清）陈念祖撰	①清光绪四年（1878 年）吴县潘氏敏德堂刻韡园医书六种本，4 册	01
			②清光绪四年（1878 年）潘敏德堂重刻本，4 册	01、03
0040	医学金针（8卷），1877 年	（清）陈念祖撰，潘霨增辑	清光绪四年（1878 年）敏德堂刻本，3 册	03
0041	针灸易知，1919 年	中华书局编	1919 年、1920 年、1922 年、1927 年、1929 年、1932 年、1936 年中华书局铅印本，1 册	01
0042	针灸易知，1919 年	文明书局编	1932 年文明书局铅印本	01
0043	针学通论（又名针灸通论），1925 年	（日本）佐藤利信著	见皇汉医学丛书	01、03
0044	针灸学讲义，1927 年	（民国）周仲房编	民国广东中医药专门学校铅印本，1 册	04
0045	针灸学讲义（1卷），1927 年	（民国）周仲房编	广东中医药学校印刷部印，1 册	04
0046	高等针灸学讲义，1931 年	（日本）神户延命山针灸专门学院编，（民国）缪召予、张世镳等编译	1931 年、1932 年、1933 年、1936 年宁波东方针灸书局铅印本	02
0047	针灸精华，1931 年	（民国）赵佩瑶编	1931 年油印本，2 册	01
0048	中国针灸医学（不分卷），1935 年	（民国）尧天民	民国铅印本，1 函 2 册	05
0049	针灸指南，1935 年	（民国）余纯编	民国上海明善书局铅印本，1 册	04
0050	中国针灸学配穴精义，1935 年	（民国）罗兆琚著	民国抄本	02

续表

序号	书名和成书年	作者和著作形式	版本	收藏馆
0051	针灸说明书，1936 年	（民国）罗兆琚著	民国柳州罗兆琚石印本	02
0052	实用针灸医学，1936 年	（民国）曾天治编	1936 年铅印本	02
0053	针灸精粹，1936 年	（民国）李文宪编	1936 年、1937 年、1947 年上海中华书局铅印本	02
0054	针灸学薪传，1936 年	（民国）罗兆琚撰	1936 年柳州神州针灸学社石印本	02
0055	金针秘传，1937 年	（民国）方慎庵撰	1937 年、1939 年上海医学回澜社铅印本，1 册	01
0056	实用针灸学指要，1937 年	（民国）罗兆琚撰	1937 年刘玉阶抄本	02
0057	针灸薪传集四编，1937 年	（民国）承淡安撰，夏少泉、秦振声等编	1937 年无锡中国针灸医学专门学校铅印	02
0058	针科学讲义，1946 年	（民国）杨医亚编	①1946 年北平国医砥柱总社铅印本，1 册	01
			②1946 年中国针灸学社铅印本，1 册	01
0059	针灸读本，1949 年	（民国）江静波撰	抄本	02
0060	针灸发微（4 卷），1949 年	（民国）罗哲初编	手抄本，4 册	05

（二）经络孔学

序号	书名和成书年	作者和著作形式	版本	收藏馆
0001	铜人腧穴针灸图经（3 卷），1026 年	（宋）王惟一撰	清刻本，1 册	02
0002	景金大定本针灸图经（5 卷），1026 年	（宋）王惟一编	清光绪贵池刘氏玉海堂景宋刻本，2 册	01
0003	新刊补注铜人腧穴针灸图经（5 卷），1234 年	（宋）王惟一撰，（金）闲邪瞍叟补注	①清宣统元年（1909 年）贵池刘氏玉海堂据元刊本影刻本	01
			②清宣统元年（1909 年）贵池刘氏影刻玉海堂景宋丛书本，2 册	01
0004	窦太师流注指要赋（1 卷），1260 年	（元）窦杰撰	①见影印元明善本丛书十种之济生拔粹方	01、03
			②1936 年商务，1 册	01
0005	云岐子论经络迎随补泻法（1 卷），1308 年	（元）张璧撰	见影印元明善本丛书十种之济生拔粹方	01、03
0006	十四经发挥（3 卷），1368 年	（元）滑寿撰	①1936 年无锡中国针灸学研究社铅印本	02
			②见薛氏医案	03
0007	奇经八脉考，1577 年	（明）李时珍撰	清刻本，1 册	02

续表

序号	书名和成书年	作者和著作形式	版本	收藏馆
0008	奇经八脉考（2 卷），1577 年	（明）李时珍撰	见本草纲目	01、03
0009	腧穴折衷（2 卷），1764 年	（日本）安井元越撰	①1937 年上海医界春秋社据影印古本医学丛书，2 册	03、04
			②1937 年上海医界春秋社出版，1 册	04
0010	经穴纂要，1806 年	（日本）小坂营升撰	①清嘉庆十五年（1810 年）日本东青云堂刻本，2 册	04
			②见皇汉医学丛书	01、03
0011	经穴纂要（7 卷），1806 年	（日本）小坂营升撰	青云堂校版，1 册	04
0012	经脉图考（4 卷），1838 年	（清）陈惠畴撰	①清光绪四年（1878 年）贵州黎培刻本，4 册	02
			②1928 年上海民和书局影印本，4 册	03
0013	中西脏腑图象合纂（又名华洋藏象约纂）（3 卷），首（1 卷），1892 年	（清）朱沛文撰	清光绪二十三年（1897 年）宏文阁石印本，4 册	02
0014	中西汇参铜人图说，1899 年	（清）刘仲衡撰	清光绪二十五年（1899 年）上海江南机器制造总局石印本	02
0015	铜人经穴骨度图，1925 年	（民国）张山雷撰	民国石印本	02
0016	明堂孔穴（1 卷），附针灸治要（1 卷），1932 年	（民国）孙鼎宜编	见孙氏医学丛书	01、03
0017	中国针炎经穴学讲义，1935 年	（民国）罗兆琚撰	1935 年稿本	02
0018	针炎经穴分寸穴俞治疗歌合编，1935 年	（民国）罗兆琚撰	民国抄本	02
0019	奇经直指，1937 年	（民国）刘野樵撰	1937 年宜昌国医针灸学社铅印本，1 册	01
0020	仲景针灸图经注（2 卷），1938 年	（民国）赵树棠注	民国孙世德抄本	02
0021	经穴辑要，1938 年	（民国）勘桥散人辑	民国石印本	02

（三）针灸方法

序号	书名和成书年	作者和著作形式	版本	收藏馆
0001	明堂灸法，752 年	（唐）王焘撰	见外台秘要卷三十九	03
0002	景宋本备急灸法（1 卷），1447 年	（宋）闻人耆年撰	见重刻针灸择日编附件	03
0003	备急灸法（1 卷），1447 年	（宋）闻人耆年撰	清宣统二年（1910 年）上海六艺书局石印本，1 册	03

续表

序号	书名和成书年	作者和著作形式	版本	收藏馆
0004	备急灸法（1卷），附一种（1卷），1447年 附录子目： 针灸择日编集（1卷），（明）全循义撰、金义孙撰	（宋）闻人耆年撰	清光绪十六年（1890年）十瓣同心兰室影宋刻本，1册	03
0005	宋本备急灸法，1447年	（宋）张涣撰	民国杭州三三医社铅印本，1册	01
0006	太乙神针（又名雷火针、太乙针方、太乙神针方、太乙神针古方、经验太乙神针方），1727年	（清）范毓䄖撰	清光绪十一年（1885年）抄本，1册	02
0007	太乙神针方（1卷），1727年	（清）范毓䄖撰	①清同治八年（1869年）刻本，1册	04
			②见陈修园医书诸种本	01、03
0008	太乙神针（1卷），1727年	（清）范毓䄖撰	清同治八年（1869年）夏传胪第庄刊送，1册	04
0009	灸法医学研究，1929年	（日本）原志免太郎著，（民国）周子叙译	1930年、1933年、1935年、1940年上海中华书局铅印本	01、02
0010	灸法医学研究，1929年	（日本）原志免太郎著，（民国）黄岩国叙译	1933年中华书局铅印本，1册	01
0011	温灸学讲义补编，1930年	（民国）张世镰编	1934年、1939年、1940年 上海东方医学书局铅印本	02
0012	子午流注，1936年	（民国）徐卓撰	1936年南通三友书店铅印本	02
0013	针法入门，1938年	（民国）罗兆琚撰	1938年邵阳刘玉阶抄本	02

（四）针灸临床

序号	书名和成书年	作者和著作形式	版本	收藏馆
0001	中国简明针灸治疗学，1930年	（民国）温主卿撰	1933年焦易堂石印本，1册	04
0002	中国简明针灸治疗学（1卷），1930年	（民国）温主卿著	人成赞者书本行印，焦易堂，1册2集	04
0003	中国简明针灸治疗学（不分卷），1930年	（民国）温主卿著	1931年上海万有书局石印本，1册	05
0004	中国针灸治疗学，1931年	（民国）承淡安编	1931年、1932年、1933年、1934年、1936年、1937年无锡中国针炎学研究社铅印本	02
0005	针灸治疗实验集（又名金针疗病奇书），1933年	（民国）承淡安编	1933年、1936年、1937年无锡中国针灸学研究社铅印本	02
0006	针灸治疗学原本，1949年	（民国）邱茂良撰	民国广西梧州区医药研究所铅印本，1册	01

（五）推拿按摩

序号	书名和成书年	作者和著作形式	版本	收藏馆
0001	摄养枕中方，682 年	（唐）孙思邈撰	民国杭州三三医社铅印本，1 册	01
0002	小儿推拿秘旨（又名小儿推拿方脉活婴秘旨全书、小儿推拿活婴全书、小儿推拿方脉全书、新刊太乙秘传急救小儿推拿法）（2 卷），1604 年	（明）龚廷贤撰，姚国桢补辑，胡连璧校	清刻本	02
0003	小儿推拿方脉活婴秘旨全书（2 卷），1604 年	（明）龚廷贤撰，姚国桢补辑	清刻本，2 册	02
0004	推拿广意（又名幼科推拿广意、小儿推拿广意、推拿保幼录）（3 卷），1676 年	（清）熊应雄撰，陈世凯重编	①清光绪三十三年（1907 年）上海醉经堂石印本，2 册	02
			②清光绪上海扫叶山房刻本，2 册	04
			③清澹雅局刻本，5 册	01、02
			④清刻本（存上卷），1 册	02
			⑤清石印本，1 册	02
			⑥1912 年上海江东书局铅印本，1 册	01
			⑦上海进步书局石印本，1 册	01
			⑧澹雅局刻本，2 册	01
			⑨苏州绿荫堂刻本，2 册	04
0005	幼科推拿广意（3 卷），1676 年	（清）熊应雄撰	清刻本，1 册	02
0006	小儿推拿广意（3 卷），1676 年	（清）陈世凯重订	①清光绪十四年（1888 年）重校刊，本衙藏版，1 册	04
			②苏州绿荫堂藏版，1 册	04
0007	推拿广意（又名小儿推拿广意）（3 卷），1676 年	（清）陈世凯重订，王元璐参阅，熊应雄辑	金阊会文堂藏版，1 函 2 册	05
0008	推拿广意（又名小儿推拿广意）（2 卷，中、下卷），1676 年	（清）陈世凯重订，王元璐参阅，熊应雄辑	版本不详，1 函 1 册	05
0009	推拿小儿手法秘传（不分卷），1809 年	佚名	清嘉庆十四年（1809 年）抄本，1 册	02
0010	推拿舌形，1875 年	佚名	清光绪元年（1875 年）汾封堂抄本，1 册	02
0011	推拿易知，1919 年	中华书局编	1929 年、1936 年上海文明书局铅印本	01
0012	推拿易知，1919 年	中华书局编	1933 年上海文明书局铅印本，1 册	01
0013	推拿抉微（不分卷），1928 年	（民国）涂学修撰	1928 年上海千顷堂书局石印本，1 函 4 册	05
0014	小儿推拿辑要，1945 年	（民国）罗兆琚编	民国邵阳刘星阶抄本	02

（六）外治法

序号	书名和成书年	作者和著作形式	版本	收藏馆
0001	理论骈文摘要（又名理论骈文二十一膏良方、理论外治方要），1864 年	（清）吴安业原撰，苏州官医局编	①清光绪三年（1877 年）吴县潘敏德堂刻本，2 册	01
			②清光绪十三年（1887 年）徐氏融经馆刻本，2 册	02
			③清光绪十八年（1892 年）张萱寿堂刻本，2 册	01

六、本草

（一）本草经

1. 本经辑本

序号	书名和成书年	作者和著作形式	版本	收藏馆
0001	本草经（3 卷），1799 年	（魏）吴普等撰，（清）孙星衍、孙冯翼辑	1936 年中华书局缩印本	01
0002	神农本草经（3 卷），1799 年	（魏）吴普等撰，（清）孙星衍、孙冯翼辑	①1930 年中华书局铅印，四部备要本	01
			②1936 年上海大东书局铅印本，2 册	01
			③1937 年商务铅印本，2 册	01
			④抄本	01
			⑤见四部备要	03
			⑥见周氏医学丛书	01、03
			⑦中华聚珍仿宋版，2 册	01
0003	神农本草经（3 卷），1799 年	（清）孙星衍辑	见四部备要，上海中华书局据问经堂本校刊，民国铅印本，2 册	11
0004	神农本草，1874 年	佚名	抄本，1 册	01
0005	神农本草经经释（1 卷），1887 年	（清）姜国伊撰	见姜氏医书丛书	03

2. 本经注释

序号	书名和成书年	作者和著作形式	版本	收藏馆
0001	本草经疏，1625 年	（明）缪希雍撰	清光绪池阳周氏刻本，12 册	04
0002	本草经疏（又名神农本草经疏）（30 卷），1625 年	（明）缪希雍撰，李枝参订	清光绪十七年（1891 年）池阳周学海校刻周氏医学丛书本	01、03、04

续表

序号	书名和成书年	作者和著作形式	版本	收藏馆
0003	本草经疏（30 卷），1625 年	（明）缪希雍著	清光绪十七年（1891 年），12 册	04
0004	本草经疏（又名神农本草经疏）（25 卷），1625 年	（明）缪希雍撰	清光绪十七年（1891 年）池阳周氏刊本，1 函 12 册	05
0005	本草崇原（3 卷），1663 年	（清）张志聪撰，高世栻编订	①清乾隆三十二年（1767 年）王琦校刻本	03
			②清光绪二十四年（1898 年）香南书屋刻本，4 册	02
0006	本草崇原（3 卷），1663 年	（清）张志聪撰	①版本不详，1 函 1 册	05
			②见医林指月丛书	03
0007	本草经解要（又名本经经解）（4 卷），附余（1 卷），1724 年	（清）叶桂集注，姚球撰	①清光绪十四年（1888 年）潘霨刻本	02
			②清光绪十九年（1893 年）羊城大文堂刻本，4 册	02
0008	神农本草经读（又名神农本经便读）（4 卷），1803 年	（清）陈念祖撰	①清光绪三十一年（1905 年）上海文盛堂书局石印本	01
			②清光绪三十四年（1908 年）宝庆经元书局刻本，5 册	03、04
			③清光绪三十四年（1908 年），1 册	04
			④清宝庆富记书室刻本，2 册	04
			⑤清刻本	02
			⑥清末石印本	07
			⑦1931 年上海锦章书局石印本	01、02、03
			⑧1941 年上海锦章书局石印本，2 册	01、03
			⑨民国上海锦章书局石印本	01
			⑩民国石印本，1 册	01
			⑪见陈修园医书二十三种、陈修园医书四十八种、陈修园医书六十种	01、03
			⑫见南雅堂医书全集本	01
0009	本经便读，1820 年	（清）黄钰撰	见陈修园医书四十八种、陈修园医书五十种、陈修园医书六十种	01、03
0010	本经疏证，1837 年	（清）邹澍撰	清道光长年医局校刻本，12 册	04
0011	本经疏证（12 卷），本经续疏（6 卷），本经序疏要（8 卷），1837 年	（清）邹澍撰	①清道光常州长年医局校刻本	02、04
			②清道光二十八至二十九年（1848—1849 年）常州长年医局刻本	02
			③清常郡韩文焕校刻本	01

续表

序号	书名和成书年	作者和著作形式	版本	收藏馆
0012	本经疏证（12卷），1837年	（清）邹澍撰	版本不详，12册	04
0013	本经序疏要（8卷），1837年	（清）邹澍撰	清道光二十九年（1849年）校刊，12册	04
0014	本草序疏要（8卷）、续疏（6卷），1837年	（清）邹澍撰	清道光二十年（1840年）常郡韩文焕斋刻本，6册	01
0015	本草三家合注（又名神农本草经合注）（6卷），附神农本草经百种录，1850年	（清）郭汝聪集注	①清宣统元年（1909年）汉文书屋刻本，6册	03
			②清宣统元年（1909年）益元书屋刻本，6册	02
			③清刻本，聚经阁藏版，6册	01、03
			④清刻本，两仪堂藏版，12册	02
			⑤民国上海鸿文书局石印本，4册	03
0016	本草三家合注（6卷），附一种（1卷），1850年 附录子目： 神农本草经百种录（1卷），（清）徐大椿撰	（清）郭汝聪集注，李佐尧校	清宣统元年（1909年）汉文书屋刻本，4册	03
0017	本草三家合注（6卷），附一种（1卷），1850年 附录子目： 神农本草经百种录（1卷），（清）徐大椿撰	（清）郭汝聪集注，袁浩阅定，李佐尧校	清道光年间聚经阁刻本，7册	03
0018	本草三注，1850年	（清）叶桂等撰	清光绪福芸书局刻本，5册	04
0019	本草三注（6卷），1850年	（清）郭汝聪集注	清光绪十六年（1890年）重刊，福芸书局藏版，5册	04
0020	本草三家注，1850年	（清）叶桂等撰	上海鸿宝斋书局刻本，4册	04
0021	本草三家注（1卷），1850年	（清）郭汝聪集注	上海鸿宝斋书局发行，石印本，4册	04
0022	本草三家合注，1850年	（清）张志聪注	清宣统刻本，6册	04
0023	本草三家合注（又名神农本草经合注）（4卷），附神农本草经百种录，1850年	（清）郭汝聪集注	1920年上海锦章书局石印本，1册	05
0024	本草经三家合注，附徐灵胎百秘录，1850年	（清）叶桂等撰	清宏道堂刻本，6册	04
0025	神农本草三家合注（7卷），1850年	（清）张志聪、叶桂、陈修园原本	清宏道堂藏版，6册	04
0026	神农本草三家合注（6卷），1850年	（清）郭汝聪集注	清宣统元年（1909年）益元书屋藏版，6册	04
0027	神农本草经赞（3卷），附月令七十二候赞（1卷），1850年	（魏）吴普等述，（清）叶志诜撰	见珍本医书集成	01、03

续表

序号	书名和成书年	作者和著作形式	版本	收藏馆
0028	神农本草经经释（又名神农本经经释），1887年	（清）姜国伊撰	①清光绪十八年（1892年）成都黄氏茹古书局刻本	03
			②见姜氏医学丛书	03
0029	本草崇原集说（又名本草崇原集解）（3卷），附本草经附录集说，1909年	（清）张志聪撰，高世栻编订，仲学辂集说	①清宣统二年（1910年）钱塘仲氏刻本，4册	03
			②1927年上海锦文堂石印本	02
0030	本草崇原集说（3卷），本草经读附录集说（1卷），1909年	（清）张志聪撰，高世栻编订，仲学辂集说	清宣统二年（1910年）钱塘仲氏刻本，4册	03
0031	神农本草经，附药物研究撮要，1936年	（民国）蔡陆仙编	1940年上海中华书局铅印中国医药汇海	03

（二）综合本草

1. 唐五代以前本草

序号	书名和成书年	作者和著作形式	版本	收藏馆
0001	本草经集注，500年	（梁）陶弘景撰	民国罗振玉吉石庵影印敦煌卷子残本（题开元写本本草集注序录残卷）	01、02

2. 宋金元本草

序号	书名和成书年	作者和著作形式	版本	收藏馆
0001	本草衍义（20卷），1116年	（宋）寇宗奭撰	①1930上海中医书局据清光绪三年（1877年）刻十万卷楼丛书本影印本	01
			②影印古本医学丛书本	01
0002	重刊本草衍义，1116年	（宋）寇宗奭撰	1936年上海大东书局铅印本，2册	01
0003	绍兴校定经史类备急本草（又名绍兴校定本草、绍兴本草）（5卷），附解题（1卷），1159年	（宋）唐慎微原撰，王继先等校定	日本昭和八年（1933年）东京春阳堂据日本旧抄绍兴校定经史证类备急本草影印本	03
0004	绍兴校定经史证类备急本草，1159年	（宋）王继先等校定，（日本）和田利彦重编	1933年东京春阳堂影印本，6册	03
0005	证类备用本草（30卷），1249年	（宋）唐慎微撰	版本不详，16册	04
0006	重修政和经史证类备用本草（又名重修政和本草）（30卷），1249年	（宋）唐慎微撰，曹孝忠校，（元）张存惠校补	①1919年、1929年、1936年上海商务印书馆据蒙古定宗四年（1249年）晦明轩刻本影印四部丛刊本	01、02、03
			②1936年上海商务缩印本	01
			③上海商务印书馆影印本，12册	01、03
			④版本不详，10册	04

续表

序号	书名和成书年	作者和著作形式	版本	收藏馆
0007	重修政和经史证类备用本草（30卷），1249年	（宋）唐慎微撰	①上海商务印书馆影印金泰和甲子晦明轩四部丛刊本，2函12册	05
			②1957年人民卫生出版社影印晦明轩刻本，2函12册	05
			③1958年人民卫生出版社影印晦明轩刻本，2函11册（缺第2册）	05
			④版本不详	04
0008	汤液本草（3卷），1298年	（元）王好古著	①清江阴朱文震校刻本，2册	03
			②清刻本，1册	01
			③清光绪朱氏刻本，2册	03
			④东垣十书本，1册（上卷残、下卷缺）	01
0009	汤液本草（3卷，存卷中），1298年	（元）王好古著，（明）吴勉学校	清刻本，1册	08
0010	汤液本草（6卷，存卷五、卷六），1298年	（元）王好古著，（明）王肯堂校	明刻本，1册	03

3. 明代本草

序号	书名和成书年	作者和著作形式	版本	收藏馆
0001	滇南本草（又名滇南草本、滇南草本图注）（3卷），1436年	（明）兰茂撰	①清光绪十三年（1887年）昆明刻本务本堂藏版（附医门擥要），5册	01
			②1914年云南图书馆刻云南丛书本	01、02
0002	本草（2卷），1575年	（明）李梴撰	见医学入门	03
0003	本草纲目（52卷），卷首（1卷），附图（2卷），1578年	（明）李时珍撰，李建中、李建元校正，李建元、李建木图	①清顺治十二年（1655年）刻本，38册	03
			②清乾隆四十九年（1784年）金阊书业堂刻本，52册	04
			③清道光二十五年（1845年）文光堂刻本，48册	03
			④清光绪元年（1875年）、清光绪三十年（1904年）、清宣统元年（1909年）上海经香阁石印本（附濒湖脉学、脉诀考证、奇经八脉考、本草万方针线）	01
			⑤清光绪十一年（1885年）合肥张绍棠味古斋校刻本（附图3卷、濒湖脉学、脉诀考证、奇经八脉考、本草万方针线、本草纲目拾遗），45册	02、03、04
			⑥清光绪十一年（1885年）合肥张氏重校刻本（附濒湖脉诀、脉诀考证、奇经八脉考、万方针线、本草纲目拾遗），48册	03

续表

序号	书名和成书年	作者和著作形式	版本	收藏馆
			⑦清光绪三十年（1904年）上海同文书局石印本（题增广本草纲目、附濒湖脉学、脉诀考证、奇经八脉考、本草万方针线），20册	03
			⑧1913年、1923年、1926年、1930年、1932年、1933年、1935年、1940年上海商务印书馆铅印本（附奇经八脉考、本草万方针线、本草纲目拾遗）	01、02
			⑨1916年上海锦章书局石印本（题增广本草纲目、附濒湖脉学、脉诀考证、奇经八脉考、本草万方针线、本草纲目拾遗）	01、02、03
			⑩1916年上海锦章书局石印本（扉页题：增广本草纲目内附本草纲目拾遗、本草万方针线）	03
			⑪1916年上海鸿宝斋书局石印本，12册	04
			⑫1940年上海商务印书馆铅印本，8册	01
0004	本草纲目，1578年	（清）张绍棠重订	1930年上海商务印书馆万有文库本，30册	01
0005	本草纲目（12卷），1578年	（明）李时珍撰	清光绪十一年（1885年）合肥张氏味古斋重校刊，5册	04
0006	本草纲目（52卷），1578年	（明）李时珍撰	①清乾隆四十九年（1784年）金阊书业堂镌藏，52册	04
			②版本不详，27册	04
0007	本草纲目（52卷），图（2卷），1578年	（明）李时珍撰，（清）吴毓昌校订	清顺治刻本（五十二补配明刻本），38册	03
0008	本草纲目（52卷），图（3卷），1578年	（明）李时珍撰	清道光二十五年（1845年）文光堂刻本，48册	03
0009	本草纲目（52卷），首（1卷），图（3卷），奇经八脉考（1卷），濒湖脉学（1卷），附三种（19卷），1578年 附录子目： ①本草纲目药品总目（1卷），（清）蔡烈先辑 ②万方针线（8卷），（清）蔡烈先辑 ③本草纲目拾遗（10卷），（清）赵学敏撰	（明）李时珍撰，（清）张绍棠校刊	清光绪十一年（1885年）合肥张氏味古斋刻本，48册	03
0010	本草纲目（52卷），拾遗（10卷），1578年	（明）李时珍撰，（清）张绍棠校刊，（清）赵学敏辑	清光绪十九年（1893年）鸿宝斋石印本	07

续表

序号	书名和成书年	作者和著作形式	版本	收藏馆
0011	增广本草纲目，1578 年	（明）李时珍撰	①1929 年商务印书馆铅印本，20 册	04
			②民国上海锦章书局石印本，18 册	01
0012	增广本草纲目（52 卷），1578 年	（明）李时珍撰	1929 年第九版校正石印，上海商务印书馆石印本，20 册	04
0013	增广本草纲目，附本草万方针线（8 卷）、本草纲目图（3 卷）、校正本草纲目，1578 年	（明）李时珍编辑，（清）吴毓昌校订	上海锦章图书局石印，12 册	06
0014	增广本草纲目（52 卷），附药品总目（1 卷）、图（3 卷）、奇经八脉考（1 卷）、濒湖脉学（1 卷）、本草万方针线（8 卷）、本草纲目拾遗（10 卷），1578 年	（明）李时珍撰	1916 年上海锦章书局石印本，4 函 23 册（缺第 7 册）	05
0015	增广本草纲目（52 卷），1578 年	（明）李时珍撰	1916 年上海锦章书局石印本，3 函 6 册	05
0016	校正本草纲目（52 卷），1578 年	（明）李时珍撰	清宣统三年（1911 年）上海经香阁石印本，10 册	01
0017	精校本草纲目（1 卷），1578 年	（清）吴毓昌著	1916 年上海广益书局印行，2 册	04
0018	药性歌括百味（1 卷），1581 年	（明）龚廷贤撰	见万病回春	03
0019	本草原始（又名本草原始合雷公炮制、增图本草原始、新增图考本草原始）(12 卷)，1612 年	（明）李中立纂辑	①清嘉庆二十三年（1818 年）经余堂刻本，8 册	02
			②清光绪五年（1879 年）扫叶山房藏版，6 册	05
			③清四川宏道堂刻本，4 册	03
			④清石印本	03
			⑤清刻本，2 册	03
0020	本草原始（6 卷），1612 年	（明）李中立纂辑	上海校经山房石印本，1 函 4 册	05
0021	雷公炮制药性赋解，1622 年子目：①珍珠囊指掌补遗药性赋（4 卷），（金）李杲撰②雷公炮制药性解（6 卷），（明）李中梓撰，钱允治补	佚名	清刻本经纶堂藏版	01、02
0022	雷公炮制药性赋解，1622 年	（金）李杲编	1940 年商务印书馆铅印本，1 册	01

续表

序号	书名和成书年	作者和著作形式	版本	收藏馆
0023	雷公炮制药性赋解（10卷），1622年	（金）李杲编	清光绪三十一年（1905年）重镌，山房藏版，4册	04
0024	本草正（2卷），1624年	（明）张介宾撰	见景岳全书	03
0025	本草征要，1637年	（明）李中梓撰	见医宗必读卷三、卷四	03
0026	本草图解，1637年	（明）李中梓撰	1928年、1932年上海中华新教育社铅印本，1册	01
0027	本草通玄（2卷），1655年	（明）李中梓撰	见士材三书	03
0028	图注本草纲目求真（11卷），附脉理求真（1卷），1769年	（清）黄宫绣撰	版本不详，2册	04
0029	图注本草纲目求真（12卷），1769年	（清）黄宫绣撰	版本不详，2册	04

4. 清代本草

序号	书名和成书年	作者和著作形式	版本	收藏馆
0001	药症忌宜（1卷），1641年	（清）陈澈撰	见医家四要	03
0002	本草述（32卷），卷首（1卷），1664年	（明）刘若金撰	①清嘉庆十五年（1810年）武进薛氏刻本，清光绪二年（1876年）姑苏来青阁重印本	03
			②清光绪二年（1876年）姑苏来青阁刻本，20册	03
0003	本草述（32卷），卷首（1卷），1664年	（明）刘若金著，薛□校订	清嘉庆十五年（1810年）还读山房刻光绪二年（1876年）姑苏来青阁印本，10册	03
0004	本草择要纲目（1卷），1679年	（清）蒋居祉撰	见珍本医书集成	01、03
0005	勿药元诠（1卷），1682年	（清）汪昂撰	①见医方集解	03
			②见本草医方合编	03
0006	握灵本草（又名东皋握灵本草）（10卷），序例（1卷），补遗（1卷），1682年	（清）王翃编	①清康熙二十二年（1683年）刻本，清乾隆五年（1740年）朱钟勋补刻本	02
			②清康熙二十二年（1683年）吴郡李氏刻清乾隆四年至清乾隆五年（1739—1740年）朱钟勋补刻本，8册	02
0007	握灵本草（10卷），1682年	（清）王翃编	康熙二十二年（1683年）刻本，1函4册	05
0008	本草备要，1683年	（清）汪昂撰	①清道光二十五年（1845年）瓶花书屋刻本，4册	03
			②清光绪六年（1880年）仲冬鸿宝书局石印，2册8部	06
			③清光绪七年（1881年）扫叶山房刻本，4册	04

续表

序号	书名和成书年	作者和著作形式	版本	收藏馆
0009	本草备要（不分卷），1683年	（清）汪昂撰	清道光二十五年（1845年）瓶花书屋刊本，1函2册	05
0010	本草备要（8卷），1683年	（清）汪昂撰	清光绪七年（1881年）重镌，扫叶山房藏版，4册	04
0011	本草备要（8卷，存1卷），1683年	（清）汪昂撰	清道光二十五年（1845年）瓶花书屋刻本，2册	03
0012	增订本草备要（4卷），1694年	（清）汪昂撰	①清道光二十五年（1845年）瓶花书屋刻本（不分卷）	03
			②清光绪九年（1883年）长沙遐龄精舍刻本（附汤头歌诀、经络歌诀）	02
			③清文光堂刻本	02
			④清茂选楼刻本	02
			⑤1941年、1946年、1947年、1948年上海春明书店铅印本	02
0013	增订图注本草备要，1694年	（清）汪昂撰	清积庆堂刻本，4册	04
0014	增订图注本草备要（8卷），1694年	（清）汪昂撰	清积庆堂梓行，4册	04
0015	绘图本草备要，1694年	上海广益书局	影印本，3册	10
0016	本经逢原（4卷），1695年	（清）张璐撰	①清康熙三十四年（1695年）长洲张氏隽永堂刻本	03
			②清康熙三十四年（1695年）明德堂刻本，4册	01
			③清康熙三十四年（1695年）刻本，12册	03
			④清金阊书业堂刻本，4册	02
			⑤清明德堂刻本	01
			⑥清刻本，4册	03
			⑦见张氏医书七种本	01
			⑧版本不详，1函8册	05
0017	本草品汇精要，1700年	（明）刘文泰等撰	1936年商务印书馆铅印本，6册	04
0018	本草品汇精要（42卷），续集（10卷），1700年	（明）刘文泰等撰，（清）王道纯续编	1936年铅印本，3册	03
0019	本草品汇精要（42卷），本草品汇精要续集（10卷），附脉诀四言举要、本草品汇精要校勘记，1700年	（明）刘文泰等撰，（清）王道纯等续编	1936年、1937年上海商务印书馆铅印本	02、03

续表

序号	书名和成书年	作者和著作形式	版本	收藏馆
0020	本草品汇精要（42卷），附二种（12卷），1700年 附录子目： ①本草品汇精要续集（10卷），（明）王道纯、江兆元纂辑 ②本草品汇精要续集脉诀（2卷），（宋）崔嘉彦著，（明）王道纯注释	（明）刘文泰等撰	1936年商务印书馆铅印本，12册	09
0021	本草品汇精要（42卷），附本草品汇精要续集（10卷）、续集脉诀举要（2卷），1700年	（明）刘文泰等撰	1936年初版，5册	06
0022	本草品汇精要（43卷），1700年	（明）刘文泰撰	版本不详，7册	04
0023	本草品汇精要（55卷），1700年	（明）刘文泰撰	1936年商务印书馆铅印本，1函7册	05
0024	生草药性备要（又名生草药性）(2卷），1711年	（清）何谏撰	①清末石印本，2册	02
			②民国守经堂刻本	02
			③民国广州刻本	01
0025	生草药性备要，1711年	佚名	版本不详，1册	01
0026	神农本草经百种录（1卷），1736年	（清）徐大椿撰	①见徐氏医书八种、徐灵胎十二种全集	01、03
			②见陈修园医书四十八种、陈修园医书五十种、陈修园医书六十种	01、03
0027	长沙药解（4卷），1753年	（清）黄元御著	①清乾隆十八年（1753年）刻本，2册	03
			②清咸丰十年（1860年）长沙徐树铭燮和精舍校刻本	03
			③清光绪二十年（1894年）上海图书集成印书局铅印本，1册	02
			④清刻本，1册	03
			⑤见黄氏遗书八种	01、03
0028	玉楸药解（8卷），1754年	（清）黄元御著	①清咸丰十年（1860年）长沙徐树铭燮和精舍校刻本	03
			②见黄氏医书八种	01、03
			③版本不详，1册	03
0029	玉楸药解（8卷），1754年	（清）黄元御著，徐树铭校刊	清咸丰燮和精舍刻本，1册	03
0030	本草古今论，1757年	（清）徐大椿撰	1954年第一次重版，上海锦章书局，1册	06

续表

序号	书名和成书年	作者和著作形式	版本	收藏馆
0031	本草从新，1757 年	（清）吴仪洛撰	①清扫叶山房刻本，2 册	03
			②清光绪七年（1881 年）恒德堂刻本，6 册	03
			③1920 年江阴宝文堂刻本，6 册	04
0032	本草从新（6 卷），附药性总义，1757 年	（清）吴仪洛撰	①清乾隆二十二年（1757 年）序刻本，2 册	01、02
			②清乾隆二十二年（1757 年）澂水吴仪洛刻吴氏医学述本，4 册	02
			③清光绪六年（1880 年）刻本扫叶山房藏版（18 卷）	03
			④清光绪七年（1881 年）恒德堂刻本（18 卷）	03
			⑤清大文堂刻本，5 册	01
			⑥清刻本，2 册	01
			⑦1913 年、1940 年、1946 年、1947 年、1948 年上海广益书局铅印本（18 卷）	02
			⑧石印本（18 卷）	01
0033	本草从新（15 卷），1757 年	（清）吴仪洛撰	版本不详，3 册	04
0034	本草从新（18 卷），1757 年	（清）吴仪洛撰	①清乾隆二十二年（1757 年）大文堂刻本，5 册	01
			②清乾隆二十二年（1757 年）利济堂刻本，1 册	06
			③清道光二十六年（1846 年）瓶花书屋刻本，2 册	03
			④清光绪六年（1880 年）扫叶山房刻本	07
			⑤清刻本，2 册	03
			⑥1920 年江阴宝文堂藏版，6 册	04
			⑦民国石印本，1 册	01
			⑧上海广益书局石印本，1 函 6 册	05
0035	增图本草从新，1757 年	（清）吴仪洛撰	上海锦章书局出版，4 册	06
0036	本草纲目拾遗（10 卷），1578 年	（明）李时珍撰	①清同治十年（1871 年）钱唐张应昌吉心堂刻利济十二种本，10 册	02
			②清光绪十一年（1885 年）合肥张氏味古斋重校刊，8 册	04
0037	本草纲目拾遗（10 卷），1765 年	（清）赵学敏撰	①清同治十年（1871 年）张应昌吉心堂刻本，8 册	03
			②清光绪三十年（1904 年）同文书局石印本，1 册	03

续表

序号	书名和成书年	作者和著作形式	版本	收藏馆
0038	本草纲目拾遗（10卷），卷首（1卷），1765年	（清）赵学敏撰	①清同治十年（1871年）钱塘张应昌吉心堂刻本，8册	01、02、03
			②清光绪十一年（1885年）合肥张氏味古斋刻本，8册	04
			③民国上海锦章图书局石印本，4册	01、02
			④见本草纲目	03
0039	本草求真（9卷），附脉理求真（3卷），1769年	（清）黄宫绣撰	①清刻本	02
			②石印本	02
0040	本草求真（9卷），主治（2卷），本草求真图（1卷），脉理求真（□□卷），1769年 子目： ①本草求真（9卷） ②本草求真图（1卷） ③脉理求真（1卷，存卷十二）	（清）黄宫绣撰	清文升阁刻本，3册	08
0041	本草求真（9卷），主治（2卷），本草求真图（1卷），脉理求真（□□卷），1769年 子目： 本草求真（6卷，存卷四至卷九）	（清）黄宫绣撰	清文升阁刻本，2册	08
0042	本草求真（9卷），主治（2卷），本草求真图（1卷），脉理求真（□□卷），1769年 子目： ①本草求真（1卷） ②本草求真图（1卷）	（清）黄宫绣撰	清刻本，1册	08
0043	本草求真（11卷，缺卷一），1769年	（清）黄宫绣撰	清刻本，10册	02
0044	本草纲目求真（又名本草求真）（12卷），附脉理求真，1769年	（清）黄宫绣撰	上海锦章书局石印本，1函4册	05
0045	本草纲目求真（又名本草求真）（12卷），1769年	（清）黄宫绣撰	1941年上海锦章书局石印本，1册	05
0046	名医别录（1卷），1820年	（清）黄钰撰	见陈修园医书四十八种、陈修园医书五十种、陈修园医书六十种	01、03
0047	本草述钩元（32卷），1833年	（清）刘若金撰，杨时泰辑	①清道光二十二年（1842年）毗陵涵雅堂刻本，12册	02
			②清同治十一年（1872年）木活字印本，10册	01
			③1921年上海进化书局石印本	03
			④上海进化书局石印本，16册	03
0048	本草述钩元（32卷），1833年	（清）杨时泰辑	清道光二十二年（1842年）毗陵涵雅堂开雕，2函10册	05

续表

序号	书名和成书年	作者和著作形式	版本	收藏馆
0049	本草分经（又名本草分经审治），1840 年	（清）姚澜编	①清光绪十四年（1888 年）刻本，1 册	04
			②1923 年、1925 年铅印本，1 册	03
0050	本草分经审治（3 卷），1840 年	（清）姚澜编	清光绪十四年（1888 年）重刊，1 册	04
0051	本草分经（不分卷），1840 年	（清）姚澜编	清光绪十八年（1892 年）刻本，1 函 2 册	05
0052	本草问答（2 卷），1884 年	（清）唐宗海著	①清光绪二十年（1894 年）上海顺成书局石印本，1 册	02
			②清光绪三十四年（1908 年）上海千顷堂书局石印本，2 册	02
			③1946 年、1948 年上海育才书局铅印本	01
			④民国上海千顷堂书局石印中西汇通医书五种本	01
0053	本草问答（2 卷），1884 年	（清）唐宗海著，张士让参	清光绪三十四年（1908 年）千顷堂书局石印本，1 册	03
0054	本草问答，1884 年	（清）唐宗海著	①1935 年上海千顷堂书局铅印本，1 册	01
			②1936 年育才书局铅印本，1 册	01
			③见中西汇通医书五种	03
0055	本草撮要（10 卷），1886 年	（清）陈其瑞编	见珍本医书集成	01、03
0056	本草思辨录（4 卷），卷首（1 卷），1904 年	（清）周岩撰	①清光绪三十年（1904 年）山阴周氏微尚室刻本，4 册	03
			②抄本，1 册	04
			③见珍本医书集成	01
0057	本草思辨录，1904 年	（清）周岩撰	版本不详，1 册 1 部	04
0058	大观本草札记（2 卷），1904 年	（清）柯逢时校	版本不详，1 函 1 部	05
0059	本草品汇精要校勘记，1937 年	（民国）谢观撰	①1937 年，1 册	06
			②民国铅印本，2 册	09

5. 近代本草

序号	书名和成书年	作者和著作形式	版本	收藏馆
0001	同仁堂药目，1706 年	京都同仁堂编	清光绪京都同仁堂，1 册	04
0002	同仁堂药目，1706 年	（清）乐凤鸣编	清光绪十五年（1889 年）重刊，本堂藏版，1 册 1 部	04
0003	同仁堂药目（不分卷），1706 年	（清）乐凤鸣编	清光绪十五年（1889 年）同仁堂藏版，1 函 1 部	05
0004	天宝本草（不分卷），1883 年	佚名	1939 年刊本，1 册	05

续表

序号	书名和成书年	作者和著作形式	版本	收藏馆
0005	本草衍句（1卷），1885年	佚名	民国杭州三三医社铅印本，1册	01
0006	达仁堂药目，1913年	达仁堂编	1913年达仁堂刻本，1册	01
0007	药性辑要（又名药性）（2卷），1917年	（民国）丁甘仁辑	1917年上海中医专门学校铅印本，2册	02、03
0008	药性易知，1918年	中华书局编	1929年、1930年、1932年上海文明书局铅印本，1册	01
0009	中国实用药物学［2卷，卷首（1卷）］，1923年	（民国）赵贤齐撰	1923年、1924年、1931年、1937年上海中国医药研究会石印本，1册	01
0010	简易草药性质说明书，1927年	佚名	抄本	02
0011	化学实验新本草，1929年	（民国）丁福保译	1929年上海医学铅印本，1册	01
0012	药性提要，1930年	（民国）秦伯未编，方公溥校	①1930年上海中医书局铅印本	01
			②1939年上海中医铅印本，1册	01
0013	中药浅说，1930年	（民国）丁福保撰	①1930年、1933年、1934年、1935年、1937年、1945年、1947年上海商务印书馆铅印本，1册	01、02
			②见万有文库第一集本，1934年商务，1册	01
0014	医药顾问（5卷，存卷九至卷十三），1931年	（民国）马小琴著	上海大众书局印行，1册	06
0015	民众医药顾问，1931年	（民国）茹十眉撰	1931年铅印本（出版单位不详），1册	01
0016	药性总要，1932年	佚名	民国抄本，1册	01
0017	药物汇辑（第一集），1932年	岭南医林一谔社编	1932年，1册	01
0018	佛慈药厂科学国药（第一集），1933年	佛慈药厂编	版本不详，1册	01
0019	医药顾问大全，1934年	（民国）陆清洁编	1935年世界书局铅印本，13册	01
0020	药物学正编（2卷），续编（2卷），补编（2卷），1934年	（民国）章成之编	①1949年上海国医印书馆铅印本	01
			②1949年上海千顷堂书局铅印本	01
0021	本草虫部（4卷），附拾遗（1卷），1935年	（民国）陈栩编	①1935年上海家庭工业社石印本	01
			②1935年天虚我生印行石印本，1册	01

续表

序号	书名和成书年	作者和著作形式	版本	收藏馆
0022	药性大字典，1935 年	（民国）潘杏初编	1947 年上海书局铅印本，1 册	03
0023	实用药性辞典，1936 年	（民国）胡安邦编	1936 年上海中央书店铅印本，1 册	01
0024	汉药良劣鉴别法，1936 年	（日本）一色直太郎编	见皇汉医学丛书	01、03
0025	中国药一百种之化学实验，1936 年	（日本）中尾万三撰	见皇汉医学丛书	01、03
0026	中国药物学大纲（又名袖珍本草稿），1936 年	（日本）伊豫专安著	见皇汉医学丛书	01、03
0027	犀黄之研究，1936 年	（日本）杉木重利著	见皇汉医学丛书	01、03
0028	实用医药顾问，1937 年	（民国）唐季陶编	1937 年文业，4 册	01
0029	药物通论，1937 年	（民国）叶孟陶编	民国石印本	01
0030	新编医药顾问，1937 年	（民国）陈国树撰	1943 年上海国学铅印本，1 册	01
0031	国药诠证（4 卷），1939 年	（民国）王剑宾撰	①1939 年上海万叶书店铅印本	02、03
			②1939 年上海万叶书店铅印本，4 册	03、04
0032	国药诠证（4 卷），1939 年	（民国）王剑宾撰	王剑宾诊所发行，4 册	04
0033	国药新声，1939 年	（民国）丁福保编	1939 年国药新声社铅印本，16 册	04
0034	国药新声（59 卷），1939 年	（民国）丁福保编	1939—1944 年国药新声社，44 册	04
0035	药王考与郑州药王庙，1948 年	（民国）吕超如撰	1948 年实学铅印本	01
0036	旧药物学讲义，1949 年	广西梧州区医药研究所编	版本不详，1 册	01
0037	药物通论讲义，1949 年	（民国）叶孟陶编	民国石印本，1 册	01
0038	现代实用中药续编，1949 年	（民国）叶橘泉编	上海千顷堂书局铅印本，1 册	01

6. 国外本草

序号	书名和成书年	作者和著作形式	版本	收藏馆
0001	药征（3 卷），1771 年	（日本）吉益东洞撰	①1931 年、1935 年上海中医书局铅印本	01
			②平安书林斯文堂刊本，1 函 3 册	05
			③见皇汉医学丛书	01、03

续表

序号	书名和成书年	作者和著作形式	版本	收藏馆
0002	药征，1711 年	（日本）吉益东洞撰	①民国杭州三三医社铅印本，1 册	01
			②大东书局铅印本，1 册	01
0003	药征全书，1711 年	（日本）吉益东洞撰	①1935 年上海中华书局铅印本，1 册	01
			②1935 年上海中医铅印本，1 册	01
0004	药征续编（2 卷），附录（1 卷），1778 年	（日本）村井杶撰	①民国杭州三三医社铅印本，1 册	01
			②1937 年大东铅印本，1 册	01
			③见皇汉医学丛书	01、03
0005	药治通义，1836 年	（日本）丹波元简撰	日本存诚药室丛书藏本，8 册	04
0006	药治通义（12 卷），1836 年	（日本）丹波元简撰	①存诚药室丛书本，5 册	03
			②版本不详，1 册	04
0007	万国药方，1886 年	（美国）洪士提译	①清光绪二十四年（1898 年）美华书馆石印本，8 册	02
			②清宣统二年（1910 年）美华书馆石印本，8 册	02
0008	万国药方（8 卷），1886 年	（美国）洪士提译	①1915 年美华书馆石印本，1 函 8 册	05
			②1917 年第 13 次重印，8 册	04
0009	万国药方（8 卷，存卷八英汉通文目录），1886 年	（美国）洪士提译	清光绪十六年（1890 年）铅印本，8 册	03
0010	汉药实验谈，1893 年	（日本）小泉荣次郎撰，晋陵下工译	1914 年、1918 年、1926 年上海医学书局铅印本，1 册	01
0011	中国北部之药草，1931 年	（日本）石户谷勉撰，（民国）沐绍良译	1931 年、1941 年、1946 年上海商务印书馆铅印本	01
0012	中国北部之药草，1931 年	佚名	1941 年，1 册	01

（三）歌括、便读

序号	书名和成书年	作者和著作形式	版本	收藏馆
0001	洁古老人珍珠囊（1 卷），1308 年	（金）张元素撰	见影印元明善本丛书十种之济生拔粹方	01、03
0002	药性赋，1368 年	（金）李杲撰	清宣统三年（1911 年）上海会文堂书局石印本，1 册	01
0003	珍珠囊指掌补遗药性赋（又名药性赋珍珠囊、雷公药性赋、雷公炮制药性赋）(4 卷)，1622 年	（金）李杲撰	①清宣统三年（1911 年）上海会文堂书局铅印本，1 册	01
			②清经纶堂刻本，1 册	02
			③清刻本（存卷三、卷四），1 册	02
			④1922 年、1926 年、1928 年上海会文堂书局铅印本	01

续表

序号	书名和成书年	作者和著作形式	版本	收藏馆
0004	珍珠囊指掌补遗药性赋（4 卷），附一种（6 卷），1622 年 附录子目： 雷公炮制药性解（6 卷），（明）李中梓编	（金）李杲撰	清刻本，4 册	01
0005	珍珠囊指掌补遗药忾赋（1 卷），1622 年	（金）李杲撰	清刻本，4 册	01
0006	雷公药性解、珍珠囊指掌补遗药性赋（10 卷），1622 年	（金）李杲、（明）李中梓撰	清光绪十二年（1886 年）江左书林刊本，1 函 2 册	05
0007	雷公炮制药性解（6 卷），1622 年	（明）李中梓撰	①清文戈堂刻本，2 册	01
			②清刻本（与珍珠囊指掌补遗药性赋合订），4 册	01
0008	雷公炮制药性解（6 卷），1622 年	（明）李中梓撰，（清）王子接重订	①清群玉山房刻本，2 册	01
			②清刻本，5 册	01、02
0009	雷公药性赋解（6 卷），1622 年	佚名	1914 年出版，上海广益书局印行，4 册	04
0010	雷公药性解，1622 年	（明）李中梓撰	清群玉山房刻本，2 册	01
0011	增补珍珠囊雷公药性赋解，1622 年	（金）李杲撰	1914 年上海广益书局石印本，1 册	04
0012	太医院增补青囊药性赋直解（3 卷），1627 年	（明）罗必炜参订	民国上海锦章书局石印本	02
0013	太医院增补青囊药性赋直解（8 卷），首（1 卷），末（1 卷），1627 年	（明）罗必炜参订，杨能儒梓行	清光绪三十年（1904 年）宝庆劝学书舍刻本，2 册	03
0014	药性赋直解（8 卷），首（1 卷），末（1 卷），1627 年	（明）罗必炜参订，杨能儒梓行	清光绪三十年（1904 年）宝庆劝学书舍刻本，1 册	03
0015	珍珠囊药性赋医方捷径合编，1644 年	（明）罗必炜参订	清文星堂刻本，1 册	01
0016	珍珠囊药性赋医方捷经，1644 年	明太医院编	上海锦章书局石印本，2 册	03、04
0017	珍珠囊药性赋医方捷径（2 卷），1644 年	（明）罗必伟参订	上海锦章图书局出版，2 册	04
0018	医方捷经、药性直解，1644 年	佚名，（明）罗必炜参订	闽书林杨能儒印本，1 册	04
0019	医方捷径、药性直解（3 卷），1644 年	（明）罗必炜参订	晓星樵人刊，1 册	04
0020	医方捷径合编（2 卷，缺卷上叶 1～2），1644 年	佚名	清刻本，1 册	02
0021	药性炮制歌，1663 年	（清）蒋示吉撰	见医宗说约卷首	03
0022	本草诗笺（又名惠民局本草诗笺）（10 卷），1737 年	（清）朱钥撰	①清刻本，6 册	03
			②上海千顷堂书局石印本	02
			③版本不详，1 册	05

续表

序号	书名和成书年	作者和著作形式	版本	收藏馆
0023	药性切用（6卷），1741年	（清）徐大椿撰	见徐灵胎医略六书	03
0024	药性赋新编，1758年	（清）汪绂编	见医林纂要探源	03
0025	药性简要（1卷），1844年	（清）廖云溪撰	见医学五则	03
0026	本草歌诀，1933年	（民国）吴秉璋撰	1933年、1936年上海中医书局铅印本，1册	01

（四）食疗草本

1. 食疗

序号	书名和成书年	作者和著作形式	版本	收藏馆
0001	饮膳正要（3卷），1331年	（元）忽思慧撰	①1930年、1934年上海商务印书馆据明景泰刻本影印四部丛刊续编本	02、03
			②1936年商务印书馆铅印本，3册	03
0002	饮食须知（8卷），1367年	（元）贾铭撰	1920年上海商务印书馆据清道光六年（1826年）晁氏学海类编本影印	02
0003	食物本草会纂，1691年	（清）沈李龙撰	①清道光二十三年（1843年）四盛堂刻本，6册	03
			②上海锦章书局石印本，1册	03
			③清刻本，6册	01
0004	食物本草会纂（12卷），附日用家抄（1卷），脉诀秘传（1卷），1691年	（清）沈李龙撰	①清康熙三十年（1691年）序刻本，6册	01
			②清嘉庆八年（1803年）金陵致和堂刻本，6册	02
			③清道光二十三年（1843年）尊德堂刻本	03
			④上海锦章书局石印本	03
0005	食物本草会纂全套（9卷，存卷四至卷十二），1691年	（清）沈李龙撰，孙清范登、沈餐之较阅	版本不详，3册	06
0006	食物本草（又名食物本草会纂）（12卷），1691年	（清）沈李龙撰	版本不详，4册	05
0007	食物本草会纂（12卷），1691年	（清）沈李龙撰	清道光二十三年（1843年）四盛堂刻本，6册	03
0008	增补食物本草备考（2卷），1732年	（清）何克谏撰	①清广州澄天阁刻本，2册	02
			②清刻本	07
			③石印本	01
0009	增补食物本草备考（2卷），1732年	（清）何克谏、何省轩撰	版本不详，1册	01

2. 救荒

序号	书名和成书年	作者和著作形式	版本	收藏馆
0001	救荒本草（2 卷），1406 年	（明）朱橚撰	①1959 年中华书局据明嘉靖四年（1525 年）刻本影印本，8 册	09
			②1959 年中华书局影印明嘉靖四年（1525 年）刊本，8 册	05

3. 饮馔

序号	书名和成书年	作者和著作形式	版本	收藏馆
0001	随息居饮食谱，1861 年	（清）王士雄撰	①清光绪十八年（1892 年）上海醉六堂刻潜斋医书五种本，2 册	01
			②见潜斋医书五种	03
0002	随息居饮食谱（1 卷），1861 年	（清）王士雄撰	清光绪二十二年（1896 年）上海图书集成局铅印本，1 册	03
0003	随息居饮食谱（不分卷），1861 年	（清）王士雄撰	清刻本，1 册	03
0004	食鉴本草（1 卷），1883 年	（清）费伯雄撰	见珍本医书集成	01
0005	饮食服食谱，1929 年	（民国）钟惺伯辑	1929 年上海千顷堂书局发行，1 册	06

（五）单味药专类药研究

序号	书名和成书年	作者和著作形式	版本	收藏馆
0001	人参考，1778 年	（清）唐秉钧撰	清光绪二十二年（1896 年）元和江氏刻本	02
0002	人参谱（4 卷，存卷一），1795 年	（清）陆烜撰	清道光吴江沈氏世楷堂刻昭代丛书本	02
0003	参谱，1808 年	（清）黄叔灿撰	1920 年上海博古斋影印本	02

（六）炮制

序号	书名和成书年	作者和著作形式	版本	收藏馆
0001	修事指南（又名制药指南、国医制药学），1704 年	（清）张睿撰	1926 年、1927 年、1942 年杭州抱经堂书局影印本	02

（七）本草谱录

序号	书名和成书年	作者和著作形式	版本	收藏馆
0001	石药尔雅（2 卷），806 年	（唐）梅彪撰	①清道光十七年（1837 年）武林竹简斋重印别下斋丛书本	02
			②1937 年上海商务印书馆铅印丛书集成初编本，2 册	01、02
0002	绘图秘传花镜（又名秘传花镜）（6 卷），1688 年	（清）陈淏子撰	①清刻本（存卷五、卷六），1 册	02
			②1913 年上海炼石书局石印本，1 函 6 册	05

续表

序号	书名和成书年	作者和著作形式	版本	收藏馆
0003	广群芳谱（100 卷），1708 年	（清）汪灏等编	上海锦章书局石印本，30 册	05
0004	古今图书集成草木典（320 卷），1723 年	（清）蒋廷锡等编	①1934 年中华书局影印本，33 册	01、03、04
			②版本不详，5 册	04
0005	古今图书集成·博物汇编·禽虫典、草木典（512 卷），1723 年	（清）陈梦雷、蒋廷锡编	1934 年上海中华书局影印本，4 函 44 册	05
0006	药味别名录，1919 年	（民国）曹瀛宾编	1919 年京师药行商会铅印本，2 册	01
0007	中国新本草图志第一集（2 卷），1930 年	（民国）赵燏黄撰	1930 年上海中央研究院国药研究室铅印本	01
0008	中国新本草图志第一集（1 卷），1930 年	（民国）赵燏黄撰	1931 年化学研究所铅印本，1 册	01
0009	中国药物标本图影，1935 年	（民国）陈存仁编	1935 年上海世界书局铅印本	01、02
0010	中国药物标本图影，1935 年	中国医药研究社编	1935 年世界书局铅印本，1 册	01

（八）杂著

序号	书名和成书年	作者和著作形式	版本	收藏馆
0001	增订伪药条辨（4 卷），1901 年	（清）郑奋扬撰，（民国）曹炳章集注	1927 年、1928 年绍兴和济药局铅印本	01
0002	伪药条辨，1901 年	（清）郑奋扬撰	1928 年和济药局铅印本，2 册	01
0003	中华药典，1930 年	中央卫生部编	1930 年、1931 年内政部卫生署铅印本，1 册	01
0004	中国药学大辞典，附中国药物标本图影，1934 年	（民国）陈存仁编	1935 上海世界书局铅印本	02
0005	实用药性辞典，1935 年	（民国）胡安邦编	1935 年上海中央书店铅印本	01、02

七、方书

（一）晋唐方书

序号	书名和成书年	作者和著作形式	版本	收藏馆
0001	肘后备急方（又名广肘后方、补阙肘后百一方、肘后救卒方、葛仙翁肘后备急方）（8 卷），315 年	（晋）葛洪撰，（梁）陶弘景补阙，（金）杨用道增广	①清光绪二十二年（1896 年）上海图书集成印书局铅印本，4 册	01
			②见六醴斋医书	03
			③重刊道藏辑要本，2 册	03

续表

序号	书名和成书年	作者和著作形式	版本	收藏馆
0002	葛仙翁肘后备急方（8卷），315年	（晋）葛洪撰	清刻本，2册	03
0003	葛仙翁肘后奇方（8卷），315年	（晋）葛洪撰	清光绪二十二年（1896年）上海图书集成印书局铅印本，4册	01
0004	备急千金要方（又名孙真人备急千金要方）(30卷），651年	（唐）孙思邈撰，（宋）林亿校	①日本嘉永二年（1849年）江户医学据北宋本影刻本	02
			②清光绪四年（1878年）上海长洲麟瑞堂据日本江户医学影北宋本重印本，20册	03
			③1926年、1930年上海中原书局石印本	02（残）
0005	备急千金要方（6卷），651年	（唐）孙思邈撰	清光绪四年（1878年）印于上海长洲，江户医学影北宋本，3册	04
0006	千金要方，651年	（清）张璐撰	上海中原书局印行，8册	04
0007	千金要方（30卷），651年	（唐）孙思邈撰	1926年印，上海中原书局印行，16册	04
0008	千金要方（又名孙真人备急千金方）(30卷，存卷十四至卷三十），附张璐先生衍义，651年	曹智涵校正	上海中原书局印行，4册	06
0009	千金要方（30卷，存卷十四至卷三十），附衍义，651年	曹智涵校正	上海中原书局印行，6册	06
0010	千金要方（30卷），附衍义，651年	（唐）孙思邈撰	民国上海中原书局石印本，2函11册	05
0011	备急千金要方（30卷），千金翼方（30卷，存卷一至卷十九），附一种（1卷），651年 附录子目： 影宋本千金方考异（1卷），（日本）多纪元坚总阅	（唐）孙思邈撰，（宋）林亿校正	清光绪四年（1878年）上海长洲麟瑞堂据日本江户医学影北宋本影印本，6册	03
0012	千金方食治篇，651年	（唐）孙思邈撰	见千金方	01、03
0013	千金翼方（30卷），682年	（唐）孙思邈撰	①清乾隆二十八年（1763年）金匮华希闳刻本保元堂藏版，40册	01、03
			②清乾隆华希闳校刻本，20册	03
			③清嘉庆六年（1801年）扫叶山房刻本	03
			④清同治七年（1868年）苏州扫叶山房刻本	03、04
			⑤清同治七年（1868年）扫叶山房藏版，24册	05

续表

序号	书名和成书年	作者和著作形式	版本	收藏馆
			⑥约成书于唐永淳二年（683年），清同治七年（1868年）新镌，姑苏扫叶山房藏版，12册	04
			⑦清光绪四年（1878年）独山莫氏据日本影刻元大德梅溪书院刻本影印本	02
			⑧清光绪四年（1878年）上海刻本，8册	02
			⑨清光绪三十四年（1908年）上海久敬斋书庄石印本，10册	03
			⑩1912年湖南益元书局刻本，14册	01
			⑪民国元年（1912年）汉文书局刊本，1函14册	05
			⑫1915年江左书林石印本，6册	03
			⑬1926年上海中原书局石印本，8册	02、04
			⑭民国上海鸿宝斋局局石印本，1函6册	05
0014	千金翼方（30卷），682年	（唐）孙思邈撰，（宋）林亿校正	清光绪三十四年（1908年）上海久敬斋书庄铅印本，10册	03
0015	千金翼方（30卷），682年	（唐）孙思邈撰，（宋）林亿等校正，（明）王肯堂重校	清扫叶山房刻本，10册	03
0016	千金翼方（30卷，存卷一至卷九、卷十二至卷十三、卷十七至卷十八、卷二十一至卷二十二、卷二十五至卷二十六、卷二十九至卷三十），682年	（唐）孙思邈撰，（宋）林亿等校正，（明）王肯堂重校	清乾隆二十八年（1763年）华希闵校刻本	08
0017	千金翼方（6卷，存卷五至卷十），682年	陈嘉珍校	版本不详，1册	06
0018	孙真人海上方，682年	（唐）孙思邈撰	见珍本医书集成	01、03
0019	药录纂要，682年	（唐）孙思邈撰	见千金方、千金翼方卷一至卷四	01、03
0020	备急千金要方（30卷），备急千金翼方（30卷），682年	（唐）孙思邈撰	清光绪四年（1878年）长洲黄学熙据日本嘉永二年（1849年）江户医学影刻本重印本	02
0021	备急千金要方，682年	（日本）多纪元坚等编	清光绪上海版，3册	04

续表

序号	书名和成书年	作者和著作形式	版本	收藏馆
0022	外台秘要（40卷），752年	（唐）王焘撰	①明崇祯十三年（1640年）新安程衍道刻本歙西槐堂经余居藏版，32册	01
			②清同治十三年（1874年）广东翰墨园刻本，154册	01、02
			③清同治十三年（1874年）广东翰墨园刊，4函40册	05
			④清经余居刻本，32册	01
			⑤1915年上海鸿宝书局石印，16册	04
			⑥1915年、1916年、1920年上海鸿宝书局石印本，40册	03
0023	外台秘要（40卷），752年	（唐）王焘撰，翰林院编修，吴孔嘉撰，陈莲舫加批	1924年上海广益书局印行，16册	06
0024	元和纪用经（1卷），762年	（唐）王冰撰	见六醴斋医书	03
0025	千金宝要，1124年	（唐）孙思邈撰	1937年商务印书馆铅印本，1册	01
0026	秘制大黄清宁丸方，1808年	（唐）孙思邈撰	1937年商务印书馆铅印本，1册	01
0027	刘涓子鬼遗方，1935年	（南齐）龚庆宣撰	①1937年大东书局铅印本，1册	01
			②1937年商务印书馆丛书集成新编本，1册	01

（二）宋元方书

序号	书名和成书年	作者和著作形式	版本	收藏馆
0001	苏沈内翰良方（又名苏沈良方、内翰良方）(10卷），1075年	（宋）苏轼、沈括等撰	①清乾隆五十九年（1794年）于然室刻本，修敬堂藏版，3册	03
			②清同治十年（1871年）刻本	02、03
			③清光绪二十五年（1899年）广州广雅书局刻本（8卷）	01
			④清武英殿聚珍本，4册	03
			⑤见六醴斋医书	03
			⑥上海焕文书局石印本，2册	03
0002	苏沈内翰良方（10卷），1075年	（清）程永培校	清刻本，3册	03
0003	苏沈良方，1075年	（宋）苏轼、沈括撰	清光绪善成裕记刻本，1册	04
0004	苏沈良方（5卷），1075年	（宋）苏轼、沈括撰	清光绪三十年（1904年）善成裕记校刊，1册	04

续表

序号	书名和成书年	作者和著作形式	版本	收藏馆
0005	苏沈良方（8卷），1075年	（宋）苏轼、沈括撰	见艺海珠尘庚集	01
0006	苏沈良方（8卷），拾遗（2卷），附一种（1卷），1075年 附录子目： 校勘记（1卷），（清）孙星华撰	（宋）苏轼、沈括撰	武英殿聚珍本	01
0007	苏沈良方（8卷），拾遗（2卷），1075年	（宋）苏轼、沈括撰	清光绪二十五年（1899年）广雅书局刻武英殿聚珍版书本，1册	03
0008	史载之方（2卷），1085年	（宋）史堪撰	见周氏医学丛书三集	01、03
0009	圣济总录（200卷），1117年 子目： ①运气（2卷，存卷一至卷二） ②叙例、补遗（1卷，卷三） ③治法（1卷，卷四） ④临症各科（180卷，存五至卷一百八十四） ⑤补益（3卷，存卷一百八十五至卷一百八十七） ⑥食治（3卷，存卷一百八十八至卷一百九十） ⑦针灸（4卷，存卷一百九十一至卷一百九十四） ⑧符禁（3卷，存卷一百九十五至卷一百九十七） ⑨神仙服饵（3卷，存卷一百九十八至卷两百）	（宋）赵佶撰	1919年上海文瑞楼石印本，60册	03
0010	圣济总录（200卷），1117年	（宋）赵佶撰，吴锡璜校阅	1919年，60册	06
0011	圣济总录（193卷），1117年	（宋）赵佶撰	1919年上海文瑞楼石印本（残本），6函57册（缺第35册）	05
0012	类证普济本事方（又名本事方）（10卷），1132年	（宋）许叔微撰	①清乾隆四十二年（1777年）云间王陈梁校刻本，4册	03
			②清嘉庆十九年（1814年）姑苏扫叶山房刻本，4册	02
0013	类证普济本事方（10卷），1132年	（宋）许叔微撰，（清）叶桂释义	①清嘉庆十九年（1814年）姑苏扫叶山房刻本，4册	03
			②清嘉庆刻本，5册	01
			③清刻本2册	03
0014	类证普济本事方释义（10卷），1132年	（清）叶桂撰	清嘉庆十九年（1814年）扫叶山房刻本，6册	01
0015	类证普济本事方（10卷），1132年	（宋）许叔微著，（清）王陈梁校	清王陈梁刻本，4册	03
0016	本事方续集，1132年	（宋）许叔微撰	民国杭州三三医社铅印本，1册	01

续表

序号	书名和成书年	作者和著作形式	版本	收藏馆
0017	太平惠民和剂局方（10卷），附太平惠民和剂局方指南总论（3卷）、增广图经本草药性总论（1卷），1151年	（宋）陈师文等编	日本享保十五年（1730年）橘亲显刻本	02
0018	洪氏集验方（5卷），1170年	（宋）洪遵撰	①清嘉庆二十四年（1819年）吴门黄氏士礼居刻本	01
			②清光绪十三年（1887年）上海蜚英馆石印本	01
			③上海千顷堂书局据清嘉庆二十四年（1819年）黄氏士礼居刻本影印本	02、03
			④民国上海千顷堂书局石印本，3册	03、05
			⑤民国学海图书局据黄氏士礼居覆宋刻本影印本，2册	01、03
0019	洪氏集验方（5卷），1170年	（宋）洪遵撰，士礼居宋本重刊	上海千顷堂书局，2册	06
0020	三因极一病证方论（18卷），1174年	（宋）陈言撰	1927年上海文瑞楼石印本，8册	03
0021	传信适用方（4卷），1180年	（宋）吴彦夔撰	见当归草堂丛书	01、03
0022	黄帝素问宣明论方（15卷），1186年	（金）刘完素撰	刘河间伤寒三书六书	03
0023	黄帝素问宣明论方（15卷），1186年	（金）刘完素撰，（明）吴勉学校，（清）程应旄订	清宣统元年（1909年）上海千顷堂石印	06
0024	黄帝素问宣明论方（15卷），1186年	（金）刘完素撰，（明）吴勉学校	①明万历十三年（1585年）吴谦重刊，3册	06
			②明刻刘河间伤寒六书本，2册	03
			③明万历绣谷吴继宗刻本，2册	02
			④版本不详，4册	06
0025	黄帝素问宣明论方（15卷），1186年	（金）刘完素撰，（明）吴继宗校刊	明万历间吴继宗刻本，3册	03
0026	类编朱氏集验医方（15卷），1265年	（宋）朱佐撰	1935上海商务印书馆影印宛委别藏选辑本	02
0027	急救仙方（6卷），1279年	佚名	见当归草堂丛书	01、03
0028	内经拾遗方论，1279年	（宋）骆龙吉编	见三朝名医方论	03
0029	增补内经拾遗方论（4卷），1279年	（宋）骆龙吉编	见三朝名医方论	03
0030	杂类名方，1308年	（元）杜思敬撰	①1937年上海商务印书馆影印本，1册	01
			②见影印元明善本丛书十种之济生拔粹方	01、03

续表

序号	书名和成书年	作者和著作形式	版本	收藏馆
0031	瑞竹堂经验方（5卷），补遗（1卷），1323年	（元）萨理弥实撰	见当归草堂医学丛书	01、03
0032	局方发挥，1347年	（元）朱震亨撰	①1937年商务铅印本，1册	01
			②江阴朱氏校刊本，1册	06
			③见陈修园医书四十八种、陈修园医书五十种、陈修园医书六十种	01、03
0033	济人自济经验诸方（□卷，存卷二至卷三），1657年	（清）王梦兰、梁宪辑，蒋伊刊订	清刻本，2册	03
0034	圣济总录纂要，1681年	宋政和中奉敕编，（清）程林辑	1937年上海大东书局铅印本，10册	01
0035	四部总录医药编，1955年	（民国）丁福保、周云青撰	1955年北京商务印书馆9册（上中下三册各三套）	06
0036	四部总录医药编（不分卷），1955年	（民国）丁福保、周云青撰	1955年商务印书馆铅印本，1函3册	05

（三）明代方书

序号	书名和成书年	作者和著作形式	版本	收藏馆
0001	扶寿精方（1卷），1534年	（明）吴旻撰	见珍本医书集成	01
0002	加减灵秘十八方（1卷），1538年	（明）胡嗣廉撰	见六醴斋医书	03
0003	医便（5卷），1569年	（明）王三才补辑	见珍本医书集成	01
0004	医方考附脉语，1584年	（明）吴昆撰	1937年上海大东书局铅印本，6册	01
0005	鲁府禁方分福、寿、康、宁四集（4卷），1594年	（明）龚廷贤编	见珍本医书集成	01、03
0006	类方准绳（又名杂病准绳）（8卷），1602年	（明）王肯堂辑	见六科准绳	03
0007	六科准绳之类方准绳（8卷，存卷一、卷二、卷四至卷八），1602年	（明）王肯堂辑，（清）程永培校	1935年石印，上海扫叶山房发行，7册	06
0008	痘后方，1610年	（明）喻政编	民国杭州三三医社铅印本，1册	01
0009	古方八阵（9卷），1624年	（明）张介宾撰	见景岳全书	03
0010	景岳新方歌诀，1624年	（明）张介宾撰	抄本，1册	01
0011	渠阁精订摄生秘剖（又名胞与堂丸散谱）（4卷），1638年	（明）洪基辑	明崇祯十一年（1638年）刻本	03
0012	景岳新方歌括，1805年	（清）吴辰灿等编	清嘉庆十四年（1809年）尽心斋刻本	03

（四）清代方书

1. 清代一般方书

序号	书名和成书年	作者和著作形式	版本	收藏馆
0001	本草万方针线（8卷），1655年	（清）蔡烈先辑	①上海锦章书局石印本，2册	01、02、03
			②见本草纲目	03
0002	万方针线，1655年	（清）蔡烈先辑	①清乾隆四十九年（1784年）金阊书业堂刻本，3册	04
			②清乾隆四十九年（1784年）金阊书业堂新镌，3册	04
			③清道光英德堂刻本，4册	04
			④清道光六年（1826年）刊，英德堂镌藏，4册	04
			⑤清刻本，1册	04
			⑥版本不详，4册	04
0003	古今名医方论（又名名医方论）（4卷），1675年	（清）罗美编	①清康熙十四年（1675年）古怀堂刻本，4册	03
			②清康熙十四年（1675年）新安罗氏刻本，4册	02
			③清刻本	02
			④见古今名医汇粹方论合刊	03
0004	名医方论（4卷），1675年	（清）罗东逸评定，柯琴恭阅	清康熙古怀堂刻本，3册	03
0005	医方集解（3卷），1682年	（清）汪昂撰	①清道光十二年（1832年）山渊堂刻本，6册	03
			②清道光二十八年（1848年）刻本，6册	02
			③清光绪五年（1879年）扫叶山房刻本（不分卷），6册	01、03
			④清光绪十二年（1886年）山渊堂刻本（不分卷），6册	03
			⑤清光绪十三年（1887年）苏州扫叶山房刻本（不分卷），6册	03
			⑥清光绪三十年（1904年）上海六艺书局石印本（23卷）	02
			⑦清抄本	02
			⑧1932年、1943年上海锦章书局石印本（23卷），8册	01、02
			⑨见本草医方合编	03
0006	医方集解（3卷，存卷一），1682年	（清）汪昂撰	清刻本，1册	08
0007	医方集解（6卷），附增订本草备要，1682年	（清）汪昂撰	清乾隆五年（1740年）令德堂刻本，1册	03

续表

序号	书名和成书年	作者和著作形式	版本	收藏馆
0008	医方集解（21 卷），1682 年	（清）汪昂撰	①清光绪十三年（1887 年）扫叶山房刻本，6 册	01
			②1922 年江阴宝文堂刻本，6 册	05
0009	医方集解（21 卷），附（1 卷），1682 年	（清）汪昂撰	①清光绪五年（1879 年）扫叶山房刻本，6 册	03
			②清光绪十三年（1887 年）扫叶山房刻本，8 册	03
0010	医方集解（21 卷），附急救良方（1 卷）、勿药元诠（1 卷），1682 年	（清）汪昂撰	清光绪五年（1879 年）扫叶山房刻本，6 册	01
0011	增订医方集解（3 卷），本草备要（4 卷），1694 年	（清）汪昂撰	清安定堂贵记刻本，5 册	02
0012	增订医方集解（6 卷），本草备要（6 卷），1694 年	（清）汪昂撰	①清光绪九年（1883 年）长沙退龄精舍刻本，6 册	02
			②清文光堂刻本，6 册	02
			③清尚德堂刻本，6 册	02
0013	医方集解本草备要合刻，1694 年	佚名	版本不详，1 册	06
0014	医方集解本草备要合编（30 卷），1694 年	（清）汪昂撰	1931 年上海广益书局石印本，2 册	05
0015	医方集解本草备要合刻（31 卷），1694 年	（清）汪昂撰	清光绪十三年（1887 年）鸿文书局石印本，6 册	02
0016	医方集解（又名医方集解本草备要合编）（23 卷），增附汤头歌诀，1694 年	（清）汪昂撰，费伯雄加评	1914 年上海共和书局石印，1920 年初版，5 册	06
0017	医方集解本草备要，1694 年	（清）汪昂撰	①清光绪上海珍艺书局聚珍本	04
			②上海广益书局	04
0018	医方集解本草备要（23 卷），1694 年	（清）汪昂撰	①清光绪五年（1879 年）铅印本，上海珍艺书局，5 册	04
			②上海广益书局印行，4 册	04
0019	千金方衍义（30 卷），1698 年	（唐）孙思邈原撰，（清）张璐著	①清嘉庆五年（1800 年）扫叶山房藏版，4 函 32 册	05
			②清嘉庆六年（1801 年）扫叶山房刻本，32 册	01、03
			③清嘉庆六年（1801 年）刻本，32 册	03
			④清扫叶山房刻本，32 册	01、03
			⑤1915 年上海江左书林石印本	03
0020	孙真人千金方衍义（30 卷），1698 年	（清）张璐著	①清嘉庆六年（1801 年）扫叶山房刻本，28 册	03
			②清扫叶山房刻本，15 册	03
			③清刻本，11 册	03

续表

序号	书名和成书年	作者和著作形式	版本	收藏馆
0021	绛雪园古方选注（又名十三科古方选注），附得宜本草，1731年	（清）王子接注	①清雍正九年（1731年）刻本，4册	01
			②清乾隆二年（1737年）刻本介景楼藏版，3册	01、03
			③清扫叶山房刻本，8册	02、03
			④清刻本	01、02、03
			⑤上海千顷堂书局石印本（4卷）	02、03
0022	绛雪园古方选注（不分卷），附一种（1卷），1731年 附录子目： 绛雪园得宜本草（1卷），（清）王子接集	（清）王子接注	①清乾隆刻本，1册	03
			②清扫叶山房刻本，6册	03
			③清刻本，2册	03
0023	十三科古方选注，1731年	（清）王子接注	清扫叶山房刻本，4册	04
0024	十三科古方选注，1731年	佚名	维扬同文堂梓，4册1部	04
0025	十三科古方选注，1731年	（清）王子接注，叶桂校，魏柏乡鉴定	扫叶山房刻本，1册	06
0026	十三科古方选注（又名十三科绛雪园古方选注）（不分卷），1731年	（清）王子接注	清刻本，金阊绿荫堂藏版（残本），1函3册（缺第4册）	05
0027	古方选注，1731年	（清）王子接注	①清维扬同文堂刻本，4册	04
			②绿荫堂刻本，4册	04
			③上海千顷堂书局，4册	01
			④清介景楼刻本，4册	01
0028	古方选注，1731年	佚名	绿荫堂藏版，4册1部	04
0029	古方选注（4卷），1731年	（清）王子接撰	①清末上海千顷堂书局石印本，4册	02
			②上海千顷堂书局印行，4册	04
0030	本事方释义（10卷），1746年	（宋）许叔微撰，（清）叶桂释义	①清嘉庆十八年（1813年）刻本，5册	01
			②清嘉庆十九年（1814年）姑苏扫叶山房刻本，6册	01、02、03
0031	本事方释义（10卷），1746年	（清）叶桂释义	扫叶山房义记藏版，1函6册	05
0032	成方切用（26卷，存12卷），卷首（1卷），卷末（1卷），1761年	（清）吴仪洛撰	清乾隆二十六年（1761年）吴氏利济堂刻本，3册	01、02
0033	成方切用（12卷），卷首（1卷），卷末（1卷），1761年	（清）吴仪洛撰	①清乾隆吴氏利济堂刻本，12册	01
			②清乾隆二十六年（1761年）硖川利济堂刻本	01

续表

序号	书名和成书年	作者和著作形式	版本	收藏馆
0034	（增订）本草附方（2卷），1785年	佚名	①清乾隆五十年（1785年）和采堂刻本	03
			②清刻本，4册	03
0035	本草纲目万方类编（又名古今名医万方类编）（32卷），1800年	（清）曹绳彦辑	①清嘉庆五年（1800年）睦华堂初刻本，芸生堂藏版（存卷十三、卷十五、卷二十五至卷二十九、卷三十二），7册	02
			②1926年、1936年、1938年上海大东书局铅印本（题古今名医验方类编）	01、02
0036	景岳新方砭（4卷），1802年	（清）陈念祖撰	①清光绪十三年（1887年）务本堂刻本	02
			②清光绪二十七年（1901年）春月新化三味书局校刊，1册	04
			③见南雅堂医书全集、陈修园医书种	01、03
			④大文堂刻本，1册	04
			⑤大文堂藏版，1册	04
			⑥版本不详，1册	05
0037	景岳新方砭（2卷），1802年	（清）陈念祖撰	清光绪二十五年（1899年）江左书林刊本（残本），1册	05
0038	新方八阵砭，1802年	（清）陈念祖撰	①清光绪二十七年（1901年）新化三味书局，2册	04
			②清光绪上海文盛书局石印本	04
0039	新方八阵砭（8卷），1802年	（清）陈念祖撰	清光绪三十一年（1905年）上海文盛堂书局石印，1册	04
0040	古方汇精（5卷），1804年	（清）爱虚老人辑	见珍本医书集成	01、03
0041	万方类纂，1816年	（清）宋穆撰，吴国桢、宋理校	清刻本，6集6册	03
0042	万方类纂（又名本草纲目万方类纂），1816年	（清）陈澈撰	见珍本医书集成	01、03
0043	万方类纂（8卷），1816年	（清）宋穆撰，谢元福审正	清光绪二十五年（1899年）桂林毓兰书屋刻本，3册	03
0044	重刊万方类纂（6卷），1816年	（清）宋穆撰	①清嘉庆二十二年（1817年）刻本	03
			②清光绪二十五年（1899年）桂林毓兰书屋刻本	03
0045	新集八略，1838年	（清）资玉卿编	清道光十八年（1838年）资玉卿刻本	02
0046	五种经验方，1850年	（清）叶廷芳集，（民国）杨医亚校刊	1938年重刊，1939年初版，北京国医砥柱总社发行部印行，1册	06

续表

序号	书名和成书年	作者和著作形式	版本	收藏馆
0047	医方论（4卷），1865年	（清）费伯雄撰	①清同治五年（1866年）耕心堂刻本，3册	03、05
			②清光绪三年（1877年）刻本，3册	03、04
			③清光绪三年（1887年）镌，扫叶山房藏版，1册	04
			④清光绪上海扫叶山房刻本，2册	01
			⑤清耕心堂刻本，4册	03
0048	医方论（4卷），1865年	（清）费伯雄撰，费应兰编次	①清同治五年（1866年）耕心堂刻本，6册	03
			②清同治五年（1866年）刻本，1册	03
			③清光绪三年（1877年）刻本，2册	03
0049	不知医必要（4卷），1880年	（清）梁廉夫撰	①清光绪七年（1881年）粤东刻本，4册	02、03
			②清光绪七年（1881年）粤华阁书局，4册	03
			③清光绪七年（1881年）桂林杨占元堂刻本，4册	03
			④清光绪十七年（1891年）岑春熙益元堂刻本，2册	02
			⑤清文华阁书局刻本，2册	03
			⑥见珍本医书集成	01、03
0050	景岳新方八阵，1884年	（清）唐宝善编	据清光绪十年（1884年）刻本抄，1册	01
0051	新方八阵（2卷），1884年	（明）张介宾撰	见景岳全书	03
0052	医方丛话（8卷），附（1卷），1886年	（清）徐士銮辑	清光绪十五年（1889年）徐氏蝶园刻本，4册	01
0053	揣摩有得集，1888年	（清）张朝震撰	1936年上海中医书局铅印本，1册	03
0054	经验方（2卷），1889年	（清）沈善兼辑	①清光绪二十二年（1896年）柞溪沈氏择古斋刻本，1册	02
			②清光绪二十二年（1896年）柞溪沈氏刻杭省城头巷景文斋刻字铺印本	02
			③清光绪二十二年（1896年）柞溪沈氏刻本，1册	03

续表

序号	书名和成书年	作者和著作形式	版本	收藏馆
0055	饲鹤亭集方，1892 年	（清）凌奂撰	1928 年上海中西医药书局铅印本，1 册	03
0056	医方汇编（4 卷），附目录，1895 年	（英国）梅滕更口译，（清）刘廷桢笔述，陈子耕、刘廷铨、刘廷璋同校	清光绪二十一年（1895 年）广济医局镌印，上海美华书馆摆印，5 册，目录 1 册	06
0057	三朝名医方论，1900 年 子目： ①内经拾遗方论，（宋）骆龙吉编 ②黄帝素问宣明论方，（金）刘完素撰 ③名医方论，（清）罗美编	佚名	清光绪二十六年（1900 年）、1921 年上海千顷堂书局石印本，8 册	03
0058	三朝名医方论，1900 年	（宋）骆龙吉、（金）刘完素、（清）吴谦等撰	版本不详	03
0059	三朝名医方论（23 卷），1900 年 子目： ①内经拾遗方论（4 卷），（宋）骆龙吉编 ②宣明方论（15 卷），（金）刘完素著 ③名医方论（4 卷），（清）柯琴著	（清）柯琴恭阅，罗东逸评定	上海千顷堂书局，6 册	06
0060	古方通今，1909 年	丁福保编	清宣统元年（1909 年）、清宣统二年（1911 年）、民国元年（1912 年）上海文明书局铅印本	02
0061	中西医方会通，1910 年	丁福保编	清宣统二年（1910 年）上海文明书局铅印本	02
0062	徐洄溪古方新解，1920 年	（清）徐大椿撰	1920 年上海世界书局铅印本，2 册	04
0063	徐洄溪古方新解（8 卷），1920 年	（民国）陆士谔编	1923 年第 3 版，上海世界书局出版，1 册	04

2. 清代方书歌诀、便读

序号	书名和成书年	作者和著作形式	版本	收藏馆
0001	汤头歌诀，1662 年	（清）汪昂撰	清康熙三十三年（1694 年）书叶堂刻本，1 册	01

续表

序号	书名和成书年	作者和著作形式	版本	收藏馆
0002	汤头歌诀，1694 年	（清）汪昂撰	①清康熙三十三年甲戌（1694 年）刻本（附经络歌诀）	01
			②清文富堂刻本（附经络歌诀），1 册	03
			③清宣统元年（1909 年）乙酉蹑云庐刻本，1 册	03
			④清光绪二十六年（1900 年）富记山房刻本，2 册	04
			⑤民国上海千顷堂书局石印本	01
			⑥1914 年、1917 年、1924 年 上海共和书局石印本	02
			⑦1930 年、1934 年、1938 年、1948 年上海商务书馆铅印本	02
			⑧版本不详（书前后缺页），1 册	01
0003	新编医方汤头歌诀，1694 年	（清）汪昂撰，钱荣国改增	①清光绪四年（1878 年）书业堂刻本 1 册	01
			②清宣统元年（1909 年）蹑云庐刻本	03
0004	医方汤头歌括（1 卷），经络歌诀（1 卷），1694 年	（清）汪昂撰	①清刻本，1 册	03
			②清文富堂刻本，1 册	03
0005	新增医方汤头歌诀（1 卷），经络歌诀（1 卷），1694 年	（清）汪昂撰	清宣统元年（1909 年）蹑云庐刻本，1 册	03
0006	大字断句汤头歌诀，1694 年	（清）汪昂撰	上海锦章书局出版，1 册	06
0007	绛雪园汤头歌诀，1731 年	（清）王子接撰	抄本	02
0008	时方歌括（2 卷），1801 年	（清）陈念祖撰	①上海锦章书局石印本（附景岳新方砭），1 册	01
			②见南雅堂医书全集	01、03
0009	景岳新方歌括，1805 年	（清）高秉钧、吴辰灿、姚志仁合撰	清嘉庆十四年（1809 年）尽心斋刻本，1 册	03
0010	景岳新方歌括（不分卷），1805 年	（清）高秉钧、吴辰灿、姚志仁合撰	清嘉庆十四年（1809 年）尽心斋刻本，1 册	03
0011	景岳新方歌括，1805 年	（清）高秉钧、吴辰灿、姚志仁合撰	版本不详，1 册	06
0012	汤头歌括，1844 年	（清）廖云溪撰	见医学五则	03
0013	陈修园方歌（1 卷），卷首（1 卷），吴瑭方歌（1 卷），卷首（1 卷），1897 年	（清）黄保康撰，黄任恒校注	清宣统三年辛亥（1911 年）黄氏家刻本	02
0014	方歌从时，1911 年	佚名	铅印本	02
0015	汤头钱数抉微（4 卷），1912 年	（民国）章纳川	1923 年上海会文堂书局石印本（残本），1 册	05

3. 清代方歌、验方

序号	书名和成书年	作者和著作形式	版本	收藏馆
0001	陈无择三因方，1174 年	（宋）陈言撰	①1920 年上海文瑞楼石印本，8 册	04
			②1934 年上海文瑞楼石印本，8 册	04
0002	陈无择三因方（10 卷，存卷八至卷十八），1174 年	（宋）陈言撰，（民国）吴锡璜评注	1920 年初版，上海文瑞楼书庄印行	06
0003	陈无择三因方（18 卷），1174 年	（宋）陈言撰	①1920 年初版，上海文瑞楼书庄发行，8 册	04
			②1934 年上海文瑞楼石印本，12 册	05
0004	陈无择三因方（18 卷），1174 年	（宋）陈言撰，（民国）吴锡璜评注，吴煌枢署	1934 年再版，上海文瑞楼印行，4 册	06
0005	陈无择三因方（18 卷），1174 年	（宋）陈言撰，（民国）吴锡璜评注，吴锡琮参校，吴煌枢署	1920 年初版，上海文瑞楼印行，8 册	06
0006	严氏济生方，1253 年	（宋）严用和撰	见当归草堂丛书	01、04
0007	喻选古方试验（4 卷），1658 年	（清）喻昌编	见珍本医书集成	01、03
0008	经验良方（不分卷），1662 年	佚名	清刻本，2 册	02
0009	医暇卮言，1676 年	（清）程林撰	1936 年大东书局铅印本，2 册	01
0010	惠直堂经验方（4 卷），1695 年	（清）陶承熹编	见珍本医书集成	01、03
0011	医学传灯（2 卷），1700 年	（清）陈歧撰	见珍本医书集成	01
0012	经验丹方汇编（1 卷），1707 年	（清）钱峻辑	清裕麟堂刻本	07
0013	良朋汇集经验神方（5 卷），附急救仙方，1711 年	（清）孙伟撰	①清光绪九年（1883 年）上海校经山房刻本	03
			②清宣统三年（1911 年）、民国元年（1912 年）上海江东书局石印本（4 卷）	02
0014	良朋汇集（6 卷），1711 年	（清）孙伟撰	清光绪九年（1883 年）上海校经山房刻本，6 册	03
0015	良朋汇集（6 卷），增补拾遗，1711 年	（清）孙伟撰，吴化善梓订	清光绪九年（1883 年）镌，上海校经山房藏版，6 册	06
0016	新刊良朋汇集（5 卷），补遗（1 卷），1711 年	（清）孙伟撰，吴化善梓订	清光绪九年（1883 年）上海校经山房刻本，2 册	03
0017	灵药秘方，1718 年	（清）师成子撰	民国杭州三三医社铅印本，1 册	01
0018	奇方类编（2 卷），附奇效方（1 卷），1719 年	（清）吴世昌编	①清康熙五十八年（1719 年）钱塘孙氏渊藻堂刻本	02
			②清康熙五十八年（1719 年）长白鄂奇善刻本，3 册	02

续表

序号	书名和成书年	作者和著作形式	版本	收藏馆
0019	绛囊撮要（5卷），1741年	（清）云川道人辑	①清咸丰三年（1853年）汉阳两广督署叶氏刻本，2册	02
			②清同治七年（1868年）苏城许浩原刻本，2册	02
			③见珍本医书集成	01、03
0020	绛囊撮要（1卷），1741年	（清）云川道人辑	见珍本医书集成	01、03
0021	徐批叶天士晚年方案真本，1746年	（清）叶桂撰	清光绪十五年（1889年）介石堂刻本，2册	04
0022	徐批叶天士晚年方案真本（1卷），1746年	（清）叶桂撰	清光绪十五年（1889年）刊，介石堂藏版，1册	04
0023	叶天士晚年方案真本，1746年	（清）叶桂撰	1927年上海大东书局铅印本，2册	01
0024	眉寿堂方案选存，1746年	（清）叶桂撰	民国大东书局铅印本，2册	01
0025	串雅内编（4卷），1759年	（清）赵学敏编	①清光绪十四年（1888年）榆园刻本，6册	01
			②清光绪十四年（1888年）榆园雕板，1函2册	05
0026	种子要方（1卷），1764年	（清）徐大椿撰	见徐灵胎医书三十二种	01
0027	兰台轨范（8卷），1764年	（清）徐大椿撰	①清光绪刻徐氏医书八种本，1册	03
			②徐氏医书八种本、徐灵胎十二种全集及各种本	01、03
			③单行本（版本不详）	03
0028	种福堂公选良方（3卷），附温热论，1766年	（清）叶桂撰	①清乾隆四十年（1775年）文苑堂刻本	02
			②清同治六年（1867年）盛氏贻范堂刻本（题种福堂公选良方兼刻古吴名医精论），4册	02
0029	种福堂公选良方，1766年	（清）叶桂撰	见临证指南医案	01
0030	种福堂公选良方（4卷，缺卷一、卷二），1766年	（清）同人公校	万有喜斋重刊，1册	06
0031	种福堂精选良方兼刻古吴名医精论（4卷），1766年	（清）叶桂论	清武林文苑堂刻本，4册	02
0032	沈氏经验方，1767年	（清）沈维基撰	①抄本	02
			②民国杭州三三医社铅印本，1册	01
0033	要药分剂（10卷），1773年	（清）沈金鳌撰	见沈氏尊生书	01、03
0034	文堂集验方（4卷），1775年	（清）何京撰	①见珍本医书集成	01
			②清刻本	07
0035	叶桂秘方大全，1775年	（清）叶桂撰	1935年、1936年、1941年、1947年上海中央书局铅印本	02

续表

序号	书名和成书年	作者和著作形式	版本	收藏馆
0036	回生集（2卷），续回生集（2卷），1789年	（清）陈杰辑	①清嘉庆六年（1801年）徐宗铭刻本（2卷附回生集补编），3册	02
			②1917年苏州上艺斋石印本	03
			③见珍本医书集成	01、03
0037	回生集（2卷），1789年	（清）陈杰辑	见珍本医书集成	01、03
0038	集古良方（12卷），1790年	（清）江进编，江兰、江蕃梓	清刻本	07
0039	汇集经验方，1791年	（清）五世同堂老人编	清刻本	02
0040	汇集经验方（不分卷），1791年	（清）汪汲辑	清刻本，1册	02
0041	济世养生集，便易经验集，养生经验补遗，续刊经验集，1791年	（清）毛世洪等编	①清乾隆五十六年（1791年）刻本	01
			②清道光十二年（1832年）刻本，1册	01
0042	汇刊经验方（又名汇刻经验良方），1791年 子目： ①便易经验集 ②敬信录经验方 ③续刊经验集 ④济世养生集 ⑤几希录附方 ⑥经验良方 ⑦新集良方 ⑧汇刊经验方 ⑨摘录叶桂经验方 ⑩张卿子经验方 ⑪良方拣要 ⑫养生至论	（清）毛世洪等编	①清咸丰九年（1859年）杭州三元集刻本，2册	01
			②清刻本（存七种8卷），4册	02（残）
0043	汇刊经验方，1791年	（清）蒋硖石编	清咸丰九年（1859年）三元集刻本，2册	01
0044	普济应验良方（8卷），1799年	（清）德轩氏撰	①清嘉庆二十四年（1819年）江宁救生局刻本，清道光十九年（1839年）印本，江宁府黄起东刻字店藏版，1册	01
			②清嘉庆江宁救生局刻本，1册	01
			③清道光七年（1827年）金阊绿荫堂刻本，2册	02
			④清同治元年（1862年）兴化集益堂刻本，1册	03
			⑤清同治七年（1868年）刻本，1册	03

续表

序号	书名和成书年	作者和著作形式	版本	收藏馆
			⑥清光绪二十五年（1899年）广西桂林桂桓书局刻本，1册	02
			⑦清宣统元年（1909年）贵溪县警察局刻本，1册	03
0045	普济应验良方（8卷），末（1卷），附一种（1卷），1799年 附录子目： 达生编（1卷），（清）亟斋居士撰	（清）德轩氏撰	①清同治元年（1862年）刻本，1册	03
			②清同治七年（1868年）刻本，1册	03
0046	普济应验良方（8卷），末（1卷），1799年	（清）德轩氏撰	清宣统元年（1909年）木活字印本，1册	03
0047	增补普济良方（8卷），补遗（1卷），续补遗（1卷），种善堂良方（1卷），附福幼编（1卷），1799年	（清）德轩氏撰，来云鹤增补，庄一夔著	清刻本	07
0048	救急良方，1801年	（日本）丹波元简撰	江户青刻本，2册	04
0049	救急选方（2卷），1801年	（日本）丹波元简撰	江户青云堂版，1册	04
0050	救急选方（内题救急良方汇选），1801年	（日本）丹波元简撰	见皇汉医学丛书	01、03
0051	方机，1811年	（日本）吉益东洞授，乾省守业编	见皇汉医学丛书	01
0052	方机，1811年	（日本）吉益东洞授，乾省守业编	见皇汉医学丛书	01、03
0053	集验良方（2卷），1812年	（清）程遇安等编	清刻本，1册	01（残）
0054	集验良方（2卷），1812年	佚名，（清）程遇安册订	静耘斋刻本（书前后残缺不全），1册	01
0055	医方择要（2卷），医方择要续集（2卷），1829年	（清）文祥等编	清道光十六年（1836年）六艺斋刻本	03
0056	医方择要（2卷），续集（2卷），1829年	（清）文祥等编	清道光十六年（1836年）刻本，4册	03
0057	医方择要续集（2卷），1829年	（清）文祥等编	清道光十六年（1836年）刻本，4册	03
0058	经验良方（又名周桂山经验良方）(2卷），1833年	（清）周桂山原编，梁思淇增辑	1924年上海广益书局石印本，2册	01、02（残）
0059	经验良方，1786年	佚名	清嘉庆二十一年（1816年），1册	06
0060	救急经验良方（2卷），1820年	佚名	版本不详，2册	04
0061	四科简效方（4卷），1838年	（清）王士雄辑	①清光绪十一年（1885年）越州徐氏刻铸学斋丛书本，2册	03
			②见潜斋医书丛书	03
0062	四科简效方（4卷），1838年	（清）王士雄辑，徐树兰校	清光绪十一年（1885年）越州徐氏刻本，1册	03

续表

序号	书名和成书年	作者和著作形式	版本	收藏馆
0063	潜斋简效方（1卷），1838年	（清）王士雄撰	见潜斋医学丛书	03
0064	方验辑存，1840年	（清）龙启鹏辑	清道光二十年（1840年）桂林龙氏敬业堂刻本，1册	02
0065	集验良方拔萃（又名拔萃良方）（2卷），续补（1卷），1841年	（清）恬素氏辑	①清道光二十一年（1841年）刻本，1册	01
			②清咸丰九年（1859年）寄沤氏刻上塘公信纸行印本，1册	02
			③1921年、1933年上海宏大善书局石印本，1册	01
			④清刻本，1册	03
0066	良方集腋（2卷），续附（1卷），1841年	（清）谢元庆编集，王庆霄校订	①清咸丰三年（1853年）留耕堂刻本，2册	02
			②清咸丰六年（1856年）刻本，1册	02
			③清刻本	02
0067	良方集腋（2卷），1841年	（清）谢元庆编集，王庆霄校订	清光绪五年（1879年）浙西重刻本	07
0068	良方集腋（2卷），1841年	（清）谢元庆编集	清光绪二十六年（1900年）三刊，浙西梧桐乡鸳鸯湖刻本，3册	04
0069	经验百方（1卷），1843年	（清）汪氏、叶桂堂辑	清扬州文元斋刻字铺刻本，1册	02
0070	卫生鸿宝（6卷），1844年	（清）祝勤编	①清道光二十六年（1846年）袁续薪堂刻本，1册	01
			②清咸丰七年（1857年）刻本上海宝贤堂藏版，4册	03
			③清宣统三年（1911年）、民国元年（1912年）上海江东书局石印	02
0071	卫生鸿宝（6卷），附一种（1卷），1844年 附录子目： 急救腹痛暴卒病解（1卷），（清）华岳撰，金德鉴增删	（清）高味卿增补，沈子翔校阅	清刻本，2册	03
0072	玉历汇录良方（又名良方汇录、经验方汇钞、玉历钞传汇录），1845年 子目： ①经验百方 ②良方续录	（清）汪氏、俞大文编	清扬州文元斋刻本	02
0073	济世良方合编（6卷），1845年	（清）周其芬增补	清光绪十二年（1886年）枕经书屋刻本，5册	03
0074	春脚集（4卷），1846年	（清）孟文瑞撰	见珍本医书集成	01、03

续表

序号	书名和成书年	作者和著作形式	版本	收藏馆
0075	验方新编（16卷），1846年	（清）鲍相璈编	①清光绪五年（1879年）经纶堂刻本（附补遗1卷），5册	02
			②1913年、1914年、1924年、1940年上海锦章书铅印本（附痧症全书3卷）	01
0076	验方新编（8卷），卷首（1卷），1846年	（清）鲍相璈编	清同治四年（1865年）维扬富文堂刻本	03
0077	验方新编（8卷），附增补方（1卷），1846年	（清）鲍相璈编	①清同治四年（1865年）维扬富文堂刻本，10册	03
			②清光绪四年（1878年）杭州东壁斋刻本，16册	03
0078	验方新编（8卷），首（1卷），增补方（2卷），1846年	（清）鲍相璈编	①清同治四年（1865年）维扬文富堂刻本，3册	03
			②清光绪三十年（1904年）扬州益智社铅印本，9册	01
0079	验方新编（24卷），1846年	（清）鲍相璈编	①清光绪三年（1877年）刻本，8册	03
			②清光绪四年（1878年）浙江东壁斋刻本，24册	03
			③清光绪四年（1878年）抚浙使者刻本，杭州东壁斋藏版	03
			④清光绪四年（1878年）梅启照浙江刻本，1921年杭县顾松庆印本，16册	02
			⑤1921年杭县顾松庆刻本	02
0080	验方新编，1846年	商务印书馆编	1934年商务铅印本，1册	01
0081	验方新编卷下，1846年	昌文书局编	1938年昌文书局铅印本，1册	01
0082	增广验方新编，1846年	（清）汪昂撰	1946年春明书局铅印本，2册	01
0083	增广验方新编（又名增辑验方新编、中国名医验方集成）（18卷），1846年	（清）鲍相璈编，张绍棠增辑	①清光绪七年（1881年）合肥味古斋刻本	03（残）
			②1933年、1947年、1948年上海广益书局石印本	01
			③1938年上海昌文书局铅印本，2卷	01
			④1946年、1947年上海春明书店铅印本，2册	01、02
0084	增辑验方新编（18卷，缺卷十五、卷十六），1846年	（清）鲍相璈编	1924年上海启新书局石印本，2函10册	05
0085	增辑验方新编（7卷，存卷九至卷十四、卷十七、卷十八），1846年	（清）鲍相璈编	1924年上海启新书局石印本，7册	05
0086	增补验方新编（18卷），1846年	（清）鲍相璈编	清光绪二十二年（1896年）上海广百宋斋铅印本，1函4册	05

续表

序号	书名和成书年	作者和著作形式	版本	收藏馆
0087	增广正续验方新编正集（16卷），续集（5卷），1846年	（清）鲍相璈编，张绍棠增辑	①清光绪九年（1883年）上海锦书局石印本，8册	01
			②1940年上海锦章书局石印本，1册	01
0088	增广正续验方新编正集（10卷），续集（5卷），1846年	（清）鲍相璈编	1933年广益书局石印本，2册	01
0089	增广灵验验方新编，1846年	（清）张绍棠编	民国上海锦章图书局石印本，8册	04
0090	增广灵验验方新编（16卷），1846年	（清）鲍相璈编	上海锦章图书局印行，石印本，8册	04
0091	增订验方新编（又名精校验方新编）（8卷），附续方（1卷），1846年	（清）鲍相璈编，张绍棠增辑	①清光绪三十年（1904年）扬州益智社铅印本，9册	01
			②1909年、1933年、1934年、1941年、1947年上海商务印书馆铅印本	01
0092	缩本增删验方新编（18卷），1846年	（清）鲍相璈编	1918年、1929年吴兴芮棣春堂铅印本	02
0093	精校验方新编（9卷），1846年	（清）鲍相璈编	清光绪杨州益智社铅印本	01
0094	增订验方新编（18卷），1846年	佚名	清光绪二十三年（1897年）上海广百宋斋书局春暮铸板，上海广百宋斋校印藏版，1册	04
0095	增订验方新编缩本，1846年	（清）李梦九编	清光绪三十一年（1905年）广东广济医院印本，1册	04
0096	增订验方新编缩本，1846年	（清）谭国恩编	清光绪三十二年（1906年）上海广百宋斋书局石印本，1册	04
0097	增订验方新编缩本（18卷），1846年	佚名	清光绪三十一年（1905年）铅刻本，1册	04
0098	梅氏验方新编（7卷），1846年	（清）梅启照辑	①1934年、1937年上海吴承记印书局铅印本	01、02、03
			②1934年上海家庭工业社铅印本，7册	04
			③1934年天虚我生重刊本，7册	03
			④1937年上海家庭工业社铅印本，7册	01
			⑤1938年上海家庭工业社铅印本，7册	04
0099	梅氏验方新编（7卷），1846年	（清）梅启照辑	1934年重刊初版，家庭工业社发行，7册	04
0100	梅氏验方新编，1846年	（清）梅启照辑，陈栩重刊	清光绪四年（1878年）重刊，上海三友宝业社发行，7册7集	06
0101	增辑足本大字验方新编（18卷），1846年	（清）鲍相璈编辑，张绍棠增订	1923年上海启新书局印行，5册	06

续表

序号	书名和成书年	作者和著作形式	版本	收藏馆
0102	医方易简新编（又名家用良方、易简新编）（6 卷），1851 年	（清）龚自璋、黄统合编	①清咸丰元年（1851 年）北京会文斋刻本	03
			②清咸丰四年（1854 年）顺德道署刻本	03
			③清兴义县两湖会馆刻本	03
0103	医方简易新编（6 卷），1851 年	（清）龚自璋编	①清咸丰元年（1851 年）琉璃厂会文斋刻本，2 册	03
			②清咸丰四年（1854 年）刻本，2 册	03
			③清咸丰七年（1857 年）兴义县两湖会馆钟茂林刻本，2 册	03
			④清刻本	07
0104	医方易简新编（6 卷），1851 年	（清）龚自璋、黄统合编，陈振等恭	清咸丰四年（1854 年）刻本，2 册	03
0105	医方易简新编（6 卷，存卷一至卷四），1851 年	（清）龚自璋、黄统合编，陈振等恭	清咸丰七年（1857 年）刻本，1 册	03
0106	医方易简新编，1851 年	（清）方鼎锐撰并编校重刊	清同治十二年（1873 年）开雕，6 册	06
0107	增订医方易简，1851 年	（清）龚自璋撰	清光绪九年（1883 年）刻本，8 册	04
0108	增订医方易简（又名内外十三科验方五千种、经验良方大全）（10 卷），1851 年	（清）龚自璋撰，黄统校补，吴辉模增订	①清光绪九年（1883 年）香山吴辉模等刻本	02
			②清光绪九年（1883 年）扬州宋德成刻字铺刻本，10 册	02、04
			③1921 年、1931 年上海进步书局石印本	01
0109	增订医方易简（5 卷，存卷二至卷五、卷十），1851 年	佚名	清光绪九年（1883 年）重刊，板存扬州宋德成刻字铺，5 册	06
0110	增订医方易简（8 卷），1851 年	（清）龚自璋撰	清光绪九年（1883 年）重刊，板存扬州运司大街南圈门内宋德成刻字铺，8 册	04
0111	医病简要，1861 年	（清）张畹香撰	民国杭州三三医社铅印本，1 册	01
0112	医方简义（6 卷），1883 年	（清）王清源撰	见珍本医书集成	01、03
0113	鸡鸣录（1 卷），1852 年	（清）王士雄撰	见珍本医书集成	01、03
0114	易简方便医书（6 卷），1861 年	（清）周茂五撰	①清咸丰十一年（1861 年）石阳周日新堂刻本，4 册	02（残）
			②清咸丰十一年（1861 年）庐陵周茂五刻本（缺卷四、卷五），4 册	02
0115	易简方便医书（6 卷），1861 年	（清）周茂五撰	清咸丰十一年（1861 年）石阳周日新堂藏版，1 函 2 册	05
0116	费氏怪疾奇方，1864 年	（清）费伯雄编	清光绪十年（1884 年）众宝室刻本，1 册	02

续表

序号	书名和成书年	作者和著作形式	版本	收藏馆
0117	怪疾奇方（不分卷），1864年	（清）费伯雄	清光绪十年（1884年）众宝室刊本，1册	05
0118	普救回生草前集（1卷），后集（1卷），1865年	（清）知医悯人居士纂辑	清光绪十三年（1887年）丹达庙道士刻成都成文斋印本，1册	02
0119	玉历金方合编，1866年	（清）郭介眉撰	清同治五年（1866年）刻本，4册	04
0120	玉历金方合编（4卷），1866年	（清）兰玉居士辑	清同治五年（1866年）新镌浙乍葛氏藏版，4册	04
0121	不谢方（1卷），1866年	（清）陆懋修撰	见世补斋医书前集	03
0122	急救应验良方，1867年	（清）费山寿撰	①清光绪五年（1879年）桂林文成堂刻本，2册	02
			②清光绪十四年（1888年）古邠习勤堂刻本，1册	03
			③1940年北京铅印本，1册	01
0123	急救应验良方（1卷），1867年	佚名	①清光绪十四年（1888年）古邠习勤堂石印本	03
			②1940年铅印本	01
0124	增辑普济应验良方（8卷），1867年	（清）祝韵梅编	清光绪元年（1875年）刻本	07
0125	经验选秘（5卷），1871年	（清）胡增彬编	清同治十年（1871年）浙江张瀚文斋刻本，1册	01
0126	经验选秘（6卷），1871年	（清）胡增彬编	清同治十年（1871年）胡氏翰文斋刻本，1册	01
0127	神验良方集要（3卷），1875年	（清）朱尔楫编	1914年上海商务印书馆铅印本	02
0128	戒烟断瘾前后两方总论，1877年	佚名	清光绪三年（1877年）林肇元刻本	02
0129	戒烟断瘾前后两方总论（1卷），1877年	（清）林则徐撰	清刻本，1册	02
0130	外治寿世方（4卷），1877年	（清）邹存淦编	见珍本医书集成	01
0131	济生方（8卷），1878年	（宋）严用和撰	见当归草堂丛书	01、04
0132	尚志庐摘集经验方，1878年	（清）涤非编	清光绪四年（1878年）湖郡最乐斋善书坊刻本，1册	02
0133	验方汇集（8卷），续集（4卷），1881年	（清）戴绪安撰	清光绪十年（1884年）天津文利堂刻本	03
0134	验方汇集（8卷），1881年	（清）戴绪安撰	清光绪十年（1884年）刻本，8册	01
0135	验方汇集（8卷），1881年	（清）戴绪安撰，宋之炎会参	清光绪十年（1884年）刻本，2册	03
0136	济生良方（4卷），续济世良方（4卷），1884年	（清）薛华培编	清光绪十年（1884年）枕经书屋刻本	03
0137	济世良方（6卷），首（1卷），1884年	佚名	清光绪十年（1884年）枕经书屋刻本，2册	03

续表

序号	书名和成书年	作者和著作形式	版本	收藏馆
0138	方歌别类，1884 年	（清）程曦等著	见医家四要卷三	01
0139	寿世良方（4 卷），卷首（1 卷），1888 年	（清）陈劢编	清光绪十四年（1888 年）四明积善堂刻本，1 册	02
0140	寿世新编（3 卷），1892 年	（清）万潜斋撰	清光绪十八年（1892 年）道合山房刻本	03
0141	寿世新编（不分卷），1892 年	（清）万潜斋撰	清光绪十八年（1892 年）道合山房刻本，3 册	03
0142	疑难急症简方（4 卷），1895 年	（清）罗越峰辑	见珍本医书集成	01
0143	经验奇方（2 卷），1898 年	（清）周子芗辑	见珍本医书集成	01
0144	见症知医（6 卷），1900 年	（清）丁肇钧参订	抄本，1 册	01
0145	见症知医，1900 年	佚名	抄本	01
0146	宝善堂验方（1 卷），1900 年	（清）宝善堂编	清光绪二十六年（1900 年）刻本，2 册	08
0147	周氏易简方集验方合刻，1905 年 子目： ①周氏易简方 ②周氏集验方	（清）周憬编	1916 年绍兴医药学报社铅印本	02
0148	经验简便良方，1911 年	佚名	清刻本，1 册	02
0149	经验简便良方（1 卷），备用药物（1 卷），1911 年	佚名	清刻本	02
0150	校正增广验方新编，1927 年	佚名	版本不详（残），1 册	03

4. 清代成方药目

序号	书名和成书年	作者和著作形式	版本	收藏馆
0001	胡庆余堂丸散膏丹全集（又名胡庆余堂雪记），1877 年	（清）胡光墉撰	①清光绪三年（1877 年）杭州胡庆余堂刻本，1 册	01、02、03、04
			②清光绪三年（1877 年）石印本	01
0002	胡庆余堂雪记，1877 年	佚名	清光绪年胡庆余堂，1 册 1 部	04
0003	胡庆余堂丸散膏丹全集（不分卷），1877 年	（清）胡光墉撰	①清光绪三年（1877 年）胡庆余堂刻本，2 册	03、05、07
			②清光绪三年（1877 年）胡庆余堂石印本，1 册	01
			③清末刻本，1 册	03
0004	胡庆余堂丸散膏丹全集（4 卷），续增（1 卷），1877 年	（清）胡光墉撰	清光绪三年（1877 年）胡庆余堂雪记刻本，2 册	02
0005	胡庆余堂丸散膏丹全集（不分卷），续增（不分卷），1877 年	（清）胡光墉撰	清光绪三年（1877 年）胡庆余堂石印本，1 册	01

续表

序号	书名和成书年	作者和著作形式	版本	收藏馆
0006	万承志堂丸散膏丹全集（不分卷），1885年	（清）万承志堂主人编	清光绪十一年（1885年）杭州万承志堂刊本，1函1册	05
0007	成方便读（4卷），1904年	（清）张秉成撰	上海千顷堂书局印行，1册	06
0008	成方便读，1904年	佚名	上海千顷堂书局印行，1册	06
0009	马春蔼堂丸散膏丹经验良方，1911年	佚名	抄本，2册	01
0010	钱存济堂丸散全集，1914年	（民国）丁甘仁编	1914年钱存济石印本，5册	04
0011	钱存济堂丸散全集，1914年	（民国）钱立缙著	1914年钱存济堂，5册1部	04

（五）近代方书

1. 近代一般方书

序号	书名和成书年	作者和著作形式	版本	收藏馆
0001	医方集注，1912年	佚名	①民国元年（1912年）崇石轩抄本	01
			②抄本，1册	01
0002	香岩径（2卷，上下卷），1926年	（民国）陆锦燧选，陆成一、吴霞赤、陆膺一同编辑	清光绪十八年（1892年）浙东书局据明武陵顾氏影宋嘉祐本刻，苏州凤凰街六十八号陆宅印，4册	06
0003	香岩径（2卷），1926年	（民国）陆锦燧选，陆成一编	苏州陆氏铅印本，1函2册	05
0004	方剂学讲义，1934年	（民国）王润民编	1948年抄本，2册	01
0005	临诊秘典，1935年	（民国）杨朴民编	①1936年大方书局铅印本，1册	01
			②1946年上海大方书局铅印本	01
0006	实用处方学，1942年	（民国）张子英撰	1946年贵阳现代医药杂志社铅印本	02
0007	医方，1949年	佚名	①陈宏吴抄本	01
			②抄本，1册	01
0008	医方简便，1949年	佚名	抄本，1册	01
0009	医方选抄，1949年	佚名	抄本	02
0010	医方杂抄，1949年	佚名	抄本	02
0011	医方选粹，1949年	佚名	抄本	02
0012	医方案，1949年	佚名	郑燕山抄本，40册	01
0013	医方集锦，1949年	佚名	抄本，1册	01

2. 近代方书歌诀、便读

序号	书名和成书年	作者和著作形式	版本	收藏馆
0001	医方汤头歌诀正续编，1924 年	（清）汪昂撰，（民国）严云增编	1924 年上海千顷堂书局石印本	01
0002	医方歌诀，1938 年	佚名	抄本	01
0003	重编医方歌诀（2 卷），1938 年	（民国）卢鑫撰	抄本，2 册	01

3. 近代单方、验方

序号	书名和成书年	作者和著作形式	版本	收藏馆
0001	家塾方，1780 年	（日本）吉益东洞撰	见皇汉医学丛书	01、03
0002	古今名医验方类编，1800 年	（清）曹绳彦编	1936 年上海大东书局铅印本，8 册	01
0003	古今名医验方类编（30 卷），1800 年	（清）曹绳彦编	1936 年上海大东书局铅印本，1 函 8 册	05
0004	方剂辞典，1808 年	（日本）水走嘉言编	见皇汉医学丛书	01、03
0005	奇正方，1830 年	（日本）贺古寿撰	见皇汉医学丛书	01、03
0006	行军方便便方，1852 年	（清）罗世瑶撰	民国杭州三三医社铅印本，1 册	01
0007	行军方便便方（3 卷），1852 年	（清）罗世瑶撰	清咸丰二年（1852 年）刻本，1 册	03
0008	王鸿翥堂丸散膏丹集（不分卷），1882 年	（清）王伟桢集	清光绪八年（1882 年）刻本，1 册	02
0009	蔡同德堂丸散膏丹全录（不分卷），1882 年	（清）蔡鸿仪撰	清光绪八年（1882 年）四明蒋文照瑞堂刻本	07
0010	叶天德堂丸丹全集（不分卷），1905 年	（清）天德堂主人撰	清光绪三十一年（1905 年）刻本	07
0011	中西合纂验方新编，1917 年	（民国）顾鸣盛编	1917 年、1920 年、1924 年、1926 年、1930 年、1931 年、1933 年上海文明书局铅印本，1 册	01
0012	中西合纂验方新论，1917 年	（民国）顾鸣盛编	1933 年文明书局印本，1 册	01
0013	急救易知，1918 年	中华书局编	1919 年、1920 年、1926 年、1927 年、1930 年、1936 年上海中华书局铅印本	01
0014	急救易知，1918 年	文明书局编	1927 年文明书局铅印本，1 册	01
0015	良方汇选（2 卷），1918 年	中华书局编	1928 年、1931 年、1932 年、1933 年、1938 年文明书局铅印本，1 册	01
0016	单方大全，1919 年	上海广文书局编	1919 年、1923 年、1924 年、1931 年、1934 年世界书局石印本	02
0017	华佗神医秘传（22 卷），1920 年	上海古书保存会编	1922 年、1923 年、1925 年、1928 年、1935 年上海大陆图书公司铅印本	02

续表

序号	书名和成书年	作者和著作形式	版本	收藏馆
0018	万病自疗验方，1920 年	（民国）周郁年编	1936 年上海中西医学研究会铅印本	02
0019	历验再寿编，1923 年	（民国）童月轩编	1924 年杭州三三医社铅印本，1 册	01、02
0020	村居救急方，1923 年	（民国）魏祖清编	民国杭州三三医书社铅印本，1 册	01
0021	历验再寿编，1923 年	佚名，（民国）童月轩编	1924 年杭州三三社铅印本	01
0022	中国经验良方，1926 年	（民国）叶瑗编	1926 年、1933 年上海医学书局铅印本，1 册	01、02
0023	丸散总目、膏丹全目，1927 年	佚名	抄本，1 册	01
0024	丸散总目，附膏丹全目，1927 年	佚名	抄本	01
0025	蕺蕺轩丸散真方汇录（18 卷），1929 年	（民国）张树筠编	1929 年、1930 年、1933 年、1939 年天津编者铅印本	02
0026	校正国药古方汇编（4 卷），1930 年	（民国）程调之等编	1930 年南京国药业公所铅印本，1 函 4 册	05
0027	科学国药二集，1933 年	上海佛慈药厂编	1933 年上海编者铅印本	01（残）
0028	考正丸散膏丹集，1934 年	上海国医学会编	1934 年上海编者铅印本，4 册	01
0029	丹方精华，1935 年	（民国）朱振声辑	①1935 年、1936 年、1937 年上海幸福书局铅印本，2 册	01、02
			②1937 年、1938 年、1939 年、1947 年、1948 年上海大方书局铅印本	01
0030	丹方精华，1935 年	大方书局编	1947 年大方书局铅印本，1 册	01
0031	百病丹方大全（又名民间百病秘方），1935 年	（民国）赵橘仙鉴定，储菊人订	1935 年、1937 年、1941 年、1946 年上海中央书店铅印本	02
0032	华佗神医秘方大全（3 卷），1936 年	（汉）华佗撰，（民国）姚若琴编	1938 年、1942 年上海春江书局铅印本，1 册	01（残）
0033	考正丸散膏丹配制法，1936 年	（民国）姚若琴、徐衡之编	1939 年、1942 年上海春江书局铅印本	01
0034	考正丸散膏丹配制法，1936 年	（民国）姚若琴等编	1948 年上海三民图书公司铅印本，3 册	01
0035	鹿茸之研究，1936 年	（日本）峰下铁雄撰	见皇汉医学丛书	01、03
0036	丸散膏丹集成，1937 年	（民国）郑显庭编	1937 年、1939 年、1943 年、1947 年上海世界书局铅印本	02
0037	内外科百病验方大全，1937 年	（民国）洪春圃编	1937 年、1938 年、1939 年、1948 年上海广益书局铅印本	02

续表

序号	书名和成书年	作者和著作形式	版本	收藏馆
0038	各种验方，1938 年	（民国）马凌云撰	抄本，1 册	01
0039	六经方余论，1938 年	佚名	抄本，1 册	01
0040	内外各症医方，1938 年	佚名	抄本，1 册	01
0041	中医杂方，1938 年	佚名	抄本，1 册	01
0042	膏丸方选录，1938 年	佚名	抄本，1 册	01
0043	丸散膏丹配制法，1939 年	（民国）丁甘仁等撰	1948 年上海仓昌铅印本，1 册	01
0044	单方新编全集，1942 年	（民国）刘本昌编	1946 年湘潭刘氏培根堂木活字本，1 册	03
0045	土方子，1947 年	胜利书店编	1947 年胜利书店铅印本，1 册	01
0046	民众万病验方大全，1947 年	（民国）何澄平编	1947 年上海医学研究会铅印本	01
0047	临症医典，1948 年	（民国）姚若琴编	1948 年三民图书公司铅印本，1 册	01
0048	验方大全（2 卷），1949 年	佚名	民国石印本	02
0049	单方杂录，1949 年	佚名	肖林馨抄本	01

（六）国外方书

序号	书名和成书年	作者和著作形式	版本	收藏馆
0001	吐方考，1762 年	（日本）独啸庵撰	1930 年、1936 年上海国医书局铅印本，1 册	03
0002	医略钞，1795 年	（日本）丹波稚忠撰	见皇汉医学丛书	01、03
0003	观聚方要补（10 卷），1810 年	（日本）丹波元简撰	①日本文政二年（1819 年）聿修堂刻本，10 册	03
			②民国上洋江左书林据日本聿修堂刻本影印本	03、04
			③上洋江左书林藏版，5 册	04
0004	观聚方要补（10 卷），1810 年	（日本）丹波元简撰，丹波元昕参订	①日本文政十一年（1829 年）聿修堂刻，日本安政六年（1859 年）补刻清末上洋江左书林印本，5 册	03
			②日本文政十一年（1829 年）聿修堂刻，日本安政六年（1859 年）补刻清末莫厘许氏印本，3 册	03
0005	应用汉方释义，1946 年	（日本）汤本求真撰，（民国）华实孚译	1946 年上海中华书局铅印本	02

八、临证各科

（一）临证综合

序号	书名和成书年	作者和著作形式	版本	收藏馆
0001	扁鹊心书（3卷），卷首（1卷），附扁鹊心书神方（1卷），1146年	（宋）窦材撰	①清刻本，青莲书屋藏版，4册	02
			②清光绪二十二年（1896年）上海图书集成印书局铅印医林指月本，1册	02
			③民国上海千顷堂书局石印本	03
0002	扁鹊心书，1146年	（宋）窦材撰	①民国千顷堂书局石印本，2册	03
			②浙衢二余堂刻本，1册	04
			③上洋江左书林刻本，1册	04
0003	扁鹊心书（4卷），1146年	（战国）扁鹊传，（宋）窦材撰	①上洋江左书林藏版，1册	04
			②浙衢三余堂藏版，1册	04
0004	儒门事亲（15卷），1228年	（金）张从正撰	①明嘉靖十九年（1540年）刻本，4册	04
			②明嘉靖二十年（1541年）步月楼刻本，8册	03
			③明嘉靖年，4册	04
			④明万历二十九年（1601年）新安吴勉学校步月楼刻古今医统正脉全书本，映旭斋藏版	03
			⑤日本正德元年（1711年）渡边氏洛阳松下睡鹤轩刻本，5册	03
			⑥清宣统二年（1910年）上海千顷堂石印本，6册	03
			⑦民国上海千顷堂书局石印本，1函6册	05
0005	儒门事亲（15卷），1228年	（金）张从正撰，（明）吴勉学校	明万历二十九年（1601年）吴勉学刻映旭斋重修古今医统正脉全书本，8册	03
0006	校正儒门事亲（15卷），1228年	（金）张从正撰，（明）吴勉学校	清宣统二年（1910年）石印，宁波汲绠斋书局发行，3册	06
0007	校正儒门事亲（15卷），1228年	佚名	版本不详，3册	06

续表

序号	书名和成书年	作者和著作形式	版本	收藏馆
0008	洁古家珍，1234 年	（金）张元素撰	见影印元明善本丛书十种之济生拔粹方	01、03
0009	医垒元戎，1237 年	（元）王好古撰	①见影印元明善本丛书十种之济生拔粹方、陈修园医书五十种	01、03
			②见东垣十书	03
0010	海藏类编医垒元戎（1 卷），1237 年	（元）王好古撰	见影印元明善本丛书十种之济生拔粹方	01、03
0011	卫生宝鉴（1 卷），1283 年	（元）罗天益撰	见影印元明善本丛书十种之济生拔粹方	01、03
0012	卫生宝鉴（24 卷），附补遗，1283 年	（元）罗天益撰	见影印元明善本丛书十种之济生拔粹方	01、03
0013	活法机要（1 卷），1308 年	（元）朱震亨撰	①见影印元明善本丛书十种之济生拔粹方	01、03
			②1937 年上海商务印书馆丛书集成初编本，1 册	01、03
0014	金匮钩玄（又名平治荟萃）（3 卷），1358 年	（元）朱震亨撰，（明）戴思恭辑	清刻本	02
0015	金匮钩玄（3 卷），1358 年	（元）朱震亨撰，（清）周学海评注	①清末刻本，1 册	02
			②见周氏医学丛书	01、03
0016	玉机微义（50 卷），1396 年	（明）徐彦纯撰，刘纯续增	①清康熙四十二年（1703 年）张屡丰沈佩游重订天德尚贤堂刻本	02
			②清康熙四十二年（1703 年）长洲沈廷扬刻本，6 册	02
			③日本刻本	03
			④日本书坊据明杭州踊德堂重刻本，16 册	03
0017	证治要诀（12 卷），证治要诀及类方（4 卷），1405 年	（明）戴思恭撰	清二酉堂刻本，4 册	03
0018	秘传证治要诀（12 卷），附一种（4 卷），1405 年 附录子目： 证治要诀及类方（4 卷），（明）戴思恭撰，余时雨阅，吴中珩校	（明）戴思恭撰，余时雨校	清二酉堂刻本，4 册	03
0019	医门揲要，1437 年	（明）兰茂撰	1914 年云南图书馆刻云南丛书本	01

续表

序号	书名和成书年	作者和著作形式	版本	收藏馆
0020	新刊丹溪心法（5卷），附录（1卷），1481年	（元）朱震亨撰，（明）程充校补	清刻本	01
0021	丹溪心法（5卷），附录（1卷），1481年	（元）朱震亨撰，（明）吴中珩校	明刻本，5册	01
0022	丹溪先生心法（5卷），附录（1卷），1481年	（元）朱震亨撰，（明）吴中珩、吴勉学校	明刻本，4册	03
0023	足本丹溪心法（24卷，存卷十一至卷十七、卷二十、卷二十一、卷二十四），1481年	佚名	上海文瑞楼印，6册	06
0024	丹溪心法（5卷），1481年	（明）吴勉学校	百花庵藏本，6册	06
0025	二酉堂丹溪心法（5卷），附录（1卷），附余六种（22卷），1481年	（元）朱震亨撰，（明）吴中珩校	清二酉堂刻本，6册	03
0026	二酉堂丹溪心法（5卷），附录（1卷），附余六种（22卷，存三种5卷），1481年 附余子目： ①丹溪先生金匮钩玄（3卷） ②医学发明（1卷） ③活法机要（1卷）	（元）朱震亨撰，（明）吴中珩校	清二酉堂刻本，5册	03
0027	医学正传（8卷），1515年	（明）虞抟编	民国上海会文堂书局石印本，8册	03
0028	丹溪心法附余（24卷），卷首（1卷），1536年	（明）方广编	①清光绪二十九年（1903年）杭州衢樟书局石印本	03
			②清宣统元年（1909年）上海文瑞石印本	03
			③清大文堂仿明版刻本，16册	01
			④1920年浙江绍兴墨润堂石印本	02
			⑤1924年上洋海左书局石印本	02
0029	丹溪心法附余（24卷），卷首（1卷），1536年	（明）方广辑	清光绪二十五年（1899年）石印本，3册	03
0030	丹溪治法心要（8卷），1543年	（元）朱震亨撰，（明）高宾校正	清宣统元年（1909年）武林萧氏铅印本	03

续表

序号	书名和成书年	作者和著作形式	版本	收藏馆
0031	丹溪治法心要（8卷），1543年	（明）高宾校正，（民国）萧澍霖重校，刘毓家校	明嘉靖二十二年（1543年）高宾撰序，清宣统元年（1909年）武林萧氏重刊明本，苏城临顿路老毛上珍摆板印，2册	06
0032	丹溪治法心要（8卷），1543年	（明）高宾校正	清宣统元年（1909年）武林萧氏铅印本，1函2册	05
0033	丹溪先生治法心要（8卷），1543年	（元）朱震亨撰，（明）高宾校正，（民国）萧澍霖重校	清宣统元年（1909年）武林萧氏铅印本，1册	03
0034	医方集宜（10卷），1554年	（明）丁凤撰	抄本	02
0035	明医指掌（10卷），1556年	（明）皇甫中撰，王肯堂订补，邵从臬参校	1915年上海炼石斋书局石印本，1函4册	05
0036	周慎斋三书（3卷），1573年	（明）周之干撰	见医家秘奥	03
0037	周慎斋遗书，1573年	（明）周之干撰	1936年大东书局铅印本，4册	01
0038	订补明医指掌（10卷），附诊家枢要，1579年	（明）皇甫中撰，王肯堂订补	①明天启二年（1622年）刻本，5册	03
			②清咸丰八年（1858年）维扬文富堂刻本，10册	02
			③清光绪三十年（1904年）镇江文成堂石印本，5册	03
			④1922年上海广益书局石印本，4册	01
0039	万病回春（8卷），1587年	（明）龚廷贤撰	①清嘉庆二十一年（1816年）经余堂刻本	03
			②1925年上海大成书局石印本	01
			③1925年上海大成书局石印本，8册	01
			④民国上海锦章书局石印本	02
0040	万病回春（□□卷，存卷六），1587年	佚名	清刻本，1册	08
0041	新刊万病回春原本（8卷），1587年	（明）龚廷贤撰，（清）周亮登校	清嘉庆二十一年（1816年）经余堂刻本，8册	03
0042	新刊增补万病回春原本（8卷），1587年	（明）龚廷贤撰，（清）周亮登校	清善成堂刻本，2册	03

续表

序号	书名和成书年	作者和著作形式	版本	收藏馆
0043	新刊增补万病回春（□□卷，存忠集1卷），1587年	（明）龚廷贤撰，（清）余一贯增订	清刻本，2册	08
0044	增补万病回春，1587年	（明）龚廷贤撰	明万历四十三年（1615年）经纶堂刻本，8册	04
0045	增补万病回春（8卷），1587年	（明）龚廷贤撰	①清嘉庆二十一年（1816年）经余堂刻本，8册	03
			②善成堂刻本	03
			③版本不详，4册	04
			④经纶堂藏版，4册	04
0046	增补万病回春（8卷，存卷一至卷六、卷八），1587年	（明）龚廷贤撰	上海扫叶山房石印本，1函7册	05
0047	精印万病回春（8卷），1587年	（明）龚廷贤编	①江东书局印行，8册	04
			②上海校经山房印行石印本，6册	04
0048	云林神彀（4卷），1591年	（明）龚廷贤撰	清五云楼刻本	02
0049	医方捷径指南全书（4卷），1600年	（明）王宗显辑，钱允治校	清刻本	02
0050	医学广笔记（4卷），1613年	（明）缪希雍撰	1919年上海集古阁石印本，1函12册	05
0051	寿世保元（10卷），1615年	（明）龚廷贤撰	①清宣统元年（1909年）、清宣统三年（1911年）上海锦章书局石印本	01、02
			②清刻本	02
			③清末石印本（存卷一至卷四）	01
			④宏道堂藏版，1函10册	05
0052	新刊医林状元寿世保元（□□卷，存卷四），1615年	（明）龚廷贤撰	清刻本，1册	08
0053	新刊医林状元寿世保元（10卷，存1卷丙集三），1615年	（明）龚廷贤撰	清刻本，5册	02
0054	增补医林状元寿世保元（10卷），1615年	（明）龚廷贤编，（清）周亮登校	清宣统三年（1911年）上海锦章书局石印本，6册	02

续表

序号	书名和成书年	作者和著作形式	版本	收藏馆
0055	增补寿世保元（10卷），附太乙神针法，1615年	（明）龚廷贤撰	①清宣统三年（1911年）上海书局石印本，8册	01
			②版本不详（4卷），3册	01
			③版本不详，6册	04
0056	增补寿世保元（10卷），1615年	（明）龚廷贤撰	锦章书局出版，6册	04
0057	医镜（4卷），1641年	（明）王肯堂撰	抄本，6册	03
0058	医镜（4卷），1641年	（明）王肯堂撰，张暎垣编，蒋仪校	抄本	03
0059	医门初学万金一统要诀分类（又名新增医方药性捷径合编、医方药性初学要诀），1644年 子目：①医门初学万金一统要诀（10卷）②医方捷径（4卷）③青囊药性赋（5卷）④四言举要（1卷）	明太医院原本，罗必炜参订	①清光绪十四年（1888年）南京李光明庄刻本，1册	02
			②清光绪二十三年（1897年）经纶元记据杨能儒刻本重刻本，2册	02
			③清光绪三十年（1904年）宝庆祥隆书局刻本，4册	03、04
			④清光绪宝庆维新书局印本，4册	04
0060	医方药性初学要诀（又名医门初学万金一统要诀）（9卷），1644年	明太医院原本	清光绪三十年（1904年）宝庆祥隆书局印行，1函3册	05
0061	医门初学万金一统要诀（8卷），卷首（1卷），卷末（1卷），1644年	明太医院原本，罗必炜参订	清光绪三十年（1904年）宝庆祥隆书局刻本	03
0062	医门初学万金一统要诀分类（8卷），1644年	明太医院原本	清光绪十七年（1891年）新化三味书局据武进庄氏本校刊，1函1册	05
0063	医方药性初学要诀（10卷），1644年	佚名	清光绪三十年（1904年）宝庆祥隆书局印行，1册	04
0064	医方药性初学要诀（10卷），1644年	（清）李象春	①清光绪三十年（1904年）宝庆劝学书社印行，1册	04
			②清光绪三十年（1904年）宝庆维新书局印行，4册	04
0065	医方药性初学要诀（又名医门初学万金一统要诀）（9卷），1644年	明太医院原本	清光绪三十年（1904年）宝庆祥隆书局印行，1函2册	05

续表

序号	书名和成书年	作者和著作形式	版本	收藏馆
0066	增订医门初学万金一统要诀分类（9卷，存卷六至卷九），附一种（1卷），1644年 附录子目： 四言举要（1卷），（宋）崔嘉彦著，（明）李言闻删补	（明）罗必炜参订	清刻本，1册	02
0067	太医院增补医方捷径（2卷），1644年	明太医院原本，罗必炜校正	清刻本	02
0068	太医院增补医方捷径（4卷，存卷五至卷八），1644年	（明）罗必炜校正	三味堂刻本（残本），1函1册	05
0069	医方药性合编（4卷），1644年 子目： ①太医院增补医方捷径（2卷） ②太医院增补青囊药性赋直解（2卷）	明太医院原本，罗必炜参订	①清文奎堂刻本	01
			②清刻本，1册	02
			③民国上海锦章书局石印本	03
0070	医方药性合编（2卷），1644年	（明）罗必炜参订	①清经国堂刻本，1册	02
			②清刻本，1册	02
0071	医门法律（6卷），1658年	（清）喻昌撰	①清乾隆三十年（1765年）黎川陈守诚刻本，集思堂藏版（24卷）	01
			②清乾隆六十年（1795年）博古堂刻本，6册	03
			③清光绪二十年（1894年）上海图书集成印书局铅印本（411页～412页无法衔接），4册	03
			④清三让堂梓，5册	04
			⑤上海锦章书局石印本，2册	01
			⑥上海广益书局石印本，2册	01
			⑦1940年新印，上海锦章图书局印行，6册	04
			⑧清三让堂梓，6册	05
			⑨版本不详，1函10册	05

续表

序号	书名和成书年	作者和著作形式	版本	收藏馆
0072	医门法律，1658 年	（清）喻昌撰	①1926 年上海锦章书局石印本，4 册	01（残）
			②清三让堂刻本，5 册	04
			③1940 年上海锦章书局石印本	04
0073	医门法律（24 卷），1658 年	（清）喻昌撰	①清乾隆三十年（1765 年）集思堂藏版，1 函 10 册	05
			②清乾隆三十年（1765 年）集思堂重刻本，10 册	01
0074	医门法律（24 卷），1658 年	（清）喻昌撰，陈守诚重梓	清乾隆六十年（1795 年）刻本，2 册	03
0075	喻氏三书合刻（又名医门法律）（15 卷），1658 年 子目： ①尚论篇（4 卷），（清）喻昌著，陈守诚重梓 ②尚论后篇（4 卷），（清）喻昌著，陈守诚重梓 ③医门法律（6 卷），（清）喻昌著，陈守诚重梓 ④寓意草，（清）喻昌著	（清）喻昌著	清乾隆二十八年（1763 年）赵宁静序，上海锦章书局印行，6 册	06
0076	寿世编（又名寿世青编）(2 卷)，1667 年 子目： ①达生篇 ②保婴篇 ③救急篇	（明）李中梓撰	①清同治八年（1869 年）文昌阁刻本，1 册	03
			②见珍本医书集成	01
			③见士材三书	03
			④上海江左书林版	04
0077	寿世青编（2 卷），1667 年	（清）尤乘辑	江左书林藏版，1 册	04
0078	傅青主男科（2 卷），傅青主女科（2 卷）(又名征君男女科全集、傅征君全集)，附产后编（2 卷），1684 年	（清）傅山著	①清同治八年（1869 年）崇文书局刻本，2 册	03
			②清道光二十九年（1849 年）刻本，1 册	03
			③清光绪五年（1879 年）北京刻本，2 册	03
			④清光绪十二年（1886 年）汉口镇李氏森宝斋刻本，5 册	04
			⑤清光绪十三年（1887 年）湖北崇文官书处刻本，2 册	03

续表

序号	书名和成书年	作者和著作形式	版本	收藏馆
			⑥清光绪十八年（1892年）三义堂刻本	03
			⑦清光绪二十一年（1895年）著易堂仿聚珍版印，4册	04
			⑧清光绪三十三年（1907年）上海书局石印本，1册	03
			⑨1912年、1947年上海广益书局石印本	02
			⑩1928年上海启新书局石印本	01
			⑪民国上海锦章书局石印本，4册	01
			⑫民国上海进步书局石印本	01
			⑬上海进步书局石印本（附女科杂症1卷），1册	01
0079	傅青主男女科（6卷），1684年	（清）傅山著	清光绪十二年（1886年）濦川李氏森宝斋藏版，5册	04
0080	傅青主男女科（4卷），1684年	（明）傅山著	1925年上海大成书局石印本，4册	05
0081	精校足本傅青主男妇科（6卷），1684年	（清）傅山著	1922年上海启新书局石印本	01
0082	傅青医科，1684年	（清）傅山著	影印本，1册	10
0083	太原傅科，1684年	（清）傅山著	清刻本	07
0084	石室秘录（4卷），1687年	（清）陈士铎撰	①上海锦章书局石印本，4册	01
			②1955年上海锦章书局石印本，1函4册	05
0085	石室秘录（6卷），1687年	（清）陈士铎撰	①清康熙二十六年（1687年）本澄堂刻本，3册	01
			②清嘉庆三年（1798年）崇文堂刻本，6册	03
			③清经元堂刻本，6册	02
			④清文英堂刻本，6册	03
			⑤清刻本，聚盛堂藏版	03
			⑥清江左书林刻本，6册	01
			⑦清文堂刻本	03
			⑧清聚盛堂刻本，3册	03
			⑨清同德堂刻本，6册	03
			⑩上海锦章书局石印本	02
			⑪版本不详，1函6册	05

续表

序号	书名和成书年	作者和著作形式	版本	收藏馆
0086	石室秘录（6卷），1687年	（清）陈士铎撰，金以谋订定，李祖咏参校，岐天师定本	文渊堂藏版，6册	06
0087	石室秘录（6卷），1687年	（清）陈士铎撰，金以谋订定，李祖咏参考	清嘉庆三年（1798年）崇文堂刻本，6册	03
0088	雷公真君传秘录摘要，1687年	佚名	抄本，1册	03
0089	辨证录（又名伤寒辨证录）（14卷），附脉诀阐微，1687年	（清）陈士铎著	①清雍正三年（1725年）刻本（缺卷七、卷八），7册	02（残）
			②清乾隆十二年（1747年）黄退庵序刻本（附胎产秘书）	03
			③清乾隆十二年（1747年）黄退庵刻本，12册	03
			④清嘉庆二十二年（1817年）文诚堂刻本，12册	03
			⑤清嘉庆二十三年（1818年）郭淳章文诚堂刻本	03
			⑥清咸丰四年（1854年）刻本新华斋藏版，12册	01
			⑦清光绪十年（1884年）重庆善成堂刻本	03
			⑧清光绪十年（1884年）重庆善成堂刻本（附胎产秘书2卷）15册	03
0090	辨证录（14卷），1687年	（清）陈士铎著，陶式玉参订	①清乾隆十二年（1747年）黄晟刻本，4册	03
			②清光绪十年（1884年）善成堂刻本，11册	03
0091	辨证录（14卷），胎产秘书（3卷，存上卷），1687年	（清）陈士铎著，陶式玉参订	清光绪十年（1884年）善成堂刻本，5册	03
0092	增补百病辨证录，1687年	（清）陈士铎著	上海千顷堂书局印行，8册	04
0093	增补百病辨证录（14卷），1687年	（清）陈士铎著	上海千顷堂书局印行，8册	04
0094	临证医案伤寒辨证录（14卷），1687年	（清）陈士铎著，陶式玉参订	清文诚堂刻本，12册	03

续表

序号	书名和成书年	作者和著作形式	版本	收藏馆
0095	辨证奇闻，1687 年	（清）钱松撰	①清光绪七年（1881 年）文奎堂刻本，10 册	04
			②清光绪三十一年（1905 年）上海书庄石印本，6 册	04
			③1937 年上海广益书局铅印本，2 册	01
0096	辨证奇闻（10 卷），1687 年	（清）陈士铎撰，钱松撰	①清同治六年（1867 年）重刻本，8 册	03
			②清光绪七年（1881 年）文奎堂刻本，10 册	03
			③清光绪三十一年（1905 年）上海宝善斋书庄石印本，6 册	03
			④清光绪三十一年（1905 年）上海书庄石印，6 册	04
			⑤1937 年上海广益书局铅印本	01、02
			⑥石印本	02
0097	辨证奇闻（10 卷），1687 年	（清）钱松撰	①清光绪七年（1881 年）重刊文奎堂藏版，10 册	04
			②清光绪七年（1881 年）文奎堂刻本，6 册	03
			③清末石印本，2 册	02
0098	辨证奇闻（15 卷），1687 年	（清）陈士铎撰，文守江述	①清同治六年（1867 年）经元堂刻本	03
			②清同治六年（1867 年）刻本，8 册	03
			③清刻本（存卷三至卷六、卷十一至卷十五），3 册	02
0099	辨证奇闻、辨证录（10 卷），1687 年	（清）陈士铎撰	清咸丰七年（1857 年）文胜堂藏版，1 函 10 册	05
0100	笔谈摘要（1 卷），1694 年	（清）陈嘉璨撰	见医家秘奥	03
0101	张氏医通（16 卷），1695 年	（清）张璐撰	①清康熙四十八年（1709 年）宝翰楼刻本，40 册	02、03
			②清光绪二十年（1894 年）上海图书集成印书局铅印本，9 册	03、04
			③清光绪三十三年（1907 年）上海书局石印本，16 册	03、04
			④见张氏医书七种	01
			⑤1955 年上海锦章书局石印本，1 函 16 册	05

续表

序号	书名和成书年	作者和著作形式	版本	收藏馆
0102	张氏医通（16卷），1695年	（清）张璐撰	①清光绪二十年（1894年），上海图书集成印书局印行，上下函20册	04
			②上海锦章图书局印行，石印本，8册	04
0103	张氏医通，1695年	（清）张璐撰	影印本，2册	10
0104	张氏医通（2卷，存卷七、卷十三），1695年	（清）张璐撰，张以柔、张讷、张登、张倬参订	版本不详，2册	06
0105	张氏医通（16卷，卷四叶105～117有抄配），1695年	（清）张璐撰	清康熙中翰宝楼刻本，8册	03
0106	精校张氏医通，1695年 子目： ①伤寒舌鉴，（清）张登撰 ②伤寒兼证析义，（清）张倬撰 ③诊宗三昧，（清）张登编 ④本经逢原（4卷），（清）张璐撰 ⑤伤寒绪论上下卷（2卷），（清）张璐撰 ⑥张氏医通（16卷），（清）张璐撰	（清）张璐撰	上海锦章书局，16册	06
0107	医学真传，1699年	（清）高世栻撰	①清光绪二十二年（1896年）上海图书集成印书局铅印本	03
			②清光绪三十二年（1906年）焕文堂刻本	02
0108	医学真传（1卷），1699年	（清）高世栻撰	①见医林指月	03
			②单行本，1册	03
0109	高世栻先生手授医学真传（1卷），1699年	（清）曹增美等述	清刻本，1册	03
0110	医学体用，1722年	（民国）王香岩述意，沈仲圭笔录	杭州三三医社铅印本，1册	01
0111	顾氏医镜（16卷），1722年	（清）顾靖远撰	1934年上海扫叶山房石印本，1函6册	05
0112	四明心法（3卷），1725年	（清）高鼓峰撰	见医宗己任编	03
0113	医家心法（1卷），1725年	（清）高鼓峰撰	见医林指月	03

续表

序号	书名和成书年	作者和著作形式	版本	收藏馆
0114	医学心悟（5卷），附外科十法（1卷），1732年	（清）程国彭著	①清乾隆五十六年（1791年）聚锦堂刻本，5册	03
			②清嘉庆二十四年（1819年）上海扫叶山房刻本，11册	02、03
			③清光绪二十年（1894年）上海图书集成印书局铅印本（存卷一、卷二），1册	02
			④清光绪二十一年（1895年）学库山房刻本，6册	01、03、04
			⑤清光绪二十八年（1902年）学库山房刻本	01
			⑥清宣统三年（1911年）上海会文堂石印本，4册	01、03
			⑦上海进步书局石印本（4卷）	01
			⑧1937年上海大东书局铅印本，4册	01
0115	医学心悟（5卷，存卷一），1732年	（清）程国彭著	清末近文堂刻本，1幅	08
0116	医学心悟（5卷），外科十法（1卷），1732年	（清）程国彭著	清刻本，5册	03
0117	医学心悟（6卷），1732年	（清）程国彭著	①清嘉庆二十四年（1819年）扫叶山房刻本，6册	03
			②清光绪二十一年（1895年）仲冬学库山房刊，4册	04
			③1942年上海锦章书局石印本，1册	05
			④版本不详，4册	04
0118	医学心悟（6卷），附外科十法、外科症治方药，1732年	（清）程国彭著	清光绪六年（1880年）校经山房刻本，1函6册	05
0119	医方一盘珠全集（2卷，存卷一、卷二），1749年	（清）洪金鼎撰	上海锦章书局石印本（残本），1册	05
0120	医方一盘珠全集（10卷），1749年	（清）洪金鼎撰	①清光绪二十四年（1898年）澹雅局刻本，4册	03
			②清光绪二十五年（1899年）益元堂刻本，6册	02

续表

序号	书名和成书年	作者和著作形式	版本	收藏馆
			③清三让堂刻本，4 册	02
			④清经纶堂刻本（存卷一、卷二），1 册	02
			⑤清刻本（缺卷五、卷六），4 册	02
			⑥上海锦章书局石印本，4 册	01
0121	医碥（7 卷），1751 年	（清）何梦瑶撰	①清同文堂刻本	02
			②1922 年上海千顷堂书局石印本，7 册	03
0122	医碥（7 卷），1751 年	（清）何梦瑶撰，李林馥重校	1922 年上海千顷堂印行，7 册	06
0123	四圣悬枢（5 卷），1753 年	（清）黄元御著	①清光绪二十年（1894 年）上海图书集成印书局铅印本，1 册	02
			②见黄氏医书八种	01、03
0124	杂症会心录（2 卷），1754 年	（清）汪文绮撰	见珍本医书集成	01、03
0125	医林纂要探源（10卷），1758 年	（清）汪绂辑	①清道光二十九年（1849 年）刻本遗经堂藏版	03
			②清光绪二十三年（1897 年）江苏书局刻本，20 册	02、03、05
			③清遗经堂刻本，6 册	03
0126	医林纂要探源（10卷），附录（1 卷），1758 年	（清）汪绂辑	①清遗经堂刻本，10 册	03
			②清光绪刻本，11 册	03
0127	弄丸心法（8 卷，缺卷四），1759 年	（清）杨凤庭撰	清宣统三年（1911 年）成都刻本，1 函 7 册	05
0128	杂病症治（9 卷），1759 年	（清）徐大椿撰	见徐灵胎医略六书	03
0129	杂病源流犀烛（30卷），卷首（2 卷），1773 年	（清）沈金鳌撰	见沈氏尊生医书	01、03
0130	寿世编（2 卷），1785 年	（清）顾奉璋编	清道光二十四年（1844 年）文昌阁刻本	03
0131	寿世编三种（3 卷），1785 年	佚名	清同治八年（1869 年）文昌阁刻本，1 册	03

续表

序号	书名和成书年	作者和著作形式	版本	收藏馆
0132	妇婴至宝（8卷），1796年 子目： ①达生编（4卷），（清）亟斋居士撰 ②种痘法（1卷），（清）毓兰居士辑 ③福幼编（1卷），（清）庄一夔撰 ④遂生编痘科治法（1卷），（清）庄一夔撰 ⑤推拿摘要辨证指南（1卷），（清）王兆鳌重校	（清）徐尚慧编	①清道光十一年（1831年）绍兴刻本（6卷）	01、03
			②清道光十一年（1831年）刻本，2册	03
			③清道光十一年（1831年）道桥许模记刻本，1册	01
			④清同治八年（1869年）竟成堂刻本，2册	03
0133	妇婴至宝（6卷），1796年	（清）亟斋居士原编，三农老人附注，拜松居士增订	①清同治八年（1869年）刻本，2册	03
			②清末许模记刻字店刻本，1册	03
			③清刻本，1册	01
0134	妇婴至宝（6卷），附催生符（1卷），1796年	（清）亟斋居士原编，三农老人附注，拜松居士增订	清刻本，2册	03
0135	增订妇婴至宝（6卷），1796	（清）徐尚慧编	清光绪二十四年（1898年）刻本，1函1册	05
0136	医宗宝镜（5卷），1798年	（清）邓复旦撰	民国上海锦章书局石印本	02
0137	时方妙用，1803年	（清）陈念祖撰	抄本，1册	01
0138	时方妙用（4卷），1803年	（清）陈念祖撰	①上海锦章书局石印本，1册	01、03
			②见南雅堂医书全集、陈修园医书二十三种、陈修园医书四十八种、陈修园医书七十二种	01、03
			③本衙藏版，4册	04
			④版本不详，4册	04
0139	时方妙用（4卷），时方歌括（2卷），1803年	（清）陈念祖撰	清石印本	02
0140	医学三字经（4卷），1803年	（清）陈念祖撰	①清光绪三十一年（1905年）上海文盛堂书局石印本，1册	01
			②上海锦章书局石印本，1册	01、04
			③上海广益书局石印本，2册	04
			④见南雅堂医书全集、陈修园医书	01、03

续表

序号	书名和成书年	作者和著作形式	版本	收藏馆
0141	医学三字经（4卷），1803年	（清）陈念祖撰，陈元豹、陈元犀校	清光绪三十四年（1908年）宝庆经元书局刻本	07
0142	医学三字经，1803年	（清）陈念祖撰	影印本，1册	10
0143	医学实在易（8卷），1808年	（清）陈念祖著	①清刻本（存卷一、卷二），2册	02（残）
			②清光绪二十九年（1903年）湖南书局刻本，1册	05
			③抄本	01
			④见南雅堂医书全集、陈修园医书诸种本	01、03、04
0144	医学实在易（2卷），1808年	（清）陈念祖著	版本不详，2册	04
0145	医学实在易（2卷，存卷二、卷三），1808年	（清）陈念祖著	版本不详（残本），1册	05
0146	节录医学实在易，1808年	佚名	抄本（退结居士抄），1册	01
0147	古今医彻（4卷），1808年	（清）怀远撰	见珍本医书集成	01、03
0148	卫济余编（18卷），1813年	（清）王缵堂编	清道光二十一年（1841年）刻本，4册	01
0149	医宗备要（3卷），1814年	（清）曾鼎撰	清光绪元年（1875年）湖北崇文书局刻本，1册	02
0150	医宗备要（3卷，上中下卷），1814年	（清）曾鼎撰	湖北崇文书局开雕，2册	06
0151	医学从众录（8卷），1820年	（清）陈念祖撰	①清道光年间南雅堂刻本，4册	01
			②清光绪二十九年（1903年）湖南书局刻本，2册	01
			③清光绪二十九年（1903年）上海锦章书局石印本，1册	01、02
			④清光绪二十九年（1903年）新化三味书室刻本，2册	01
			⑤清光绪三十三年（1907年）巴蜀善成堂刻本，1函2册	05
			⑥见南雅堂医书全集	01
			⑦陈修园医书诸种本	01、03
0152	医学从众录（2卷，存卷三、卷四），1820年	（清）陈念祖撰	版本不详（残本），1册	05
0153	医学从众录（8卷，存卷三至卷六），1820年	（清）陈念祖撰	清刻本，2册	08

续表

序号	书名和成书年	作者和著作形式	版本	收藏馆
0154	医垒元戎、刺疗捷法、医法心传合刊（3卷），1820年	（清）陈念祖撰	上海文华书局，上海广益书局印行，1册	04
0155	医法心传、刺疗捷法、医垒元戎，1820年	（清）雷丰等撰	清光绪十一年（1885年）刻本，1册	04
0156	笔花医镜（又名卫生便览）(4卷)，1824年	（清）江涵暾著	①清道光十四年（1834年）钟承露序刻本（存卷一、卷二），1册	01
			②清同治十年（1871年）维扬文富堂刻本	03
			③清同治十年（1871年）绍郡墨润堂刻本，2册	03
			④清同治十一年（1872年）维扬文富堂刻本，1册	03
			⑤清光绪十一年（1885年）绍郡墨润堂刻本，4册	01、03
			⑥清光绪十一年（1885年）刻本	03
			⑦清光绪十七年（1891年）刻本京都龙光斋藏版	01
			⑧清光绪二十年（1894年）京都龙兴斋刻本，2册	01
			⑨清光绪二十七年（1901年）麟书阁刻（2卷），2册	02
			⑩清光绪二十七年（1901年）文宜书局石印，1册	03
			⑪民国元年（1912年）、1938年、1940年、1946年、1948年上海广益书局石印本	01、02
			⑫1946年广益书局铅印本，1册	01
0157	笔花医镜（4卷，存卷一、卷二），1824年	（清）江涵暾著	清光绪十一年（1885年）绍郡墨润堂刻本，1册	03
0158	笔花医镜（2卷），1824年	（清）江涵暾著	清光绪三十三年（1907年）重刊，1函2册	05
0159	笔花医镜（4卷），附新增奇方（1卷），1824年	（清）江涵暾著	清光绪十七年（1891年）刻京都龙兴斋印本，2册	01
0160	精校笔花医镜，1824年	（清）江涵暾著，江彤勋校字	清光绪三十三年（1907年）重刊，2册	06

续表

序号	书名和成书年	作者和著作形式	版本	收藏馆
0161	医理发明（又名医理不求人）(8卷)，1833年	（清）黄元吉编	清光绪三十四年（1908年）刻本	02（残）
0162	医理不求人（8卷，存卷一），1833年	（清）黄元吉编	清光绪三十四年（1908年）大文书局刻本，1册	02
0163	增订敬信录（5卷，存卷二至卷五），1834年	（清）徐荣辑	清同治三年（1864年）刻本，1函4册	05
0164	医学妙谛，1837年	（清）何其伟撰	杭州三三医社铅印本，1册	01
0165	类证治裁（8卷），附（1卷），1839年	（清）林佩琴撰	清光绪十年（1884年）刻本丹阳林晋卿研经堂藏版	03
0166	类证治裁（8卷），首（1卷），1839年	（清）林佩琴撰	①清咸丰元年（1851年）林芝本研经堂刻本，3册	03
			②清光绪十年（1884年）林芝本研经堂刻本，13册	03
0167	类证治裁（8卷），1839年	（清）林佩琴撰	①清咸丰元年（1851年）丹阳林氏研经堂初刻本，8册	03
			②清光绪十年（1884年）重刻本，10册	03
0168	医门初步，1844年	（清）廖云溪撰	见医学五则	03
0169	妇婴新说（1卷），1858年	（英国）合信氏著，（清）管茂材同撰	清咸丰八年（1858年）刻本，1册	03
0170	儒门医学，1867年	（英国）傅兰雅口译，（清）赵元益笔述	①著易堂仿聚珍版印，4册	03、04
			②江南制造总局刻本，4册	04
0171	儒门医学（3卷），1867年	（英国）海得兰撰，傅兰雅口译，（清）赵元益笔述	清江南制造总局镂板（大开版），4册	04
0172	儒门医学（3卷），1867年	（英国）海得兰撰	著易堂仿聚珍版印，4册	04
0173	儒门医学（3卷），附（1卷），1867年	（英国）海得兰撰，傅兰雅口译，（清）赵元益笔述	①清光绪二年（1876年）江南制造总局刻本，6册	02
			②清末上海江南制造总局刻本，1册	01
			③清末刻本	03
0174	儒门医学（4卷），1867年	（英国）海得兰撰，傅兰雅口译，（清）赵元益笔述	清刻本，1函4册	05

续表

序号	书名和成书年	作者和著作形式	版本	收藏馆
0175	医门补要（3卷），1883年	（清）赵濂撰	①清光绪九年（1883年）刻本，4册	03
			②清光绪二十三年（1897年）刻本（附霍乱、喉症秘方），4册	01
			③见珍本医书集成	01、03
			④上海中医书局影印本	01
0176	医门补要（3卷），附载（1卷），附青囊立效秘方（2卷），1883年	（清）赵濂撰	清光绪九年（1883年）刻本	03
0177	医门补要（3卷），采集先哲察生死秘法（1卷），青囊立效秘方（2卷），1883年	（清）赵濂撰	清光绪刻本，4册	01
0178	医家四要（4卷），1884年	（清）程曦等撰	①清光绪十年（1884年）无锡日升山房刻本，4册	03
			②清光绪十二年（1886年）豫章邓灿堂刻本，4册	04
			③1921年无锡日升山房刻本，4册	04
			④上海千顷堂书局铅印本，4册	03
0179	医家四要（4卷），1884年	（清）程曦、雷大震等撰	①清光绪十二年（1886年）开刻，养鹤山房藏版，4册	04
			②清无锡日升山房藏版，4册	04
0180	医家四要（4卷），1884年	（清）江诚、程曦、雷大震撰	①清光绪十年（1884年）日升山房刻本，4册	03
			②清刻本，无锡日升山房藏版，1函4册	05
0181	医理略述（2卷），1893年	（清）严端模译	清光绪十八至清光绪十九年（1892—1893年）羊城博济书局刻本，2册	02
0182	医悟（12卷），1893年	（清）马冠群撰	①清光绪十九年（1893年）木活字本，4册	03
			②清光绪十九年（1893年）刻本，4册	03
			③清光绪二十三年（1897年）寄庑木活字印本，4册	02

续表

序号	书名和成书年	作者和著作形式	版本	收藏馆
0183	医学白话（4卷），1907年	（清）洪寿曼编，彪蒙编，译所校阅	①清宣统二年（1910年）上海彪蒙书室再版石印本，4册	02
			②1919年上海广益书局石印本，1册	01
0184	医书杂录，1911年	（清）郑彦丞编	抄本	02
0185	医脉摘要，1911年	（清）萧涣唐编	杭州三三医社铅印本，1册	01
0186	医学摘要，1911年	佚名	手抄本，1册	01
0187	医学初步，1920年	（民国）顾鸣盛编	1931年文明书局铅印本，1册	01
0188	医学南针，1920年	（民国）陆士谔编	1936年世界书局铅印本，1册	01
0189	医学速成法，1923年	（民国）谢琦编	1924年上海会文堂书局石印本，4册	03
0190	医学说约，1923年	（日本）秋田散人撰	杭州三三医社铅印本，1册	01
0191	国医指南，1929年	（民国）李涵馥编撰	1929年铅印本，1册	01
0192	学生病，1931年	（民国）顾鸣盛编	1931年文明书局铅印本，1册	01
0193	中医浅说，1931年	（民国）沈乾一编	1931年商务印书馆铅印本，1册	01
0194	医学三言（1卷），1932年	（民国）孙鼎宜撰	见孙氏医学丛书	01、03
0195	华秉麾医学心传全书，1932年	（民国）华秉麾撰	1933年无锡锡成印刷公司铅印本，5册	04
0196	华秉麾医学心传全书（5卷），1932年	（民国）华秉麾撰	1933年无锡锡成印刷公司印发，5册	04
0197	医事蒙求（不分卷），1934年	（民国）张寿颐撰	1934年嘉定张氏体仁堂国医丛刊铅印本，1函1册	05
0198	顾氏医经读本（6卷），1934年	（民国）顾允若撰	1937年世界书局铅印本，3册	01
0199	中国医学的基础知识，1934年	（民国）杰殊编著	1934年肖一知发行，1册	01
0200	国医生理新编，1935年	（民国）朱国均撰	1935年中医书局铅印本，3册	01
0201	中国医学初枕（不分卷），1941年	（日本）矢数有道、（民国）陈祖同译	1941年汪逢春医室铅印本，1函2册	05
0202	治病法规（3卷），1941年	（民国）王雨三撰	1941年上海中医书局铅印本，1册	03
0203	医粹，1948年	新加坡中医师公会医粹编辑委员会编	1948年新加坡中医师公会铅印本	02

（二）温病

1. 四时温病

序号	书名和成书年	作者和著作形式	版本	收藏馆
0001	温病证治歌括（2卷），附喉证汇参（5卷），1643年	（明）张介宾撰	清光绪十九年（1893年）富邑三多砦福善堂刻本，1册	02
0002	温热暑疫全书（又名温病方论）（4卷），1679年	（清）周扬俊撰，薛雪、吴蒙重校	①清乾隆十九年（1754年）吴门蒋氏庸德堂刻本，2册	01、04
			②清光绪十五年（1889年）扫叶山房刻本，3册	03、04
			③上海千顷堂书局石印本，1册	03
			④1937年大东书局铅印本，1册	01
0003	温热暑疫全书（4卷），1679年	（清）周扬俊撰	①清光绪十五年（1889年）扫叶山房重刻，1册	04
			②庸德堂藏版，1册	04
0004	西塘感症（3卷），1725年	（清）董废翁撰	见医宗己任编	03
0005	伤风约言，1732年	（日本）后藤省撰	①民国杭州三三医社铅印本，1册	01
			②见皇汉医学丛书	01、03
0006	温病论治，1792年	（清）叶桂撰	见吴医汇讲	03
0007	温病解，1795年	（清）黄元御撰	见黄氏医书八种	01、03
0008	温病条辨（6卷），卷首（1卷），1798年	（清）吴瑭著	①清道光十六年（1836年）刻本，4册	04
			②清同治二年（1863年）刻本，6册	03
			③清同治九年（1870年）六安求我斋刻本，4册	02
			④清光绪十年（1884年）京都二酉斋刻本，5册	02
			⑤清光绪二十一年（1895年）学库山房刻本（缺卷三），3册	02
			⑥清光绪三十一年（1905年）粤东冯继善刻本，扫叶山房藏版，11册	01、03
			⑦清宣统元年（1909年）渭南严氏孝义家塾刻本，4册	03

续表

序号	书名和成书年	作者和著作形式	版本	收藏馆
			⑧清宁波群玉山房刻本，4 册	01、04
			⑨清末石印本（存卷四至卷六）1 册	02
			⑩1914 年上海锦章书局石印本	02
			⑪1937 年、1949 年上海广益书局石印本，1 册	01
			⑫石印本	02
			⑬上海铸记书局石印本，4 册	03
0009	温病条辨（6 卷），首（1 卷），1798 年	（清）吴瑭著，汪廷珍参订，征以园同参，朱彬点评	①清同治二年（1863 年）刻本，2 册	03
			②清光绪三十一年（1905 年）扫叶山房刻本，2 册	03
			③清宣统元年（1909 年）渭南严氏孝义家塾刻本，4 册	03
0010	温病条辨（6 卷），1798 年	（清）吴瑭著	①清光绪三十三年（1907 年）经元书室校刊，1 函 4 册	05
			②群玉山房校刊，4 册	04
0011	温病条辨（6 卷），1798 年	（清）吴瑭著，汪廷珍参订，征以园同参，朱彬点评，袁智根校正	清咸丰八年（1858 年）上海鸿宝斋书局石印，1937 年梧州，1 册	06
0012	温病条辨（1 卷，存卷二），1798 年	（清）吴瑭著	版本不详（残本），1 册	05
0013	温病条辨（6 卷，存一、卷三至卷六），1798 年	（清）吴瑭著	上海锦章书局（残本），3 册	05
0014	四时病机（14 卷），附温毒病论（1 卷）、女科歌诀（6 卷），1815 年	（清）邵登瀛撰	清光绪六年（1880 年）刻本，4 册	03
0015	四时病机（14 卷），1815 年	（清）邵登瀛撰	清刻本，1 函 4 册	05
0016	四时病机（14 卷），1815 年	（清）邵登瀛撰，邵炳扬述	清光绪刻本，1 册	03
0017	温热赘言，1824 年	（清）寄瓢子述	①清道光十一年（1831 年）吴氏贮春仙馆刻本，灵鹤山房藏版，1 册	01、02、04
			②清道光十二年（1832 年）文聚堂据灵鹤山房本，重刻本	02

续表

序号	书名和成书年	作者和著作形式	版本	收藏馆
			③清宣统元年（1909 年）渭南严氏家塾刻本	03
			④1915 年上海铸记书局石印本	03
			⑤1921 年上海文瑞书局石印本	03
			⑥上海锦章书局石印本	03
			⑦见陈修园医书诸种	01、03
			⑧见三家医案合刻	03
0018	温热赘言（1 卷），1824 年	（清）寄瓢子述	①清道光十二年（1832 年）灵鹤山房刻本，2 册	02
			②清吴氏灵鹤山房刻本，1 册	01、03
			③清吴氏灵鹤山房藏版，1 册	04
0019	温热经纬（5 卷），1852 年	（清）王士雄撰	①清同治二年（1863 年）刻本，4 册	03
			②清同治十三年（1874 年）湖北崇文书局刻本，8 册	02、03
			③清同治十三年（1874 年）湖北崇文书局重刊，8 册	05
			④清同治十三年（1874 年）湖北汇文书局重刻本，4 册	03
			⑤清光绪三年（1877 年）湖北书局刻本，4 册	03、04
			⑥清光绪三年（1877 年），4 册	04
			⑦清光绪十一年（1885 年）松韵阁刻本，4 册	01
			⑧清光绪十九年（1893 年）富邑三多砦福善堂刻本，2 册	02
			⑨清光绪二十二年（1896 年）上海图书集成局铅印本，1 册	03
			⑩清光绪三十二年（1906 年）刻本，3 册	03
			⑪清刻本，1 函 4 册	05
			⑫1914 年、1947 年上海锦章书局石印本，1 册	02、03
			⑬民国上海锦章书局石印本，1 册	05
			⑭版本不详，4 册	04

续表

序号	书名和成书年	作者和著作形式	版本	收藏馆
0020	温热经纬（5卷），1852年	（清）王士雄撰，汪曰桢、杨照藜评	①清同治十三年（1874年）湖北崇文书局刻本，2册	03
			②清光绪三年（1877年）湖北书局刻本，4册	03
0021	温热经纬（5卷），1852年	（清）王士雄撰，杨照藜、汪曰桢评，沈宗淦、赵庆澜参	清同治十三年（1874年）湖北崇文书局重刊，4册	06
0022	温热类编（6卷），绪论（1卷），1866年	（清）凌德撰	1926年、1927年杭州三三医社铅印本，4册	03
0023	时病论（8卷），1882年	（清）雷丰撰	①清光绪十年（1884年）柯城雷慎修堂刻本，养鹤山房藏版，4册	02、03
			②清末石印本，6册	02
			③1912年、1940年上海锦章书局石印本，2册	02、03
			④1922年无锡日升山房藏版，1函6册	05
0024	时病论（8卷），1882年	（清）刘宾臣鉴定，雷丰撰	①清光绪八年（1882年）雷丰题，清光绪二十四年（1898年）上海著易堂开雕，4册	06
			②清光绪十年（1884年）雷慎修堂刻本，4册	03
0025	校正时病论（8卷），1882年	（清）雷丰撰	上海文瑞楼石印本，1册	05
0026	增订时病论（8卷），1882年	（清）雷丰撰，何筱廉增订	1926年、1934年、1936年上海大东书局铅印本，4册	01、03
0027	增订伤暑全书（2卷），1890年	（明）张鹤腾撰	①见珍本医书集成	01、03
			②见国医百家	03
0028	叶评伤暑全书，1890年	（明）张鹤腾撰	1936年大东书局铅印本，2册	01
0029	春温痢症三字诀合璧（3卷），1895年	（清）张汝珍、唐宗海撰	清光绪袖海山房石印本	02
0030	春温利症三字诀合璧，1895年	（清）唐宗海著，郑其章参校	上海锦章书局石印，1册	06
0031	六气感证要义，1898年	（清）周岩撰	见珍本医书集成	01、03
0032	伤寒自疗，1916年	（民国）萧屏编	1916年、1933年、1936年上海大众书局铅印本	02

续表

序号	书名和成书年	作者和著作形式	版本	收藏馆
0033	中西温热串解（8卷），1920 年	（民国）吴锡璜撰	①约 1920 年初版，上海文瑞楼出版发行，6 册	04
			②1920 年、1921 年、1928 年、1934 年上海文瑞楼石印本，6 册	03、04
0034	中西温热串解（8卷），1920 年	（民国）吴锡璜撰述，吴锡琮参订，吴道卿、吴植卿同校字	1920 年，6 册	06
0035	感证辑要（4卷），1921 年	（民国）严鸿志辑	①1921 年宁波汲绠书庄石印本，4 册	03
			②退思庐医书四种本，4 册	03
0036	温病讲义，1927 年	（民国）杨百城编	1931 年杨达夫医社铅印本	02
0037	温病明理（4卷），1928 年	（民国）恽铁樵撰	①1928 年、1936 年上海民友印刷公司铅印本，1 册	01、02、03、04
			②1928 年恽铁樵医寓发行，1 册	04
0038	温病明理（3卷），1928 年	（民国）恽铁樵撰，徐衡之、章巨膺参校	1928 年出版，华丰印刷铸字所印，1 册	06
0039	温病全书，1933 年	（民国）时逸人撰，沈啸谷编	1933 年、1936 年上海大众书局铅印本	02
0040	温病条辨汤头，1937 年	佚名	抄本	01

2. 瘟疫

序号	书名和成书年	作者和著作形式	版本	收藏馆
0001	瘟疫论，1642 年	（明）吴有性著	1937 年大东书局铅印本，2 册	01
0002	温疫论（又名瘟疫论、温疫方论）（2卷），1642 年	（明）吴有性著	①清康熙三十三年（1694 年）刻本，葆真堂藏版	03
			②清雍正刻本	01
			③清乾隆葆真堂刻本，2 册	03、04
			④清光绪六年（1880 年）善成堂刻本，3 册	03
			⑤清光绪三十四年（1908 年）森记书局刻本，1 函 2 册	02、05
			⑥绿荫堂藏版，1 册	04
			⑦葆真堂藏版，1 册	04

续表

序号	书名和成书年	作者和著作形式	版本	收藏馆
0003	瘟疫论（2卷），1642年	（明）吴有性著，刘敞校梓	清乾隆间刻本，2册	03
0004	瘟疫论（3卷），1642年	（明）吴有性著	清同文堂刻本，2册	01
0005	瘟疫论（5卷），附二种（7卷），1642年　附录子目：①松峰说疫（6卷），（清）刘奎撰，刘秉锦述校②备用良方（1卷），佚名	（明）吴有性著，（清）刘奎订正，刘秉锦编释	清敦厚堂刻本，3册	03
0006	瘟疫论补注（又名增补瘟疫论）（2卷），1707年	（明）吴有性著，（清）郑重光补注	①清康熙四十九年（1710年）襄陵乔国桢刻秩斯堂印本，2册	02
			②清同治三年（1864年）刻本，樊川文成堂藏版，2册	01、03
			③清光绪六年（1880年）扫叶山房刻本	03
			④清刻本	02
			⑤民国上海锦章书局石印本	03
			⑥上海锦章书局石印本，1册	05
0007	温疫论补注（2卷），1707年	（清）郑重光补注	①清同治三年（1864年）樊川文成堂刻本，2册	03
			②清光绪六年（1880年）扫叶山房刻本，2册	03
			③上海锦章书局石印本，1册	03
0008	温疫论补注（2卷），1707年	（明）吴有性著，（清）郑重光补注，乔国桢校梓	①清同治三年（1864年）樊川文成堂刻本，1册	03
			②清光绪六年（1880年）扫叶山房刻本，1册	03
			③清光绪六年（1880年）刻本，1册	03
0009	广瘟疫论（4卷），卷末（1卷），附佛崖验方，1722年	（清）戴天章撰	①清戴氏存存书屋刻本	01
			②清乾隆四十八年（1783年）戴氏存存书屋刻本，1册	01
			③清末抄本，1册	02
			④抄本	02
0010	温热论笺正（1卷），1746年	（清）陈光淞撰	见珍本医书集成	01、03

续表

序号	书名和成书年	作者和著作形式	版本	收藏馆
0011	瘟疫明辨（4卷），附方（1卷），1750年	（清）戴天章、郑奠一撰	①清光绪二十八年（1902年）常郡常年局刻本，2册	03
			②清光绪三十三年（1907年）瑟斋铅印本，1册	03
			③清上海江左书林刻本	01
			④清末南京李光明篆刻本	02
			⑤1916年江东书局石印本	03
			⑥1937年大东书局铅印本，2册	01
0012	瘟疫明辨（4卷），末（1卷），1750年	（清）戴天章撰	①清光绪二十八年（1902年）常州长年医局木活字印本，1册	03
			②清光绪三十三年（1907年）瑟斋铅印本，1册	03
			③清南京李光明庄刻本，1册	02
0013	温疫明辨，1750年	（清）吴文坫撰	①清光绪二十一年（1895年）澹雅局刻本，2册（合订本）	04
			②清光绪二十八年（1902年）常郡长年医局聚珍本，2册（合订本）	04
			③1916年江东书局印，1册	04
0014	瘟疫明辨（4卷），1750年	（清）戴天章撰	①清光绪二十一年（1895年）澹雅局新镌，1册	04
			②状元阁刻本，1函1册	05
0015	瘟疫明辨（5卷），1750年	（清）戴天章撰	①清康熙十四年（1675年）1917年重校，江东书局印行，1册	04
			②约撰于清乾隆三十七年（1772年），清光绪二十八年（1902年）常郡长年医局聚珍，1册	04
0016	温毒病论，1765年	（清）邵登瀛撰	上海铸记书局石印本，1册	03
0017	治疫全书（6卷），附辨孔琐言（1卷），1776年	（清）熊立品编辑	清乾隆四十二年（1777年）刻瘟疫传症汇编本，3册	02
0018	补注瘟疫论（4卷），1784年	（明）吴有性撰，（清）洪天锡补注	①清刻本	03
			②刻本	03

续表

序号	书名和成书年	作者和著作形式	版本	收藏馆
0019	伤寒瘟疫条辨（6卷），附温病坏症，1784年	（清）杨璿撰	①清乾隆五十年（1785年）刻本，8册	03
			②清同治六年（1867年）刻本，6册	01
			③清同治九年（1870年）宏道堂刻本，4册	02
			④清同治九年（1870年）万邑卫永丰刻本	02
			⑤清光绪十四年（1888年）三义堂刻本，6册	03
			⑥清光绪十九年（1893年）江右醉芸轩刻本，6册	02
			⑦清光绪二十三年（1897年）湖南书局刻本	03
			⑧清光绪二十三年（1897年）湖西书局重刻本，6册	03
			⑨民国元年（1912年）上海江东书局石印本，2册	03
			⑩1914年上海广益书局石印本	03
0020	伤寒瘟疫条辨（5卷），1784年	（清）杨璿撰	1914年上海广益书局石印本，1函4册	05
0021	伤寒瘟疫条辨（6卷），1784年	（清）杨璿撰，郭善邻恭校，孙宏智校梓	①清乾隆五十年（1785年）刻本，9册	03
			②清光绪十四年（1888年）三义堂刻本，9册	03
0022	寒温条辨（又名伤寒温疫条辨）（7卷），1784年	（清）杨璿撰	清光绪十九年（1893年）江右醉芸轩刻本，1函6册	05
0023	寒温条辨（又名伤寒温疫条辨）（6卷），1784年	（清）杨璿撰	1917年上海普通书局石印本，4册	05
0024	寒温条辨（7卷），温病坏证（1卷），附拨正散（1卷），1784年	（清）杨璿撰	清光绪二十三年（1897年）湖南书局刻本，2册	03
0025	松峰说疫（6卷），1789年	（清）刘奎撰	清刻本，4册	02、03
0026	瘟疫论类编、松峰说疫合刻，1790年	（清）刘奎撰	①清敦厚堂刻本，6册	03
			②清道光二十年（1840年）宝庆仁记书局刻本	03
			③清咸丰十年（1860年）近文堂刻本，6册	03

续表

序号	书名和成书年	作者和著作形式	版本	收藏馆
0027	瘟疫论类编（5卷），1790年	（明）吴有性著，（清）刘奎订正，刘秉锦编释	①清道光二十年（1840年）宝庆仁记书局刻本，2册	03
			②清咸丰十年（1860年）佛山镇近文堂刻本，2册	03
0028	说疫全书（又名疫痧二症合编），1790年 子目： ①瘟疫论类编（5卷），（明）吴有性原撰，（清）刘奎评 ②松峰说疫（6卷），（清）刘奎撰 ③痧胀玉衡（4卷），（清）郭志邃撰	佚名	①清道光二十六年（1846年）广安九皇宫刻本，5册	03
			②1933年上海千顷堂石印本	03
0029	说疫全书（12卷），1790年	（清）刘奎等撰	1923年上海千顷堂书局印行，8册	04
0030	说疫全书（又名疫痧二症合编）（14卷），1790年	（清）刘奎等撰	清道光二十六年（1846年）九皇宫藏版，1函8册	05
0031	疫痧二症合编，1790年	（清）刘奎等撰	见说疫全书	03
0032	吴瑭先生杂说，1798年	（清）吴瑭撰	见温病条辨	03
0033	醒医六书瘟疫论（3卷），1799年	（明）吴有性著	清雍正希尧据康熙补敬堂本重刻，2册	01
0034	辨疫琐言（1卷），1800年	（清）李炳撰	见珍本医书集成	01、03
0035	温热病指南集，1809年	（清）陈平伯撰	1937年大东书局铅印本，1册	01
0036	瘟疫条辨摘要（又名寒温条辨摘要），1811年	（清）陈良佐晰义，杨璿撰，吕田集录	清光绪十二年（1886年）常德府善堂刻本	03
0037	瘟疫条辨摘要（不分卷），1811年	（清）吕田集录	清光绪十二年（1886年）常德府善堂铅印本，1册	03
0038	瘟疫条辨摘要，1811年	（清）杨璿、陈良佐撰	清光绪十二年（1886年）常德府善堂重刻本（实为铅印本）	03
0039	温疫条辨摘要（1卷），1811年	（清）杨璿撰，吕田集录	清光绪十二年（1886年）常德府善堂重刻本，铅印本，1册	03
0040	温病之研究，1821年	（日）源元凯撰	见皇汉医学丛书	01、03

续表

序号	书名和成书年	作者和著作形式	版本	收藏馆
0041	瘟疫合璧（2卷），1822年	（明）吴有性撰，（清）王嘉谟补辑	①清道光四年（1824年）蔚文堂刻本，2册	03
			②清道光四年（1824年）刻本	03
0042	抄补瘟疫合璧论（2卷），1822年	（清）王嘉谟补辑	清道光四年（1824年）刻本，1册	03
0043	医门普度温疫论，1832年	（明）吴有性撰	1936年大东书局铅印本，2册	01
0044	温疫论私评，1847年	（日本）秋吉质评	见皇汉医学丛书	01、03
0045	温热病篇，1852年	（清）薛雪撰	①见温热经纬	03
			②见陈修园医书五十种、陈修园医书七十二种，医门棒喝二集	01、03
0046	瘫痧新论，1860年	（清）张仁锡撰	1933年上海中医书局铅印本	02
0047	春温三字诀（1卷），1861年	（清）张汝珍撰	清光绪二十一年（1895年）石印本，1册	02
0048	春温三字诀，1861年	（清）张汝珍撰	见陈修园医书五十种、陈修园医书七十二种	01、03
0049	广温热论（4卷），方（1卷），1866年	（清）戴天章撰，陆懋修校订	①清光绪四年（1878年）上海千顷堂书局石印本，1册	02
			②民国上海千顷堂书局石印本	02
0050	广温热论，1866年	（清）戴天章撰	上海千顷堂书局印，1册	04
0051	张氏温暑医旨，1874年	（清）张畹香撰	1936年大东书局铅印本，1册	01
0052	南病别鉴，1878年	（清）宋兆淇增注	①1937年大东书局铅印本，1册	01
			②杭州三三医社铅印本，1册	01
0053	温疫析疑（4卷），1878年	（清）唐毓厚撰	清光绪九年（1883年）意解山房刻本，4册	03
0054	意解山房温疫析疑（4卷），1878年	（清）唐毓厚撰	清光绪九年（1883年）刻本，2册	03
0055	伏阴论，1888年	（清）田宗汉撰	1936年大东书局铅印本，1册	01
0056	医寄伏阴论（2卷），1888年	（清）田宗汉撰	见珍本医书集成	01、03
0057	温热论（1卷），1891年	（清）周学海注	见周氏医学丛书、医门棒喝二集	01、03
0058	瘟疫霍乱答问、霍乱审证举要，1897年	（清）陈虬撰	1936年大东书局铅印本，1册	01

续表

序号	书名和成书年	作者和著作形式	版本	收藏馆
0059	叶氏伏气解（1卷），1898年	（清）叶霖撰	见国医百家	03
0060	国医百家第四种叶氏伏气解（1卷），1898年	（清）叶霖撰	1919年绍兴医药学报社铅印本，1册	05
0061	救疫全生篇（又名瘟疫明辨主治方法）（2卷），1899年	（清）梁玉池编	清光绪二十五年（1899年）广西全县广益石印本，2册	01、02
0062	温热逢源，1900年	（清）柳宝诒撰	1936年大东书局铅印本，2册	01
0063	六因条辨（3卷），1906年	（清）陆廷珍撰	见珍本医书集成	01、03
0064	伏瘟证治实验谈，1920年	（民国）蒋树杞撰	杭州三三医社铅印本，1册	01
0065	疫证集说（4卷），附补遗（1卷），1911年	（清）高学良撰，余伯陶编辑	清宣统三年（1911年）素庵铅印本	03
0066	疫证集说（4卷），补遗（1卷），1911年	（清）余伯陶编	清宣统三年（1911年）素庵铅印本，1册	03
0067	疫证集说，1911年	（清）余伯陶编	清宣统三年（1911年）素庵铅印本，4册	03
0068	伏气解、伏邪新书，1911年	（清）叶霖、刘恒瑞撰	1937年大东书局铅印本，1册	01
0069	伏邪新书，1911年	（清）刘恒瑞撰	杭州三三医社铅印本，1册	01
0070	重订广温热论（4卷），1912年	（清）戴天章撰，陆懋修校订，何廉臣重订	1914年绍兴浙东印书局铅印本，6册	03
0071	重订广温热论（4卷），1912年	（清）戴天章撰	上海千顷堂书局印行，1册	04
0072	重订戴北山广温热论（4卷），方（1卷），1912年	（清）陆懋修编	见世补斋医书	03
0073	湿温时疫治疗法（1卷），1913年	绍兴医学会编	①见珍本医书集成	01、03
			②1936年大书局印本，1册	01
0074	时疫解惑论（2卷），1920年	（民国）刘复撰	①1920年、1940年上海三友实业社铅印本	01
			②1931年中国古医学会铅印本，1册	01、03
			③中国古医学会铅印本，1册	05
0075	温证指归，1923年	（清）周杓元撰	①杭州三三医社铅印本，1册	01
			②大东书局铅印本，1册	01

续表

序号	书名和成书年	作者和著作形式	版本	收藏馆
0076	暑症发原，1923 年	（清）李识候参订	杭州三三医社铅印本，1 册	01
0077	羊毛瘟证论，1923 年	（清）随霖撰	①1937 年大东书局铅印本，1 册	01
			②杭州三三医社铅印本，1 册	01
0078	温热经解（1 卷），1936 年	（民国）沈麟撰	见珍本医书集成	01、03
0079	类聚方，1936 年	（日本）吉益东洞撰	见皇汉医学丛书	01、03
0080	温病条辨汤头，1937 年	佚名	手抄本，1 册	01

3. 疟痢

序号	书名和成书年	作者和著作形式	版本	收藏馆
0001	瘴疟指南（2 卷），1609 年	（明）郑全望撰	①1925 年上海中医铅印本，1 册	01
			②1935 年、1936 年上海中医书局铅印本	01、02
			③见珍本医书集成	01、03
0002	痢疾论（又名痢症大全）（4 卷），1751 年	（清）孔以立撰	①清乾隆三十七年（1772 年）谦益堂刻本，4 册	02
			②清道光二十七年（1847 年）谦益堂刻本	02
0003	痢证汇参（10 卷），补遗，1773 年	（清）吴道源纂辑	①清乾隆二十八年（1763 年）敦厚堂刻本，4 册	03
			②清乾隆三十八年（1773 年）敦厚堂刻本	03
			③清光绪十七年（1891 年）三让堂刻本	03
			④清宣统元年（1909 年）三元书局刻本，4 册	03
			⑤民国上海千顷堂书局石印本，2 册	04
			⑥富记书庄刻本，4 册	03
0004	痢证汇参（10 卷），1773 年	（清）吴道源纂辑	①清光绪十七年（1891 年）刻本，2 册	03
			②清敦厚堂刻本，2 册	03
			③清宣统元年（1909 年）三元书局刻本，4 册	03
			④清刻本，4 册	03
			⑤上海千顷堂书局印行，2 册	04
			⑥经纶堂藏版，1 函 4 册	05

续表

序号	书名和成书年	作者和著作形式	版本	收藏馆
0005	医门普渡痢疾论，1832 年	（清）孔以立撰	清道光二十七年（1847 年）谦益堂重刻本，2 册	04
0006	医门普度痢疾论（4 卷），1832 年	（清）孔以立撰	清道光二十七年（1847 年）重刊谦益堂，1 册	04
0007	泻疫新论（2 卷），1867 年	（日本）高岛久贯撰	见皇汉医学丛书	01、03
0008	痎疟论疏（1 卷），1878 年	（明）卢之颐撰	①见当归草堂医学丛书	01、03
			②见医林指月	03
0009	痢疾三字诀，1884 年	（清）唐宗海撰	①清光绪二十三年（1897 年）石印本，1 册	01
			②见陈修园医书五十种、陈修园医书七十二种	01、03
0010	疟疾论（又名疟痢自疗法）（3 卷），1897 年	（清）韩善征撰	①清光绪二十三年（1897 年）上海知止轩石印本	01
			②清光绪二十三年（1897 年）石印本，1 册	01
			③见陈修园医书五十种、陈修园医书七十二种	01、03
			④1937 年大东书局铅印本，1 册	01
0011	痢疾捷要新书（又名治痢捷要新书），1898 年	（清）于国瑞撰	杭州三三医社铅印本，1 册	01
0012	秋疟指南，1912 年	（民国）林天佑撰	杭州三三医社铅印本，1 册	01
0013	痢疾明辨，1923 年	（清）吴士英撰	杭州三三医社铅印本，1 册	01
0014	治伤寒痢疾肠炎捷效药，1942 年	（民国）聂云台撰	1942 年文明印刷所铅印本	02

4. 痧胀霍乱鼠疫

序号	书名和成书年	作者和著作形式	版本	收藏馆
0001	痧胀玉衡（又名痧胀玉衡书）（3 卷），卷末（1 卷），1675 年	（清）郭志邃著	①清康熙十七年（1678 年）扬州有义堂刻本，4 册	03
			②清康熙刻本，2 册	01
			③清苏州绿荫堂刻本，4 册	02
			④清刻本，2 册	01
			⑤1937 年大东书局铅印本，2 册	01
			⑥东书业刻本，4 册	04
0002	痧胀玉衡书（3 卷），后卷（1 卷），1675 年	（清）郭志邃著	清杨州有义堂刻本，4 册	03

续表

序号	书名和成书年	作者和著作形式	版本	收藏馆
0003	痧胀玉衡书（存卷下），1675 年	（清）郭志邃著	三元堂刻本（残本），1 册	05
0004	痧胀玉衡全书，1675 年	（清）郭志邃著	扫叶山房刻本，4 册	04
0005	痧胀玉衡全书（4 卷），1675 年	（清）郭志邃著	①东书业藏版，4 册	04
			②扫叶山房藏版，4 册	04
			③三元堂刻本，1 函 4 册	05
0006	痧症全书（又名痧书）（3 卷），1686 年	（清）林森纂录，王凯辑	①清光绪二年（1876 年）刻本（附痧疫论），2 册	02、03
			②1932 年陈能吟等石印本	02
0007	痧症全书，附景岳刮沙新桉，1686 年	（清）林森纂录，何汾、何湘删订，王凯辑，张子云参校	清道光五年（1825 年）重镌，山东省城后宰门文华堂存版，1 册	06
0008	痧症全书（3 卷），1686 年	（清）王凯辑，胡杰校订	清光绪二年（1876 年）刻本，1 册	03
0009	痧症全书（3 卷），1686 年	（清）王凯辑	清刻本，1 册	03
0010	吊脚痧方论，1820 年	（清）徐子默撰	见陈修园医书五十种	03
0011	痧症指微，1821 年	（清释）普净著	清光绪三十四年（1908 年）石印本，1 册	01、02
0012	痧症指微（1 卷），1821 年	（清释）普净著，（清）奚佳栋述，邱天序辑	清光绪三十四年（1908 年）刻本，1 册	01、02
0013	霍乱论（2 卷），1838 年	（清）王士雄撰	①清道光十八年（1838 年）刻本，4 册	03
			②清刻本，1 册	03
			③见陈修园医书七十二种	01、03
			④见潜斋医书五种	03
0014	随息居霍乱论，1838 年	（清）王士雄撰	1937 年大东书局铅印本，2 册	01
0015	急救异痧奇方（又名异痧杂证经验良方），1851 年	（清）觉因道人编，陈念祖评	1925 年、1935 年宝庆富记书局刻本	02
0016	急救异痧奇方，1851 年	佚名	见陈修园医书五十种、陈修园医书七十二种	01、03
0017	随息居重订霍乱论（4 卷），附霍乱括要，1862 年	（清）王士雄撰	①清光绪十八年（1892 年）上海醉六堂校刻本，2 册	01
			②清光绪二十八年（1902 年）仪征吴氏有福读书堂刻本	02
			③含经室刻，2 册	04

续表

序号	书名和成书年	作者和著作形式	版本	收藏馆
0018	随息居重订霍乱论（4卷），1862年	（清）王士雄撰	①清光绪二十二年（1896年）上海图书集成局刻本，1册	03
			②民国石印本（残本，存卷三、卷四），1册	05
			③含经室校刻，2册	04
0019	重订霍乱论（4卷），1862年	（清）王士雄撰	清光绪二十八年（1902年）仪征吴氏有福读书堂刊本，1函1册	05
0020	重订霍乱论病情（4卷），良方选录（1卷），1862年	（清）王士雄撰	清光绪二十八年（1902年）仪征吴氏有福读书堂刻本，1册	02
0021	急救腹痛暴卒病解，1868年	（清）华岳撰	见烂喉丹痧辑要	03
0022	霍乱论，1883年	（清）赵谦撰	见医门补要	03
0023	霍乱吐泻方论，1883年	佚名	见钤园医学六种、十药神书	03
0024	兴化宝济局霍乱论（1卷），兴化宝济局霍乱麻痧辨证（1卷），1888年	（清）江曲春撰，赵履鳌纂	清光绪十四年（1888年）武林刻本，1册	02
0025	霍乱燃犀说（2卷），1888年	（清）许起撰	见珍本医书集成	01、03
0026	霍乱辨证，1888年	（清）江曲春、赵履鳌撰	清光绪十四年（1888年）兴化四圣观刻本	02
0027	痧喉正义，1889年	（清）张振鋆编	清光绪十五年（1889年）刻本，2册	03
0028	鼠疫约编（又名鼠疫汇编），1895年	（清）吴宣崇编，罗汝兰增辑，郑奋扬重编	①清光绪二十三年（1897年）高州会馆刻本天禄阁藏版，1册	01
			②清光绪二十三年（1897年）羊垣双门底宝经阁藏版，1册	01
			③清光绪二十六年（1900年）南安县署重刻本，1册	04
			④见珍本医书集成	01、03
0029	鼠疫汇编（1卷），1895年	（清）吴宣崇编，罗汝兰增辑	清光绪二十六年（1900年），1册	04
0030	恶核良方释疑（1卷），1903年	（清）劳守慎撰	清光绪三十二年（1906年）明经阁铅印本	01

续表

序号	书名和成书年	作者和著作形式	版本	收藏馆
0031	鼠疫抉微，附瘟疫辨证治要，1910 年	（清）余伯陶撰	①清宣统二年（1910 年）上海渎素庵铅印本，1 册	01
			②1937 年大东书局铅印本，1 册	01
0032	鼠疫良方汇编，1910 年	（清）沈敦和辑，郁闻尧等编	1917 年上海广益书局石印本	02
0033	霍乱论，1912 年	（民国）姜文谟撰	1934 年明善书局铅印本	02
0034	伤寒论霍乱训解，附章太炎霍乱论，1920 年	（民国）刘复撰	1931 年、1940 年中国古医学会铅印本，1 册	03
0035	重订痧疫指迷，1923 年	（清）费养庄编	杭州三三医社铅印本，1 册	01
0036	霍乱新论（1 卷），1924 年	（民国）恽铁樵撰	见药庵医学丛书	03
0037	霍乱指南，1932 年	（民国）翟冷仙著	1932 年上海国医书局铅印本，1 册	04
0038	霍乱指南（1 卷），1932 年	（民国）翟冷仙著	上海国医书局印行，1 册	04
0039	黑热病证治指南（1 卷），1936 年	（民国）宋爱人撰	见珍本医书集成	01、03

（三）内科

1. 内科通论

序号	书名和成书年	作者和著作形式	版本	收藏馆
0001	内外伤辨惑论（3 卷），1231 年	（金）李杲撰	见东垣十书	03
0002	脾胃论（1 卷），1249 年	（金）李杲撰	①见影印元明善本丛书十种之济生拔粹方	01、03
			②见东垣十书	03
0003	脾胃论（3 卷，存下卷），1249 年	（明）吴勉学校	清刻本，1 册	08
0004	医学发明（1 卷），1251 年	（元）朱震亨撰	①见影印元明善本丛书十种之济生拔粹方	01、03
			②见丹溪心法附余	03
0005	医学发明，1251 年	（元）朱震亨撰	江阴朱氏校刊本，1 册	06

续表

序号	书名和成书年	作者和著作形式	版本	收藏馆
0006	脉因证治（2卷），1358年	（元）朱震亨撰	①清乾隆四十年（1775年）汤望久序合志堂刻本，2册	02
			②清光绪十四年（1888年）广州刻翠琅玕馆丛书本	02
			③清扫叶山房藏版	03
			④见周氏医学丛书	01、03
0008	丹溪朱氏脉因证治（2卷），1358年	（元）朱震亨撰，（清）汤望久校辑	清扫叶山房刻本，4册	03
0009	脉因证治（存卷三、卷四），1358年	（明）黄济之撰	版本不详（残本），1册	05
0010	杂证谟（29卷），1624年	（明）张介宾撰	见景岳全书	03
0011	慎柔五书，1636年	（明）胡慎柔撰	①1936年大东书局铅印本，1册	01
			②见六礼斋医书、周氏医学丛书	01、03
0012	病机沙篆，1667年	（明）李中梓撰	见士材三书	03
0013	增补病机沙篆（2卷，存卷五、卷六），1667年	（明）李中梓撰，（清）尤乘增补	版本不详，2册	06
0014	证治百问（又名证治石镜录、青瑶疑问）（4卷），1673年	（清）刘默撰，石楷校订	①清朝本	03
			②抄本，3册	03
0015	证治百问，1673年	（清）刘元琬鉴定	手抄本，1册	03
0016	证治百问（3卷），1673年	（清）刘元琬鉴定，佚名辑抄	清抄本，1册	03
0017	傅青主男科（2卷），1684年	（清）傅山著	①清光绪九年（1883年）扫叶山房刻本，1函2册	05
			②清光绪十三年（1887年）湖北官书处刻本，4册	02
			③上海锦章书局石印本	02
			④石印本	02、01
0018	傅青主男科（2卷），女科（2卷），产后编（2卷），1684年	（清）傅山著	清光绪三十三年（1907年）上海书局石印本，1册	03
0019	男科（2卷），1684年	（清）傅山著，王道平校字	清光绪十三年（1887年）湖北官书处刻本，2册	03
0020	男科（2卷），女科补遗（1卷），1684年	（清）傅山著	清刻本	07

续表

序号	书名和成书年	作者和著作形式	版本	收藏馆
0021	男科（2卷），1684年	（清）傅山著，郭钟岳校刊	清光绪十八年（1892年）三义堂刻本，1册	03
0022	男科（2卷），1684年	（清）傅山著，王道平校字，郭钟岳校刊	清光绪三十三年（1907年）京都刻本，1册	03
0023	傅青主先生男科（4卷），1684年	（清）傅山著	民国石印本，1册	01
0024	傅青主男科（6卷），1684年	（清）傅山著	清光绪三十一年（1905年）上海著易堂仿聚珍版印，1册	04
0025	傅青主男科，1684年	（清）傅山著，王道平校字	清同治二年（1863年）王廉泉重刊，清光绪十三年（1887）湖北官书处重刊，4册（上下册各2册）	06
0026	证治汇补（8卷），1687年	（清）李用粹撰	清光绪十八年（1892年）简玉山房刻本，23册	01、03、05
0027	证治汇补（8卷，存卷二、卷四至卷八），1687年	（清）李用粹撰	清光绪十八年（1892年）简玉山房刻本，3册	03
0028	证治汇补（8卷，存卷一、卷三），1687年	（清）李用粹撰	清光绪十八年（1892年）简玉山房刻本，1册	03
0029	症因脉治（4卷），1706年	（明）秦昌遇撰，（清）秦之桢编	①清康熙五十四年（1715年）攸宁堂刻本，6册	03
			②1936年大东书局铅印本，4册	01
0030	症因脉治（4卷），1706年	（明）秦昌遇撰	1921年上海储梧冈刻本，1册	05
0031	何氏虚劳心传，1722年	（清）何炫撰	1936年大东书局铅印本，1册	01
0032	杂病心法要诀（5卷），1742年	（清）吴谦编	1922年上海文化书局石印本（残）	01
0033	叶天士杂症口诀，1746年	（清）叶桂撰	抄本，1册	01
0034	证治指南（8卷），1764年	（清）徐大椿撰	见徐灵胎医书三十二种	03
0035	金匮翼，1768年	（清）尤怡撰	大东书局铅印本，2册	01
0036	金匮翼（1卷），1768年	（清）尤怡撰	版本不详，1册	04
0037	金匮翼（8卷），1768年	（清）尤怡撰	①清嘉庆十八年（1813年）赵亮彩刻本，吴门徐氏心太平轩藏版，8册	03
			②清嘉庆十八年（1813年）心太平轩刻本，4册	03

续表

序号	书名和成书年	作者和著作形式	版本	收藏馆
			③清抄本	02
			④1913年、1914年、1936年上海文瑞楼石印本，4册	03
0038	金匮翼（8卷），1768年	（清）尤怡撰，沈安伯、陈步羔、陈珊、陈龙翔同校字	上海文端楼印，8册	06
0039	医略十三篇（13卷），列方（1卷），附关格考（1卷）、人迎辨（1卷），1840年	（清）蒋宝素撰	见珍本医书集成	01、03
0040	内科新说（2卷），1858年	（英国）合信氏著，（清）管茂材撰	①清咸丰八年（1858年）上海仁济医馆刻本，1册	01、02
			②清咸丰八年（1858年）江苏上海仁济医馆刻本，1册	03
0041	医醇剩义（4卷），附医方论（4卷），1863年	（清）费伯雄撰	①清同治二年（1863年）费氏耕心堂刻本，4册	02
			②清同治四年（1865年）广州登云阁刻本，6册	02
			③清光绪三年（1877年）刻本	03
			④清光绪十四年（1888年）上海扫叶山房刻本	03
			⑤1912年耕心堂铅印本	02、03
0042	医醇剩义，1863年	（清）费伯雄撰	①清同治三年（1864年）耕心堂重刻本，4册	03
			②清光绪十四年（1888年）上洋扫叶山房重刻本，4册	03、04
0043	医醇剩义（4卷），1863年	（清）费伯雄撰	①清同治二年（1863年）耕心堂刻本，12册	03、04
			②清光绪三年（1877年）刻本，4册	03
			③清光绪十四年（1888年）扫叶山房刻本，8册	03、04
0044	医醇剩义（4卷），1863年	（清）费伯雄撰，费应兰编次，费荣祖、费承祖、费绍祖校字	清光绪十四年（1888年）上洋扫叶山房刻本，1册	03
0045	医醇剩义（4卷），医方论（4卷），1863年	（清）费伯雄撰，费应兰编次，费荣祖、费承祖、费绍祖校字	清同治二年（1863年）耕心堂刻本，12册	03

续表

序号	书名和成书年	作者和著作形式	版本	收藏馆
0046	医学举要，1879 年	（清）徐镛撰	1936 年大东书局铅印本，2 册	01
0047	内科理法前编（6 卷），后编（10 卷），附（1 卷），1889 年	（英国）虎伯撰，茹合、哈来参订，（清）舒高第口译，赵元益笔述	清光绪十五年（1889 年）江南制造局刻本，12 册	02
0048	内科理法后编总病（6 卷），专病（10 卷），附（1 卷），1889 年	（英国）虎伯撰，（清）舒高第口译，赵元益笔述	清末刻本，3 册	03
0049	肾囊医诀（4 卷），1903 年	（英国）高令译	清光绪二十九年（1903 年）道安堂刻本，3 册	08
0050	鲦残篇，1911 年	（清）沈萍如撰	杭州三三医社铅印本，1 册	01
0051	内科外感辨，1912 年	佚名	①抄本	01
			②手抄本，1 册	01
0052	杂症医书，1912 年	佚名	抄本（残本）	01
0053	杂症医书（1 卷，存卷三），1912 年	佚名	手抄本，1 册	01
0054	通俗内科学（1 卷），1916 年	（民国）张拯滋撰	见珍本医书集成	01、03
0055	内科易知，1919 年	中华书局编	1931 年文明书局铅印本，1 册	01
0056	内科概要（又名中国内科普通疗法），1925 年	（民国）许半龙撰	1925 年、1930 年、1935 年半龙医药书社铅印本，1 册	01
0057	内科学讲义，1930 年	（民国）秦伯未编	民国年间秦氏同学会铅印本，2 册	01
0058	内科学讲义二编，1930 年	（民国）秦伯未编	1930 年上海秦氏同学会铅印本	01
0059	中国内科医鉴，1933 年	（日本）大冢敬节撰	见皇汉医学丛书	01、03
0060	金匮翼方选按（5 卷），1933 年	（民国）恽铁樵撰	见药庵医学丛书	04
0061	近世内科国药处方集六集，1935 年	（民国）叶橘泉撰	1936 年、1939 年、1941 年、1943 年、1944 年、1946 年上海千顷堂书局铅印本	01、03
0062	近世内科国药处方集第一集传染病篇，1935 年	（民国）叶橘泉撰	1940 年上海千顷堂书局铅印本，1 册	01、03
0063	近世内科国药处方集第二集消化系统病篇，1935 年	（民国）叶橘泉撰	1939 年苏州存济医庐铅印本，1 册	03

续表

序号	书名和成书年	作者和著作形式	版本	收藏馆
0064	近世内科国药处方集第三集呼吸系统病篇，1935年	（民国）叶橘泉撰	1939年上海千顷堂书局铅印本，1册	01、03
0065	近世内科国药处方集第四集循环系统病篇，1935年	（民国）叶橘泉撰	1940年上海千顷堂书局铅印本，1册	01
0066	近世内科国药处方集第五集神经系统病篇，1935年	（民国）叶橘泉撰	1941年上海千顷堂书局铅印本，1册	01
0067	近世内科国药处方集第六集泌尿系病篇，1935年	（民国）叶橘泉撰	1944年上海千顷堂书局铅印本，1册	01
0068	中医内科全书，1936年	（民国）南宗景撰	1937年上海南宗景医药事务所铅印本	02（残）
0069	冯绍遽临床秘典，1937年	（民国）陆士谔编	1937年世界书局铅印本，1册	01
0070	杂病讲义，1949年	佚名	民国抄本	02（残）

2. 风痨臌膈

序号	书名和成书年	作者和著作形式	版本	收藏馆
0001	十药神书，1348年	（元）葛乾孙撰	清锡山继德堂张氏珍藏，1册1部	04
0002	十药神书（1卷），1348年	（元）葛乾孙撰	清光绪十年（1884年）江西书局刻本，1册	03、04
0003	十药神书（1卷），附霍乱吐泻方论（1卷）、官药局示谕（1卷）、夏令施诊简明歌诀（1卷），1348年	（元）葛乾孙编，（清）潘霨重校增注	清光绪十年（1884年）江西书局刻本，1册	03
0004	增订十药神书，1348年	（元）葛乾孙撰	1936年大东书局铅印本，1册	01
0005	痰火点雪（又名红炉点雪）（4卷），1630年	（明）龚居中撰	①清嘉庆十八年（1813年）吴中白鹿山房木活字本，2册	03
			②1913年刻本	03
			③1936年大东书局铅印本，2册	03
			④抄本	03
0006	痰火点雪，1630年	（明）龚居中撰	1913年白鹿山房校刻本，4册	03

续表

序号	书名和成书年	作者和著作形式	版本	收藏馆
0007	理虚元鉴（2卷），1644年	（明）汪绮石撰	清光绪二十二年（1896年）萧山陈氏刻本，1册	02
0008	理虚元鉴，1644年	（明）汪绮石撰	1936年上海大东铅印本，1册	01
0009	血症良方（又名专治血症经验良方论），1711年	（清）潘为缙撰	1932年万有书局石印本	02
0010	血症良方，1711年	（清）潘为缙撰，赵光弼校，仇一瑛参	清光绪二十八年（1902年）长沙叶氏刊，版存湖南省城坡子街叶公和染坊，2册	06
0011	不居集，1739年	（清）吴澄撰	①1935年上海中医书局铅印本，10册	01、03
			②浣月斋本，9册（缺第1册）	04
0012	不居集（40卷），1739年	（清）吴澄撰	版本不详，9册	04
0013	不居集（50卷），1739年	（清）吴澄撰	1935年上海中医书局铅印本，2函10册	05
0014	不居集（50卷，上30卷、下20卷），1739年	（清）吴澄撰，（民国）秦伯未校订	浣月斋正本，10册	06
0015	不居集上集（30卷）、卷首（1卷），下集（20卷）、卷首（1卷），1739年	（清）吴澄撰	1935年上海中医书局铅印本	01、03
0016	虚损启微，1761年	（清）洪辑庵撰	1936年大东书局铅印本，1册	01
0017	中风大法（1卷），1764年	（清）徐大椿撰	见徐灵胎医书三十二种	03
0018	十药神书注解（1卷），1803年	（元）葛乾孙撰，（清）陈念祖注	①清光绪二十七年（1901年）新化三味书局校刻本，1册	03
			②清光绪三十四年（1908年）宝庆经元书局刻本	02
0019	十药神书注解（1卷），附二种（3卷），1803年 附录子目： ①霍乱论（2卷），（清）王士雄撰 ②神授急救异痧奇方（1卷），（清）陈念祖评	（元）葛乾孙撰，（清）陈念祖注	清光绪三十四年（1908年）宝庆经元书局刻本，1册	02

续表

序号	书名和成书年	作者和著作形式	版本	收藏馆
0020	十药神书注解（1卷），附一种（1卷），1803年 附录子目： 霍乱论（2卷），（清）王士雄撰	（元）葛乾孙撰，（清）陈念祖注	清石印本，1册	02
0021	十药神书注解，1803年	（清）陈念祖注	①清光绪十五年（1889年）千顷堂书局刻本，1册	04
			②清光绪二十年（1894年）新仕三昧书局刻本，1册	03
			③清光绪三十三年（1907年）巴蜀善诚堂刻本，1册	04
			④上海锦章书局石印本，1册	04
			⑤见南雅堂医书全集	01
0022	十药神书注解，1803年	（元）葛乾孙撰	①清光绪十五年（1889年）仲冬千顷堂书局藏版，1册1部	04
			②清光绪三十三年（1907年）巴蜀善成堂校刊，1册1部	04
0023	肺痨证疗养法（1卷），1820年	（民国）侯迪光撰	见陈修园医书七十二种	03
0024	治蛊新方，1820年	（清）路顺德撰，缪福照订	清道光刻本	01（残）
0025	治蛊新方，1820年	（清）应侯氏手辑	刻本，1册	01
0026	治蛊新方（不分卷），1820年	（清）应侯氏手辑	清刻本，1册	01
0027	中风论，1821年	（清）熊笏撰	杭州三三医社铅印本，1册	01
0028	中风论（不分卷），1821年	（清）熊笏撰	1922年上海文瑞楼石印本，1函2册	05
0029	重订绮石理虚元鉴（5卷），1866年	（明）汪绮石撰	见世补斋医书	03
0030	血证论（8卷），1884年	（清）唐宗海撰	①清光绪三十一年（1905年）、清光绪三十二年（1906年）、清光绪三十四年（1908年）、1935年上海千顷堂书局石印本，1册	01、03
			②1914年渝城瀛洲书屋刻本	02
0031	血证论（8卷），1884年	（清）唐宗海撰，郑其章参校	清光绪三十四年（1908年）上海千顷堂书局石印本（内封B面印有清光绪三十四年江南分巡苏松太兵备道蔡签发千顷堂书局版权所有告示），2册	03

续表

序号	书名和成书年	作者和著作形式	版本	收藏馆
0032	血证论，1884 年	（清）唐宗海撰，郑其章参校	上海千顷堂书局发行，1 册	06
0033	驱蛊燃犀录，1893 年	（清）燃犀道人撰	①清光绪十九年（1893 年）刻本，宝镜山房藏版，1 册	01
			②民国杭州三三医社铅印本，1 册	01
0034	劳伤湿肿七言歌，1911 年	佚名	①抄本	01
			②抄本（花子英抄），1 册	01
0035	红炉点雪（18 卷），1911 年	（清）王奇弢撰	清抄本，3 册	03
0036	王氏红炉点雪（18 卷），1911 年	（清）王奇弢撰	抄本	03
0037	中风斠诠（3 卷），1917 年	（民国）张寿颐撰	1933 年兰溪中医学校铅印本，2 册	03、04
0038	重订中风斠诠（3 卷），1917 年	（民国）张寿颐撰	①1917 年初稿，1933 年铅字校订印刷竣工，兰溪中医学校，1 册	04
			②1933 年兰溪中医学校铅印本，1 函 2 册	05
0039	素问痿论释难，1928 年	（民国）刘复撰	1933 年、1934 年、1939 年上海三友实业社铅印本，1 册	03
0040	素问痿论释难（1 卷），1928 年	（民国）刘复撰	上海三友实业铅印本，1 函 1 册	05
0041	风劳臌病论，1928 年	（民国）恽铁樵撰	见药庵医学丛书	03
0042	精神病广义（2 卷），1931 年	（民国）周岐隐撰	1931 年、1933 年浙江四明怡怡书屋铅印本，2 册	01、03
0043	痛症大全，1932 年	（民国）朱振声编	1932 年、1933 年、1935 年、1936 年大众书局铅印本	02
0044	虚痨病问答，1935 年	（民国）蔡陆仙编	见民众医药指导丛书	03
0045	肺病全生集，1941 年	（民国）陆奎生撰	1948 年陆奎生医室铅印本	02
0046	中西合参痨病诊疗集，1948 年	（民国）华实孚编	1948 年、1949 年、1951 年上海中华书局铅印本	02

3. 其他内科疾病

序号	书名和成书年	作者和著作形式	版本	收藏馆
0001	脚气治法总要（2 卷），1093 年	（宋）董汲撰	①商务印书馆据文渊阁本影印，1 册	01
			②杭州三三医社铅印本，1 册	01

续表

序号	书名和成书年	作者和著作形式	版本	收藏馆
0002	正阳篇选录（1卷），1694年	（明）查万合撰	见医家秘奥	03
0003	失血大法（1卷），1759年	（清）刘根文参订	清刻本，1册	03
0004	疝症积聚编，1778年	（日本）大桥尚因撰	杭州三三医社铅印本，1册	01
0005	咳论经旨，1866年	（清）凌德撰	杭州三三医社铅印本，1册	01
0006	脚气概论，1879年	（日本）浅田惟常撰	见皇汉医学丛书	01、03
0007	三消论（1卷），1891年	（金）刘完素撰，（清）周学海注	见周氏医学丛书	01、03

（四）女科

1. 女科通论

序号	书名和成书年	作者和著作形式	版本	收藏馆
0001	妇人大全良方（又名妇人良方）（24卷），1237年	（宋）陈自明撰	①清渔古山房刻薛氏医案本，12册	02、03
			②1937年大东书局铅印本，8册	01
			③见薛氏医案	03
0002	妇人良方（24卷），1237年	（宋）陈自明撰，（明）薛己注	清渔古山房刻本（前有校注妇人良方凡例），3册	03
0003	女科撮要（2卷），1529年	（明）薛己撰	抄本	02
0004	万氏妇科汇要（4卷），1549年	（明）万全撰	清道光元年（1821年）书业堂刻本，善余堂藏版，2册	02
0005	万氏妇科达生合编，1549年 子目： ①万氏妇科（3卷），卷首（1卷） ②达生编	（明）万全撰	①清富记书局刻本	02
			②清刻本，三让堂藏版	02
			③上海锦章书局石印本	02（残）
0006	万氏妇人科（3卷），卷首（1卷），附一种（1卷），1549年 附录子目： 达生编（1卷），（清）亟斋居士撰	（明）万全撰	清三让堂信记刻本，1册	02
0007	万氏妇人科（3卷），卷首（1卷），1549年	（明）万全撰	清富记书局刻本，1册	02
0008	万氏妇人科（1卷，存卷三），1549年	（明）万全撰	版本不详（残本），1册	05

续表

序号	书名和成书年	作者和著作形式	版本	收藏馆
0009	女科准绳（5卷），1602年	（明）王肯堂撰，程永培校	1935年石印上海扫叶山房刻本，5册	06
0010	女科证治准绳（5卷），1602年	（明）王肯堂撰	①明万历三十五年（1607年）王氏刻本	01
			②明刻本（有抄配），5册	01
			③见六科证治准绳	01、03
0011	证治准绳女科（6卷），1602年	（明）王肯堂撰	版本不详，10册	04
0012	济阴纲目（14卷），附保生碎事（14卷），1620年	（明）武之望著	①清康熙四年（1665年）汪淇序刻本蜩寄藏版（缺卷十三、卷十四），6册	02
			②清雍正六年（1728年）刻本，8册	01、02、03
			③清扫叶山房刻本	03
			④清经纶堂刻本	02
			⑤清贵文堂刻本	01
			⑥清金闾书业堂刻本	02
			⑦清上海校经山房石印本	03
			⑧清刻本	03
			⑨1928年江阴宝文堂刻本，8册	04
			⑩上洋扫叶山房刻本，8册	03
0013	济阴纲目（14卷），保生碎事（1卷），1620年	（明）武之望著，（清）汪淇笺释	清刻本，4册	03
0014	济阴纲目（又名女科第一善本）（14卷），后附保生碎事，1620年	（明）武之望著，（清）张志聪订正，汪淇笺释，查望参阅	上海锦章书局，7册	06
0015	济阴纲目（14卷），1620年	（明）武之望著	上海锦章书局石印，1函6册	05
0016	济阴纲目（14卷），1620年	（明）武之望著，（清）汪淇笺释	①清扫叶山房刻本，4册	03
			②清校经山房刻本，4册	03
0017	重校济阴纲目（14卷），1620年	（明）武之望著	1928年重刊江阴宝文堂藏版，8册	04
0018	校正济阴纲目（14卷），1620年	（明）武之望、（清）金德生著，张志聪、张孙振、查学淳、张文嘉订正，汪淇笺释，查望参阅	上海进步书局印行，2册	06

续表

序号	书名和成书年	作者和著作形式	版本	收藏馆
0019	校正济阴纲目（25卷），1620年	（明）武之望著	上海进步书局印行，1册	06
0020	妇人规（2卷），妇人规古方（1卷），1624年	（明）张介宾撰	见景岳全书	01、03
0021	秘传女科（2卷），1661年	（清）周震著	清光绪四年（1878年）木活字本	07
0022	女科经纶（8卷），1681年	（清）萧埙撰	①清康熙二十三年（1684年）遗经堂刻本（书口题燕贻堂），4册	03、04
			②清乾隆四十六年（1781年）湖郡有鸿斋刻本，6册	03
			③清光绪十六年（1890年）扫叶山房刻本（书口题燕贻堂），1册	03、04
			④清光绪十六年（1890年）扫叶山房刊印，5册	04
			⑤1927年、1929年、1937年上海东篱书屋据清康熙刻本，慈竹庐藏版影印本	02
0023	女科经纶（8卷），1681年	（清）萧埙撰，萧等校，金大起等参订	①清光绪十六年（1890年）扫叶山房刻本，6册	03、07
			②清刻本，2册	03
			③清有鸿斋刻本，2册	03
0024	傅青主女科（又名女科良方、女科全集、妇科良方）（2卷），附产后编（2卷），1684年	（清）傅山撰	①清道光七年（1827年）张凤翔序，光绪纪元湖北崇文书局开雕，2册	06
			②据清道光十一年（1831年）紫渊阁本抄，2册	01
			③清道光二十七年（1847年）刻本	02
			④清道光二十七年（1847年）番禺潘氏海山仙馆丛书本，1册	01
			⑤清同治八年（1869年）湖北崇文书局刻本，2册	02、04
			⑥清同治八年（1869年）刻本，2册	03
			⑦清光绪元年（1875年）湖北崇文书局刻本，4册	02

续表

序号	书名和成书年	作者和著作形式	版本	收藏馆
			⑧清光绪刻本	01
			⑨清刻本	01
			⑩抄本	01
			⑪见傅青主男女科	03
0025	女科（2卷），1684年	（清）傅山撰	①清光绪十年（1884年）青霞阁张氏刻本	07
			②清光绪十三年（1887年）竟成堂刻本，2册	03
0026	女科，1684年	（清）傅山撰	1936年商务铅印本，1册	01
0027	傅青主女科（4卷），1684年	（清）傅山撰	清同治八年（1869年）湖北崇文书局开雕，2册	04
0028	女科良方（3卷），1684年	（清）傅山撰，谢森墀校订	清光绪十八年（1892年）扫叶山房刻本	07
0029	女科良方（又名傅青主女科）（3卷），1684年	（明）傅山撰	①清光绪十八年（1892年）扫叶山房刻本，1函3册	05
			②清刻本，1函2册	05
0030	女科仙方（3卷），1684年	（清）傅山撰	清道光二十八年（1848年）扬州穆近文斋刻本，3册	03
0031	女科仙方（3卷），1684年	（清）傅山撰，官思晋校订	清道光二十八年（1848年）扬州刻本，1册	03
0032	女科仙方（又名女科摘要）（4卷），1684年	（清）傅山撰，官思晋校订	①清道光二十八年（1848年）扬州穆近文斋刻本	03
			②清同治十三年（1874年）孝友堂刻本柳州凌元堂藏版，2册	02
0033	女科精要（3卷），1694年	（清）冯兆张撰	见冯氏锦囊秘录	03
0034	女科指掌（又名精校竹林女科）（5卷），1705年	（清）叶其蓁撰	①清雍正二年（1724年）书业堂刻本，5册	03
			②上海锦章书局石印本，1册	01
			③清刻本	07
0035	新编女科指掌（5卷），1705年	（清）叶其蓁撰	清雍正刻本，2册	03
0036	妇科心法要诀，1742年	（清）吴谦等撰	见医宗金鉴	01、03
0037	叶桂女科诊治秘方（4卷），1745年	（清）叶桂撰	上海锦章书局石印本，1函2册	05
0038	叶氏女科证治（4卷），1746年	（清）叶桂撰	①1913年上海鸿文书局石印本	02
			②1947年上海同仁书屋铅印本	02

续表

序号	书名和成书年	作者和著作形式	版本	收藏馆
0039	沈氏女科辑要（又名女科辑要）（2卷），1764年	（清）沈又彭撰，徐政杰补正	①清同治元年（1862年）刻本，海上大隐庐藏版，2册	01
			②清同治六年（1867年）重刻本，2册	01
			③杭州三三医社铅印本，1册	01
0040	沈氏女科辑要，1764年	（清）沈又彭撰	见潜斋医学丛书	03
0041	女科医案，1764年	（清）徐大椿撰	见徐氏医书十六种、徐灵胎医书三十二种	03
0042	女科指要（7卷），1764年	（清）徐大椿撰	见徐灵胎医略六书、徐灵胎医书三十二种	03
0043	女科切要，1773年	（清）吴道源撰	1936年大东书局铅印本，2册	01
0044	妇科玉尺（6卷），1773年	（清）沈金鳌撰	见沈氏尊生书	03
0045	竹林寺女科秘传（又名竹林寺妇科秘方、竹林妇科秘传），1786年	（清释）竹林寺僧撰	抄本	01
0046	竹林寺女科秘传，1786年	佚名	抄本，1册	01
0047	竹林女科证治（4卷），1786年	（清释）竹林寺辑	清光绪十七年（1891年）皖江节署刻本，4册	03
0048	竹林女科证治（4卷），1786年	（清释）竹林寺辑	清道光至光绪间（1821—1908年）刻本	07
0049	竹林女科证治（4卷，存卷3），1786年	佚名	清刻本，1册	03
0050	竹林女科证治（4卷），1786年	佚名	清光绪十七年（1891年）皖江节署刻本，4册	03
0051	小蓬莱山馆方抄（又名竹林寺女科秘授验方）（2卷），1786年	（清释）竹林寺僧撰	清同治十二年（1873年）广州瑞元堂刻本	02
0052	妇科秘方，附胎产护生篇，1786年	（清释）竹林寺僧撰，（清）李长科编	①清同治五年（1866年）秀水杜文澜刻本	01
			②清同治五年（1866年）刻曼陀罗华阁丛书本，1册	01
0053	妇科秘方（1卷），1786年	（清）杜文洪撰	清同治五年（1866年）刻本，1册	01
0054	女科旨要（4卷），1786年	（清释）雪岩增广	见珍本医书集成	01、03
0055	女科秘旨，1786年	（清）吴煜校订	1934年上海中医书局印，2册	04

续表

序号	书名和成书年	作者和著作形式	版本	收藏馆
0056	女科秘旨（8卷），1786年	（清释）轮应禅师辑	1930年初版，1944年再版，上海中医书局印行，影印古本医学丛书之五，1册	04
0057	女科秘旨（8卷），1786年	（清释）轮应禅师辑	见古本医学丛书、珍本医书集成	01、03
0058	女科秘旨（8卷），1786年	（清释）轮应禅师辑，（清）吴煜校订	版本不详，3册	06
0059	女科秘要（7卷，存卷二至卷八），1786年	（清释）静光禅师考定，（清）吴煜校订	版本不详，3册	06
0060	胎产护生篇（1卷），补遗（1卷），1798年	（清）李长科辑	清同治五年（1866年）刻曼陀罗华阁丛书本，1册	01
0061	女科要旨（4卷），1803年	（清）陈念祖撰，陈元犀注	①清光绪十五年（1889年）江左书林校刻本，2册	02
			②清光绪二十二年（1896年）珍艺书局石印本	03
			③清光绪二十八年（1902年）香港中华印务有限公司铅印本，1册	02
			④清光绪三十四年（1908年）宝庆经元书局校刻本（存卷一、卷二），1册	02
			⑤民国上海锦章书局铅印本，2册	01
			⑥商务印书馆铅印本	02
			⑦见南雅堂医书全集	01
			⑧见陈修园医书诸种	03
0062	女科要旨（4卷），1803年	（清释）雪岩禅师增广，（清）吴煜校订	版本不详	06
0063	女科要旨（4卷），1803年	（清）陈念祖撰	清刻本，1册	03
0064	女科歌诀（6卷），附经方，1815年	（清）邵登瀛撰	见温毒病论	03
0065	女科辑要（8卷），附单养贤胎产全书，1823年	（清）周纪常撰	清同治四年（1865年）奎照楼刻本，4册	02、03
0066	女科辑要（8卷），附一种，1823年 附录子目： 胎产全书，（清）单养贤撰	（清）周纪常撰	清同治四年（1865年）奎照楼刻本，1册	03

续表

序号	书名和成书年	作者和著作形式	版本	收藏馆
0067	妇科杂证（1卷），1850年	（清）文晟撰	见陈修园医书五十种、陈修园医书七十二种	01、03
0068	生化篇（1卷），1866年	（清）傅山撰	见世补斋医书	03
0069	女科要略，附产宝，1877年	（清）潘霨撰	清光绪九年（1883年）江西书局刻本，1册	03
0070	女科要略（1卷），附一种（1卷），1877年 附录子目：产宝（1卷），（清）倪枝维原本，许梿订正，潘霨增辑	（清）潘霨撰	清光绪九年（1883年）江西书局刻本，1册	03
0071	女科折衷纂要，1892年	（清）凌德编	1924年杭州三三医社铅印本，1册	01
0072	妇科（不分卷），1900年	（美国）汤麦斯著，（清）舒高第口译，郑昌棪笔述	清光绪二十六年（1900年）江南制造局铅印本，3册	02
0073	妇科图（1卷），1900年	（美国）汤麦斯著，（清）舒高第口译，郑昌棪笔述	清光绪二十六年（1900年）江南制造局铅印本，1册	02
0074	女科秘诀大全（5卷），1909年	（清）陈莲舫著	1914年、1923年、1928年、1931年、1932年、1935年 上海广益书局石印本	02
0075	沈氏女科辑要笺正（又名女科学讲义、沈氏女科辑要笺疏）（2卷），1917年	（清）沈又彭撰，（民国）张寿颐笺疏	1922年、1923年、1928年、1934年、1935年浙江兰溪中医专门学校铅印本	02
0076	中西合纂妇科大全（7卷），1917年	（民国）顾鸣盛编	1918年、1922年、1926年、1928年、1930年、1932年 上海大东书局石印本，2册	01
			见中西医学丛书	03
0077	叶天士女科医案，1919年	（清）叶桂撰，（民国）陆士谔编	1919年、1920年、1921年、1923年、1924年、1925年、1926年、1928年、1929年、1933年、1935年上海世界书局石印本	02
0078	叶桂医案（4卷），1919年	（清）叶桂撰	清光绪九年（1883年）开雕，4册	04
0079	增补叶桂医案（4卷），1919年	（民国）陆士谔编	1933年第9版，神州医学社新编，上海世界书局出版，2册	06

续表

序号	书名和成书年	作者和著作形式	版本	收藏馆
0080	女科精华(又名退思庐女科精华)(3卷),1920年	(民国)严鸿志编	①1920年、1921年上海千顷堂书局石印本,2册	03
			②1921年宁波汲绠书庄石印本,2册	03
0081	女科证治约旨(4卷),1920年	(民国)严鸿志编	①1920年、1921年上海千顷堂书局石印本	03
			②1921年宁波汲绠书庄石印本,1册	03
0082	女科医案选粹(4卷),1920年	(民国)严鸿志编	①1920年、1921年上海千顷堂书局石印本,2册	03
			②1921年宁波汲绠书庄石印本,2册	03
0083	退思庐古今女科医案选粹,1920年	(民国)严鸿志编	见退思庐医书四种	03
0084	月经病证治大全,1930年	(民国)赵公尚编	1930年上海卫生报馆铅印本	02
0085	妇人科全书,1949年	佚名	抄本	02(残)

2. 产科

序号	书名和成书年	作者和著作形式	版本	收藏馆
0001	经效产宝,853年	(唐)昝殷撰	1937年大东书局铅印本,1册	01
0002	产育宝庆集方(2卷),1109年	(宋)李师圣等编	清光绪四年(1878年)钱塘丁氏当归草堂刻当归草堂医学丛书初编本,1册	02
0003	产育宝庆集方(2卷),1109年	(宋)郭稽中编	见当归草堂医学丛书	01、03
0004	产育宝庆集,1109年	(宋)郭稽中编	清道光五年(1825年)李朝夔补刻本	01
0005	卫生家宝产科备要(8卷),1184年	(宋)朱端章撰	1920年、1922年上海广雅书局石印本,4册	03
0006	女科百问(2卷),1220年	(宋)齐仲甫撰	见珍本医书集成	01、03
0007	产宝诸方(1卷),1279年	(宋)佚名	见当归草堂医学丛书	01、03
0008	宜麟策(1卷),1624年	(明)张介宾撰	见景岳全书	01、03
0009	宜麟策(1卷),续集(1卷),1624年	(明)张介宾撰	见珍本医书集成	01

续表

序号	书名和成书年	作者和著作形式	版本	收藏馆
0010	产后编（2卷），1684年	（清）傅山撰	①清道光二十七年（1847年）刻本，1册	01
			②清刻本，3册	01、03
			③1936年商务铅印本，1册	01
0011	胎产指南（7卷），卷首（1卷），卷末（1卷），1686年	（清）单南山撰，陈彩钟增辑	①清咸丰七年（1857年）四明欧立三堂刻本，2册	03
			②抄本	03
			③1936年大东书局铅印本，1册	01
0012	达生篇（1卷），附一种（1卷），1715年 附录子目： 附救急篇（1卷），（清）顾氏编，顾璋增纂	（清）亟斋居士撰，顾璋增纂	清嘉庆九年（1804年）小岑居士桂林刻本，1册	02
0013	达生篇（3卷），1715年	（清）亟斋居士撰	①清嘉庆六年（1801年）刻本，1册	03
			②清光绪二十五年（1899年）刻本，1册	01
			③1918年刻本，1册	03
			④1922年铅印本，1册	03
			⑤1937年苏洲弘社铅印本，1册	01
0014	达生编（又名改良达生编、胎产辑要），1715年	（清）亟斋居士撰	①清嘉庆六年（1801年）桂林存远堂刻本	03
			②清光绪二十八年（1902年）刻本（附保赤汇编、种子说）	03
			③1918年、1923年杭州光华印书局铅印本	03
			④1926年上海宏大善书局石印本	02
0015	达生编（1卷），附一种（1卷），1715年 附录子目： 遂生编（1卷），（清）庄一夔撰	（清）亟斋居士撰	清佛镇翰文堂刻文华阁印本，1册	02
0016	达生编（3卷），附录（1卷），1715年	（清）亟斋居士撰，金天基撰集	清光绪二十八年（1902年）刻本，1册	03
0017	增补达生编（3卷），1715年	（清）亟斋居士撰，俞廷举补正	清同治三年（1864年）清湘俞旭全州集贤堂刻本，1册	02
0018	全婴心法，1719年	（清）石成金撰	清同治胡氏刻本，1册	04

续表

序号	书名和成书年	作者和著作形式	版本	收藏馆
0019	全婴心法（1卷），1719年	（清）石成金撰	清同治六年（1867年）新刊，1册	04
0020	产宝，1728年	（清）倪枝维撰	清光绪三十二年（1906年）拳石山房石印本	03
0021	产宝（1卷），1728年	（清）倪枝维撰	①清光绪三十二年（1906年）石印本，2册	03
			②见珍本医书集成	01
			③见铧园医学六种	03
0022	胎产心法（3卷），1730年	（清）阎纯玺撰	①清道光二十四年（1844年）广州聚锦堂刻本，6册	01、03
			②清道光二十四年（1844年）双门底聚锦堂刻本，6册	03
			③清同治三年（1864年）潮郡进文堂刻本，6册	02
			④清同治十年（1871年）武林刻本杭省有容斋藏版，6册	02
			⑤清光绪九年（1883年）敬慎堂刻本，5册	03、04
			⑥清光绪十一年（1885年）刻本	03
			⑦清光绪二十一年（1895年）上海文瑞楼石印本，12册	03、04
			⑧清光绪二十一年（1895年）上海文瑞楼敬慎堂刻本，1函6册	05
			⑨清刻本（一补配清刻本），1册	03
			⑩清刻本	03
			⑪版本不详，3册	06
0023	阎诚齐先生胎产心法（3卷），1730年	（清）李廷璋编订	①清光绪二十一年（1895年）上海文瑞楼刻本，2册	03
			②清光绪敬慎堂刻本，2册	03
0024	胎产辑萃（4卷，存卷一），1745年	（清）汪家谟撰	清乾隆十七年（1752年）刻本，1册	02
0025	胎产集要（3卷），附幼科摘要、幼科撮要，1752年 子目： ①保产机要总论，（清）黄惕斋撰 ②达生编（2卷），（清）亟斋居士撰	（清）黄惕斋辑	①清乾隆十七年（1752年）刻本	02（残）
			②清道光二十四年（1844年）抄本，1册	03
			③清抄本	03

续表

序号	书名和成书年	作者和著作形式	版本	收藏馆
0026	胎产集要（3卷），1752年	（清）黄惕斋辑	清抄本，1册	03
0027	盘珠集胎产症治，1761年	（清）施雯等编	1936年大东书局铅印本，2册	01
0028	大生要旨（5卷），1762年	（清）唐千顷撰	①清乾隆刻本，1册	03
			②清道光刻本，1册	03
			③清同治九年（1870年）陂影山房刻本，1册	01
			④清同治十三年（1874年）重刻本，2册	03
			⑤清光绪十年（1884年）刻本，2册	03
			⑥清光绪二十三年（1897年）上海五彩公司石印本，2册	01、03
			⑦清宣统二年（1910年）宏道堂刻本，3册	03
0029	大生要旨，1762年	（清）巫斋居士原编，拜松居士增订	清光绪二十三年（1897年）石印本，1册	01
0030	大生要旨（5卷），附二种（2卷），1762年　附录子目： ①福幼编（1卷），（清）庄一夔撰，海庆订 ②遂生编（1卷），（清）庄一夔撰	（清）唐千顷撰，江桢订	清光绪十年（1884年）桂林杨尚文堂刻本，2册	02
0031	增广大生要旨（5卷），1762年	（清）唐千顷撰，叶灏增订	①清同治十二年（1873年）刻本，2册	04
			②清同治十三年（1874年）安省王德三隆禄记刻字老店刻本	03
			③清光绪十年（1884年）、清光绪十五年（1889年）刻本扫叶山房藏版，3册	03、04
0032	增广大生要旨（5卷），1762年	（清）叶灏增订	①清同治十二年（1873年）重刊，惠直堂申藏版，1册	04
			②清光绪十年（1884年）孟秋校镌，扫叶山房藏版，1册	04
0033	增广大生要旨（5卷），1762年	（清）唐千顷撰	上海宏大善书石印本，1函1册	05

续表

序号	书名和成书年	作者和著作形式	版本	收藏馆
0034	增广大生要旨（5卷），附良方辑要，1762年	（清）唐千顷撰，叶灏增订	清同治十三年（1874年）刻本，2册	03
0035	产论（4卷），1765年	（日本）贺川子玄撰	见皇汉医学丛书	01、03
0036	产论翼（2卷），1775年	（日本）贺川玄迪撰	见皇汉医学丛书	01、03
0037	产科心法二集，1780年	（清）汪喆撰	①清光绪元年（1875年）苏州刻本，1册	03
			②清光绪六年（1880年）刻本，江都龙川槐荫书屋藏版，3册	02
			③清光绪十七年（1891年）浙江嘉兴刻本，1册	01
			④清光绪十七年（1891年）刻本（附福幼编），2册	01
0038	产科心法（不分卷），1780年	（清）汪喆撰	清光绪六年（1880年）江都龙川槐荫书屋藏版，2册	05
0039	产科心法（2卷），1780年	（清）汪喆撰	清光绪元年（1875年）刻本，1册	03
0040	胎产新书，1786年	（清）吴煜校订	清光绪十二年（1886年）成娱堂刻本，4册	04
0041	胎产新书（12卷），1786年	（清）吴煜校订	清光绪十二年（1886年）刊本，成娱堂，4册	04
0042	胎产新书（20卷），1786年	（清释）竹林寺僧撰	见珍本医书集成	01、03
0043	胎产新书（1卷，存卷一），1786年	（清释）轮应禅师考定，（清）吴煜校订	清光绪十二年（1886年）曹秉纲序，1册	06
0044	产科发蒙（6卷），1795年	（日本）片仑元周撰	见皇汉医学丛书	01、03
0045	胎产秘书（又名胎产金针）（3卷），附保婴要诀、经验名方，1795年	（清）陈笏庵撰，何荣编	①清同治元年（1862年）六桂堂刻本	01
			②清同治五年（1866年）秀水杜文澜刻本	01
			③清光绪二年（1876年）刻本，2册	03
			④清光绪七年（1881年）上海刘莱刻本（附胎产续要）	01
			⑤民国上海千顷堂书局石印本，1册	03
			⑥民国上海大成书局铅印本，1册	03
			⑦民国石印本	02

续表

序号	书名和成书年	作者和著作形式	版本	收藏馆
0046	胎产秘书（3卷），附保婴要诀（1卷）、经验名方（1卷），1795年	（明）钱氏原本，（清）翁元钧增刊	清同治元年（1862年）六桂堂刻本，2册	01
0047	胎产秘书（3卷），1795年	（明）钱氏原撰，（清）翁元钧增刊	清同治元年（1862年）刻本，2册	01
0048	胎产金针（3卷），附胎产续要，1795年	（清）何荣撰	清光绪七年（1881年）刻本，2册	01
0049	胎产金针（3卷），附一种（1卷），1795年附录子目：胎产续要（1卷），（清）刘莱辑	（清）何荣撰	①清光绪七年（1881年）上海刘莱刻本，1册	03
			②清光绪七年（1881年）刻本，2册	01
0050	解产难（1卷），1798年	（清）吴瑭著	见温病条辨	03
0051	胎产获生篇（1卷），补遗（1卷），1798年	（清）李长科编	清刻本，1册	01
0052	广达生编全，1826年子目：①达生编，（清）亟斋居士撰②广达生编，（清）周毓龄增广③续广达生编，（清）周登庸续广	佚名	清光绪二十五年（1899年）湖南书局刻本，1册	02
0053	产孕集（又名产孕生育指南）（2卷），附补遗（1卷），1830年	（清）张曜孙纂辑	①清同治七年（1868年）刻本三松堂藏版	03
			②清同治七年（1868年）刻本蕴璞斋藏版，2册	01、02
			③清同治七年（1868年）重刻本，1册	01、03
			④清同治十年（1871年）刻本，福州吴玉田刻铺藏版	03
			⑤见珍本医书集成	01
0054	产孕集（2卷），产孕集补遗（1卷），1830年	（清）张曜孙纂辑，包诚增订	清同治七年（1868年）蕴璞斋刻本，1册	03
0055	产孕集（2卷，上下卷），1830年	（清）张曜孙纂辑，包诚增订	清同治七年（1868年）刊，蕴璞斋藏版，2册	06
0056	产孕集（2卷），1830年	（清）张曜孙纂辑	清同治七年（1868年）刻本	07

续表

序号	书名和成书年	作者和著作形式	版本	收藏馆
0057	产孕集（2卷），1830年	（清）张曜孙纂辑，潘希甫校	清同治十年（1871年）玛瑙经房刻本，1册	03
0058	重订产孕集，1830年	（清）张曜孙纂辑	1936年大东书局铅印本，1册	01
0059	重订产孕集（2卷），1830年	（清）张曜孙纂辑	清同治七年（1868年）泾县包诚刻蕴璞斋印本，1册	02
0060	产科秘要（2卷），附达生编方，1846年	（清）周复初辑	清道光二十六年（1846年）姑苏杭线会馆刻本，1册	01
0061	锡麟宝训（4卷），1854年	（清）金玉相编	见保赤汇编	01
0062	胎产合璧（3卷），附种子心法、保产心法、全婴心法，1862年	（清）新安永思堂主人编	抄本	01
0063	胎产合璧，1862年	佚名	抄本，1册	01
0064	胎产举要（上）（1卷），1893年	（美国）阿庶顿辑	清光绪十九年（1893年）新镌，1册	04
0065	临产须知，1906年	（清）周憬编	1923年云南铅印本	02
0066	分娩生理篇（1卷），1908年	（日本）今渊恒寿著，（清）华文祺、丁福保译	清宣统二年（1910年）上海文明书局铅印丁氏医学丛书本，1册	02
0067	竹氏产婆学（1卷），1909年	（日本）竹中成宪著，（清）丁福保译	清宣统元年（1909年）上海文明书局再版铅印丁氏医学丛书本，1册	02
0068	增订广达生编（3卷），1923年	（民国）禹镇寰撰	1923年长沙同仁阁刻本	01
0069	评注产科心法，1923年	（清）汪喆撰	杭州三三医社铅印本，1册	01
0070	生生宝鉴，1928年	佚名	1928年上海宏大善书局石印本，1册	01
0071	胎息经（1卷），1935年	（民国）幻真先生注	见丛书集成初编	01

3. 广嗣

序号	书名和成书年	作者和著作形式	版本	收藏馆
0001	广嗣要语（1卷），1544年	（宋）俞桥撰	见珍本医书集成	01
0002	祈嗣真诠（又名陈眉公订正祈嗣真诠）（1卷），1591年	（明）袁黄撰	1922年文明书局石印本	02

续表

序号	书名和成书年	作者和著作形式	版本	收藏馆
0003	男女绅言，1644年	（明）龙遵叙撰	1922年文明书店石印本	02
0004	广生编（1卷），附十剂表（2卷），1867年	（清）包诚撰	清同治七年（1868年）蕴璞斋刻本，1册	02
0005	保生慈幼合编，1871年	（清）庄大椿撰	清刻本	02
0006	保生衍庆编（2卷），慈幼万全编（1卷），1871年	（清）庄大椿撰	清乾隆四十一年（1776年）刻本，1册	02

（五）儿科

1. 儿科通论

序号	书名和成书年	作者和著作形式	版本	收藏馆
0001	阎氏小儿方论（1卷），1119年	（宋）阎孝忠著	见周氏医学丛书	01、03
0002	钱氏小儿药证直诀（3卷），附钱仲阳传、阎氏小儿方论、董氏小儿斑疹备急方论，1119年	（宋）钱乙撰，阎孝忠著	①清光绪十七年（1891年）池阳周氏刻本，3册	02
			②清光绪十八年（1892年）刻本姚江黄氏五桂楼藏版，2册	01
			③上海文瑞楼石印本	01
			④见周氏医学丛书	01、03
			⑤见保赤汇编、薛氏医案	03
0003	钱氏小儿药证直诀（3卷），1119年	（宋）钱乙撰，阎孝忠著，清四库全书馆纂辑	①清乾隆武英殿聚珍本	01、02
			②清道光二十六年（1846年）三原李锡龄校刻惜阴轩丛书本宏道书院藏版	02
0004	钱氏小儿直诀（4卷），1119年	（宋）钱乙撰，阎孝忠著，（明）薛己注	明万历刻薛氏医按二十四种本，2册	02
0005	小儿药证直诀（3卷），1119年	（宋）钱乙撰	①清光绪二十五年（1899年）广雅书局刻本，2册	01
			②清光绪十七年（1891年）池阳周氏校刊，1函2册	05
			③清光绪姚江黄氏五桂楼刻本，2册	01
			④上海文瑞楼石印本，2册	01
0006	小儿卫生总微论方（又名保幼大全）（20卷），1156年	佚名	①1924年黄冈萧氏兰陵堂刻本，11册	03
			②1937年上海大东书局铅印本，8册	01

续表

序号	书名和成书年	作者和著作形式	版本	收藏馆
0007	活幼心书（3卷），1294年 子目： ①活幼心书决证诗赋 ②活幼心书明本论 ③活幼心书信效方	（元）曾世荣编	①清嘉庆十六年（1811年）刻本	03
			②清宣统二年（1910年）武昌医馆据元至元艺风堂刻本重刻本	03
			③清宣统二年（1910年）武昌医馆刻本，2册	03
			④清刻本，2册	03
			⑤1937年上海大东书局铅印本，3册	01
0008	田氏保婴集（1卷），1308年	佚名	见影印元明善本丛书十种之济生拔粹方	01、03
0009	田氏保婴集，1308年	佚名	1936年商务铅印本，1册	01
0010	婴童百问（10卷），1403年	（明）鲁伯嗣撰	①明刻本，4册	03
			②1919年、1923年、1925年、1930年、1931年上海大东书局石印本，4册	01、02、03
0011	保婴撮要（20卷），1529年	（明）薛铠撰	见薛氏医案	03
0012	保婴撮要（10卷），续集（10卷），1529年	（明）薛铠撰，魏一元校，吴中珩校	明刻薛氏医案本，3册	03
0013	详注足本金镜录，1579年	（清）翁仲仁撰	版本不详，8册	04
0014	保赤全书，1585年	（明）管橓撰	清光绪三十三年（1907年）上海朱氏焕文书局石印本，1册	04
0015	保赤全书（13卷），1585年	（明）管橓撰	清光绪三十三年（1907年）石印本，上海朱氏焕文书局石印，1册	04
0016	幼科证治准绳（9卷），1602年	（明）王肯堂撰	①清光绪十八年（1892年）上海图书集成印书局铅印本，8册	02
			②清嘉兴九思堂刻本，16册	01
			③清刻本，16册	01
			④修敬堂刻本，20册	04
			⑤石经堂，20册	04
			⑥见证治准绳	01、03
			⑦见六科证治准绳	01

续表

序号	书名和成书年	作者和著作形式	版本	收藏馆
0017	证治准绳·幼科（9卷），1602年	（明）王肯堂辑	版本不详，36册	04
0018	六科准绳·幼科（9卷），1602年	（明）王肯堂辑	1935年石印，上海扫叶山房发行，9册	06
0019	小儿则（2卷），小儿则古方（1卷），1624年	（明）张介宾撰	见景岳全书	03
0020	幼科金针（2卷），1641年	（明）秦昌遇撰	1931年、1936年上海中医书局铅印本，1册	01
0021	幼科医学指南（又名简明幼科指南）（4卷），1661年	（清）周震撰	①清乾隆五十四年（1789年）吴潘两氏校刻本宜兴道生堂藏版，4册	01、03
			②1926年上海中原书局石印本，4册	03
			③清刻本，2册	03
0022	幼科铁镜（6卷），1695年	（清）夏鼎撰	①清道光五年（1825年）同善堂刻本，2册	03
			②清道光九年（1829年）扫叶山房刻本，1册	03
			③清道光十年（1830年）扫叶山房刻本	03
			④清道光十年（1830年）绿荫堂刻本，2册	03
			⑤清道光二十九年（1849年）同善堂刻本，1册	03
			⑥清同治三年（1864年）扬州文富堂刻本，1册	03
			⑦清光绪二十一年（1895年）贵池刘信天堂刻本	03
			⑧清光绪二十一年（1895年）新宁刘氏刻本，1册	03、04
			⑨清光绪二十一年（1895年）贵池刘氏信天堂刻本	03
			⑩清吴三让信记刻本	01
			⑪清刻本，2册	01
			⑫清宣统元年（1909年）排印上山弯慈母堂活字板本，1册	01
			⑬1914年刘氏唐石簃汇刻贵池先哲遗书本	02

续表

序号	书名和成书年	作者和著作形式	版本	收藏馆
			⑭1923年上海土山湾慈母堂铅印本	01
			⑮见妇幼三种	03
			⑯三浪信记刻本	01
			⑰渔古山房刻本，1册	04
			⑱版本不详，1册	04
0023	叶桂家传秘诀儿科（1卷），1746年	（清）叶桂撰	见回澜社医书四种	03、04
0024	幼幼集成（6卷），1750年	（清）陈复正撰，刘一勤校正	①清同治八年（1869年）文元堂刻本，6册	03
			②清光绪二十八年（1902年）经元书局刻本	03
			③清善成堂刻本，6册	03
			④清刻本，翰墨园藏版，6册	01
			⑤清经文堂刻本，6册	03
			⑥民国上海进步书局石印本	01、02
			⑦松盛堂刻本，6册	04
			⑧小酉山房刻本，3册	04
			⑨吴三浪信记刻本，6册	04
0025	幼幼集成（6卷），1750年	（清）陈复正撰	①清光绪二十八年（1902年）经元书室重刊，6册	04
			②清刻本，金裕堂藏版，1函6册	05
			③清刻本，翰墨园藏版，6册	05
			④1917年上海锦章书局石印本，1册	05
			⑤松盛堂梓行，6册	04
			⑥吴三让信记梓，6册	04
			⑦小酉山房梓行，3册	04
0026	幼幼集成（2卷，存卷一、卷三），1750年	（清）陈复正撰，刘一勤校正，周宗颐参定	清乾隆十五年（1785年）陈复正书，年城第七甫话经堂藏版，2册	06
0027	鼎锲幼幼集成（6卷），1750年	（清）陈复正撰，刘一勤校正，周宗颐恭定	①清善成堂刻本，6册	03
			②清径文堂刻本，6册	03
			③清翰墨园刻本，6册	01
0028	校正幼幼集成（6卷），1750年	（清）陈复正撰	民国上海进步书局石印本，1册	01

续表

序号	书名和成书年	作者和著作形式	版本	收藏馆
0029	重订幼幼集成（6卷），1750年	（清）陈复正撰，籾荚居士评点，刘一勩校，周宗颐参	清光绪十八年（1892年）溉棠轩校刊，6册	06
0030	增补幼幼集成（4卷，存卷二至卷五），1750年	佚名	1917年重校，上海锦章图书局影印，1册	06
0031	幼科释谜（6卷），1773年	（清）沈金鳌撰	①清同治元年（1862年）醉六堂刻本，2册	02
			②清石印本，1册	02
			③1931年、1936年、1937年苏州弘化社铅印本	01
			④见沈氏尊生书	03
0032	福幼编（1卷），1777年	（清）庄一夔撰	见陈修园医书五十种、陈修园医书七十二种，保赤汇编	01、03
0033	福幼编（1卷），遂生编（1卷），幼幼集成（1卷），1777年	（清）庄一夔撰，谢霖订	清同治十三年（1874年）刻本，1册	01
0034	福幼编（1卷），广生编（1卷），1777年	（清）庄一夔撰	清光绪二十九年（1903年）扬州新胜街集贤斋刻字铺刻本，1册	02
0035	福幼编，遂生编，附幼幼集成节录，1777年	（清）庄一夔撰	清同治十三年（1874年）重刻本，1册	01
0036	遂生福幼合编（又名传家至宝、保赤联珠、千金至宝、庄氏慈幼二书），1777年	（清）庄一夔撰	①清道光十八年（1838年）柳郡何大熙刻本，1册	02
			②清道光二十九年（1849年）翰文堂刻本	02
			③清同治十三年（1874年）刻本	01
			④清光绪二十九年（1903年）扬州集贤斋刻本	02
			⑤清刻本	02
			⑥1934年张武桂校铅印本	02
0037	庄氏福幼遂生合编（2卷），1777年	（清）庄一夔撰	清光绪五年（1879年）重校刊，仿鲍氏丛书式补目耕室重刊，1册	04
0038	千金至宝，1777年	（清）庄一夔撰	清同治九年（1870年）重刊，板存苏城园妙观西北仓桥堍陶漱艺斋刻字铺印送，1册	06

续表

序号	书名和成书年	作者和著作形式	版本	收藏馆
0039	慈幼新书三种（又名达生遂生福幼合编），1777年 子目： ①达生编，（清）亟斋居士撰 ②遂生编，（清）庄一夔撰 ③福幼编，（清）庄一夔撰	佚名	①清光绪元年（1875年）璧经堂刻本，1册	01
			②1943年韶关实用出版社铅印本	02
0040	慈幼新书，1777年	（明）程云鹏撰	1937年上海大东书局铅印本，4册	01
0041	保婴秘言，1777年	佚名	见陈修园医书七十二种	03
0042	橡村治验，1785年	（清）许豫和撰	见许氏幼科七种	03
0043	许氏幼科七种（又名幼科七种大全）（11卷），1785年 子目： ①重订幼科痘疹金镜录（3卷） ②橡村痘诀（2卷） ③痘诀余义（1卷） ④怡堂散记（2卷） ⑤散记续编（1卷） ⑥小儿诸热辨（1卷） ⑦橡村治验（1卷）	（清）许豫和撰	①民国上海受古书店、中一书局石印本	03、04
			②民国上海受古书店、南京国粹书店石印本，16册	03、04
			③民国上海受古书局石印本，16册	04、05
0044	解儿难（1卷），1798年	（清）吴瑭撰	见温病条辨	03
0045	保婴易知录（又名幼科易知录）（2卷），1812年	（清）吴宁澜撰	①清毓芝堂刻桂林贺广文堂印本，3册	02
			②清刻本	02
0046	保婴易知录，1812年	佚名	清光绪二十九年（1903年）编刊，苏城胥门内司前街中冯有奎艺魁斋刻印订，1册	06
0047	儿科醒（12卷），1813年	（清）芝屿樵客撰	见珍本医书集成	01、03
0048	颅囟经（1卷），1820年	佚名	见当归草堂医学丛书、陈修园医书七十二种	01
0049	颅囟经（2卷），1820年	佚名	清道光五年（1825年）李朝夔补刻本	01、03
0050	慈幼便览，1850年	（清）文晟编	清同治四年（1865年）萍乡文氏延庆堂刻本	02

续表

序号	书名和成书年	作者和著作形式	版本	收藏馆
0051	慈幼便览（1卷），痘疹摘录（1卷），1850年	（清）文晟编	清刻本，1册	02
0052	小儿书，1867年	佚名	清同治六年（1867年）刘正隆抄本	02
0053	小儿书（不分卷），1867年	（清）刘正隆抄	清同治六年（1867年）刘正隆抄本，1册	02
0054	保赤汇编七种（16卷），1879年 子目： ①锡麟宝训（4卷），（清）金玉相编 ②达生编（2卷），（清）亟斋居士撰 ③产宝（1卷），（清）倪枝维撰 ④福幼编（1卷），（清）庄一夔撰 ⑤保婴易知录（2卷），（清）吴宁澜撰 ⑥钱氏小儿药证直诀（3卷），（宋）钱乙撰 ⑦童蒙训（3卷），（宋）吕本中撰	（清）朱之榛编	①清道光五年（1825年）苏州刻本	03
			②清光绪四年至清光绪五年（1878—1879年）苏州刻本	03
			③清光绪五年（1879年）苏州刻本，8册	03、05
			④清光绪五年（1879年）刻本	07
0055	保赤汇编（2卷），附广生编（1卷），1879年	（清）庄一夔撰	清同治八年（1869年）白燕堂刻本	07
0056	保赤新编，1884年	（清）任赞撰	清光绪新会伍氏刻本，2册	04
0057	保赤新编（2卷，上下卷），1884年	（清）任赞撰	清光绪十年（1884年）新会伍氏初刊，2册	04
0058	述古斋幼科新书，1888年	（清）张振鋆撰	清光绪上海古香阁刻本，6册	04
0059	述古斋幼科新书（6卷），1888年	（清）张振鋆撰	清光绪十八年（1892年）月古香阁校刊，6册	04
0060	述古斋幼科新书三种（存二种）（2卷），1888年 子目： ①痧喉正义（1卷） ②鬻婴提要说（1卷）	（清）张振鋆撰	清光绪十五年（1889年）邗上张氏刻本，1册	03
0061	幼科要略（2卷），1891年	（清）叶桂撰，周学海注	见周氏医学丛书	01、03

续表

序号	书名和成书年	作者和著作形式	版本	收藏馆
0062	保赤须知（1卷），1895年	（清）雪凡道人编	清光绪二十一年（1895年）扬州北乡淮泗桥保婴局刻本，1册	02
0063	保赤慢惊条辨（1卷），1907年	（清）黄仲贤著	清光绪三十三年（1907年）粤东广济医院刻九曜坊麟书阁印本，1册	02
0064	幼科杂症（2卷），1911年	佚名	抄本，2册	03
0065	幼科杂症（6卷），1911年	佚名	清抄本，1册	03
0066	幼科摘奇，1912年	佚名	抄本	03
0067	中西合纂幼科大全（12卷），1917年	（民国）顾鸣盛编	1917年、1918年、1923年、1925年、1926年、1928年、1929年、1931年、1936年上海大东书局石印本	01、02
0068	中西合纂幼科大全（12卷），1917年	（民国）顾鸣盛编	①1929年上海大东书局石印本，2册	01
			②见中西医学丛书	03
0069	重订幼科金鉴评（1卷），1918年	（清）费养庄撰，顾金寿重订	见国医百家丛书	03
0070	儿科易知，1918年	中华书局编	1929年上海文明书局铅印本，1册	01
0071	儿科诊断学，1918年	（民国）何廉臣编	1918年、1925年、1930年、1932年、1933年、1936年上海大东书局铅印本，1册	01、02
0072	钱氏儿科案疏二编，1923年	（宋）钱乙撰，（民国）张寿颐疏	1926年、1930年、1931年、1932年、1940年上海大东书局铅印本，1册	01、02
0073	陈氏幼科秘诀，1923年	佚名	民国杭州三三医社铅印本，1册	01
0074	保赤新书（8卷），1924年	（民国）恽铁樵撰	①1924年、1926年、1928年、1930年、1936年、1941年武进恽氏铅印本	01、02、03
			②1936年上海民发印刷公司铅印本，1册	01
0075	保赤新书，1924年	（民国）恽铁樵撰	1928年华丰印刷铸字所铅印，1册	03、04
0076	保赤新书（8卷），1924年	（民国）恽铁樵撰	1928年恽铁樵医寓发行，1册	04

续表

序号	书名和成书年	作者和著作形式	版本	收藏馆
0077	儿科辑要（4 卷），附妇女回生丹，1928 年	（民国）姚济苍编	①1928 年、1929 年、1933 年北京天华馆铅印本，1 册	03
			②桂林经益堂石印本	02
0078	儿科萃精（8 卷），1929 年	（民国）陈守真撰	1929 年、1930 年汉口汉康印书局铅印本，4 册	02、03
0079	儿科萃精（6 卷，存卷三至卷八），1929 年	（民国）陈守真撰	汉口汉章印书局印，3 册	06
0080	小儿病自疗法，1933 年	（民国）奚缵黄撰	1933 年、1935 年、1936 年、1939 年、1947 年、1948 年上海中央书局铅印本	02
0081	幼科学讲义（不分卷），1930 年	（民国）秦伯未撰	上海秦氏同学会铅印本，1 册	05

2. 痘疹

序号	书名和成书年	作者和著作形式	版本	收藏馆
0001	癍论萃英，1237 年	（元）王好古撰	①1938 年长沙商务印书馆影印元刻本	02
			②见影印元明善本丛书十种之济生拔粹方	01、03
			③见东垣十书、陈修园医书七十二种	01、03
0002	海藏癍论萃英，1237 年	（元）王好古撰	①1936 年商务铅印本，1 册	01
			②见影印元明善本丛书十种之济生拔粹方	01、03
0003	海藏癍论萃英及其他三种（4 卷），1237 年	（民国）王云五编	1936 年初版，商务印书局发行，1 册	04
0004	陈氏小儿痘疹方论，1254 年	（宋）陈文中撰	见薛氏医案丛书	03
0005	痘治理辨（1 卷），附方（1 卷），1519 年	（明）汪机撰	见汪石山医书八种	03
0006	痘疹心法（又名痘疹世医心法）（23 卷），1549 年	（明）万全撰	清视履堂刻本，9 册	02、04
0007	痘疹心法，1549 年	（明）万全撰	版本不详，5 册	04
0008	痘疹心法金镜录，1549 年	（明）万全撰	版本不详	04
0009	痘疹心法金镜录（又名痘疹心法）（23 卷），1549 年	（明）万全撰	①清刻本，1 函 8 册	05
			②版本不详，6 册	04

续表

序号	书名和成书年	作者和著作形式	版本	收藏馆
0010	痘疹世医心法（12卷），痘疹格致要论（11卷），1549年	（明）万全撰	清光绪十六年（1890年）雪舫氏据明万历彭端吾刻本抄本	02
0011	痘疹世医心法（12卷），附碎金赋（1卷），1549年	（明）万全撰	清光绪十六年（1890年）姜雪舫抄本，3册	02
0012	幼科痘疹金镜录、痘疹定论、活幼心法大全（15卷），1579年	（明）翁仲仁辑著，（清）朱纯嘏、聂尚恒著	民国石印本，1册	05
0013	痘疹金镜录（3卷），1579年	（明）翁仲仁辑著	清乾隆二十八年（1763年）姑苏书业堂梓，1册	05
0014	痘疹金镜录（4卷），图像（1卷），1579年	（明）翁仲仁辑著，仇天一参阅	清刻本，2册	03
0015	增补痘疹玉髓金镜录真本(3卷)，卷首(1卷)，1579年	（明）翁仲仁辑著，（清）陆道元补遗	清刻本，1册	03
0016	增补痘疹金镜录(3卷)，1579年	（明）翁仲仁辑著	①清道光七年（1827年）大酉堂刻本，2册	01
0016			②清道光二十年（1840年）扫叶山房刻本，2册	04
0017	增补痘疹玉髓金镜录（3卷），1579年	（明）翁仲仁辑著，（清）陆道元补遗	①清光绪十六年（1890年）镇江文成堂刻本，2册	04
0017			②刻本（存中下卷），1册	01
0018	增补痘疹玉髓金镜录（又名痘疹金镜录、幼科金镜录）（4卷），1579年	（明）翁仲仁辑著，（清）陆道元补遗	①清道光六年（1826年）英华楼刻本［3卷，卷首（1卷）］，2册	03
0018			②清道光七年（1827年）大酉堂刻本	01
0018			③清道光二十年（1840年）刻本扫叶山房藏版，2册	01
0018			④清光绪十六年（1890年）镇江文成堂刻本，2册	02
0018			⑤清宣统二年（1910年）文元书庄石印本，2册	03
0018			⑥清刻本，2册	01、03
0018			⑦1914年、1922年上海锦章书局石印本	02
0019	增补痘疹玉髓金镜录（4卷，存卷一、卷二），卷首（1卷），1579年	（明）翁仲仁辑著，仇天一参阅	清宣统文元书庄石印幼科三种本，1册	03

续表

序号	书名和成书年	作者和著作形式	版本	收藏馆
0020	增补痘疹金镜录(4卷)，1579年	（明）翁仲仁辑著	清道光二十年（1840年）扫叶山房藏版，1册	04
0021	增补痘疹玉髓金镜录（5卷），1579年	（明）翁仲仁辑著	清光绪十六年（1890年）镌，镇江文成堂藏版，1册	04
0022	幼科三种（又名增补痘疹金镜录），1579年	佚名	清宣统元年（1909年）上海广益书局印，1册	06
0023	翁仲仁先生痘科金镜赋（6卷），1579年	（明）翁仲仁辑著，（清）俞茂鲲集解，于人龙参评	①清雍正五年（1727年）松荫堂刻本，4册	02
			②清光绪十一年（1885年）李芸刻维扬教场大街李松寿号印本，12册	02
0024	新刊补遗秘传痘疹全婴金镜录，1579年	（明）翁仲仁撰	①抄本，3册	04
			②版本不详，3册1部	04
0025	痘疹传心录（16卷），1594年	（明）朱惠明撰	见六醴斋医书	03
0026	痘疹不求人（又名经验痘疹不求人方论），1595年	（明）朱栋隆撰	见伤寒辨证痘疹合编	03
0027	痘疹活幼心法（1卷），1616年	（明）聂尚恒著	文奎堂刻本，1册	01
0028	痘疹活幼心法（又名活幼心法大全、痘疹活幼至宝、痘疹活幼心法全书）（8卷），卷末（1卷），1616年	（明）聂尚恒著	①日本宽文六年（1666年）田原左卫门刻本（2卷）	03
			②1823年日本文台屋治郎兵卫刻本，1册	03
			③清同治八年（1869年）刻本，韩文焕斋藏版，1册	03
			④清同治八年（1869年）刻本，1册	03
			⑤清文奎堂刻本，1册	01
			⑥1931年无锡日升山房刻本	04
			⑦民国上海千顷堂书局石印本	02、04
0029	活幼心法大全（9卷），1616年	（明）聂尚恒著	①1931年刊，日升山房藏版，2册	02、04
			②上海千顷堂书局发行，1册	04
0030	摘星楼治痘全书（又名痘科大成）（18卷），1619年	（明）朱一麟著	清刻本，耕乐堂藏版，1函5册	05

续表

序号	书名和成书年	作者和著作形式	版本	收藏馆
0031	痘疹诠（4卷），附痘疹诠古方（1卷），1624年	（明）张介宾撰	见景岳全书	03
0032	增补痘科键，1644年	（明）朱巽撰，（清）徐缙重增	清道光徐森荫堂刻本，4册	04
0033	增补痘科键（2卷），1644年	（明）朱巽撰	清道光十一年（1831年）镌，徐森荫堂藏版，4册	04
0034	救偏琐言（10卷），1659年	（清）费启泰撰	①清刻本，惠迪堂，1函6册	05
			②清乾隆十七年（1752年）遗经堂刻本，4册	03
0035	救偏琐言（5卷），备用良方（1卷），1659年	（清）费启泰撰	清顺治十六年（1659年）惠迪堂刻本，4册	02
0036	救偏琐言（10卷），附备用良方，1659年	（清）费启泰撰	①清乾隆十七年（1752年）遗经堂刻本	03
			②清刻本	02
0037	救偏琐言（10卷），琐言备用良方（1卷），1659年	（清）费启泰撰	清乾隆十七年（1752年）遗经堂刻本，1册	03
0038	伤寒痘疹辨证（又名伤寒痘疹辨证合编）（10卷），附种子仙方（1卷），1678年 子目： ①伤寒辨证（5卷） ②痘科辨证（2卷） ③疹科辨证（1卷） ④新增痘疹（1卷） ⑤经验痘疹（1卷）	（清）陈尧道撰	清咸丰二年（1852年）聚奎堂刻本，10册	03
0039	痘科辨证，1678年	（清）陈尧道撰	见伤寒辨证痘疹合编	03
0040	痘疹全集（15卷），附杂症痘疹药性主治合参（12卷），1694年	（清）冯兆张撰	①清康熙四十一年（1702年）刻本，4册	02、03
			②见冯氏锦囊秘录	03
0041	冯氏锦囊秘录痘疹全集（15卷），1694年	（清）冯兆张撰	清康熙四十一年（1702年）刻本，6册	02
0042	秘录痘疹全集（15卷，存卷一至卷二、卷十一至卷十四），1694年	（清）冯兆张撰	清刻本，2册	02
0043	秘录痘疹全集（15卷），1694年	（清）冯兆张撰	清刻本，6册	02

续表

序号	书名和成书年	作者和著作形式	版本	收藏馆
0044	杂症痘疹药性合参（12卷），1694年	（清）冯兆张撰	清刻本，本衙藏版，1函6册	05
0045	杂症痘疹药性主治合参（12卷），卷首（1卷），1694年	（清）冯兆张撰，冯乾元等校	清康熙四十一年（1702年）刻冯氏锦囊秘录本，4册	03
0046	痘疹正宗（又名痘疹指南）（2卷），1695年	（清）宋麟祥撰	清光绪十年（1884年）吴县朱记荣校经山房刻本	02
			永庆堂重镌，2册	04
			版本不详，1册	04
0047	痘疹正宗（3卷），1695年	（清）宋麟祥撰	清光绪十年（1884年）弘晙翰苑阁刻苏州扫叶山房印本，2册	02
0048	痘疹正宗，1695年	（清）宋麟祥撰	①清宣统三年（1911年）上海广益书局本	04
			②永庆堂重刻本，2册	04
			③见伤寒辨证痘疹合编	03
0049	痘疹定论，1713年	（清）朱纯嘏撰	1921年上海大成书局发行，1册	06
0050	痘疹定论（3卷），1713年	（清）朱纯嘏撰	清光绪十八年（1892年）粤东儒雅堂刻本，1册	03
0051	痘疹定论（4卷），1713年	（清）朱纯嘏撰	①清乾隆笏园姚氏刻本，2册	02
			②清道光三十年（1850年）经纶堂刻本，4册	01
			③清咸丰四年（1854年）丹徒角山楼赵氏刻本，2册	02
			④清刻本笏园姚氏藏版，4册	05
			⑤1921年上海大成书局石印本，1册	03
			⑥抄本，1册	01
0052	删订痘疹定论（3卷），1713年	（清）朱纯嘏著，王世润删订	清乾隆四十年（1775年）三吾王世润刻本，1册	02
0053	痧痘集解（6卷），1727年	（清）俞天池撰	①清雍正五年（1727年）松荫堂刻本	02
			②清光绪二年（1876年）刻本维扬李松寿藏版，4册	02、04
			③清光绪二年（1876年）开雕，维扬教场大街李松寿号藏版，4册	04

续表

序号	书名和成书年	作者和著作形式	版本	收藏馆
0054	种痘新书（12卷），1740年	（清）张琰撰	①清乾隆六年（1741年）宝文堂刻，6册	04
			②清同治十年（1871年）重庆善成堂刻本，12册	02
			③清三余堂刻本，4册	02
			④扫叶山房、宝文堂藏版，6册	04
0055	种痘新书，1740年	（清）张琰撰	1919年秋月，上海广益书局发行，1册	06
0056	校正种痘新书，1740年	（清）张琰撰	①1911年上海江东书局石印本	04
			②锦章图书局石印本	04
0057	校正种痘新书（12卷），1740年	（清）张琰撰	①1912年上海江东书局石印本，1函4册	05
			②锦章图书局印行，4册	04
0058	痘疹心法要诀（5卷），1742年	（清）吴谦等撰	见医宗金鉴	01、03
0059	麻科活人全书（4卷），附麻疹论、麻疹补论、瘄论，1748年	（清）谢玉琼撰	①清咸丰元年（1851年）龙溪彭思忠刻慎诒书局印本，4册	02
			②清咸丰元年（1851年）龙溪村彭氏木活字本	02
			③清咸丰六年（1856年）龙溪彭厚德刻本，4册	04
			④清咸丰十一年（1861年）邵阳姚氏刻本	03
			⑤清咸丰十一年（1861年）琼贤书局刻本，4册	03
			⑥清光绪十五年（1889年）汉口宏文堂刻本	03
			⑦清光绪十五年（1889年）养片斋刻本，4册	03
			⑧清光绪十九年（1893年）丰城李福田刻本祁生香阁藏版，4册	03
			⑨清光绪刻本，4册	04
			⑩清宝仁堂刻本（存卷二），1册	02
			⑪清刻本（存卷二、卷四），2册	02

续表

序号	书名和成书年	作者和著作形式	版本	收藏馆
0060	麻科活人全书（4 卷），1748 年	（清）谢玉琼撰	①清咸丰八年（1858 年）石阳周日新藏版，1 函 4 册	05
			②清光绪十九年（1893 年），4 册	04
0061	麻科活人全书（4 卷），1748 年	（清）谢玉琼撰，刘齐珍订刊	①清光绪十五年（1889 年）刻本，2 册	03
			②清光绪二十八年（1902 年）太和书局刻本	07
			③清光绪二十八年（1902 年）太和书局刊行，4 册	06
0062	麻科活人全书（4 卷），1748 年	（清）谢玉琼撰，刘齐珍订刊，周茂五重刊，李福田复刊	清光绪十九年（1893 年）李福田刻，清光绪三十年（1904 年）危仲子增刻后印本，2 册	03
0063	重刊麻科活人全书（4 卷），1748 年	（清）谢玉琼撰	清咸丰元年（1851 年）镌，龙溪彭厚德堂藏版，4 册	04
0064	郑氏瘄科保赤金丹（又名郑氏瘄略）（4 卷），1748 年	（清）谢玉琼原撰，郑行彰增补	①清光绪三十二年（1906 年）刻本，4 册	03
			②1932 年、1938 年铅印本	02
0065	郑氏瘄科保赤金丹（4 卷，存卷一、卷二），1748 年	（清）郑行彰增补	清光绪二十六年（1900 年）郑行彰刻本，1 册	03
0066	种痘法（又名保婴要旨），1750 年	（清）毓兰居士辑	①清光绪二十三年（1897 年）石印本，1 册	01
			②见陈修园医书五十种	03
0067	天花精言（6 卷），1753 年	（清）袁句撰	①清同治七年（1868 年）山阴陈氏刻本，2 册	03
			②1929 年黄岩杨氏种书楼铅印本，2 册	01
0068	天花精言（6 卷），1753 年	（清）袁句撰，吴燡校	清同治七年（1868 年）山阴陈氏刻本，1 册	03
0069	痘疹精言，1753 年	（清）袁句撰	益友堂刻本，4 册	04
0070	痘症精言（6 卷），1753 年	（清）袁句撰	清宣统二年（1910 年）镌益友堂藏版，4 册	04
0071	痘证宝筏（6 卷），1758 年	（清）强健撰	①清嘉庆刻本，2 册	03
			②清同治元年（1862 年）醉六堂刻本，2 册	02
			③清刻本，1 册	03

续表

序号	书名和成书年	作者和著作形式	版本	收藏馆
0072	痘证宝筏（6卷），1758年	（清）强健撰，朱增惠校	①清同治元年（1862年）醉六堂刻本	02
			②清刻本	03
0073	痘疹诗赋，1772年	（清）张銮著	1936年上海校经山房铅印本，1册	04
0074	痘疹诗赋（2卷），1772年	（清）张銮著	1936年初版，上海校经山房书局印行，1册	04
0075	治瘄全书，1775年	（清）董西园撰	1930年、1936年上海中医书局铅印本，1册	01
0076	轩辕逸典（14卷），1779年	佚名	清乾隆四十四年（1779年）本衙藏版，1函1册	05
0077	橡村痘诀（2卷），1783年	（清）许豫和撰	见许氏幼科七种	03
0078	痘证慈航，附补遗（1卷），1785年	（明）欧阳调律撰，（清）郭士珩编	清同治四年（1865年）刻本澹雅书局藏版，1册	02
0079	痘疹会通（5卷），1786年	（清）曾香田撰	①清光绪三十年（1904年）南丰天心堂刻本	02
			②清光绪三十一年（1905年）苏州三吴广告公司据清光绪三十年（1904年）南丰天心堂刻本铅印本	02
0080	增订痘疹辑要（4卷），1786年	（清）白振斯撰	①清嘉庆十五年（1810年）刻本裕余堂藏版	02
			②清光绪二十一年（1895年）藏书山房刻桂林依仁坊口贺广文堂印本，2册	02
			③清光绪二十四年（1898年）南海梁承志堂刊本，1函1册	05
			④清刻本（存卷一至卷二），1册	02
0081	痘疹精详（10卷，缺卷二至卷十），音注（1卷），1794年	（清）周冠撰	清嘉庆十年（1805年）三让堂刻本，1册	02
0082	痘疹精详，1794年	（清）周冠撰	民国上海广益书局石印本，4册	04
0083	校正痘疹精详（10卷），1794年	（清）周冠撰	上海广益书局印行石印本，4册	04
0084	痘科辨要（10卷），1811年	（日本）池田独美撰	见皇汉医学丛书	01、03

续表

序号	书名和成书年	作者和著作形式	版本	收藏馆
0085	引痘略（又名引种牛痘方书、引痘方书、引种牛痘法、牛痘新法全书、引痘新法），1817 年	（清）邱熺撰	①清同治七年（1868 年）刻本留云仙馆藏版	02
			②清光绪二十一年（1895 年）贵池刘氏信天堂刻本	02
			③见陈修园医书五十种、陈修园医书七十二种	03
0086	引痘略（1 卷），附一种（1 卷），1817 年 附录子目： 引痘略续篇（1 卷），（清）张崇树撰	（清）邱熺撰	清同治九年（1870 年）刻本，1 册	03
0087	引痘略（1 卷），1817 年	（清）邱熺撰	①清同治七年（1868 年）汉镇江汉关衙门间壁巷内张述古刻字店刻本，1 册	02
			②清光绪二十年（1894 年）江宏文堂刻本，1 册	03
0088	新增引痘新法全书，1817 年	（清）邱熺撰	清道光二十一年（1841 年）石印本，1 册	04
0089	新增引痘新法全书（1 卷），1817 年	（清）邱熺撰	版本不详，1 册	04
0090	新增引痘新法全书，1817 年	（清）邱熺撰	上海锦章书局发行，1 册	06
0091	新增引痘新法全书（不分卷），1817 年	（清）邱熺撰	民国石印本，1 册	05
0092	引痘略合编（1 卷），1817 年	（清）邱熺撰	清光绪二十一年（1895 年）宏道堂刻本，1 册	02
0093	麻疹阐注（4 卷），1822 年	（清）张廉撰	①清道光二十八年（1848 年）郦氏刻本	01
			②清道光二十八年（1848 年）三新堂刻本	01
			③见珍本医书集成	01
0094	麻疹阐注（3 卷），附麻后证治（1 卷），1822 年	（清）张廉撰	清道光二十八年（1848 年）三新堂刻本，1 册	01
0095	麻疹集成（2 卷），1824 年	（清）朱楚芬编	清刻本，1 册	02
0096	痘疹心法歌诀，1830 年	（清）必良斋主人编	清光绪五年（1879 年）顺德松竹梅轩刻本	02

续表

序号	书名和成书年	作者和著作形式	版本	收藏馆
0097	痘疹心法歌诀（1卷），附看痘法（1卷）、麻疹（1卷），1830年	（明）聂尚恒撰，（清）必良斋主人改编	①清光绪五年（1879年）顺邑谭村松竹梅轩刻河南省城太平新街以文堂印本，1册	02
			②清光绪二十八年（1902年）桂林王辅街杨六也堂刻本，1册	02
0098	痘疹集成（4卷），附麻疹集成（2卷），1837年	（清）朱楚芬编	清道光十七年（1837年）刻本破愚斋藏版，3册	02
0099	经验小儿月内出痘神方，1838年	佚名	清道光十八年（1838年）刻本，1册	01
0100	小儿月内出痘神方，1838年	佚名	清道光刻本，1册	01
0101	痘科百问（1卷），1843年	佚名，（清）宽夫校抄	清道光二十三年（1843年）宽夫抄本，1册	02
0102	痘疹全书，1857年	（清）刘玺著	清咸丰七年（1857年）文耀堂刻本，1册	02
0103	治疹全书（3卷），附外编补遗，1858年	佚名，（清）钱沛增补	清咸丰八年（1858年）婺东赵月航长乐钱遗经堂刻本	03
0104	治疹全书，1858年	佚名，（清）赵月航鉴定	清咸丰八年遗经堂刻本，2册	03
0105	牛痘新书济世（又名牛痘新书辑要），1865年	（清）邱熺原本，王惇甫增补	1932年桂林成记石印本	02
0106	引痘集要（2卷，上下卷），1869年	（清）查道伦辑，王宝如恭订，陆忠英同校	清同治八年（1869年）姑苏宫门内中街路中仰家，1册	06
0107	沈氏麻科，1876年	（清）赵开泰辑	①清光绪二年（1876年）浙江台州刻本	01
			②清光绪二年（1876年）黄邑未船楼刻本，1册	01
0108	中西痘科全书（12卷，1876年	（清）张琰编	清光绪三十二年（1906年）上海书局石印本，1函2册	05
0109	麻症集成（4卷），1879年	（清）朱载扬撰	1931年四明印刷所铅印本，1册	01
0110	痧麻明辨，1879年	（清）华埙撰	1921年、1935年上海千顷堂书局石印本，1册	03、04
0111	痧麻明辨（1卷），1879年	（清）华埙撰	1935年上海千顷堂书局发行，1册	04
0112	牛痘新编（2卷），1885年	（清）沈善丰撰	清光绪十一年（1885年）刻本，1册	02
0113	董氏小儿麻疹备急方论（1卷），1891年	（宋）董汲撰	见周氏医学丛书	01、03

续表

序号	书名和成书年	作者和著作形式	版本	收藏馆
0114	麻疹汇要（2卷），附一种（1卷），1900年 附录子目： 福幼编（1卷），（清）庄一夔撰	（清）吕新甫编	清光绪二十六年（1900年）刻，1921年重印本，2册	09
0115	麻瘄必读（2卷），1903年	（清）林月函、郑启寿合撰	1926年、1936年上海千顷堂书局石印本	02
0116	麻瘄必读（2卷），1903年	（清）王瑞图撰	1926年上海千顷堂书局印行，2册	04
0117	沈虚明先生痘疹全集（2卷），1903年	（清）沈虚明撰	清光绪二十九年（1903年）姜琴舫抄本，1册	02
0118	痘疹心法全书，1909年	佚名	1917年广益书局，2册	04
0119	精校痘疹心法全书（4卷），1909年	佚名	1917年广益书局石印，1册	04
0120	种痘心法，1911年	（清）朱奕梁撰	1936年商务铅印本，1册	01
0121	专治麻痧初编，1923年	（清）凌德撰	民国杭州三三医社铅印本，1册	01
0122	舟仙瘄述，1924年	（民国）刘舟仙纂集	1938年上海阳春医庐本，1册	04
0123	舟仙瘄述（3卷），1924年	（民国）刘舟仙纂集	1924年，2册	04
0124	绿槐堂麻瘄良方，1935年	佚名	1935年慈溪德余堂铅印本，1册	03
0125	痘疹症治辑要，1935年	（民国）陆均衡编	①1935年梧州寄春医庐铅印本	01、02
			②1935年杭州寄泰医庐铅印本，1册	01
0126	种痘指掌，1935年	佚名	1936年商务铅印本，1册	01
0127	痧子新论，1939年	（民国）章巨膺撰	1939年、1944年、1949年上海著者医寓铅印本	02
0128	麻疹刍言，1945年	（民国）陈尧丞撰	1945年四川泸县著者石印本	02

3. 惊疳

序号	书名和成书年	作者和著作形式	版本	收藏馆
0001	新订小儿科脐风惊风合编（1卷），1861年	（清）鲍相璈编	清同治十年（1871年）广西省鼓楼街尚文堂刻字店刻本，1册	02

续表

序号	书名和成书年	作者和著作形式	版本	收藏馆
0002	惊风辨证必读书，1892年 子目： ①福幼编，（清）庄一夔撰 ②治验录，（清）秦霖熙撰	（清）刘德馨辑	①清光绪十八年（1892年）汉川刘氏刻本，1册	01
			②清光绪二十七年（1901年）上元江氏刻本，1册	02
0003	绘图痧惊合璧（又名增图痧惊合璧）（4卷），1911年	（清）陈汝钰撰	①1917年上海天宝书局石印本，4册（合订一本）	04
			②1917年上海鸿文书局石印本，4册	03
			③1931年上海广新书局石印本，2册	01
0004	绘图痧惊合璧（1卷），1911年	作者不详	上海鸿文书局印行，1册	04
0005	绘图痧惊合璧（4卷），1911年	佚名	1917年上海天宝书局石印本，1函4册	05

（六）外科

1. 外科通论

序号	书名和成书年	作者和著作形式	版本	收藏馆
0001	外科精义（2卷），1335年	（元）齐德之撰	①清刻本，1册	01
			②见东垣十书	03
			③1936年商务铅印本，1册	01
0002	外科精义（2卷，上下卷），1335年	（元）齐德之撰	江阴朱氏校刊本	06
0003	外科精要（又名外科宝鉴），1508年	（宋）陈自明编，（明）薛己校注	1920年北京自强书局石印本，1册	03
0004	外科精要（1卷），1508年	（清）冯兆张撰	见冯氏锦囊秘录	03
0005	外科精要（3卷），1508年	（宋）陈自明编	1920年北京自强书局石印本	03
0006	外科发挥（8卷），1528年	（明）薛己撰	见薛氏医案	03
0007	外科经验方，1528年	（明）薛己撰	见薛氏医案	03
0008	外科心法（7卷），1528年	（明）薛己撰	见薛氏医案	03
0009	外科枢要（4卷），1529年	（明）薛己撰	明隆庆刻本，2册	03

续表

序号	书名和成书年	作者和著作形式	版本	收藏馆
0010	外科枢要（4卷），1529年	（明）薛己撰，吴玄有校	明刻薛氏医按二十四种本，1册	03
0011	疮疡经验全书（又名窦氏外科全书）（13卷），1569年	（宋）窦汉卿辑著，（明）窦梦麟续增	①清康熙五十六年（1717年）陈氏浩然楼据五桂堂本重刻本	02、03
			②清刻本大文堂藏版（6卷），6册	01
0012	疮疡经验全书（6卷），1569年	（宋）窦汉卿辑著	①清三让堂刻本，6册	02
			②清刻本（存卷三、卷四、卷六），3册	02
0013	疮疡经验全书（6卷，卷五、卷六为补配），1569年	（宋）窦汉卿辑著，（清）洪瞻、陈友恭校	清顺治元年（1644年）至清宣统三年（1911年）刻本	07
0014	六科准绳外科（6卷），1602年	（明）王肯堂撰	1935年石印，上海扫叶山房石印本，6册	06
0015	外科准绳（6卷），1602年	（明）王肯堂撰	见证治准绳	01、03
0016	疡科准绳（6卷），1602年	（明）王肯堂撰	见六科证治准绳	01
0017	外科正宗（又名外科微义）（4卷），1617年	（明）陈实功撰	①清乾隆五十年（1785年）文光堂刻本	02
			②清道光元年（1821年）绿荫堂刻本，8册	03
			③清咸丰十年（1860年）扫叶山房刻本，6册	01、03
			④清光绪元年（1875年）扫叶山房刻本，6册	04
			⑤清光绪十九年（1893年）上海图书集成书局铅印本，8册	01
			⑥清光绪三十一年（1905年）上海炼石书局石印本，4册	01
			⑦清刻本（存卷四），6册	02
0018	外科正宗（12卷），1617年	（明）陈实功撰，（清）徐大椿评，许楣订，蒋光焴校	清光绪三十一年（1905年）上海福记书局石印本	07
0019	外科正宗（12卷），1617年	（明）陈实功撰，（清）张青万重订	清道光元年（1821年）绿荫堂刻本，6册	03

续表

序号	书名和成书年	作者和著作形式	版本	收藏馆
0020	外科正宗（12 卷），附录（1 卷），1617 年	（明）陈实功撰，（清）徐大椿评	①清咸丰十年（1860 年）扫叶山房刻本，6 册	01、03
			②清光绪十九年（1893 年）上海图书集成书局铅印本，4 册	01
			③见徐氏医书八种	01
0021	外科正宗（12 卷），1617 年	（明）陈实功撰，（清）许楣订，徐大椿评	清咸丰十年（1860 年）海宁许氏刻本，6 册	02
0022	外科正宗，1617 年	（明）陈实功撰	影印本，1 册	10
0023	重订外科正宗（12 卷），1617 年	（明）陈实功撰，（清）张青万重订	①清道光元年（1821 年）金闾绿荫堂刻本	03
			②清咸丰十年（1860 年）海宁许氏刻本	02
0024	重订外科正宗（6 卷，存卷四至卷六、卷十至卷十二），1617 年	（明）陈实功撰，（清）张青万重订	版本不详（残本），2 册	05
0025	徐评外科正宗（12 卷），附录（1 卷），1617 年	（明）陈实功撰，（清）徐大椿评	①清咸丰十年（1860 年）海宁许氏刻本	01、02
			②清光绪十九年（1893 年）上海图书集成印书局铅印本	01、02
			③清光绪三十一年（1905 年）上海章福记书局石印本	01
			④清扫叶山房刻本	03
			⑤1921 年上海大成书局石印本	03
			⑥民国上海锦章书局石印本	01
0026	徐评外科正宗（12 卷），1617 年	（明）陈实功撰，（清）徐大椿评	清咸丰十年（1860 年）海宁许氏刻本，1 函 6 册	05
0027	校正外科正宗（12 卷），1617 年	（明）陈实功撰	上海锦章书局石印本	01、03
0028	绘图外科正宗，1617 年	（明）陈实功撰	清光绪二十年（1894 年）重刻本，2 册	04
0029	新刊外科正宗，1617 年	（明）陈实功撰	日本宽政三年（1891 年）芳兰榭刻本，8 册	04
0030	外科钤（2 卷），附外科钤古方（1 卷），1624 年	（明）张介宾撰	见景岳全书	01、03
0031	疡科选粹（8 卷），1628 年	（明）陈文治辑	①上海文瑞楼石印本，8 册	03
			②上海新中华书社，8 册	03

续表

序号	书名和成书年	作者和著作形式	版本	收藏馆
0032	外科百效全书（6卷），1630年	（明）龚居中、刘孔敦撰	宏道堂藏版，1函2册	05
0033	外科大成（4卷），1665年	（清）祁坤撰	①清善成堂刻本	03、04、07
			②清刻本，善成堂梓，1函6册	05
			③1925年、1931年、1940年上海锦章书局石印本，4册	01
0034	外科大成（4卷），1665年	（清）祁坤撰，祁嘉锡等正字	清善成堂刻本，4册	03
0035	洞天奥旨（又名外科秘录）（16卷），附十二经络图，1694年	（清）陈士铎著	①清康熙三十三年（1694年）古越大雅堂刻本	03、04
			②清乾隆五十五年（1790年）山阴陈氏大雅堂刻本	01、02
			③清末仿乾隆庚戌刻本，1册	01
			④民国上海广益书局石印本	03
			⑤上海校经山房石印本	02
			⑥石印本	02
0036	洞天奥旨（16卷），1694年	（清）陈士铎著，陶式玉评，陈凤辉梓，陈增方校	清康熙三十三年（1694年）大雅堂藏版，8册	06
0037	洞天奥旨（16卷），1694年	（清）陈士铎著	①清康熙年大雅堂，4册	04
			②清刻本（存卷九至卷十六），1册	02
0038	洞天奥旨（16卷），图（1卷），1694年	（清）陈士铎著，陶式玉评	清大雅堂刻本，4册	03
0039	外科十法（又名华佗外科十法、华佗外科证治药方），1732年	（清）程国彭著	①清雍正十一年（1733年）书粟轩刻本，1册	01
			②见医学心悟附件	03
0040	外科证治全生集（又名林屋山人证治全生集）（4卷），附金疮铁扇方（1卷），1740年	（清）王维德撰	①清咸丰十一年（1861年）武昌节署刻本（附癫狗咬伤毒发欲死经验救急神效方1卷），1册	02
			②清光绪四年（1878年）潘氏敏德堂刻本，2册	03
			③清光绪八年（1882年）临川桂氏刻本（附癫狗咬伤毒发欲死经验救急神效方1卷），1册	02

续表

序号	书名和成书年	作者和著作形式	版本	收藏馆
			④清光绪十年（1884年）扫叶山房刻本，2册	04
			⑤清光绪十九年（1893年）三让堂刻本，1册	02
			⑥清光绪二十五年（1899年）湖北官书局刻本，2册	03
0041	外科症治全生前集(3卷，存卷一、卷二)，后集（3卷），1740年	（清）王维德撰，马培之评	清光绪二十二年（1896年）吴门扫叶山房刻本，1册	03
0042	外科证治全生集（不分卷），1740年	（清）王维德撰	清光绪九年（1883年）潍阳棣园重刊本，1函2册	05
0043	外科证治全生集（4卷），1740年	（清）王维德撰，潘霨重校刊	清光绪四年（1878年）潘敏德堂重刻本，2册	03
0044	外科全生医案，1740年	（清）王维德撰	见外科证治全书	03
0045	王维德外科（又名外科证治全生），1740年	（清）王维德撰	清咸丰十一年（1861年）武昌节署重刊，2册	06
0046	王维德先生外科证治全生（不分卷），1740年	（清）王维德撰	清光绪二十五年（1899年）湖北官书局刻本，2册	03
0047	朱批绘图马评外科症治全生，1740年	（清）马培之撰	清光绪三十三年（1907年）扫叶山房刻本	04
0048	外科心法要诀（又名医宗金鉴外科）（16卷），1742年	（清）吴谦等撰	①清宣统元年（1909年）简青斋书局印，4册	04
			②1919年上海鸿宝斋印，1册	04
			③1947年同仁铅印本，2册	01
			④1949年同仁书局铅印本	01
			⑤见医宗金鉴	01、03
0049	御纂医宗金鉴外科总目（16卷），1742年	佚名	清光绪三十二年（1906年）闽浥明怡斋藏本，上海锦章书局石印	06
0050	疡医大全（38卷），1760年	（清）顾世澄撰	①清光绪二十年（1894年）善成堂重刻本	01
			②清光绪二十七年（1901年）上海图书集成书局	01

续表

序号	书名和成书年	作者和著作形式	版本	收藏馆
0051	疡医大全（40卷），附内经纂要，1760年	（清）顾世澄撰	①清乾隆三十八年（1773年）艺古堂刻本，40册	02
			②清同治九年（1870年）敦仁堂刻本，48卷	03、04
			③清光绪十年（1884年）抄本	01
			④清光绪二十年（1894年）善成堂刻本，22册	01
			⑤清光绪二十七年（1901年）上海图书集成印书局铅印本，16册	01、03
			⑥1917年上海文汇书局石印本	03
0052	疡医大全（40卷），1760年	（清）顾世浮撰	①清同治九年（1870年）敦仁堂刻本，48册	03
			②清同治九年（1870年）校刊，敦仁堂藏版，40册	04、06
			③清光绪二十七年（1901年）上海图书集成印书局铅印本，4册	03
0053	疡医大全（40卷，存卷三十二、卷三十三），1760年	（清）顾世澄撰，钱之柏、顾棚燮校	清光绪二十七年（1901年）上海图书集成印书局铅印顾氏秘书本	03
0054	外科秘录图（2卷，存下卷），1799年	（清）阎松车撰	清嘉庆四年（1799年）刻本，1册	02
0055	疡科心得集（又名疡科临证心得集、伤科心得集）（3卷），附方汇（3卷）、景岳新方歌（1卷），1805年	（清）高秉钧撰	①清嘉庆十一年（1806年）刻本	01
			②清嘉庆十四年（1809年）尽心斋刻本	01
			③清光绪二十七年（1901年）无锡日升山房刻本（存上卷），1册	02
			④清光绪三十二年（1906年）上海文瑞楼石印本	03
0056	疡科心得集（3卷），1805年	（清）高秉钧撰	①清嘉庆十一年（1806年）刻本，3册	01
			②清嘉庆尽心堂刻本	07
			③清光绪二十六年（1900年）无锡日升山房藏版，1函3册	05

续表

序号	书名和成书年	作者和著作形式	版本	收藏馆
0057	疡科心得集（5卷），1805年	（清）高秉钧撰	上海文瑞楼印行，2册	04
0058	疡科心得集，1805年	（清）高秉钧撰	上海文瑞楼石印本，4册	04
0059	疡科心得集，18C5年	（清）高秉钧撰，吴辰灿参订，吴观海校	清嘉庆十一年（1806年）郭一临题，上海文瑞楼印行，3册（卷上、卷中、方汇）	06
0060	疡科临证心得集（3卷），疡科心得集方汇（1卷），1805年	（清）高秉钧撰，吴辰灿参订，高观海校	清嘉庆十一年（1806年）刻本，3册	01
0061	疡科心得集方汇（3卷），补遗（1卷），家用膏丹丸散方（1卷），1805年	（清）高秉钧撰	清刻本	07
0062	疡科临证心得集（3卷），疡科心得集方汇（3卷），补遗（1卷），家用膏丹丸散方（1卷），1805年	（清）高秉钧撰	清嘉庆刻本	07
0063	外科证治全书（5卷），卷末（1卷），1831年	（清）许克昌、毕法合辑	①清同治六年（1867年）刻本，5册	03
			②清光绪三十三年（1907年）遵义天全美刻本，2册	02
0064	外科证治全书（5卷），卷末（1卷），1831年	（清）许克昌等辑	清刻本，5册	03
0065	外科图说（6卷），1834年	（清）高文晋编	①清咸丰六年（1856年）刻本	07
			②民国上海广益书局石印本（4卷）	02
0066	外科图说（4卷），1834年	（清）高文晋编	①上海锦章书局石印本，4册	03
			②上海江东书局铅印本，1册	04
0067	外科真诠（2卷），1838年	（清）邹岳撰	①清同治十一年（1872年）刻本，18册	03、05
			②清光绪四年（1878年）刻本，4册	03
0068	外科真诠（2卷），1838年	（清）邹岳撰，沈振瑞校	清同治十一年（1872年）刻本，2册	03
0069	发背对口治诀论，1840年	（清）谢应材撰	杭州三三医社铅印本，1册	01
0070	裹扎新法（1卷），1862年	（美国）嘉约翰口译，（清）林湘东笔述	清同治元年（1862年）羊城博济医局刻本，1册	02

续表

序号	书名和成书年	作者和著作形式	版本	收藏馆
0071	外科医镜，1883 年	（清）张正撰	1936 年大东书局铅印本，1 册	01
0072	外科传薪集（1卷），1892 年	（清）马培之撰	见珍本医书集成	01、03
0073	绘图中西裹扎新法(1卷)，1895 年	（美国）嵩约翰口译，（清）林湘东笔述	清光绪二十三年（1897 年）石印本，1 册	03
0074	高憩云外科全书十种（22 卷），1902 年 子目： ①外科医镜（12 卷） ②逆证汇录（1 卷） ③外科三字经（1 卷） ④六气感证（1 卷） ⑤外科问答（1 卷） ⑥运气指掌（1 卷） ⑦五脏六腑图说（1 卷） ⑧经络起止歌（1 卷），附井荣俞经合歌（1 卷） ⑨五脏补泄温凉药性歌（1 卷） ⑩三百六十穴歌（1 卷）	（清）高思敬撰	1917 年天津华新印刷局铅印本	02
0075	外科学一夕谈（1 卷），1910 年	（清）丁福保译	清宣统二年（1910 年）上海文明书局铅印丁氏医学丛书本，1 册	02
0076	外科学讲义，1911 年	（清）刘恒瑞编	杭州三三医社铅印本，1 册	01
0077	疡科纲要，1917 年	（民国）张寿颐撰	杭州三三医社铅印本，1 册	01
0078	中西合纂外科大全(5卷)，1917 年	（民国）顾鸣盛编	①1918 年、1936 年上海大东书局石印本	02
			②见中西医学丛书四种	03
			③1921 年初版，1922 年再版，上海大东书局藏版，2 册	06
0079	外科大全，1917 年	（民国）朱振声编	1949 年国光书店铅印再版本，1 册	01
0080	最新实验外科大全，1931 年	（民国）朱振声编	1931 年、1949 年上海国光书店铅印本	01
0081	外科病问答，1935 年	（民国）蔡陆仙撰	见民众医药指导丛书	03
0082	中西外科大全，1936 年	（民国）胡安邦撰	1936 年、1937 年、1941 年、1942 年、1947 年上海中央书店铅印本，1 册	01、02

2. 外科方

序号	书名和成书年	作者和著作形式	版本	收藏馆
0001	鬼遗方，499 年	（南齐）龚庆宣撰	杭州三三医社铅印本，1 册	01
0002	外科方外奇方（乙卷），1893 年	（清）凌奂撰	①见珍本医书集成	01、03
			②1924 年杭州三三医社铅印本，1 册	01
0003	蔡氏外科秘方，1930 年	佚名	1930 年抄本，2 册	01
0004	中医外科方杂抄，1949 年	佚名	①清抄本，1 册	02
			②民国抄本	02

3. 痈疽、疔疮

序号	书名和成书年	作者和著作形式	版本	收藏馆
0001	卫济宝书（2 卷），1170 年	（宋）董璜撰	见当归草堂医学丛书	01、03
0002	集验背疽方，1195 年	（宋）李迅撰	①杭州三三医社铅印本，1 册	01
			②四库全书珍本初集本，1 册	01
0003	疮疡经验全书（6 卷），1569 年	（宋）窦汉卿辑著	①清康熙五十六年（1717 年）浩然楼刻本，10 册	01
			②清大文堂重刻本，6 册	03
0004	新增疗疮要诀，1874 年	（清）应遵诲编	1918 年上海千顷堂书局石印本，2 册	03
0005	刺疔捷法，1876 年	（清）张镜撰	①清光绪五年（1879 年）长州王望校刻本	03
			②清光绪五年（1879 年）长洲王鋆校刻本，1 册	03
			③见临症类外科疗毒	03
0006	刺疔捷法（1 卷），附一种（1 卷），1876 年 附录子目： 考正穴法（1 卷），（清）王鋆辑校	（清）张镜撰，王鋆校刊	清光绪五年（1879 年）长洲王鋆刻本，1 册	03
0007	重刊刺疔捷法，附治疔良方、治疔歌，1876 年	（清）吴韵仙编	①1926 年、1931 年、1934 年上海广益书局石印	02、03
			②1929 年石印本，1 册	03
0008	增订治疔汇要（又名治疔大全）（3 卷），附补遗（1 卷），1896 年	（清）过铸辑	①清光绪二十四年（1898 年）武林刻本，6 册	02
			②1940 年铸记书局影印本	03
0009	增订治疔汇要（3 卷），附过氏医案，1896 年	（清）过铸辑	1940 年上海铸记书局影印本，2 册	03

续表

序号	书名和成书年	作者和著作形式	版本	收藏馆
0010	癫狗咬方、刺疔捷法，1929 年	佚名	版本不详，1 册	06
0011	癫狗咬方、刺疔捷法（不分卷），1929 年	（清）张镜撰	清刻本，1 册	05

4. 疯症、霉疮（皮肤病入此）

序号	书名和成书年	作者和著作形式	版本	收藏馆
0001	解围元薮，1550 年	（明）沈之问辑	杭州三三医社铅印本，1 册	01
0002	霉疮秘录（2 卷），1632 年	（明）陈司戎著	①清光绪十一年（1885 年）浦鉴庭刻本	03
			②清光绪十一年（1885 年）上海石印本，2 册	02
			③清光绪十一年（1885 年）刻本，3 册	03、04
			④石印本	03
			⑤上海会文堂据户仓屋喜兵卫刻本影印本，3 册	01、03
0003	霉疮秘录（3 卷），1632 年	（明）陈司戎著	清光绪十一年（1885 年）刻本，1 册	04
0004	霉疮秘录（2 卷，上下卷），1632 年	（明）陈司成著	丙辰孟春校印，2 册	04
0005	疯门辨症（1 卷），1796 年	佚名	见珍本医书集成	01
0006	疯门全书（1 卷），1796 年	（清）萧晓亭撰	见珍本医书集成	01
0007	增订花柳指迷（1 卷），1836 年	（美国）嘉约翰口述	版本不详，1 册	04
0008	皮肤新编（1 卷），1911 年	（美国）嘉约翰口译，（清）林湘东笔述	清光绪十四年（1888 年）羊城博济医局刻本，1 册	02
0009	花柳易知，1918 年	（民国）李公彦撰	1927 年、1930 年、1932 年、1937 年上海文明书局铅印本	01
0010	花柳易知，1918 年	佚名	1932 年文明书局铅印本，1 册	01
0011	梅疮见垣录，1920 年	（民国）恽铁樵撰	见药庵医学丛书	03
0012	霉疠新书，1936 年	（日）片仓元周撰	见皇汉医学丛书	01、03
0013	秘传大麻疯方（1 卷），1936 年	佚名	见珍本医书集成	01

5. 其他外科病

序号	书名和成书年	作者和著作形式	版本	收藏馆
0001	疬疡机要（3卷），1764年	（明）薛己撰	见薛氏医案	03
0002	割症全书（7卷），1890年	（美国）嘉约翰译	清光绪十六年（1890年）羊城博济医局刻本，11册	02、03
0003	割症全书（7卷），1890年	佚名	清光绪十六年（1890年）新镌羊城博济医局藏版，7册	04
0004	癞痹花柳良方录要，1894年	佚名	清光绪二十年（1894年）广东守经堂刻本，1册	01、02
0005	疬科全书，1923年	（清）梁希撰	杭州三三医社铅印本，1册	01
0006	乳病自疗法，1933年	（民国）傅辟支编	1933年上海汉文正楷印书局铅印本	02
0007	乳病研究，1940年	（民国）朱振声编	1940年、1947年上海国光书店铅印本	02
0008	癞疬良方，1949年	佚名	铅印本	02

（七）伤科

序号	书名和成书年	作者和著作形式	版本	收藏馆
0001	正体类要，1529年	（明）薛己撰	1936年大东书局铅印本，1册	01
0002	金疮铁扇散（又名金疮铁扇散方）（1卷），1740年	（清）明德、沈平辑	清光绪三十四年（1908年）扬州务本堂刻本，1册	01、02
0003	金疮铁扇散方（1卷），1740年	佚名	清光绪三十四年（1908年）扬州务本堂重刊，1册	04
0004	正骨心法要旨（4卷），1742年	（清）吴谦等撰	见医宗金鉴	01、03
0005	中国接骨图说，1805年	（日本）二宫献彦可撰	见皇汉医学丛书	01、03
0006	伤科补要（4卷），1808年	（清）钱秀昌撰	①清嘉庆二十三年（1818年）镌，上海千顷堂书局影印，1955年6月第一版，1册	06
			②清光绪十年（1884年）姚从龙据嘉庆刻本抄本，4册	02
0007	伤科方书（1卷），1845年	（清）江考卿撰	①见珍本医书集成	01
			②杭州三三医社铅印本，1册	01
0008	江氏伤科学，1845年	佚名	见珍本医书集成	01、03
0009	伤科大成，1891年	（清）赵濂撰	1929年、1931年、1937年上海中医书局铅印本，1册	01

续表

序号	书名和成书年	作者和著作形式	版本	收藏馆
0010	三十六穴伤门图，1910年	（清）陈国泰著	广西永福崇山李氏抄本	02（仅存）
0011	跌打方药，1911年	佚名	清蓬莱氏据溪南吴氏家藏本抄本	02（仅存）
0012	秘传伤科，1937年	（民国）曹焕斗校订	抄本	02（仅存）

（八）眼科

序号	书名和成书年	作者和著作形式	版本	收藏馆
0001	银海精微（2卷），682年	（唐）孙思邈撰	①清光绪大文堂刻本	03
			②清文盛堂刻本，2册	01
			③清刻本，1册	01（残）
			④1914年上海广益书局石印本，2册	01、03
			⑤1915年、1921年上海锦章书局石印本	01、03
0002	银海精微（4卷），682年	（唐）孙思邈撰，（清）周亮节较正	清大文堂刻本，2册	03
0003	审视瑶函（又名眼科大全）（6卷），卷首（1卷），1642年	（明）傅仁宇撰，林长生校补	①明崇祯十七年（1644年）大樑周靖公刻宝文堂印本，6册	01、02、03
			②清光绪十年（1884年）善成堂刻本，6册	03
			③清宣统元年（1909年）上海会文堂石印本，6册	03、04
			④清刻本焕文堂藏版（书口题醉畊堂）	03
			⑤清致盛堂刻本	03
			⑥清济世堂刻本	02
			⑦清经国堂刻本（书口题醉畊堂）	02
			⑧清酉酉堂刻本	02
			⑨清刻本，18册	02
			⑩清醉畊堂刻本（存卷一至卷三，补配清刻本），6册	04
			⑪1915年上海广益书局石印本，6册	01、03
			⑫民国上海锦章书局石印本	01
			⑬醉畊堂刻本，3册	04

续表

序号	书名和成书年	作者和著作形式	版本	收藏馆
0004	傅氏眼科审视瑶函(6卷，存卷四至卷六)，卷首(1卷)，1642年	（明）傅仁宇撰，林长生校补	清善成堂刻本，1册	03
0005	傅氏眼科审视瑶函(6卷)，卷首(1卷)，1642年	（明）傅仁宇撰，林长生校补	①清经纶堂刻本，2册	03
			②清宣统元年（1909年）上海会文书局石印本，2册	03
			③清刻本，5册	03
0006	审视瑶函（又名眼科大全）(6卷)，1642年	（明）傅仁宇撰	①清刻本，酉西堂藏版，1函4册	05
			②姑苏会文堂梓，12册	04、05
			③三益堂梓行，6册	05
			④民国石印本，1册	05
			⑤版本不详，9册	04
0007	增订审视瑶函眼科大全（6卷），1642年	（明）傅仁宇撰，张文凯参阅，周靖公校刊，林长生校补，张秀订校正，傅维藩编集	清宣统元年（1909年）重校，上海会文堂书局印行，2册	06
0008	异授眼科（1卷），1643年	（明）程玠编	清光绪二年（1876年）桂林刘芸浦贵阳潘济湖桂林省鼓楼街杨尚文堂刻本，1册	02
0009	异授眼科（又名异授眼科秘旨），1643年	（明）李涿鹿授	①清光绪二年（1876年）桂林刘芸浦等刻本杨尚文堂藏版	02(仅存)
			②清光绪三十年（1904年）铅印本	02(仅存)
			③清抄本（有傅山印）	01、03
0010	异授眼科，1643年	佚名	1943年抄本，2册	01、03
0011	一草亭目科全书（4卷），1643年	（明）希尧原本	上海千顷堂书局印行，2册	06
0012	一草亭目科全书（4卷），1643年	（清）文永周重编	上海千顷堂书局石印本，4册	03
0013	一草亭目科全书（1卷），1643年	（明）邓苑撰	见艺海珠尘	01
0014	启朦真谛一草亭目科全书，1643年	（明）邓苑撰	清光绪七年（1881年）上海申报馆铅印本，1册	01
0015	一草亭目科全书、异授眼科合刊，1643年	（明）邓苑撰	1936年大东书局铅印本，1册	01

续表

序号	书名和成书年	作者和著作形式	版本	收藏馆
0016	启朦真谛——异授眼科，1643年	佚名	清光绪七年（1881年）上海申报馆铅印本，1册	01
0017	眼科百问（又名眼科自疗问答、改良眼科百问、眼科秘传）（2卷），1657年	（清）王行冲撰	①上海江东书局石印本，2册	03
			②上海广益书局石印本，2册	01、02、03
			③上海锦章书局石印本，1册	04
0018	增图眼科百问（2卷），1657年	（清）王行冲撰	上海锦章书局印行，1册	04
0019	眼科阐微（4卷），1700年	（清）马化龙编	①抄本，4册	03
			②版本不详，4册	04
0020	孙真人眼科秘诀眼科入门（3卷），内附阐微，1700年	（清）马化龙手著，马昱订正，王用汲恭订，汪文漪鉴定，宋源校梓，谈锜莒、彭万里同阅，隋平授梓校补	清康熙四十年（1701年）王用汲、王吉旦序，3册	06
0021	眼科秘诀（2卷），1700年	（唐）孙思邈著，（清）王万化传，马化龙受，隋平、丁泽溥梓	版本不详，1册	06
0022	启蒙真谛，1717年子目：①一草亭目科全书，（明）邓苑撰 ②异授眼科，（明）李涿鹿授	佚名	清光绪八年（1882年）上海申报馆铅印本	01
0023	启蒙真谛——异授眼科，1717年	佚名	清光绪七年（1881年）上海申报馆铅印本	01
0024	眼科良方（又名眼科秘方、叶桂眼科、叶氏眼科方），附脚气良方，1746年	（清）叶桂撰	①清咸丰八年（1858年）广同济堂刻本	02（仅存）
			②清刻本，1册	02
0025	古歙槐塘程松崖眼科（又名眼科秘要），1796年	（清）程正通撰	广州守经堂刻本	02（仅存）
0026	银海指南（又名眼科大成）（4卷），1809年	（清）顾锡撰	①1915年上海锦章书局石印本，1册	01、04
			②1936年上海大东书局铅印本，4册	01
			③上海广益书局石印本，4册	01、03
0027	眼科大成（6卷），1809年	（清）顾锡著	上海锦章书局印行，石印本，4册	04

续表

序号	书名和成书年	作者和著作形式	版本	收藏馆
0028	眼科大成银海精微，1809 年	（清）顾锡、龚廷贤撰	上海锦章书局石印本，4 册	04
0029	眼科捷径，1820 年	佚名	见陈修园医书五十种、陈修园医书七十二种	01、03
0030	眼科锦囊（4 卷），续眼科锦囊（2 卷），1829 年	（日本）本庄俊笃撰	日本天保六年（1835 年）刻本，清光绪十一年（1885 年）上海福瀛书局重印本浙湖许恒远堂藏版，6 册	01
0031	一草亭眼科全集（4 卷），1837 年	（清）文永周编	①清光绪十六年（1890 年）益元堂刻本（附程松崖先生眼科应验良方）	02
			②上海千顷堂书局石印本	03
0032	眼科约篇，1880 年	（清）颜筱园撰	清光绪六年（1880 年）刻本，1 册	02（仅存）
0033	林氏眼科简便验方，1893 年	（明）林长生撰，（清）林士纶补辑	①清咸丰十年（1860 年）句容杨启葆刻本	03
			②清咸丰十一年（1861 年）刻本云阳文会堂藏版（附喉科补遗）	01、03
			③清光绪十九年（1893 年）锡山林敬堂刻本，1 册	01
			④清刻本	03
0034	眼科证治二十二章，1903 年	（美国）聂会东口译，尚宝臣笔述	清光绪二十九年（1903 年）上海华美书馆铅印本，1 册	03
0035	七十二症眼科（又名七十二种眼症、七十二种眼症全科、七十二症方），1911 年	佚名	抄本，1 册	01
0036	银海秘传，1911 年	佚名	抄本，1 册	01（仅存）
0037	眼科药性摘录，1911 年	佚名	抄本	02（仅存）
0038	目疾总论（1 卷），1911 年	佚名	清末抄本，1 册	01
0039	眼科易知，1918 年	中华书局编	1918 年、1919 年、1920 年、1922 年、1927 年、1931 年、1939 年上海中华书局铅印本	01
0040	眼科易知，1918 年	文明书局编	1931 年文明书局铅印本，1 册	01

续表

序号	书名和成书年	作者和著作形式	版本	收藏馆
0041	简明眼科学（1卷），1918年	（清）王桂林校注	见国医百家	03
0042	眼科易简补编（不分卷），1934年	（民国）聂子因著	1934年韭菘别墅铅印本，1册	05
0043	眼科，1935年	（民国）陆清洁编	1935年、1936年、1937年上海世界书局铅印本	01
0044	眼科（医药顾问大全第十四册），1935年	（民国）陆清洁编	1936年世界书局铅印本，1册	01
0045	眼科对症神方，1937年	（民国）黄琳韫撰	抄本，1册	01（仅存）

（九）咽喉口齿

1. 咽喉通论

序号	书名和成书年	作者和著作形式	版本	收藏馆
0001	咽喉脉证通论，1279年	佚名，（清）许枢校订	①清同治十三年（1874年）川东刻本，1册	02
			②清光绪十一年（1885年）刻费伯雄审定本	01
0002	咽喉脉证通论（1卷），1279年	佚名	①咫进斋丛书本	01
			②见陈修园医书五十种、陈修园医书七十二种	01、03
			③宋僧原本，伯雄氏手录石印本，1册	01
0003	尤氏喉科秘书（又名无锡尤氏秘传喉科真本、喉科尤氏书、喉科秘本、喉科秘传），附喉科方，1667年	（清）尤乘撰	①清道光五年（1825年）沈云飞抄本	02（仅存）
			②清抄本，1册	02
0004	尤氏喉科秘本、咽喉脉证通论，1667年	（清）尤乘撰	1936年大东书局铅印本，1册	01
0005	喉科指掌（又名治喉指掌、喉科、喉科秘旨）（6卷），1757年	（清）张宗良撰	清乾隆二十二年（1757年）刻本	02
0006	喉科秘旨，1757年	（清）张宗良、吴氏合撰	清同治十三年（1874年）红杏山房刻本	03

续表

序号	书名和成书年	作者和著作形式	版本	收藏馆
0007	重楼玉钥（又名重楼玉钥喉科指南、喉科指南）（2卷），1768年	（清）郑宏纲撰	①清光绪二十六年（1900年）浙江省城景文斋刻本（附白喉忌表抉微1卷），1册	02
			②1917年上海大成书局石印本	02
			③1917年奉天章福记书局石印本（4卷）	02
			④抄本	01
			⑤手抄本，1册	01
0008	重楼玉钥（不分卷），1768年	（清）郑宏纲撰	①清光绪五年（1879年）浙江有容斋刻本，1函1册	05
			②清光绪二十六年（1900年）重镌本，1函1册	05
0009	重楼玉钥（不分卷），附白喉治法忌表抉微，1768年	（清）郑宏纲撰	清光绪二十六年（1900年）杭州景文斋刻本，1函1册	05
0010	重楼玉钥（1卷），附一种（1卷），1768年 附录子目： 附洞主仙师白喉治法忌表抉微（1卷），（清）耐修子撰	（清）郑宏纲著	清光绪二十六年（1900年）刻本，1册	03
0011	重楼玉钥续编，1804年	（清）郑承瀚撰	杭州三三医社铅印本，1册	01
0012	重楼玉钥新编，后附白喉忌表抉微，1804年	（清）郑宏纲撰	清光绪二十六年（1900年）重镌，版存杭城下城头巷，1册	06
0013	喉科指南，1804年	佚名	手抄本	01
0014	喉证指南（4卷），1804年	（清）寄湘渔父编	清光绪十八年（1892年）重刊，版藏顺邑龙山乡桃盛京果店，1册	06
0015	喉症全科紫珍集（又名喉科紫珍全集、经验喉科紫珍集、七十二种绘图喉科全书、增补经验喉科紫珍青囊济世录）（2卷），1804年	（清）窦氏撰，朱翔宇编	①清咸丰十年（1860年）句曲杨氏刻本	01
			②清咸丰十一年（1861年）刻本云阳文会堂藏版（附喉科补遗），1册	01、03
			③清咸丰十一年（1861年）刻本，1册	01、03
			④清抄本，8册	02

续表

序号	书名和成书年	作者和著作形式	版本	收藏馆
0016	喉症全科紫珍集（2卷），补遗（1卷），1804年	（清）朱翔宇编	清咸丰十一年（1861年）云阳文会堂刻本，2册	03
0017	重录增补经验喉科紫珍集（2卷），1804年	（清）黄梅溪秘藏，朱纯衷授，朱翔宇增补	清咸丰十年（1860年）刻本，1册	03
0018	图注喉科指掌（又名喉科杓指）（4卷），1815年	（清）包永泰撰	①清光绪八年（1882年）善成堂刻本（附集验良方），2册	02
			②1915年、1923年上海江左书林石印本，1册	03
0019	急救喉疹要法，1820年	（清）范心田录	①1929年上海文明印刷所铅印本	03(仅存)
			②见陈修园医书五十种、陈修园医书七十二种	01、03
0020	喉科心法（2卷），1847年	（清）沈善兼编	清光绪三十年（1904年）石印本，1册	02
0021	咽喉秘集（又名喉科秘旨、喉科要旨、急救喉证全集、验方新编咽喉秘集、喉证秘集），1850年	（清）吴氏、张氏合撰	①清同治十三年（1874年）红杏山房刻本，2册	03
			②1926年上海中原书局石印本	01
0022	喉科秘旨（2卷），1850年	佚名	上海中原书局石印本，2册	01
0023	喉科秘旨（2卷，上下卷），内附七十二喉症图，1850年	（清）吴张氏原本，傅氏重镌	1926年上海中原书局印行，2册	06
0024	喉科秘旨（2卷），1850年	（清）吴张氏原本	清同治十三年（1874年）红杏山房刻本，2册	03
0025	喉科枕秘（又名焦氏喉科枕秘）（2卷），附十药神书，1868年	（清）金德鉴撰	清同治七年（1868年）孙氏刻本，1册	01、03
0026	知非斋咽喉集方，1872年	（清）周兴南编	1934年铅印本，1册	03
0027	喉牙口舌各科秘旨（又名喉舌备要秘旨、喉科秘旨），1879年	清广东藩署编	清光绪五年（1879年）广东藩署刻本，1册	01
0028	喉牙口舌各科秘旨，附骨鲠符、戒烟良方，1879年	佚名	清光绪五年（1879年）广东藩署西斋重刻本	01

续表

序号	书名和成书年	作者和著作形式	版本	收藏馆
0029	喉舌备要秘旨、包氏喉证家宝，1879年	佚名	1937年大东书局铅印本，1册	01
0030	喉科，1880年	佚名	①清光绪十年（1884年）抄本，1册	01
			②清抄本	01
0031	喉科种福（5卷），1888年	（清）易方撰	清光绪二十五年（1899年）富记局刻本，2册	02
0032	重订囊秘喉书，1902年	（清）杨龙九撰，王景华重订	1936年上海大东书局铅印本	01
0033	囊秘喉书（1卷），附录验方（1卷），1902年	（清）杨龙九撰，王景华重订	清光绪二十八年（1902年）刻本，1册	03
0034	重订囊秘喉书，1902年	（清）杨龙九撰	1936年大东书局铅印本，1册	01
0035	包氏喉证家宝，1903年	（清）包三述撰	1937年上海大东书局铅印本	02
0036	喉科金钥（2卷），1911年	（清）袁仁贤撰	①清宣统三年（1911年）、1923年华丰印刷铸字所铅印本	02
			②1923年江宁徐氏铅印本，1册	03
0037	重订喉科家训（4卷），1911年	（清）刁步忠撰，刁质明编	1924年杭州三三医社铅印本，1册	01、02
0038	喉科易知，1918年	中华书局编	①1919年、1937年上海中华书局铅印本，1册	01
			②1933年文明书局铅印本，1册	01
0039	咽喉脉诀，1937年	佚名	抄本，1册	01（仅存）
0040	喉科秘诀，1870年	（清）黄真人撰	杭州三三医社铅印本，1册	01
0041	喉科摘要（1卷），1884年	佚名	清光绪十年（1884年）刻本，1册	01

2. 白喉

序号	书名和成书年	作者和著作形式	版本	收藏馆
0001	时疫白喉捷要（又名治喉捷要），1864年	（清）张绍修撰	①清光绪十四年（1888年）桂林爱经善堂刻培文堂印本，1册	02
			②清光绪十八年（1892年）宜宾官署刻本，1册	02（仅存）

续表

序号	书名和成书年	作者和著作形式	版本	收藏馆
0002	烂喉丹痧辑要，1867年	（清）金德鉴撰	①清刻本，1册	03
			②手抄本，1册	01
0003	白喉全生集，1875年	（清）李纪方撰	1917年重印本，1册	03
0004	疫喉浅论（2卷），补遗（1卷），1875年	（清）夏云撰	①清光绪三年（1877年）刻本，1册	02
			②清光绪五年（1879年）刻本，存吾春斋藏版	03
0005	疫喉浅论（2卷），补遗（1卷），新补会厌论（1卷），1875年	（清）夏云撰	清光绪五年（1879年）吾春斋刻本，1册	03
0006	疫喉浅论（2卷），1875年	（清）夏云撰	清光绪五年（1879年）存吾春斋藏版，1函3册	05
0007	白喉辨证，1876年	（清）黄维翰撰	清宣统二年（1910年）邵东太平一都曾大晓堂刻本，1册	02（仅存）
0008	时疫白喉捷要合编（又名专治时疫白喉捷要合编），1879年	（清）黄炳乾撰	清光绪三十三年（1907年）马平严承旬刻本，1册	02
0009	白喉辨症，1887年	（清）王裕庆撰	抄本	02（仅存）
0010	白喉治法忌表抉微（又名洞主仙师白喉治法忌表抉微、白喉治法忌表述要、喉症治法忌表抉微、喉症神效方、白喉瘟神方），1891年	（清）耐修子撰	①清光绪十七年（1891年）重刻本，1册	03
			②清光绪十八年（1892年）湖北官书处刻本，1册	02
			③清光绪二十七年（1901年）顺成书局石印本，1册	04
			④清光绪二十八年（1902年）扬州棉花馆刻本	02（仅存）
			⑤清光绪二十八年（1902年）柿花馆刻扬州左卫街赵聚贤斋刻字店印本，1册	02
			⑥清光绪刻本	02、03
			⑦清刻本，1册	02
			⑧1929年上海文明印刷所铅印本，1册	01、03、04
			⑨上海宏大书局石印本，1册	01
0011	白喉治法忌表抉微（1卷），1891年	（清）耐修子撰	①清光绪十七年（1891年）刻本，1册	03
			②清光绪二十七年（1901年）春仲顺成书局石印本，1册	04

续表

序号	书名和成书年	作者和著作形式	版本	收藏馆
			③清光绪二十八年（1902年）刻本，1册	03
			④中国图书公司和记代印，1册	04
			⑤1929年重刊，上海文明印刷所代印，1册	04
0012	白喉证治通考（1卷），1901年	（清）张采田撰	①1902年刻本，1册	01
			②清光绪二十九年（1903年）刻多伽罗香馆丛书本，1册	01、02
0013	最新发明白喉警言，1917年	（民国）陈知本编	1917年义乌陈知本石印	02（仅存）

3. 喉痧

序号	书名和成书年	作者和著作形式	版本	收藏馆
0001	万寿丹书（又名五福万寿丹书、五福全书），1624年	（明）龚居中撰	明天启四年（1624年）金陵书林周如泉刻本	02
0002	疫痧草（又名疫痧草辨论章、疫痧草病象章），1801年	（清）陈耕道撰	①清道光十九年（1839年）宏文斋刻本	02
			②清光绪四年（1878年）汉口汪氏刻本	03、04
			③清光绪四年（1878年）重刻本，2册	03、04
			④清光绪六年（1880年）宏文斋刻本，1册	02、03、04
			⑤清光绪二十八年（1902年）刻本，1册	03
			⑥清宣统元年（1909年）集成图书局铅印本（附见象章1卷、汤药章1卷），1册	01
			⑦北京和济印刷局铅印本，1册	01
0003	疫痧草（1卷），1801年	（清）陈耕道撰	清光绪刻本，1册	04
0004	疫痧草（2卷），1801年	（清）陈耕道撰	清光绪四年（1878年）镌，板存汉镇五圣庙下首张锦华刻刷善书老店，1册	04

续表

序号	书名和成书年	作者和著作形式	版本	收藏馆
0005	疫痧草（3卷），1801年	（清）陈耕道撰	①清光绪四年（1878年）刻本，1册	03
			②清光绪六年（1880年）江都刘卓斋刻本，1册	03
			③清光绪六年（1880年）刘卓斋刻宏文斋印本，2册	02
0005	疫痧草（3卷），附一种（1卷），1801年 附录子目： 时疫白喉捷要（1卷），（清）张绍修撰	（清）陈耕道撰	清光绪二十八年（1902年）刻本，1册	03
0006	陈氏疫痧草（3卷），1801年	（清）陈耕道撰	清光绪四年（1878年）镌，板存汉镇五圣庙下首张锦华刻刷善书老店，1册	04
0007	疫痧草、时疫白喉捷要、痔疮验方（不分卷），1801年	（清）陈耕道等撰	锡成印刷公司铅印本，1册	05
0008	疫喉浅论（2卷），补遗（1卷），1875年	（清）夏云撰	清光绪五年（1879年）存吴春斋刻本，1册	03
0009	喉痧正的（1卷），1890年	（清）曹心怡撰	①清光绪十六年（1890年）苏州曹氏朗斋刻本，1册	08
			②见陈修园医书五十种、陈修园医书七十二种	01、03

4. 口齿

序号	书名和成书年	作者和著作形式	版本	收藏馆
0001	走马急疳真方，1275年	（宋）滕伯祥撰	杭州三三医社铅印本，1册	01
0002	口齿类要，1529年	（明）薛己撰	①1937年大东书局铅印本，1册	01
			②见薛氏医案	03

（十）祝由科

序号	书名和成书年	作者和著作形式	版本	收藏馆
0001	轩辕碑记医学祝由十三科，1914年	（上古）黄帝传	1914年上海锦章书局石印本，1册	01
0002	祝由十三科（又名轩辕碑记医学祝由十三科），1914年	佚名	1914年出版，上海锦章图书局印行，1册	06

九、养生

（一）养生通论

序号	书名和成书年	作者和著作形式	版本	收藏馆
0001	千金方养性篇（1卷），651年	（唐）孙思邈撰	见备急千金要方	03
0002	寿亲养老新书（4卷，缺卷四），1307年	（元）邹铉续增	1919年上海朝记书庄铅印本（残本），4册	05
0003	摄生众妙方（11卷），1550年	（明）张时彻撰	见四明丛书	01
0004	医先（1卷），1550年	（明）王文禄撰	①1937年商务印书馆铅印本，1册	01
			②见影印元明善本丛书十种、百陵学山	01
0005	摄生总要（4卷），1638年	（明）洪基撰	明崇祯十一年（1638年）刻本，2册	03
0006	摄生总要之摄生秘剖（3卷），1638年	（明）洪基撰	清光绪八年（1882年）重刊袖珍本，1函3册	05
0007	石渠阁精订摄生总要秘剖（4卷），1638年	（明）洪基撰	清刻本，1册	03
0008	颐养诠要（4卷），1722年	（清）冯曦撰	清光绪二十四年（1898年）冯氏蒙香室刻本	02
0009	养生经验合集，1791年	（清）毛世洪辑	清道光十二年（1832年）王锦文刻本，1册	01
0010	枕上三字诀，1879年	（清）俞樾撰	①清光绪二十五年（1899年）刻本	01
			②见养在堂全书	01
0011	养生保命录，1890年	（清）史立庭撰	1917年、1934年上海三友实业社石印本	01
0012	养生保命录，1890年	佚名	1934年上海三友实业社铅印本，1册	01
0013	养生镜，1892年	（清）陆乐山撰	①见陈修园医书五十种	03
			②单行本，1册	03
0014	玉房秘诀（1卷），指要（1卷），1903年	（清）叶德辉撰	见双梅景阁丛书	01
0015	洞玄子（1卷），1903年	（清）叶德辉撰	见双梅景阁丛书	01
0016	素女方（1卷），1903年	（清）叶德辉撰	见双梅景阁丛书、丛书集成初编	01、03
0017	天地阴阳交欢大乐赋（1卷），1903年	（唐）白行简撰	见双梅景阁丛书	01

续表

序号	书名和成书年	作者和著作形式	版本	收藏馆
0018	实验勿药医病法，1922年	（民国）顾鸣盛编	1932年文明书局铅印本，1册	01
0019	青囊秘录，1922年	（汉）华佗撰，（唐）孙思邈述，（民国）济南道院编	①1922年济南道院铅印本，4册	03
			②1923年济南道院铅印本	03
0020	推蓬寤语，1923年	（明）李豫亨撰	民国杭州三三医社铅印本，1册	01
0021	延寿第一绅言，1935年	（宋）愚谷老人编	1937年商务铅印本，1册	01
0022	摄生消息论，1935年	（元）丘处机撰	1937年商务铅印本，1册	01
0023	七四老人健康访问记，1948年	（民国）沈钧儒述	1948年香港生活书店铅印本	02(仅存)

（二）导引、气功

序号	书名和成书年	作者和著作形式	版本	收藏馆
0001	胎息经疏略（1卷），1558年	（明）王文禄撰	①见影印元明善本丛书十种	01
			②见丛书集成初编	03
0002	元和篇（12卷），附录（1卷），1875年	（清）因觉生撰	清光绪二十六年（1900年）铅印本	07
0003	巢氏宣导法，1913年	（清）廖平辑	1936年上大东书局印本，1册	01
0004	因是子静坐法（1卷），1914年	（民国）蒋维乔	版本不详，1册	04
0005	内外功图说辑要上下集，1918年	（民国）席裕康辑，王知慧恭绘，韩明果敬录	1918年席蔚根集辑，2册	06
0006	精武医说，1918年	（民国）罗伯夔撰	1918年铅印本，1册	01(仅存)
0007	意气功详解，1931年	（民国）王贤宾撰	1931年天津岚簌书局铅印汉石楼丛书本，1册	01

（三）炼丹

序号	书名和成书年	作者和著作形式	版本	收藏馆
0001	灵秘丹药全书，1591年	（明）钟惺编	①1929年上海千顷堂书局石印	02
			②1929年出版，上海千顷堂书局发行，1册	06

十、医案医话医论

（一）医案

序号	书名和成书年	作者和著作形式	版本	收藏馆
0001	怪疴单，1358 年	（元）朱震亨撰	1937 年商务铅印本，1 册	01
0002	石山医案（3 卷），附录（1 卷），1519 年	（明）汪机撰	见汪石山医书八种	03
0003	名医类案（12 卷），1549 年	（明）江瓘撰，江应宿增补	①清乾隆三十五年（1770 年）新安鲍氏知不足斋刻本	03
			②清同治十年（1871 年）藏修堂重刻知不足斋本，6 册	03
0004	名医类案（12 卷），1549 年	（明）江瓘撰	①清同治十年（1871 年）藏修堂重刻知不足斋本，2 函 12 册	05
			②清光绪十一年（1885 年）信述堂刻本，3 册	03
0005	医案，1573 年	（明）孙一奎撰	版本不详，3 册	04
0006	医案（5 卷），1573 年	（明）孙一奎撰	版本不详，3 册	04
0007	孙文垣医案，1573 年	（明）孙一奎撰	①民国上海大东书局铅印本，3 册	01
			②见赤水玄珠附录	01、03
0008	芷园臆草存案（1 卷），1616 年	（明）卢复撰	见医林指月丛书	03
0009	薛氏医案二十四种，1620 年 子目： ①十四经发挥（4 卷） ②难经本义（3 卷） ③本草发挥（4 卷） ④平治荟萃（3 卷） ⑤内科摘要（2 卷） ⑥明医杂著（6 卷） ⑦伤寒钤法（不分卷） ⑧敖氏伤寒金镜录（不分卷） ⑨原机启微（2 卷），附录（不分卷） ⑩保婴摄要（20 卷） ⑪钱氏小儿药证直诀（4 卷） ⑫陈氏小儿痘疹方论（不分卷） ⑬保婴金镜录（不分卷）	（明）薛己等撰	清渔古山房刻本，48 册	03

续表

序号	书名和成书年	作者和著作形式	版本	收藏馆
	⑭妇人良方（24卷） ⑮女科撮要（2卷） ⑯外科发挥（8卷） ⑰外科心法（7卷） ⑱外科枢要（4卷） ⑲痈疽神秘验方（不分卷） ⑳外科经验方（不分卷） ㉑外科精要（3卷） ㉒正体类要（2卷） ㉓口齿类要（不分卷） ㉔疠疡机要（3卷）			
0010	陆氏三世医验（4卷），1639年	（明）陆养愚等撰	1915年上海会文堂石印本，4册	04
0011	陆氏三世医验（5卷），1639年	（明）陆养愚等撰	1915年上海会文堂石印本，4册	05
0012	陆氏三世医验（5卷），1639年	（明）陆养愚、陆肖愚、陆祖愚共撰	①抄本	02
			②1915年上海会文堂石印本，4册	04
0013	寓意草，1643年	（清）喻昌著	①明崇祯十六年（1643年）序刻本，4册	03
			约撰于明崇祯十六年，1册1部	04
			②清乾隆二十八年（1763年）刻本集思堂藏版	02
			③清乾隆二十八年（1763年）黎川陈守诚刻本嵩秀堂藏版，3册	01
			④见喻氏医书三种	01、03
			⑤民国上海广益书局石印本，1册	01
			⑥版本不详，2册	04
0014	寓意草（1卷），续篇（1卷），1643年	（清）喻昌著	清乾隆二十八年（1763年）黎川陈守诚刻集思堂印本，1册	02
0015	寓意草（不分卷），1643年	（清）喻昌著	清乾隆二十八年（1763年）嵩秀堂藏版，1函3册	05
0016	寓意草（1卷），1643年	（清）喻昌著	①明崇祯十六年（1643年）序刻本，1函2册	05
			②清光绪二十年（1894年）上海图书集成印书局铅印本，1册	03

续表

序号	书名和成书年	作者和著作形式	版本	收藏馆
0017	寓意草（不分卷），1643年	（明）喻昌著，胡周鼎评定	明崇祯十六年（1643年）刻本，2册	03
0018	上池杂说，1644年	（明）冯时可撰	民国杭州三三医社铅印本，1册	01
0019	李中梓医案（1卷），1662年	（明）李中梓撰	见脉诀汇辨	03
0020	东庄医案（1卷），1687年	（清）吕留良撰	见医宗己任编	03
0021	旧德堂医案，1687年	（清）李用粹撰	民国杭州三三医社铅印本，1册	01
0022	素圃医案（4卷），1706年	（清）郑重光撰	见珍本医书集成	01、03
0023	印机草（又名马氏医案）（1卷），附祁案王案，1713年	（清）马元仪撰	见周氏医学丛书	01、03
			版本不详，单行本	03
0024	医权初编（2卷），1721年	（清）王三尊撰	见珍本医书集成	01、03
0025	医部兰文（2卷），1723年	（清）陈梦雷等编	见古今图书集成医部全录	01、03
0026	四明医案（1卷），1725年	（清）高鼓峰撰	见医案己任编	03
0027	静香楼医案，1729年	（清）尤怡撰	抄本，2册	04
0028	静香楼医案（8卷），1729年	（清）尤怡撰	抄本影印，2册	04
0029	静香楼医案（不分卷），1729年	（清）尤怡撰	手抄本（残本），1册	05
0030	沈氏医案，1730年	（清）沈璠撰	见珍本医书集成	01、03
0031	薛案辨疏（2卷），1736年	（清）徐莲塘编	见国医百家	03
0032	北山医案（3卷），1745年	（日本）北山友松撰	见皇汉医学丛书	01、03
0033	临证指南医案，1746年	（清）叶桂著	①清光绪十八年上海图书集成书局铅印本，12册	04
			②1934年上海天宝书局铅印本，4册	04
0034	临证指南医案（8卷），1746年	（清）叶桂著	①清光绪三十二年（1906年）宝善书局石印本，2册	03
			②上海鸿文书局印行，4册	04

续表

序号	书名和成书年	作者和著作形式	版本	收藏馆
0035	临证指南医案（10卷），附种福堂公选温热论医案（1卷）、种福堂公选良方（3卷），1746年	（清）叶桂著，华岫云编，徐大椿评	①清乾隆三十一年（1766年）刻本，22册	02、03
			②清乾隆三十三年（1768年）刻本卫生堂藏版（无附录），12册	03
			③清乾隆刻本	02
			④清道光二十四年（1844年）苏州经锄堂刻朱墨套印本，2册	02
			⑤清道光二十六年（1846年）苏州经锄堂刻本，2册	02
			⑥清同治三年（1864年）刻本，12册	01
			⑦清光绪十年（1884年）文富堂刻本，10册	01、03
			⑧清光绪十八年（1892年）上海图书集成印书局铅印本，10册	03
			⑨清光绪二十二年（1896年）宝善书局石印本，6册	03
			⑩清光绪三十二年（1906年）上海龙文书局石印本	03
			⑪清光绪三十三年（1907年）上海龙文书局石印，8册	03
			⑫清金阊三槐堂刻本	03
			⑬清末上海著易堂铅印本，6册	03
			⑭清刻本	02
			⑮清文盛堂刻本，12册	02
			⑯1931年上海千顷堂书局刻本，12册	03
0036	临证指南医案（10卷），种福堂公选温热论医案（4卷，卷一题名为种福堂公选温热论医案，卷二至卷四题名为种福堂公选良方），1746年	（清）叶桂著	①清道光二十四年（1844年）刻朱墨套印本，12册	03
			②清光绪十八年（1892年）上海图书集成印书局铅印本，4册	03
			③清光绪二十二年（1896年）宝善书局石印本，2册	03
			④清石印本，6册	03

续表

序号	书名和成书年	作者和著作形式	版本	收藏馆
0037	临证指南医案（10卷），1746年	（清）叶桂著	①清同治三年（1864年）刻本，12册	01
			②清光绪十八年（1892年）上海图书集成印书局铅印本，10册	03
0038	临证指南医案（又名硃批临证指南医案）（10卷），1746年	（清）叶桂著，李大瞻、华岫云、邵铭同校，徐大椿评	1931年上海千顷堂书局发行，10册	06
0039	临证指南医案，种福堂公选温热医案论（1卷），种福堂公选良方（1卷），1746年	（清）叶桂著	版本不详，1册	06
0040	硃批临证指南医案（12卷），1746年	（清）叶桂著	1931年江阴宝文堂印行，12册	04
0041	硃批临证指南医案（13卷），1746年	（清）叶桂著	版本不详，12册	04
0042	临证指南医案评本（14卷），1746年	（清）叶桂著	清光绪十八年（1892年）上海图书集成印书局印，12册	04
0043	续选临证指南（4卷），附种福堂公选良方，1746年	（清）叶桂著	见临证指南医案附件	03
0044	朱批临证指南医案，1746年	（清）叶桂著	①1931年江阴宝文堂石印本，12册	04
			②版本不详，12册	04
0045	叶案括要（又名评琴书屋叶案括要）（8卷），1746年	（清）叶桂撰，潘名熊编	①清同治十二年（1873年）刻本	01
			②清同治十三年（1874年）刻本，1册	01
			③清同治十三年（1874年）拾芥园刻本，1册	01
0046	叶案疏证，1746年	（清）李林馥编	1937年上海求恒医社铅印本，2册	01
0047	叶案疏证（2卷），1746年	（清）叶桂撰，李林馥编	1937年上海求恒医社铅印本	01
0048	叶案疏证（不分卷），1746年	（清）李林馥编	1937年上海求恒医社铅印本，1函2册	05
0049	叶氏医案，1746年	（清）叶桂撰	见三家案合刻	03

续表

序号	书名和成书年	作者和著作形式	版本	收藏馆
0050	叶氏医案存真（3卷），附马氏医案，1746年	（清）叶桂撰，叶万青校刊	①清光绪九年（1883年）刻本	03
			②清光绪十二年（1886年）常熟抱芳阁刻本	03
			③清光绪二十二年（1896年）、1915年上海千顷堂书局石印本	02、03
			④1936年上海三民图书公司铅印本	02
0051	叶氏医案存真，附马氏医案并祁案王案，1746年	（清）叶桂撰	①清光绪九年（1883年）刻本，4册	03、04
			②清光绪十二年（1886年）常熟抱芳阁刻本，8册	03
			③清光绪二十二年（1896年）千顷堂书局石印本，2册	03
0052	马氏医案并附祁案王案（1卷），1746年	（清）马松辑	清光绪二十二年（1896年）刻本，1册	03
0053	叶氏医案存真（3卷），马氏医案并附祁案王案（1卷），1746年	（清）叶桂撰，叶万青校刊	清光绪九年（1883年）刻本，2册	03
0054	叶氏医案存真（3卷），1746年	（清）叶桂撰，叶万青校刊	清光绪十二年（1886年）常熟抱芳阁刻本，3册	03
0055	评点叶案存真（2卷，上下卷），1册，1746年	（清）叶桂撰，周学类评，孙万青校刊	清光绪十九年（1893年）周学海自序，上海文瑞楼印行	06
0056	洄溪医案，1757年	（清）徐大椿撰，王士雄编	清咸丰七年（1857年）海昌蒋氏衍芬草堂刻本（附洄溪论医札、许辛农木部札）	01
0057	建殊录，1763年	（日本）吉益东洞撰	见皇汉医学丛书	01、03
0058	薛氏医案（又名薛生白医案），1764年	（清）薛雪撰	见三家医案合刻	03
0059	洄溪医案，1764年	（清）徐大椿撰	①清咸丰七年（1857年）刻本，1册	01
			②清光绪十五年（1889年）上海江左书林版，6册	04
			③见徐灵胎医书全集	03
			④见徐氏医书八种、徐灵胎十二种全集	01
0060	洄溪医案（1卷），1764年	（清）徐大椿撰，王士雄编	清咸丰七年（1857年）海昌蒋氏衍芬草堂刻徐氏遗书八种本，1册	01

续表

序号	书名和成书年	作者和著作形式	版本	收藏馆
0061	扫叶庄医案（4卷），1764年	（清）薛雪撰	见珍本医学集成	01、03
0062	扫叶庄一瓢老人医案（4卷），1764年	（清）薛雪撰	见珍本医书集成	01、03
0063	易氏医案，1769年	（明）易大艮撰	见医林指月丛书	03
0064	徐评临证指南医案（10卷），1770年	（清）叶桂著，徐大椿评	清光绪三十年（1904年）文富堂刊本，1函10册	05
0065	续名医类案（12卷），1770年	（清）魏之琇编	清光绪十三年（1887年）刻本，9册	03
0066	名医类案（12卷），续名医类案（36卷），1770年	（明）江瓘撰，（清）魏之琇续编	①清光绪十一年（1885年）信述堂刻本，12册	03
			②清宣统元年（1909年）上海书局石印本，20册	03
			③1914年、1916年上海鸿文书局石印本，20册	01、02
0067	名医类案（正编）（12卷），1770年	（明）江瓘撰	①清乾隆三十五年（1770年）知不足斋刻本，10册	03
			②清同治十年（1871年）知不足斋重刻本，12册	03
			③1916年上海鸿文书局石印本（与续名医类案合订），4册	01
0068	名医类案（12卷），附录江山人传，1770年	（明）江瓘撰，（清）魏之琇编，沈烺、余集、鲍廷博重校	1914年上海鸿文书局石印，6册	06
0069	续名医类案，1770年	（清）魏之琇编	①1916年上海鸿文书局石印本（与名医类案合订），1册	01
			②见正续名医类案	03
0070	续名医类案，1770年	（清）魏之琇编，李定源、完少衡重校	人民卫生出版社影印，2册	06
0071	名医类案续集（36卷），1770年	（清）魏之琇编，王士雄、杨照藜、吕大纲同校	1914年上海鸿文书局石印，13册	06
0072	缪氏医案（1卷），1775年	（清）缪遵义撰	见三家医案合刻	03

续表

序号	书名和成书年	作者和著作形式	版本	收藏馆
0073	古今医案按（10卷），1778年	（清）俞震编，李龄寿校辑	①清光绪九年（1883年）吴江李氏刻本，10册	03
			②清宣统元年上海会文堂书局石印本，10册	04
			③1912年上海会文堂粹记石印本，10册	03
			④1933年上海会文堂石印本，10册	03
0074	古今医案按（10卷），1778年	（清）俞震编，李龄寿重校辑，陈念祖校字	民国元年（1912年）出版，上海会文堂粹记印行，10册	06
0075	精校古今医案按（10卷），1778年	（清）俞震编	民国上海会文堂书局印行，10册	04
0076	医案，1794年	（明释）住想撰	见六醴斋医书十种、慎柔五书	03
0077	黄澹翁医案（4卷），1795年	（清）黄述宁撰	见珍本医书集成	01、03
0078	南雅堂医案（8卷），1800年	（清）陈念祖撰	①1920年、1929年上海群学书社石印本	03
			②1920年上海犀学书社石印本，8册	03
0079	生生堂治验（2卷），1803年	（日本）中神琴撰，门人小野匡辅编	见皇汉医学丛书	01、03
0080	杏轩医案初集（1卷），续录（1卷），辑录（1卷），1804年	（清）程文囿撰	①见珍本医书集成	01、03
			②单行本，1936年上海大东书局铅印本，1册	03
0081	程杏轩医案（3卷），1804年	（清）程文囿撰	1936年上海大东书局铅印本，3册	01
0082	李翁医记（1卷），1805年	（清）焦循记述	见珍本医书集成	01、03
0083	李翁医记（2卷），1805年	（清）焦循记述	见回澜社医书四种	03
0084	齐氏医案崇正辨讹（又名齐氏医案）（6卷），1806年	（清）齐秉慧撰	1922年上海千顷堂书局石印本	02
0085	王九峰临证医案，1813年	（清）王九峰撰	抄本	01
0086	王九峰医案，1813年	（清）王九峰撰	抄本，8册	01

续表

序号	书名和成书年	作者和著作形式	版本	收藏馆
0087	九峰医案，1813 年	（清）王九峰撰	手抄本（残本，缺卷下），1 册	05
0088	吴门治验录（又名顾晓澜先生医案）（4 卷），1821 年	（清）顾金寿撰	①清道光五年（1825 年）青霞斋吴学圃刻本澄怀堂藏版，4 册	01、02
			②清光绪十二年（1886 年）刻本扬州文富堂藏版，4 册	02
0089	三家医案，1831 年	（清）叶桂等撰	版本不详，6 册	04
0090	三家医案合刻（又名三家医案摘抄），附医效秘传（3 卷）、温热赘言（1 卷），1831 年 子目： ①叶氏医案，（清）叶桂撰 ②薛氏医案，（清）薛雪撰 ③缪氏医案，（清）缪遵义撰	（清）吴金寿撰	①清道光十一年（1831 年）刻本，吴氏贮春仙馆藏版（温热赘言题灵鹤山房藏版），6 册	03
			②清道光十二年（1832 年）刻本，6 册	01、03、04
			③清道光刻本，文聚堂藏版，8 册	02、04
			④清光绪三十三年（1907 年）上洋海左书局石印本，1 册	02
			⑤清光绪上海江左书林石印本，2 册	04
			⑥清扫叶山房刻本，4 册	04
			⑦清刻本，姑苏绿慎堂藏版，3 册	02
			⑧1941 年、1947 年上海春明书局铅印本	02
0091	三家医案合刻，1831 年	（清）吴金寿撰	①文聚堂藏版，6 册 5 部	04
			②扫叶山房藏版，4 册 7 部	04
			③版本不详，1 册 1 部	04
0092	三家医案合刻（3 卷），1831 年	（清）吴金寿撰	①清道光十二年（1832 年）笠泽吴氏刻苏州绿润堂后印本，2 册	01、03
			②清光绪三十三年（1907 年）石印本，上洋海左书局石印，1 册	04
			③清刻本，3 册	03、05
0093	三家医案合刻（3 卷），附二种（4 卷），1831 年 附录子目： ①温热赘言（1 卷），（清）寄瓢子述 ②医效秘传（3 卷），（清）叶桂述	（清）吴金寿撰	清道光十二年（1832 年）笠泽吴氏刻本，2 册	03

续表

序号	书名和成书年	作者和著作形式	版本	收藏馆
0094	三家医案合刻（3卷），附一种（1卷），1831年 附录子目： 温热赘言（1卷），（清）寄瓢子述	（清）吴金寿撰	清道光十二年（1832年）笠泽吴氏刻本，1册	03
0095	三家医案合刻（3卷），附一种（3卷），1831年 附录子目： 医效秘传（3卷），（清）叶桂述，吴金寿纂	（清）吴金寿撰	清道光十一年（1831年）吴氏贮春仙馆刻本，2册	08
0096	曹仁伯医案论，1834年	（清）曹存心撰	民国杭州三三医社铅印本，1册	01
0097	过庭录存，1834年	（清）曹存心撰	民国杭州三三医社铅印本，1册	01
0098	仿寓意草，1835年	（清）李文荣撰	民国杭州三三医社铅印本，1册	03
0099	仿寓意草（2卷），1835年	（清）李文荣撰	清光绪十三年（1887年）刻本，2册	03
0100	张千里医案（5卷），1836年	（清）张千里撰	民国杭州三三医社铅印本，1册	01
0101	临证医案笔记（6卷），1836年	（清）吴篦撰	1919年上海集古阁石印本，4册（缺第3册、第4册）	02、03
0102	临证医案笔记（6卷），1836年	（清）吴篦撰，吴丙辉、吴恩照参校，曹炳章校刊	1919年上海集古阁石印，绍兴育新书局发行，6册	06
0103	王孟英霍乱论（2卷，上下卷），1838年	（清）王士雄撰	清咸丰三十一年（1851年）吟香书屋校刊，1册	06
0104	回春录（又名王氏医案）（2卷），1843年	（清）王士雄撰	清道光二十三年（1843年）刻本，2册	02
0105	爱庐医案（1卷），1846年	（清）张大曦撰	见柳氏三家医案	01、03
0106	问斋医案，1850年	（清）蒋宝素撰	清同治后快志堂刻本，6册	03
0107	问斋医案（5卷），1850年	（清）蒋宝素撰	①清道光三十年（1850年）镇江蒋氏快志堂刻本，12册	01、03
			②清快志堂刻本，2册	03
			③1923年上海铸记书局石印本（6卷）	02
			④抄本	01

续表

序号	书名和成书年	作者和著作形式	版本	收藏馆
0108	问斋医案（6卷），1850年	（清）蒋宝素撰	手抄本，1函6册	05
0109	重刊问斋医案（6卷），1850年	（清）蒋宝素撰	铸记书局石印本，6册	05
0110	王氏医案续编（又名回春录）（2卷），王氏医案（又名仁术志）（8卷），附霍乱论（2卷），1850年	（清）王士雄撰，周光远、张鸿辑	①清道光三十年（1850年）吟香书屋刻本，1册	02
			②清刻本	02
			③见潜斋医书五种、十四种	01、03
0111	王氏医案（4卷），1850年	（清）王泰林撰	清光绪二十四年（1898年）琴川方氏刻于倚云吟馆，4册	04
0112	王氏医案（12卷），1850年	（清）王士雄撰	清道光年吟香书屋，4册	04
0113	王氏医案，1850年	（清）王士雄撰	①抄本，4册	01
			②版本不详，4册	04
0114	王氏医案三编，1850年	（清）王士雄撰	见潜斋医学丛书	03
0115	王氏医案续编（又名仁术志），1850年	（清）周荣、张鸿编	见潜斋医学丛书	03
0116	王氏医案续编（3卷），1850年	（清）王士雄撰	清光绪三十年（1904年）石印本，1册	05
0117	王氏医案续编（8卷），1850年	（清）王士雄撰	清刻本，3册	02
0118	王孟英医案，1850年子目：①王氏医案初刻（原名回春录）（2卷），（清）王士雄著，周光远辑录②王氏医案续编（原名仁术志）（8卷），（清）张鸿手辑，周光远、赵梦龄、陈坤、董介谷、凌霄、沈宗淦、徐然石续辑	（清）王士雄撰	清道光三十年（1850年）杨照藜书，清咸丰三十一年（1851年）吟香书屋校刊，3册	06
0119	花韵楼医案（1卷），1850年	（清）顾德华撰	见珍本医书集成	01、03
0120	古今医案按选，1853年	（清）俞震编、王士雄选	①见珍本医书集成	01、03
			②见潜斋医学丛书十四种	03
0121	王氏医案绎注（10卷），附录（1卷），1854年	（清）王士雄撰，石念祖译注	1917年、1919年、1920年、1934年、1935年商务印书馆铅印本	02

续表

序号	书名和成书年	作者和著作形式	版本	收藏馆
0122	继志堂医案（2卷），1859年	（清）曹存心撰	见柳氏三家医案	01
0123	环溪医案（3卷），1860年	（清）王泰林撰	见柳氏三家医案	01
0124	得心集医案（6卷），1861年	（清）谢星焕撰	①清咸丰十一年（1861年）浒弯延寿堂刻本，6册	04
			②清咸丰十一年（1861年）刊，延寿堂藏版，6册	04
			③清许湾鄹会友堂刻本，5册	02
			④清刻本	02
			⑤见珍本医书集成	01、03
0125	何澹安医案，1875年	（清）何澹安撰	1937年上海大东书局铅印本，1册	01
0126	寓意草注释（4卷），1877年	（清）喻昌著，谢甘澍注释	清光绪三年（1877年）刻本，谢映庐公祠藏版，清光绪五年（1879年）重印本	03
0127	医案类录，1881年	（清）罗定昌撰	1917年上海千顷堂书局石印	02
0128	一得集（3卷），1889年	（清释）心禅撰	见珍本医书集成	01、03
0129	龙砂八家医案，1889年	（清）姜成之编	见珍本医书集成	01、03
0130	叶案存真类编（2卷），1891年	（清）叶桂撰，周学海类评	见周氏医学丛书	01、03
0131	青霞医案（1卷），1892年	（清）沈登阶撰	见珍本医书集成	01、03
0132	马培之医案，1893年	（清）马培之撰	民国杭州三三医社铅印本，1册	01
0133	许氏医案（1卷），1894年	（清）许恩普撰	民国杭州三三医社铅印本，2册	04
0134	金子久医案（又名金氏门诊方案）（4卷），1895年	（清）金有恒撰，姚益华编	1917年、1925年、1927年、1933年、1934年上海江东书局铅印本	02
0135	金氏门诊方案，1895年	（清）金有恒撰	民国杭州三三医社铅印本，1册	01
0136	过氏医案，1896年	（清）过铸撰	见治疗汇要	03
0137	张氏医案（20卷），1897年	（清）张聿青著	1936年上海萃英书局石印本，8册	03

续表

序号	书名和成书年	作者和著作形式	版本	收藏馆
0138	张聿青先生医案（20卷），1897年	（清）张聿青著，吴文涵编辑，邵清儒附注，周镇参校，郭汇泰增校，高温和校正	1935年再版，上海萃英书局发行，8册	06
0139	张聿青医案（20卷），1897年	（清）张聿青著	1923年江阴吴氏铅印本，1函6册	05
0140	诊余举隅录（2卷），1897年	（清）陈廷儒撰	见珍本医书集成	01、03
0141	柳氏三家医案，1900年 子目： ①继志堂医案（2卷） ②爱庐医案（1卷） ③环溪医案（3卷）	（清）柳宝诒编	清惜余小舍印本，5册	01
0142	柳选四家医案，1900年 子目： ①（评选）静香楼医案（2卷），（清）尤怡撰 ②（评选）继志堂医案（2卷），（清）曹存心撰 ③（评选）爱庐医案（1卷），（清）张大燨撰 ④（评选）环溪草堂医案（3卷），（清）王泰林撰	（清）柳宝诒编	①清光绪三十年（1904年）惜余小舍刻本	01
			②1904年上海文瑞楼石印本，2册	01
			③清光绪三十二年（1906年）惜余小舍印本	04
			④民国上海文瑞楼石印本	03
0143	柳选四家医案（7卷），1900年	（清）曹存心撰	清光绪三十年（1904年），5册	04
0144	江阴柳氏医学丛书，1900年	（清）柳宝诒选评	清刻本，5册	01
0145	崇实堂医案（1卷），1901年	（清）姚龙光撰	民国杭州三三医社铅印本，1册	01
0146	雪雅堂医案（2卷），附类中秘旨，1903年	（清）张士骧撰	见国医百家	03
0147	赵海仙先生脉案（不分卷），1904年	（清）赵履鳌撰	清光绪十一年（1885年）手抄本，1册	05
0148	诊余集（又名余听鸿医案），1906年	（清）余景和撰	1918年海虞寄舫铅印本，1册	03
0149	医验随笔，1908年	（宋）沈祖复撰，周源编	民国杭州三三医社铅印本，1册	01
0150	医案摘奇（4卷），1909年	（清）傅松元撰	见太仓傅氏医学三书	03

续表

序号	书名和成书年	作者和著作形式	版本	收藏馆
0151	医鼎阶（又名医怪）（2卷），1911年	（清）黄元英撰	1911年刻本，1函2册	05
0152	医鼎阶（3卷），1911年	（清）黄元英撰	1911年刻本，1函3册	05
0153	也是山人医案（1卷），1911年	（清）也是山人撰	见珍本医书集成	01、03
0154	张畹香医案（2卷），1911年	（清）张畹香撰	1936年上海大东书局铅印本，1册	01
0155	曹沧洲医案（2卷），1911年	（清）曹沧洲撰，（民国）屠锡洪编	1924年上海江左书林石印本	03
0156	陈氏医案，1911年	佚名	抄本，2册	01
0157	三家医按，1911年	（清）朱景鸿等撰	抄本，3册	01
0158	快志堂医案（不分卷），1911年	佚名	清合义成抄本，4册	01
0159	快志堂医案，1911年	佚名	抄本，4册	01
0160	丛桂草堂医案（4卷），1914年	（民国）袁焯撰	见珍本医书集成	01、03
0161	惜分阴轩医案（4卷），1916年	（民国）周镇撰	1923年刻本，2册	01
0162	吴鞠通医案，1916年	（清）吴瑭撰	版本不详，1册	01
0163	吴鞠通医案（5卷），1916年	（清）吴瑭撰	1936年上海大东书局铅印本，3册（全4册，缺第3册）	01
0164	薛生白医案，1918年	（民国）陆士谔编辑	1921年再版，神州医学社新编，上海广文书局出版，1册	06
0165	医源，1919年	（清）芬余氏撰	杭州三三医社铅印本，1册	01
0166	增补重编叶桂医案（4卷），1919年	（民国）陆士谔编	1921年、1922年、1924年、1925年、1926年、1927年、1928年、1929年、1930年、1931年、1932年、1933年上海世界书局石印本	02
0167	分类王孟英医案（2卷，存卷一），1921年	（民国）陆士谔著	1921年神州医学社新编，上海世界发行，1册	06
0168	陈莲舫医案秘抄，1921年	（民国）董韵笙编	1921年上海中华图书集成公司铅印本	02
0169	延陵弟子纪要（1卷），1923年	（清）曹存心撰	民国杭州三三医社铅印本，1册	01
0170	马培之医录，1923年	（清）马培之撰	民国杭州三三医社铅印本	01

续表

序号	书名和成书年	作者和著作形式	版本	收藏馆
0171	和缓遗风，1923 年	（清）金子久撰	民国杭州三三医社铅印本，1 册	01
0172	曹沧州医案（2 卷），1924 年	（清）曹沧州撰	1924 年上海江左书林石印本，1 册	03
0173	徐氏医案，1924 年	（民国）徐渡渔述，张元瑞录	民国杭州三三医社铅印本，1 册	01
0174	药庵医案全集（8 卷），1925 年	（民国）恽铁樵撰	①1936 年上海民友印刷公司铅印药庵医学丛书本	01、03
			②1936 年民友印刷公司铅印本，8 册	01、04
			③1936 年上海章巨膺医寓铅印本，16 册	03、05
			④成书于 1928 年，1936 年再版，章巨膺医寓，8 册	04
0175	孟河丁氏医案（又名丁甘仁医案）（8 卷），附喉痧症治概要，1926 年	（民国）丁泽周撰，丁济万编	1927 年、1928 年、1931 年、1937 年孟河崇礼堂铅印本，4 册	03
0176	全国名医验案类编（14 卷），1927 年	（民国）何廉臣编	1929 年、1933 年、1934 年、1936 年上海大东书局铅印本，8 册	01、04
0177	全国名医验案类编正篇（14 卷），全国名医验案类编续篇（26 卷），1927 年	（民国）何廉臣、郭奇远编	①1929 年上海大东书局铅印本，8 册	03
			②1936 年上海大东书局铅印本，8 册	03
0178	全国名医验案类编（14 卷），1927 年	（民国）何廉臣编	上海大东书局印行，8 册	04
0179	全国名医验案类编（不分卷），1927 年	（民国）何廉臣编	1933 年上海大东书局铅印本，8 册	05
0180	全国名医验案类编续篇，1927 年	（民国）郭奇远编	1936 年上海大东书局铅印本，6 册	03、04
0181	全国名医验案类编续篇（26 卷），1927 年	（民国）郭奇远编	1936 年上海大东书局印行，6 册	04
0182	全国名医验案类编续篇（不分卷），1927 年	（民国）郭奇远编	1936 年上海大东书局铅印本，1 函 6 册	05
0183	抄本医案，1927 年	佚名	抄本，1 册	01
0184	叶陈氏医案，1927 年	佚名	抄本，7 册	01
0185	黄溪大案，1929 年	（民国）陈无咎撰	1929 年上海丹溪学社铅印本	01
0186	临床日记，1933 年	（民国）庞石顽著	1933 年稿本	02（仅存）

续表

序号	书名和成书年	作者和著作形式	版本	收藏馆
0187	宋元明清名医类案，1934 年	（民国）徐衡之、姚若琴合编	1933 年三民图书公司铅印本，2 册（全 3 册，缺第 2 册）	01
0188	宋元明清名医类案正续篇，1934 年	（民国）徐衡之、姚若琴合编	1934 年、1936 年上海国医印书馆铅印本	01
0189	清代名医医案大全，1934 年	（民国）徐衡之、姚若琴合编	1936 年三民图书公司铅印本，4 册	01
0190	邵兰荪医案（1 卷），1937 年	（民国）曹炳章撰	①1937 年上海大东书局铅印本，1 册	01
			②见珍本医书集成	01、03
0191	医案，1936 年	（民国）蔡陆仙编	见中国医药汇海	03
0192	临证汇集，1936 年	（民国）倪明撰	1936 年铅印本	02
0193	经方实验录（3 卷），卷首（1 卷），附录（1 卷），1937 年	（民国）曹颖甫撰，姜佐景按	1937 年上海大东书局铅印本	02
0194	蒋氏医案，1938 年	佚名	抄本，8 册	01（仅存）

（二）医话医论

序号	书名和成书年	作者和著作形式	版本	收藏馆
0001	褚氏遗书（1 卷），483 年	（南齐）褚澄撰	见六醴斋医书	03
0002	医经正本书（1 卷），1176 年	（宋）程迥撰	见十万卷楼丛书	01
0003	医经正本书（1 卷），附札记（1 卷），1176 年	（宋）程迥撰	①清光绪四年（1878 年）金山钱氏刻本	02
			②清光绪归安陆氏刻十万卷楼丛书本	01
0004	格致余论，1347 年	（元）朱震亨撰	①清刻本，1 册	01
			②见东垣十书	03
			③1936 年商务印书馆丛书集成初编，1 册	01、03
0005	韩氏医通（2 卷），1522 年	（明）韩懋撰	①1936 年大东书局铅印本，1 册	01
			②见六醴斋医书十种、周氏医学丛书	03
0006	万氏医贯，1567 年	（明）万宁撰	清光绪二十九年（1903 年）香港中华印务公司承刊，1 册	06
0007	肯堂医论，1602 年	（明）王肯堂撰	杭州三三医社铅印本，1 册	01

续表

序号	书名和成书年	作者和著作形式	版本	收藏馆
0008	医贯（又名赵氏医贯）（6卷），1617年	（明）赵献可著	①明万历四十五年（公元1617年），1926年上海大德书局印行，石印本，6册	04
			②1926年上海大德书局石印本，6册	01、03
			③版本不详，1函4册	05
0009	赵氏医贯（6卷），1617年	（明）赵献可著，薛三才订正，李梴详阅	1926年上海大德书局石印，6册	06
0010	重订灵兰要览，1602年	（明）王肯堂撰	①1937年大东书局铅印本，1册	01
			②杭州三三医社铅印本，1册	01
0011	质疑录（1卷），1624年	（明）张介宾撰	见医林指月	03
0012	折肱漫录（7卷），1635年	（明）黄承昊撰	①清刻本，2册	02
			②见六醴斋医书	03
0013	裴子言医，1644年	（明）裴一中撰	见潜斋医学丛书十四种	03
0014	药按（1卷），1694年	（清）冯兆张撰	见冯氏锦囊秘录	03
0015	胡慎柔先生五书要语（1卷），1694年	（清）胡慎柔撰	见医家秘奥	03
0016	医贯砭（2卷），1741年	（清）徐大椿撰	①清乾隆六年（1741年）刻本，1册	03
			②清乾隆半松斋刻本	03
			③清刻本，1册	03
			④见徐氏医书八种、徐灵胎十二种全集、徐氏医书十六种、徐灵胎医书三十三种	01、03
0017	叶选医衡（2卷），1746年	（清）叶桂撰	①清光绪二十四年（1898年）上海图书集成印书局铅印本，3册	03
			②清宣统二年（1910年）上海锦章书局石印本，2册	04
			③清宣统二年（1910年）上海文瑞楼发行，上海锦章书局印行，2册	04
			④1937年大东书局铅印本，2册	01
0018	医断（1卷），1747年	（日本）鹤仲元逸撰	见皇汉医学丛书	01、03

续表

序号	书名和成书年	作者和著作形式	版本	收藏馆
0019	医学源流论（2卷），1757年	（清）徐大椿撰	①清乾隆二十二年（1757年）徐氏半松斋刻本，2册	01
			②清刻本，4册	03
			③见徐氏医书八种、徐灵胎十二种全集、徐氏医书十六种、徐灵胎医书三十二种	01、03
0020	医学源流论、慎疾刍言，1757年	（清）徐大椿撰	1937年大东书局铅印本，2册	01
0021	斥医断（1卷），1762年	（日本）畑惟和撰	见皇汉医学丛书	01、03
0022	柳洲医话（又名柳洲医话良方），1770年	（清）魏之琇撰	见潜斋医学丛书十四种	03
0023	吴医汇讲（9卷），1792年	（清）唐大烈辑	清乾隆五十七年（1792年）新镌，3册	04
0024	吴医汇讲（11卷），1792年	（清）唐大烈辑	①清乾隆五十七年（1792年）刻本	03
			②清乾隆五十七年（1792年）校经山房刻本，清嘉庆十九年（1814年）印本	01
			③清乾隆刻本，4册	04
			④清嘉庆元年（1796年）补刻本，清同治六年（1867年）印本，湖郡王光斋藏版	03
			⑤清嘉庆刻本，4册	01、03
			⑥清刻本	01
0025	吴医汇讲（11卷），1792年	（清）唐大烈辑，沈文燮校订	①清乾隆五十七年（1792年）刻，清嘉庆十九年（1814年）唐庆耆印本，2册	03
			②清嘉庆元年（1796年）刻，清嘉庆十九年（1814年）唐庆耆印本，2册	03
			③清乾隆末刻清嘉庆十九年（1814年）唐庆耆印本，2册	03
0026	丛桂偶记（2卷），1799年	（日本）原昌克撰	见皇汉医学丛书	01、03
0027	藤氏医谈，1802年	（日本）藤明撰	见皇汉医学丛书	01、03
0028	客尘医话，1803年	（清）计楠撰	1937年上海大东书局铅印本，1册	01
0029	医医偶录（2卷），1803年	（清）陈念祖撰	见珍本医书集成	01、03

续表

序号	书名和成书年	作者和著作形式	版本	收藏馆
0030	重庆堂随笔（1卷），1808年	（清）王学权撰	见潜斋医学丛书十四种	01
0031	友渔斋医话，1812年	（清）黄凯钧撰	1937年上海大东书局铅印本，3册	01
0032	古今医论，1820年	佚名	见陈修园医书七十二种	01、03
0033	医论，1825年	（清）章楠撰	见医门棒喝	03
0034	潜斋医话，1838年	（清）王士雄撰	1937年上海大东书局铅印本，1册	01
0035	愿体医话（又名愿体医话良方），1838年	（清）史典撰	见潜斋医学丛书	03
0036	愿体医话良方（1卷），1838年	（清）史典撰	见潜斋医学丛书	03
0037	知医必辨，1849年	（清）李文荣撰	1937年大东书局铅印本，1册	01
0038	柳洲医话、碣塘医话，1851年	（清）魏之琇、张景焘撰	1937年上海大东书局铅印本，1册	01
0039	市隐庐医学杂著，1853年	（清）王德森撰	①清咸丰三年（1853年）著者自刻本，1册	03
			②1937年上海大东书局铅印本，1册	01
0040	归砚录（4卷），1855年	（清）王士雄撰	见潜斋医学丛书十四种	03
0041	研经言，1856年	（清）莫枚士撰	①1936年大东书局铅印本，2册	01
			②见医药丛书	03
0042	冷庐医话（5卷），1858年	（清）陆以湉撰	①清光绪二十三年（1897年）刻本，乌程庞氏藏版，4册	03
			②清光绪二十三年（1897年）乌程庞元澂刻本，1册	03
			③1916年千顷堂书局石印本，1函4册	05
			④1916年、1934年上海千顷堂书局石印本，1册	03
			⑤1937年上海大东书局铅印本，2册	01
0043	冷庐医话（3卷，存卷一至卷三），1858年	（清）陆以湉撰	民国上海千顷堂书局石印本（残本），4册	05
0044	冷庐医话（5卷），1858年	（清）陆以湉撰，周善祥、周家均甫校	清咸丰八年（1858年）陆以湉自序，乌程庞氏藏版，4册	06

续表

序号	书名和成书年	作者和著作形式	版本	收藏馆
0045	精校冷庐医话，1858年	（清）陆以湉撰	①1916年上海千顷堂书局石印本，4册	04
			②乌城庞氏刻本，4册	04
0046	精校冷庐医话（5卷），1858年	（清）陆以湉撰	①1916年千顷堂书局印行，4册	04
			②乌城庞氏藏版，4册	04
0047	医原，1861年	（清）石寿棠撰	1936年大东书局铅印本，2册	01
0048	医中一得，1863年	（清）顾仪卿撰	民国杭州三三医社铅印本，1册	01
0049	评琴书屋医略，1865年	（清）潘名熊撰	民国杭州三三医社铅印本，1册	01
0050	先哲医话，1866年	（日本）浅田惟常撰	①1937年上海大东书局铅印本，2册	01
			②民国杭州三三医社铅印本，1册	01
0051	文集（又名世补斋文集）(16卷)，1866年	（清）陆懋修撰	①1931年上海中医书局铅印本，4册	04、05
			②见世补斋医书	03
0052	文集（上下）（2卷），1866年	（清）陆懋修撰	1931年上海中医书局印行，1册	04
0053	引经证医（4卷），1873年	（清）程梁撰	清光绪八年（1882年）刻本，5册	03
0054	医学求是初集（1卷），二集（2卷），附医案，1879年	（清）吴达撰	1921年上海大成书局石印本	02
0055	存存斋医话稿（2卷），附吴山散记（1卷），1881	（清）赵晴初撰	见珍本医书集成	01
0056	存存斋医话稿（又名赵彦晖医话稿）（2卷），1881年	（清）赵晴初撰	绍兴裘氏藏版，1函1册	05
0057	医法心传，1882年	（清）程芝田撰	见陈修园医书五十种、陈修园医书七十二种	01、03
0058	医故（2卷），1890年	（清）郑文焯撰	①清光绪十七年（1891年）梓文阁刻本，4册	03
			②清光绪平江梓文阁刻书带草堂丛书本	03
0059	医故二篇，1890年	（清）郑文焯撰	清光绪书带草堂丛书本，2册	09

续表

序号	书名和成书年	作者和著作形式	版本	收藏馆
0060	柳洲医话附方（1卷），1892年	（清）魏之琇撰	见潜斋医学丛书	03
0061	医医小草（1卷），1901年	（清）宝辉撰	见珍本医书集成	01、03
0062	对山医话，1902年	（清）毛对山撰	1937年上海大东书局铅印本，1册	01
0063	对山医话，1902年	佚名	民国杭州三三医社铅印本，1册	01
0064	医医医，1909年	（清）孟今氏撰	①清宣统元年（1909年）广州清风桥文茂书局铅印本	02
			②杭州三三医社铅印本，1册	01
0065	医医医（3卷），1909年	（清）于凤八著	清宣统元年（1909年）广州清风桥文茂印局活字本，1册	02
0066	理医冰鉴，1911年	（清）姚权著	清宁远堂刻本，1册	01（仅存）
0067	增订医医病书（2卷），1915年	（清）吴鞠通撰，（民国）曹炳章注	1915年、1924年绍兴育新书局石印本	02
0068	鲜溪医论选中篇（6卷），1922年	（民国）陆平一选	1922年上海久敬斋石印本	03
0069	卒病新论（5卷），1927年	（民国）章炳麟撰	1938年章氏国医讲习所铅印本	02
0070	余氏医述，1928年	（民国）余岩著	1928年社会医报馆，2册	04
0071	余氏医述（3卷），1928年	（民国）余岩著	刊印于1928年，1册	04
0072	余氏医述（6卷），1928年	（民国）余岩著	1928年社会医报馆，2册	04
0073	临证演讲录（1卷），1928年	（民国）恽铁樵撰	见药庵医学丛书	03
0074	清代名医医话精华，1929年	（民国）秦伯未编	1929年、1933年、1939年、1947年上海中医书局铅印本，4册	01
0075	陆氏论医集（4卷），1933年	（民国）陆彭年撰，沈本琰编	1933年上海民光印刷公司铅印本，4册	01、02、03、04、06
0076	陆氏论医集（4卷），1933年	（民国）陆彭年撰	1933年上海陆渊雷医室发行，上海陆渊雷医室铅印本，4册	04
0077	怪病奇症问答，1935年	（民国）蔡陆仙编	①1935年上海华东书局铅印本	03
			②民众医学指导丛书本	04
0078	疾病问答集，1936年	（民国）徐恺著	1936年上海中医科学书局铅印本，1册	01

续表

序号	书名和成书年	作者和著作形式	版本	收藏馆
0079	中国医药科学讨论，1936 年	（民国）张子鹤撰	1936 年、1938 年、1939 年、1947 年上海中国科学公司铅印本	02
0080	医医小草（1 卷），附游艺志略（1 卷），1936 年	（清）宝辉撰	见珍本医书集成	01、03
0081	吴山散记（1 卷），1936 年	（民国）沈仲圭撰	见珍本医书集成	01、03
0082	先哲医话集（1 卷），1936 年	（日本）长尾藻城编	见皇汉医学丛书	01、03
0083	勉斋医话，1937 年	（民国）许勉斋撰	1937 年杭州中国印书馆，许氏铅印勉斋医学丛书本，1 册	03
0084	医学问答，1937 年	佚名	抄本	01（仅存）
0085	释名病释，1938 年	（民国）余岩编	1938 年上海华丰出版社铅印本，1 册	01
0086	肾脏医话，附述性病要略，1949 年	（民国）涂全福编	九龙全福药房铅印本	02（仅存）
0087	上海中医专门学校各学生医论国，1949 年	中海中医专门学校汇录	上海中医专门学校汇录铅印本	01
0088	私立上海中医专门学校各学生医论国文汇录，1949 年	（民国）章守衡等编	1919 年铅印本，2 册	01

（三）笔记杂录

序号	书名和成书年	作者和著作形式	版本	收藏馆
0001	学医随笔，1293 年	（宋）魏了翁撰	1939 年上海商务印书馆铅印本	01
0002	推求师意（2 卷），1443 年	（明）戴思恭撰	见汪石山医书八种本	03
0003	食色绅言，1615 年	（明）龙遵叙著	1937 年商务铅印本，1 册	01
0004	侣山堂类辨（2 卷），1663 年	（清）张志聪撰	见医林指月丛书	03
0005	履霜集（3 卷），1684 年	（清）臧达德撰	见珍本医书集成	01
0006	医学津梁，1722 年	（清）顾霖周撰	1933 年上海格言丛辑社铅印本，1 册	01
0007	尤氏医学读书记（3 卷），医学续记（1 卷），附静香楼医案三十一条，1729 年	（清）尤怡撰	①清嘉庆十九年（1814 年）刻本，松风阁藏版，1 册	03
			②抄本，2 册	03

续表

序号	书名和成书年	作者和著作形式	版本	收藏馆
0008	医学读书记（3卷），续记（1卷），1729年	（清）尤怡撰	①清嘉庆十九年（1814年）松凤阁刻本，1册	03
			②清抄本，1册	03
0009	乐府传声（1卷），1764年	（清）徐大椿撰	见徐灵胎十二种全集	01
0010	洄溪道情（1卷），1764年	（清）徐大椿撰	见徐灵胎十二种全集	01
0011	阴符经注（1卷），1764年	（清）徐大椿撰	见徐灵胎十二种全集	01
0012	慎疾刍言（又名医贬），1767年	（清）徐大椿撰	①清光绪九年（1883年）归安姚氏刻本	02
			②清光绪九年（1883年）仁和葛氏啸园刻本	02
			③清刻本，1册	01
			④1937年上海商务印书馆铅印本	01、02
0013	慎疾刍言（1卷），1767年	（清）徐大椿撰	①1937年商务丛书集成初编本，1册	01、03
			②见迴澜影印社医书四种、徐氏医书八种、徐氏医书十三种、徐氏医书十六种、徐灵胎医书三十三种、潜斋医学丛书	01、03
			③清刻本，1册	03
0014	杂病源，1767年	（清）徐大椿撰	见徐氏医书十六种、徐灵胎医书三十二种	01、03
0015	医阶辨证，1810年	（清）汪必昌撰	民国杭州三三医社铅印本，1册	01
0016	金镜录（1卷），1817年	佚名	清刻本	02（残）
0017	金镜录（1卷），1817年	（元）杜清碧辑	清刻本，1册	02
0018	金镜录（1卷），1817年	（元）敖口撰	清道光十五年（1835年）宏道堂刻本，1册	03
0019	详注足本金镜录（4卷），1817年	（明）翁仲仁撰	版本不详，8册	04
0020	学医随笔，1821年	（清）顾淳庆撰	1929年金佳石好楼铅印顾氏家集	02
0021	琉球百问，1827年	（清）曹存心撰	见国医百家	03
0022	琉球问答奇病论，1834年	（清）曹存心撰	民国杭州三三医社铅印本，1册	01

续表

序号	书名和成书年	作者和著作形式	版本	收藏馆
0023	医学课儿策，1843年	（清）高上池撰	民国杭州三三医社铅印本，1册	01
0024	医学读书志（2卷），附志（1卷），1852年	（清）曹禾撰	清咸丰二年（1852年）双梧书屋刻本，1册	03
0025	医事启源，1862年	（日本）今邨亮撰	民国杭州三三医社铅印本，1册	01
0026	医余，1863年	（日本）尾台逸撰	民国杭州三三医社铅印本，1册	01
0027	补后汉张机传，1866年	（清）陆懋修撰	见世补斋医书	03
0028	医学一得，附补遗，1874年	（清）荣春年撰	1933年铅印锡山荣氏绳武楼丛刻本	02
0029	王氏医存（17卷），1874年	（清）王燕昌撰	清同治十三年（1874年）皖城黄竹友斋刻本，6册	03
0030	太医局诸科程文九程，1878年	宋太医局编	见当归草堂医学丛书	01、03
0031	太医局程文（9卷），1878年	佚名	清光绪四年（1878年）钱塘丁氏当归草堂刻当归草堂医学丛书初编本，2册	03
0032	蠢子医（4卷），1882年	（清）龙子章撰	见珍本医书集成	01、03
0033	读医随笔，1891年	（清）周学海撰	民国上海大东书局铅印本，3册	01
0034	读医随笔（又名分类医学菁华）（6卷），1891年	（清）周学海撰	①清光绪二十四年（1898年）皖南建德周氏刻本，4册	03
			②见周氏医学丛书	01、03
0035	经历杂论，1898年	（清）刘恒瑞撰	民国杭州三三医社铅印本，1册	01
0036	废医论，1899年	（清）俞樾撰	见春在堂全书俞楼杂纂	01
0037	医界之铁椎二编，1911年	（日本）和田启十郎撰，（清）丁福保译	1911年、1917年、1920年 上海医学书局铅印本	01
0038	医界之铁椎，1911年	（清）丁福保译撰	1930年医学书局铅印本，1册	01
0039	蠢子医择要，1911年	（清）龙之章撰	抄本	02（仅存）
0040	中国医学史，1919年	（民国）陈邦贤撰	①1920年上海医学书局铅印本，1册	09
			②1920年、1929年上海医学书局铅印本，1册	01、03
			③1932年、1937年商务印书馆铅印中国文化史丛书本，1册	01、02

续表

序号	书名和成书年	作者和著作形式	版本	收藏馆
0041	中国医学史（不分卷），1919 年	（民国）陈邦贤撰	1929 年上海医学书局铅印本，1 函 1 册	05
0042	世界奇病谈，1922 年	（民国）顾鸣盛编	1922 年、1928 年、1932 年 上海文明书局铅印本，1 册	01
0043	重订时行伏阴刍言，1923 年	（清）田宗汉撰	民国杭州三三医社铅印本，1 册	01
0044	医药须知，1924 年	（民国）顾鸣盛编	1931 年文明书局铅印本，1 册	01
0045	家庭医术，1926 年	（民国）陆士谔编	1930 年文明书局铅印本，3 册	01
0046	中国医药论文集，1926 年	（日本）富士川游等撰	见皇汉医学丛书	01、03
0047	鳞爪集，1927 年	（民国）恽铁樵撰	见药庵医学丛书	03
0048	论医集、文苑集，1927 年	（民国）恽铁樵撰	1948 年上海民友印刷公司铅印本	03
0049	论医集（1 卷），1927 年	（民国）恽铁樵撰	见药庵医学丛书	03
0050	文苑集（1 卷），1927 年	（民国）恽铁樵撰	见药庵医学丛书	03
0051	恽铁樵演讲录，1927 年	（民国）恽铁樵撰	1935 年上海新群印刷所铅印本，2 册	02、04
0052	恽铁樵演讲录，1927 年	佚名	铁樵中医函授学校，1 册 1 部	04
0053	医界之警铎，1931 年	（民国）吴汉仙编	1935 年上海新群印刷所铅印本	02
0054	医楔（2 卷），1935 年	（民国）张雨三撰	1935 年太原成文斋铅印本，2 册	03
0055	整理国医学之我见，1936 年	（民国）刘瑞瀜撰	1936 年文心印刷社铅印本	02
0056	摘录陈修园各证诗，1936 年	佚名	抄本，1 册	01（仅存）
0057	国医释疑，1937 年	（民国）黄啸梅撰	1937 年南宁集成印刷所铅印本，1 册	01

十一、医史

（一）通史

序号	书名和成书年	作者和著作形式	版本	收藏馆
0001	中国历代医学之发明，1928 年	（民国）王吉民撰	1928—1930 年上海新中医社出版部铅印本，1 册	01
0002	中国医学源流论，1935 年	（民国）谢观撰	1935—1936 年上海澄斋医社铅印本，1 册	01、02、03
0003	明季西洋传入之医学，1942 年	（民国）范行准撰	1942 年中华医史学会铅印本	03
0004	明季西洋传入之医学（9 卷），1942 年	（民国）范行准撰	1943 年中华医史学会钧石出版基金委员会，4 册	04
0005	中外医学史概论，1944 年	（民国）李廷安撰	1944 年、1947 年上海商务印书馆铅印本	02
0006	医事丛刊（不分卷），1947 年	（民国）黄竹斋编	1982 年张仲景医史文献馆刊本，1 册	05
0007	医事丛刊（2 卷），1947 年	（民国）黄竹斋编	1982 年张仲景医史文献馆刊本，1 册	05
0008	南阳乡贤医圣张仲景祠墓志（不分卷），1936 年	佚名	1982 年张仲景医史文献馆刊本，1 册	05

（二）传记

序号	书名和成书年	作者和著作形式	版本	收藏馆
0001	历代名医蒙求，1220 年	（宋）周守中撰	1931 年故宫博物院据宋临安刻本影印本	01、02
0002	历代名医蒙求（2 卷），释音（1 卷），1220 年	（宋）周守中撰	1932 年故宫博物院编天禄琳琅丛书第一集	01
0003	医说（10 卷），1224 年	（宋）张杲撰	① 1933 年南京国学图书馆陶凤楼钵山精舍影宋刻本，8 册	01、02、03
			② 1933 年国学图书馆影印宋版，1 函 8 册	05
0004	历代明医图姓氏（又名原医图），1450 年	（明）熊均撰	见本草蒙求之首	03
0005	医术名流列传（14 卷，存卷五百二十四至卷五百三十七），1723 年	（清）蒋廷锡等编	见古今图书集成	01、03
0006	中国医门小史（2 卷），1933 年	（民国）郑抡编	1933 年福州中医学社铅印本，2 册	01
0007	药王考与郑州药王庙，1948 年	（民国）吕超如编	1948 年实学书局铅印本，1 册	01

（三）史料

序号	书名和成书年	作者和著作形式	版本	收藏馆
0001	医说（10 卷），1224 年	（宋）张杲撰	1933 年南京国学图书馆陶风楼钵山精舍影宋刻本	01、02、03
0002	医籍考（又名中国医籍考）（80 卷），1819 年	（日本）丹波元胤编	1936 年上海中西医药研究社影印本，4 册	01
0003	如皋医学报五周年汇选，1930 年	（民国）贾抱清、陈爱棠等编，余岩撰	1930 年如皋医学报社铅印本	02
0004	医药法规，1947 年	（民国）易南坡编	1947 年长沙宏福参燕药号铅印本	02

（四）杂著

序号	书名和成书年	作者和著作形式	版本	收藏馆
0001	医賸，1795 年	（日本）丹波元简撰	日本宽政八年（1797 年）聿修堂刻本，1 册	04
0002	医賸（4 卷），1795 年	（日本）丹波元简撰	聿修堂藏版，2 册	04
0003	医賸（3 卷），1795 年	（日本）丹波元简撰	1935 年上海中华书局铅印本，1 册	04
0004	医賸（3 卷），1809 年	（日本）栎荫拙者著	1935 年上海中医书局，1 册	04

十二、综合性著作

（一）通论

序号	书名和成书年	作者和著作形式	版本	收藏馆
0001	宋徽宗圣济经，1118 年	（宋）吴提注	1936 年商务印书馆丛书集成初编本，2 册	01、03
0002	医学纲目（40 卷），附运气占候补遗，1389 年	（明）楼英著	1937 年上海世界书局铅印本，4 册	01、03
0003	医学入门，1575 年	（明）李梴撰	①1930 年上海锦章书局石印本	03、04
			②上海广益书局铅印本	03、04
			③校经山房石印本	03
0004	医学入门（7 卷），卷首（1 卷），1575 年	（明）李梴著	①明刻本	02
			②清刻本	02
			③1913 年上海校经山房石印本，10 册	03
			④1930 年、1941 年上海锦章书局石印本，9 册	03、04
			⑤民国上海广益书局石印本，10 册	03、04

续表

序号	书名和成书年	作者和著作形式	版本	收藏馆
0005	医学入门（7卷，存卷三至卷九），1575年	（明）李梴著	上海锦章书局石印本（残本），7册（缺第1册、第2册）	05
0006	医学入门（8卷），1575年	（明）李梴著	上海广益书局印行，10册	04
0007	精校医学入门（8卷），1575年	（明）李梴著	1941年新印上海锦章图书局印行，8册	04
0008	编注医学入门（7卷），卷首（1卷），1575年	（明）李梴著	明万历补刻本，8册	02
0009	东医宝鉴（23卷），目录（2卷），1611年 子目： ①内景篇（4卷） ②外形篇（4卷） ③杂病篇（11卷） ④汤液篇（3卷） ⑤针灸篇（1卷）	（朝鲜）许浚撰	①清乾隆刻本，6册	04
			②清嘉庆蒲月镌刻本，25册	04
			③清道光十一年（1831年）资善堂刻本，25册	01
			④清光绪十一年（1885年）刻本，24册	03
			⑤清光绪十六年（1890年）上海千顷堂书局印本，16册	04
			⑥清光绪十六年（1890年）朱氏刻本	02
			⑦清光绪三十二年（1906年）善成堂刻本	01
			⑧1937年上海世界书局铅印本	01
			⑨民国上海进步书局石印本	01
0010	东医宝鉴（23卷，存11卷），目录（2卷），1611年 子目： ①内景篇（4卷） ②外形篇（4卷） ③杂病篇（3卷）	（朝鲜）许浚撰	清光绪十一年（1885年）抱芳阁刻本，13册	03
0011	东医宝鉴（25卷），1611年	（朝鲜）许浚撰	清嘉庆二年（1797年）镌，本堂藏版，25册	04
0012	东医宝鉴外形篇（4卷），1611年	（朝鲜）许浚撰	清乾隆二十七年（1762年）刻本，4册	04
0013	东医宝鉴汤液篇及针灸篇（6卷），1611年	（朝鲜）许浚撰	清乾隆二十七年（1762年）刻本，6册	04
0014	汤液篇，1611年	（朝鲜）许浚撰	东医宝鉴本	01、03
0015	东医宝鉴内景篇（4卷），1611年	（朝鲜）许浚撰	清乾隆二十七年（1762年）刻本，4册	04
0016	内景篇（4卷），外形篇（4卷），1611年	（朝鲜）许浚撰	见东医宝鉴	01、03
0017	东医宝鉴内景篇，1611年	（朝鲜）许浚撰	版本不详，4册	04
0018	东医宝鉴外形篇，1611年	（朝鲜）许浚撰	版本不详，4册	04

续表

序号	书名和成书年	作者和著作形式	版本	收藏馆
0019	东医宝鉴杂病篇（10卷），1611年	（朝鲜）许浚撰	见东医宝鉴丛书	01、03、04
0020	增图东医宝鉴（又名校正东医宝鉴），1611年 子目： ①目录 ②内景篇（4卷） ③杂病篇（11卷） ④汤液篇（4卷） ⑤外形篇（4卷）	（明）忠勤贞、（朝鲜）许浚奉教撰，（民国）江忍庵新著	1917年上海广益书局印行，12册	06
0021	医宗必读（10卷），1637年	（明）李中梓撰	①明崇祯十年（1637年）序刻本	03
			②明崇祯十年（1637年）善成堂刻本，6册	01、03
			③明两仪堂藏版清扫山房印，6册	03
			④清光绪二十八年（1902年）两仪堂刻本	03
			⑤清光绪三十三年（1907年）崇实书局刻本，6册	03
			⑥清光绪三十三年（1907年）崇宝书局刻本，6册	03
			⑦清苏州绿荫堂刻本，2册	02
			⑧清末善成堂刻本，6册	03
			⑨清善成堂刻本，6册	01
			⑩1916年上海广益书局石印本，1册	03
			⑪1937年世界书局印本，1册	01
			⑫上海锦章书局出版，4册	04
			⑬上海锦章书局石印本，1函4册	05
0022	医宗必读（5卷），1637年	（明）李中梓撰	经国堂藏版，1函5册	05
0023	医宗必读（6卷），1637年	（明）李中梓撰	经纶堂藏版，6册	05
0024	详校医宗必读（10卷），1637年	（明）李中梓撰	清光绪二十八年（1902年）刻本，6册	03
0025	校正医宗必读（10卷），1637年	（明）李中梓撰	上海进步书局石印本，1册	01
0026	扫叶山房重校医宗必读（10卷），1637年	（明）李中梓著	清刻本，6册	03
0027	十三论，1637年	（明）李中梓撰	见医宗必读	03
0028	古今名医汇粹（8卷），1675年	（清）罗美撰	①清道光三年（1823年）嘉兴盛新甫刻本	01
			②清道光三年（1823年）刻本，8册	01
			③清扫叶山房刻本，8册	01
			④清刻本，2册	03

续表

序号	书名和成书年	作者和著作形式	版本	收藏馆
0029	嵩崖尊生书（15 卷），1696年	（清）景日昣撰	①清康熙三十五年（1696 年）刻本	01
			②清乾隆五十五年（1790 年）古吴致和堂刻本，8 册	03
			③清古吴三让堂刻本，8 册	01
			④清大文堂刻本	03
			⑤清刻本，8 册	03
			⑥1919 年、1923 年、1931 年上海锦章书局石印本	02
			⑦1928 年江阴宝文堂藏版，1 函 8 册	05
0030	嵩崖尊生全书（15 卷），1696 年	（清）景日昣撰	①清康熙三十五年（1696 年）三让堂刻本，8 册	01
			②清乾隆五十五年（1790 年）致和堂刻本，8 册	03
			③大文堂刻本，8 册	03
0031	医学，1713 年	（清）蒋示吉述	抄本，1 册	01
0032	钦定古今图书集成（10000卷），考证（24 卷），目录（40 卷），1723 年	（清）蒋廷锡等编	清光绪十六年至清光绪二十年（1890—1894 年）同文书局石印本，5026 册（缺 35 卷，明伦汇编氏族典卷六百一十五至卷六百一十六、闺媛卷三百三十九至卷三百四十、博物汇编艺术典卷四百三十七至卷四百三十八、草木典卷十七至卷十八，理学汇编学行典卷七十一至卷七十二、卷一百七十一至卷一百七十二、卷一百七十九至卷两百、考证卷二十三）	02
0033	古今图书集成医部全录，1723 年	（清）蒋廷锡等编	①清光绪二十三年（1897 年）影印本，60 册	03
			②1934 年中华书局影印本，42 册	03、04
			③1937 年上海会文堂新记书局铅印本，17 册	01、03
0034	图书集成医部全录（520卷），1723 年	（清）陈梦雷、蒋廷锡编	清光绪二十三年（1897 年）影印本，6 函 60 册	05
0035	图书集成医部全录，1723 年	（清）陈梦雷编	会文堂新记书局铅印本，1 册（存第 42 册）	05
0036	古今图书集成艺术典医部（520 卷，存卷二十一至卷五百四十），1723 年	佚名	中华书局影印，6 函 42 册（第 424 至第 465 册）	06
0037	古今图书集成医部汇考妇科（520 卷，存卷三百八十一至卷四百），1723 年	佚名	见古今图书集成	01、03

续表

序号	书名和成书年	作者和著作形式	版本	收藏馆
0038	景岳全书发挥，1746 年	（清）叶桂撰	①清光绪五年（1879 年）吴氏醉六堂据眉寿堂刻本，4 册	03、04
			②1936 年上海千顷堂书局石印本	03
0039	景岳全书发挥（4 卷），1746 年	（清）叶桂撰	①清光绪五年（1879 年）吴氏醉六堂刻本，10 册	02、03
			②清光绪五年（1879 年）吴氏醉六堂雕，眉寿堂原本，4 册	04
0040	景岳发挥（4 卷），1746 年	（清）叶桂撰	1936 年千顷堂书局发行，1 册	06
0041	寿身小补（8 卷），1832 年	（清）黄兑楣辑	清光绪十四年（1888 年）广东佛山镇字林书局铅印本，8 册	03
0042	寿身小补（9 卷），1832 年	（清）黄兑楣辑	清光绪十四年（1888 年）佛山镇字林书局铅印本，8 册	02、03
0043	医学五则，1844 年 子目： ①医门初步（1 卷） ②药性简要（1 卷） ③汤头歌括（1 卷） ④切总伤寒（1 卷） ⑤增补脉诀（1 卷）	（清）廖云溪编	清光绪十三年（1887 年）刻本，兴发堂藏版，5 册	03
0044	医学五则，1844 年	（清）廖云溪编	1915 年年成都三府会刻本，1 函 5 册	05
0045	医学集成（又名医学指南）（4 卷），1873 年	（清）刘仕廉撰	①1923 年富记书局刻本，4 册	03
			②1937 年上海会文堂新记书局铅印本	01、03
			③民国益新书局石印本	02、01
			④民国石印本，2 册	01
0046	医学指南诸症（5 卷），诸方（5 卷），1858 年	（清）韦进德编辑	清咸丰八年（1858 年）劳崇光刻光绪三十三年（1907 年）谢光绮补刻桂林江南会馆印本，20 册	02
0047	医学指南诸症（5 卷，存卷一、卷二、卷四、卷五），诸方（5 卷，存卷二至卷五），1858 年	（清）韦进德编辑	清咸丰八年（1858 年）劳崇光刻桂林杨鸿文堂印本，12 册	02
0048	医学摘粹，1896 年	（清）庆恕撰	1914—1915 年排印本，1 函 8 册	05
0049	医学篇（4 卷），1906 年	（清）曾懿撰	清光绪三十三年（1907 年）石印本（见古欢室全集），2 册	03
0050	医学篇（8 卷），1906 年	（清）曾懿撰	清光绪三十三年（1907 年）长沙刻本，1 册	03
0051	公民医学必读（1 卷），1910 年	（清）丁福保编	①清宣统元年（1909 年）上海文明书局初版铅印本，1 册	02
			②清宣统二年（1910 年）上海文明书局再版铅印本，1 册	02

续表

序号	书名和成书年	作者和著作形式	版本	收藏馆
0052	医学指南，1910 年	（清）丁福保	1930 年 11 月出版，上海医学书局出版，1 册	06
0053	汉法医典，1916 年	（日本）野津猛男撰，（清）丁福保译	1929 年、1934 年上海医学书局铅印本，1 册	01
0054	中国医学大辞典，1921 年	（民国）谢观撰	1921 年初版，2 册（上下册）	12
0055	黄溪医垒第二辑，1924 年	（民国）陈无咎撰	1924 年丹溪学社铅印本，1 册	01
0056	实用中医学，1930 年	（民国）秦伯未编	1930 年中医书局铅印本，4 册	01
0057	中医系统学，1936 年	（民国）王一仁编	①1936 年杭州仁庵学舍铅印本，1 册	03
			②见国医基础读本上册	03
0058	松崖医径（2 卷），1936 年	（明）程玠撰	见珍本医书集成	01、03
0059	中华医药原理上编，1937 年	（民国）陆钧衡撰	1938 年铅印本，1 册	01
0060	中华医药原理（3 卷），1937 年	（民国）陆钧衡撰	1937 年广西梧州铅印本	01（仅存）

（二）合刻、合抄

序号	书名和成书年	作者和著作形式	版本	收藏馆
0001	丹溪心法（5 卷），丹溪心法附余，1536 年 附余子目： ①医学发明，（金）李杲撰 ②脉诀指掌，（元）朱震亨撰 ③金匮钩玄（3 卷），（元）朱震亨撰 ④证治要诀（12 卷），（明）戴思恭撰 ⑤活法机要，（元）朱震亨撰 ⑥证治要诀及类方（4 卷），（明）戴思恭撰	（明）吴中珩校	①明万历二十九年（1601 年）新安吴勉学校步月楼刻本映旭斋藏版	01、03
			②清二酉堂刻本	03
0002	丹溪心法（5 卷），附录及附余六种，1536 年 附录子目： ①故丹溪先生公石表辞 ②丹溪翁传 附余子目： ①医学发明 ②脉学指掌（又名脉诀指掌病式图论） ③金匮钩玄 ④证治要诀 ⑤活法机要 ⑥证治类诀及类方	（元）朱震亨撰	①明吴勉学校刻本，4 册	03
			②清光绪二十九年（1903 年）杭州衢樽书局石印本，12 册	03
			③清二酉堂刻本，12 册	03
			④上海文瑞楼石印本，12 册	03
0003	丹溪心法（5 卷），附录（1 卷），1536 年	（元）朱震亨撰	①清刻本，5 册	01
			②步月楼重刻本，11 册	01

续表

序号	书名和成书年	作者和著作形式	版本	收藏馆
0004	丹溪心法附余，1536 年	（明）吴中珩校	版本不详（残本），1 函 8 册	05
0005	赤水玄珠（30 卷），医旨绪余（2 卷），三吴医案（2 卷），新都医案（2 卷），宜兴医案（1 卷），1573 年	（明）孙一奎著	①明万历二十四年（1596 年）新安孙氏刻清康熙补修本，36 册	02
			②清康熙刻本	02
			③清东佛镇天宝楼刻本，24 册	03
0006	赤水玄珠（30 卷），医案（5 卷），医旨绪余（2 卷），1573 年	（明）孙一奎著	①清康熙刻本（存赤水玄珠 30 卷、医案卷二至卷五、医旨绪余 2 卷），31 册	01
			②清广东天宝楼刻本，30 册	03
0007	赤水玄珠全集，1573 年	（明）孙一奎著	1914 年年上海著易堂刻本，8 册	04
0008	赤水玄珠（30 卷），1573 年	（明）孙一奎著	歙邑黄鼎刊本，18 册	04
0009	赤水玄珠（32 卷），1573 年	（明）孙一奎著	版本不详，21 册	04
0010	赤水玄珠全集（30 卷），附四种（7 卷），1573 年 附录子目： ①医旨绪余（2 卷，上下卷），（明）孙一奎撰，孙泰来、孙朋来同考订 ②三吴医案（2 卷，存卷一、卷二），（明）孙一奎辑，余煌、徐景奇、孙泰来、孙朋来同阅梓 ③新都医案（2 卷，存卷三、卷四），（明）孙一奎辑，余煌、徐景奇、孙泰来、孙朋来同阅梓 ④宜兴医案（1 卷，存卷五），（明）孙一奎辑，余煌、徐景奇、孙泰来、孙朋来同阅梓	（明）孙一奎著	1931 年浙东草堂印行，6 册	06
0011	赤水玄珠全集（30 卷），1573 年	（明）孙一奎著	①1931 年浙东草堂印行，2 函 24 册	05
			②歙县黄鼎刻本，2 函 24 册	05
0012	赤水玄珠全集（37 卷），1573 年	（明）孙一奎著	1914 年上海著易堂藏版铅印本，8 册	04
0013	古今名医汇粹、古今名医方论合刊，1675 年	（清）罗美撰	清康熙十四年（1675 年）古怀堂刻本	03
0014	古今名医汇粹、方论合刊，1675 年 子目： ①古今名医汇粹（8 卷） ②古今名医方论（4 卷）	（清）罗美撰	清刻本，10 册	03

续表

序号	书名和成书年	作者和著作形式	版本	收藏馆
0015	医理真传（4卷），1869年	（清）郑寿全撰	①清同治十三年（1874年）成都刻本刘氏文林斋藏版，1函4册	05
			②清同治十三年（1874年）刻本，1册	03
0016	医理真传（4卷），医法圆通（4卷），1869年	（清）郑寿全撰	清同治十三年（1874年）成都刻本	03
0017	医法圆通（4卷），1874年	（清）郑寿全撰	清同治十三年（1874年）成都刻本刘氏文林斋藏版，1函4册	05
0018	医学薪传饲鹤亭集方合刊（又名吴兴凌氏二种），1892年	（清）凌奂撰	1917年著者铅印本	02
0019	饲鹤亭集方，1892年	（清）凌奂撰	1928年铅印本	03
0020	李自求抄医书四种，1894年 子目： ①脉学脉诀 ②妇科产前 ③妇科产后 ④家传经验良方	（清）李自求辑	清抄本	02（仅存）
0021	海陵丛刻第十五种陆筦泉医书（6卷），1919年	（民国）韩国钧编	1923年铅印本，6册	05

（三）中医丛书

序号	书名和成书年	作者和著作形式	版本	收藏馆
0001	兰室秘藏（3卷），1251年	（金）李杲撰	①见东垣十书	03
			②见影印元明善本丛书十种之济生拔粹方	01、03
0002	兰室秘藏（3卷，存卷一、卷三），1251年	（金）李杲撰，（明）吴勉学校	清刻本	08
0003	说郛一百卷，1367年 子目： ①山家清供（1卷），（宋）林洪撰 ②清异录（药部），（宋）陶谷撰 ③蔬食谱（1卷），（宋）陈达叟撰 ④菌谱（1卷），（宋）陈仁玉撰 ⑤褚氏遗书（1卷），（南齐）褚澄撰 ⑥保生要录（1卷），（宋）蒲虔贯撰 ⑦南方草木状（3卷），（晋）嵇含撰	（元）陶宗仪辑，（民国）张宗祥重校	1927年上海商务印书馆铅印本	02

续表

序号	书名和成书年	作者和著作形式	版本	收藏馆
0004	刘河间伤寒三书（20卷），1368年 子目： ①黄帝素问宣明论方（15卷），（金）刘完素撰 ②新刊注释素问玄机原病式（2卷），（金）刘完素撰，（元）薛时平注 ③素问病机气宜保命集（3卷），（金）刘完素撰	（金）刘完素撰	①明万历十三年（1585年）吴谦据绣谷吴继宗刻本重刻本，映旭斋藏版	02、03
			②明万历十三年（1585年）新安程郊倩订正刻本，6册	03
			③清宣统元年（1909年）上海千顷堂书局石印本，3册	02、03
			④上海千顷堂书局石印本（缺宣明方，子目见刘河间三、六书三书部分），2册	03
			⑤版本不详，4册	06
0005	刘河间伤寒三书（20卷），1368年 子目： ①黄帝素问宣明论方（15卷），（金）刘完素撰集，（明）吴勉学校 ②素问玄机原病式（2卷），（金）刘完素撰集，（元）薛时平注释，刘一杰校正，吴继宗重订，（明）吴起祥刊行 ③素问病机气宜保命集（3卷，上中下卷），（金）刘完素撰	（金）刘完素撰，（清）程应旄订	①清宣统元年（1909年）上海千顷堂书局石印，4册	06
			②上海千顷堂书局发行，4册	06
0006	刘河间伤寒三书（17卷），1368年 子目： ①黄帝素问宣明论方（15卷），（金）刘完素撰集，（明）吴勉学校 ②素问玄机原病式（2卷），（金）刘完素撰集，（元）薛时平注释，刘一杰校正，吴继宗重订，（明）吴起祥刊行	（清）程应旄订	清宣统元年（1909年）上海千顷堂书局石印，3册	06
0007	刘河间医学六书（又名刘河间伤寒六书），附二种，1373年 子目： ①黄帝素问宣明论方（15卷），（金）刘完素撰 ②素问玄机原病式，（金）刘完素撰 ③素问病机气宜保命集（3卷），（金）刘完素撰 ④伤寒直格论方（3卷），（金）刘完素撰 ⑤伤寒标本心法类萃（2卷），（金）刘完素撰 ⑥刘河间伤寒医鉴，（元）马宗素撰 附录子目： ①伤寒心要，（金）镏洪编 ②张子和伤寒心镜别集，（金）张从正撰，（元）常德编	（金）刘完素等撰	①明宣德六年（1431）刻本，12册	04
			②明万历二十九年（1601年）新安吴勉学校步月楼刻本，映旭斋藏版，11册	03、04
			③清宣统元年（1909年）上海千顷堂书局石刻本，5册	02、03
			④清同德堂刻本	03

续表

序号	书名和成书年	作者和著作形式	版本	收藏馆
0008	刘河间伤寒六书，附二种（2卷），1373年 子目： ①初集素问病机保命集上下卷，（金）刘完素、（明）吴勉学校 ②二集宣明方论 ③三集素问玄机原病式，（金）刘完素，（明）吴勉学校 ④四集伤寒医鉴，（元）马宗素撰，（明）吴勉学校 ⑤五集伤寒直格上中下卷，（元）葛雍编，（明）吴勉学校 ⑥六集伤寒标本心法类萃上下卷，（金）刘完素编集，（明）吴勉学校正 附录子目： ①七集伤寒心要，（金）镏洪编集，（明）吴勉学校正 ②八集伤寒心镜（又名张子和心镜别集），（金）常德编，（明）吴勉学校	（明）吴勉学校	清宣统元年（1909年）上海千顷堂书局石印，3册	06
0009	刘河间伤寒六书六种（25卷，存10卷），附二种（2卷），1373年 子目： ①素问玄机原病式（1卷） ②刘河间伤寒直格论方（3卷，上中下卷） ③刘河间伤寒医鉴（1卷） ④伤寒标本心法类萃（2卷，上下卷） ⑤素问病机气宜保命集（3卷，上中下卷） 附录子目： ①河间伤寒心要（1卷） ②张子和心镜别集（1卷）	（金）刘完素撰	明刻清修补本，3册	03
0010	刘河间伤寒六书六种（25卷，存3卷），附二种（2卷），1373年 子目： ①素问玄机原病式（1卷） ②素问病机气宜保命集（2卷，上中卷）	（金）刘完素撰	明刻清修补本，2册	03
0011	刘河间伤寒六书六种（25卷，存21卷），附二种（2卷），1373年 子目： ①黄帝素问宣明论方（15卷） ②伤寒标本心法类萃（2卷，上下卷） ③刘河间伤寒医鉴（1卷） ④刘河间伤寒直格论方（3卷，上中下卷） 附录子目： ①河间伤寒心要（1卷） ②张子和心镜别集（1卷）	（金）刘完素撰	明刻本，8册	03

续表

序号	书名和成书年	作者和著作形式	版本	收藏馆
0012	刘河间医学六书（25卷），附二种（2卷），1373年 子目： ①黄帝素问宣明论方卷（15卷） ②素问玄机原病式（1卷） ③素问病机气宜保命集（3卷，上中下卷） ④刘河间伤寒直格论方（3卷，上中下卷） ⑤伤寒标本心法类萃（2卷，上下卷） ⑥刘河间伤寒医鉴（1卷） 附录子目： ①河间伤寒心要（1卷） ②张子和心镜别集（1卷）	（金）刘完素撰	清同德堂刻本，8册	03
0013	刘河间伤寒六书，1373年	（金）刘完素撰	版本不详，12册1部	04
0014	刘河间医书六种，1373年	（金）刘完素撰	清步月楼梓行，映旭斋藏版，6册1部	04
0015	刘河间伤寒六种，1373年	（金）刘完素撰	版本不详，1函10册	05
0016	刘河间伤寒三书、刘河间伤寒六书，附二种（2卷），1373年 三书子目： ①素问玄机原病式（1卷） ②黄帝素问宣明论方（15卷） ③素问病机气宜保命集（3卷） 六书子目： ①素问玄机原病式（1卷） ②黄帝素问宣明论方（15卷） ③素问病机气宜保命集（3卷） ④刘河间伤寒医鉴（1卷） ⑤刘河间伤寒直格论方（3卷） ⑥伤寒标本心法类萃（2卷） 附录子目： ①伤寒心要（1卷） ②张子和心镜别集（1卷）	（金）刘完素等撰	①明万历吴勉学校刻本，15册	03
			②上海千顷堂书局石印本，8册	03
0017	伤寒六书（6卷），1445年	（明）陶华撰	敦化堂梓，1函4册	05
0018	图注难经脉诀（8卷），1510年 子目： ①图注八十一难经辨真（4卷） ②图注脉诀辨真（4卷）	（明）张世贤图注	①清光绪五年（1879年）扫叶山房刻本，4册	01
			②清光绪刻本，浙江亦西斋藏版	01
			③清刻本	03
			④民国上海锦章书局石印本	01
0019	图注难经脉诀二种（6卷），1510年	佚名	清康熙大文堂刻本，4册	03

续表

序号	书名和成书年	作者和著作形式	版本	收藏馆
0020	图注难经脉诀二种（6卷），1510年	佚名	清光绪二十年（1894年）经元书局刻本，3册	03
0021	图注难经脉诀二种（8卷，存12卷），附四种（4卷），1510年 附录子目： ①脉诀考证（1卷），（明）李时珍撰 ②濒湖脉学（1卷），（明）李时珍撰 ③奇经八脉考（1卷），（明）李时珍撰 ④脉诀附方（1卷），（明）张世贤撰	佚名	①清浙江亦西斋刻本，4册	03
			②清浙江亦西斋刊本，5册	01
			③清扫叶山房刻本，6册	01
0022	图注难经脉诀（又名图注王叔和脉诀），1510年 子目： ①脉诀考，脉诀附方 ②濒湖脉学，奇经八脉考 ③图注王叔和脉诀辨真（3卷） ④图注八十一难经辨真（4卷）	（明）张世贤图注	①清刻本（题为图注脉诀辨真），2册	03
			②清刻本（题为濒湖脉学、脉诀考证、奇经八脉考），2册	03
			③清刻本，5册	01
			④清浙江亦西斋刻本，5册	03
0023	汪石山医书（又名汪氏医学丛书），1519年 子目： ①脉诀刊误集解（2卷），附录（2卷），（元）戴起宗撰，（明）汪机补订 ②石山医案（3卷），附录（1卷），（明）汪机撰 ③读素问钞（4卷），（元）滑寿注，（明）汪机续注 ④运气易览（3卷），（明）汪机撰 ⑤针灸问对（3卷），（明）汪机撰 ⑥外科理例（7卷），附方（1卷），（明）汪机撰 ⑦痘治理辨（1卷），附方（1卷），（明）汪机撰 ⑧推求师意（2卷），（明）戴思恭撰，汪机撰	（明）汪机等撰	1921年上海石竹山房石印本，19册	03
0024	汪氏医学丛书（31卷），1519年 子目： ①脉诀刊误（2卷） ②读素问钞（10卷） ③外科理例（7卷），附方（1卷） ④针灸问答（3卷） ⑤石山医案（3卷），附录（1卷） ⑥运气易览（1卷） ⑦痘治理辩（1卷） ⑧推求师意（2卷）	（明）汪机撰	上海石竹山房、二酉书庄石印，8册	06
0025	汪氏医学丛书，1519年	（明）汪机撰	1921年上海石竹山房、二酉书庄石印本，2函20册	05

续表

序号	书名和成书年	作者和著作形式	版本	收藏馆
0026	薛氏医按二十四种（又名薛院判医案二十四种、薛院判医书二十四种、薛立斋医案全集），1529年 子目： ①十四经发挥（3卷），（元）滑寿撰 ②难经本义（2卷），（元）滑寿注 ③本草发挥（4卷），（明）徐彦纯编 ④平治荟萃（3卷），（元）朱震亨撰 ⑤内科摘要（2卷），（明）薛己撰 ⑥明医杂著（6卷），（明）王纶编，薛己注 ⑦伤寒钤法（1卷），（元）马宗素撰 ⑧敖氏伤寒金镜录（1卷），（明）薛己订 ⑨原机启微（2卷），附（1卷），（元）倪维德撰 ⑩保婴撮要（20卷），（明）薛铠撰 ⑪钱氏小儿药证直诀（4卷），（宋）钱乙撰，（宋）阎孝忠著，（明）薛己注 ⑫陈氏小儿痘疹方论（1卷），（宋）陈文中撰，（明）薛己注 ⑬保婴金镜录（1卷），（宋）钱乙撰，（明）薛己注 ⑭妇人良方（24卷），（宋）陈自明编，（明）薛己注 ⑮女科撮要（2卷），（宋）陈自明编，（明）薛己注 ⑯外科发挥（8卷），（宋）陈自明编，（明）薛己注 ⑰外科心法（7卷），（宋）陈自明编，（明）薛己注 ⑱外科枢要（4卷），（宋）陈自明编，（明）薛己注 ⑲痈疽神秘验方，（明）陶华编 ⑳外科经验方，（明）薛己撰 ㉑外科精要（3卷），（宋）陈自明编，（明）薛己注 ㉒正体类要（2卷），（明）薛己撰 ㉓口齿类要，（明）薛己撰 ㉔疠疡机要（3卷），（明）薛己撰	（明）吴琯编	清刻本渔古山房藏版	03
0027	薛氏医按二十四种（108卷，存24卷），附录（1卷），1529年 子目： ①十四经发挥（3卷） ②难经本义（2卷） ③本草发挥（4卷） ④平治荟萃（3卷） ⑤内科摘要（2卷） ⑥明医杂著（6卷） ⑦伤寒钤法（1卷） ⑧敖氏伤寒金镜录（1卷） ⑨原机启微（2卷）	（明）薛己撰，吴琯编	清渔古山房刻本，48册	03

续表

序号	书名和成书年	作者和著作形式	版本	收藏馆
0028	薛立斋医案全集（92 卷），1529 年	（明）薛己撰	1921 年大成书局石印本，4 函 23 册（缺第 7 册）	05
0029	东垣十书（又名医学十书），附二种，1529 年 子目： ①脉诀，（宋）崔嘉彦撰 ②局方发挥，（元）朱震亨撰 ③脾胃论（3 卷），（金）李杲撰 ④格致余论，（元）朱震亨撰 ⑤兰室秘藏（3 卷），（金）李杲撰 ⑥内外伤辨惑论（3 卷），（金）李杲撰 ⑦此事难知（2 卷），（元）王好古撰 ⑧汤液本草（3 卷），（元）王好古著 ⑨医经溯洄集，（元）王履撰 ⑩外科精义（2 卷），（元）齐德之撰 附录子目： ①医垒元戎，（元）王好古撰 ②癍论萃英，（元）王好古撰	佚名	①明刻本	02
			②清光绪十年（1884 年）羊城云林阁刻本，16 册	04
			③清文奎堂刻本，16 册	03
			④1929 年上海中华书局、上海受古书店石印本，12 册	03
			⑤版本不详，10 册	04
0030	医学十书（22 卷），1529 年	（宋）紫虚真人崔撰	清光绪七年（1881）春羊城云林阁校刊，16 册	04
0031	东垣十书（22 卷），1529 年	佚名	文奎堂梓，10 册	04
0032	东垣十书，1529 年	佚名	文奎堂梓，2 函 16 册	05
0033	东垣十书十二种（22 卷），1529 年	（明）王肯堂辑	明万历二十九年（1601 年）新安吴勉学刻古今医统正脉全书本，18 册	02
0034	东垣十书十种（20 卷，存 19 卷），附二种（2 卷），1529 年 子目： ①兰室秘藏（3 卷，上中下卷） ②脉诀（1 卷） ③局方发挥（1 卷） ④脾胃论（3 卷，上中下卷） ⑤格致余论（1 卷） ⑥东垣先生此事难知集（2 卷） ⑦汤液本草（2 卷，上中卷） ⑧医经溯洄集（1 卷） ⑨内外伤辨惑论（3 卷，上中下卷） ⑩外科精义（2 卷，上下卷） 附录子目： ①医垒元戎 ②海藏癍论萃英	（明）王肯堂辑	清文奎堂刻本，15 册	03

续表

序号	书名和成书年	作者和著作形式	版本	收藏馆
0035	李氏东垣十书（又名东垣十种医书）（20卷），附二种（2卷），1529年 子目： ①脉诀（1卷），（宋）崔真人撰 ②内外伤辨惑论（3卷），（金）李杲撰 ③脾胃论（3卷），（金）李杲撰 ④兰室秘藏（3卷），（金）李杲撰 ⑤此事难知（2卷），（元）王好古撰 ⑥汤液本草（3卷），（元）王好古著 ⑦格致余论（1卷），（元）朱震亨撰 ⑧局方发挥（1卷），（元）朱震亨撰 ⑨外科精义（2卷），（元）齐德之撰 ⑩医经溯洄集（1卷），（元）王履撰 附录子目： ①医圣元戎（1卷），（元）王好古撰 ②癍论萃英（1卷）	（金）李杲撰，陈亮忠、陈璞、金锡龄同校	文盛书局总发行，6册	06
0036	增补遵生八笺（又名雅尚斋遵生八笺）（19卷），目录（1卷），1591年	（明）弢光居士、屠隆撰，钟惺重订	①清课花书屋刊弦雪居重订本，5册	03
			②上海江左书林石印本	04
0037	增补遵生八笺（19卷），1591年	（明）高濂撰	江左书林印行，6册	04
0038	弦雪居重订遵生八笺（19卷），目录（1卷），1591年	（明）高濂撰，钟惺校阅	明课花书屋刻后印本，5册	03
0039	弦雪居重订遵生八笺（19卷，存卷五、卷十三、卷十四、卷十七至卷十九），1591年	（明）高濂撰	明刻本，6册	02
0040	医统正脉全书，1601年	（明）王肯堂撰	1923年北京中医学社据朱文震原版修补印本，80册	09
0041	医统正脉全书（204卷，现存不详），1601年	（明）王肯堂撰，朱文震校刊	明万历二十九年（1601年）吴勉学书，清光绪十八年（1892年）浙江书局据明武陵顾氏影宋嘉祐刻本，80册（缺第21册、第22册、第26册、第35册）	06
0042	古今医统正脉全书，1601年	（明）王肯堂撰	明万历二十九年（1601年）吴勉学刻清初映旭斋重修本，11册	01
0043	六科证治准绳（44卷），1602年 子目： ①杂症准绳（8卷） ②伤寒准绳（8卷） ③类方准绳（8卷） ④外科准绳（6卷） ⑤幼科准绳（9卷） ⑥女科准绳（5卷）	（明）王肯堂撰	①清康熙十四年（1675年）金坛虞氏刻本，康熙38年修补印本	03
			②清乾隆五十八年（1793年）程永培校修敬堂刻本，64册	03、04
			③清光绪十八年（1892年）广州石经堂校刻本，100册	01
			④清光绪十八年（1892年）上海图书集成印书局铅印本	02、03、04
			⑤民国元年（1912年）、1914年、1925年、1928年上海鸿宝斋石印本	03

续表

序号	书名和成书年	作者和著作形式	版本	收藏馆
			⑥1935 年上海扫叶山房石印本	01、03、04
			⑦民国石印本	03
0044	六科证治准绳六种，1602 年 子目： ①杂症准绳（8 卷） ②类方准绳（8 卷） ③伤寒准绳（8 卷） ④外科准绳（6 卷） ⑤幼科准绳（9 卷） ⑥女科准绳（5 卷）	（明）王肯堂撰	①清康熙三十八年（1699 年）金坛虞氏补修版，96 册	03
			②清乾隆五十八年（1793 年）修敬堂刻本，70 册	03
			③清光绪十八年（1892 年）上海图书集成印书局铅印本，40 册	03
			④1914 年上海鸿宝斋书局石印本，44 册	03
			⑤1934 年扫叶山房石印本，36 册	03
0045	六科证治准绳六种（44 卷），1602 年 子目： ①证治准绳（8 卷） ②杂病证治类方（8 卷） ③伤寒证治准绳（8 卷） ④疡医准绳（6 卷） ⑤幼科证治准绳（9 卷） ⑥女科证治准绳（5 卷）	（明）王肯堂撰，（清）程永培校	清光绪十八年（1892 年）上海图书集成印书局铅印本，23 册	03
0046	六科准绳（44 卷），1602 年	（明）王肯堂撰	①清光绪十八年（1892 年）上海图书集成书局铅印本，40 册	04
			②1935 年上海扫叶山房石印本，36 册	03、04
0047	证治准绳六种（44 卷），1602 年	（明）王肯堂撰，（清）程永培校	清修敬堂刻本，35 册	03
0048	六科准绳（一）（8 卷），1602 年	（明）王肯堂撰	1935 年上海扫叶山房石印本，8 册	04
0049	六科准绳（二）（13 卷），1602 年	（明）王肯堂撰	1935 年上海扫叶山房石印本，9 册	04
0050	六科准绳（三）（14 卷），1602 年	（明）王肯堂撰	1935 年上海扫叶山房石印本，10 册	04
0051	六科准绳（四）（9 卷），1602 年	（明）王肯堂撰	1935 年上海扫叶山房石印本，10 册	04
0052	证治准绳（8 卷），1602 年	（明）王肯堂撰	见六科证治准绳	01
0053	证治准绳（120 卷），1602 年	（明）王肯堂撰	清光绪十八年（1892 年）上海图书集成印书局铅印本，3 函 48 册	05

续表

序号	书名和成书年	作者和著作形式	版本	收藏馆
0054	伤寒证治准绳（8卷），1602年	（明）王肯堂撰	①见六科证治准绳	01、03
			②清修敬堂刻本，8册	01
			③版本不详，8册	04
0055	类方证治准绳（8卷），1602年	（明）王肯堂撰	版本不详，12册	04
0056	杂症证治准绳（8卷），1602年	（明）王肯堂撰	金氏藏版，8册	04
0057	伤寒准绳、类方准绳（3卷），1602年	（明）王肯堂撰	明万历三十二年（1604年）王肯堂宇书，（伤寒准绳）上海鸿宝斋书局，（类方准绳）扫叶山房石印本，2册	06
0058	伤寒准绳、证治准绳（8卷，卷五至卷八，各2卷），1602年	（明）王肯堂撰	明万历三十年（1602年）王肯堂识，1935年出版，上海扫叶山房石印本，6册	06
0059	伤寒准绳（4卷），1602年	（明）王肯堂撰，（清）程永培校	1935年石印上海扫叶山房石印本，2册	06
0060	杂病证治准绳（又名杂病证治类方）（8卷），1602年	（明）王肯堂撰	见证治准绳	01、03
0061	杂病证治类方（8卷），1602年	（明）王肯堂撰	见六科证治准绳	01
0062	疡医准绳（6卷，缺卷四），1602年	（明）王肯堂撰	清乾隆修敬堂刻本，5册	02
0063	景岳全书摘要（3卷，存上卷），1624年	（明）张介宾著，（清）陈铫鸿辑	清道光二十四年（1844年）沈守真抄本，1册	02
0064	景岳全书（64卷），1624年 子目： ①传忠录（3卷） ②脉神章（3卷） ③伤寒典（2卷） ④杂证谟（29卷） ⑤妇人规（2卷） ⑥小儿则（2卷） ⑦痘疹诠（4卷） ⑧外科钤（2卷） ⑨本草正（2卷） ⑩新方八略 ⑪新方八阵 ⑫古方八阵（8卷） ⑬妇人规古方（1卷） ⑭小儿则古方（1卷） ⑮痘疹诠古方（1卷） ⑯外科钤古方（1卷）	（明）张介宾著	①清康熙四十九年（1710年）会稽鲁超刻本，30册	03
			②清康熙五十年（1711年）两广运使署刻本，12册	02
			③清乾隆三十年（1765年）刻本嵩秀堂藏版	03
			④清乾隆三让堂刻本	03
			⑤清乾隆刻本	02
			⑥清嘉庆二十四年（1819年）金阊书业堂刻本	02
			⑦清嘉庆二十四年（1819年）刻本，11册	09
			⑧清道光二十二年（1842年）沈守真抄本（2卷）	02
			⑨清光绪二十六年（1900年）、光绪三十三年（1907年）上海校经山房石印本	03

续表

序号	书名和成书年	作者和著作形式	版本	收藏馆
			⑩1926年上广益书局铅印本，24册	04
			⑪1926年、1930年、1940年上海锦章书局石印本	03
			⑫民国毗陵章氏石印本	01
			⑬大文堂刻本，24册	04
			⑭大文堂藏版，24册	04
			⑮文富堂梓，2函24册	05
			⑯本衙藏版，24册	04
0065	景岳全书（上下函）（64卷），1624年	（明）张介宾著	1926年上海广益书局印行，石印本，24册	04
0066	景岳全书（64卷），1624年	（明）张介宾著，（清）鲁超订	清刻本，30册	03
0067	张氏景岳全书（64卷，存62卷），卷首（1卷），1624年	（明）张介宾著	据昆陵章氏刻本石印本	01
0068	证治心传，1643年	（明）袁班撰	民国杭州三三医社铅印本，1册	01
0069	本草通元（又名本草通玄）（2卷），1655年	（明）李中梓撰	版本不详，1册	04
0070	喻氏医书三种（又名喻氏遗书三种），1661年 子目： ①医门法律（6卷） ②尚论篇（4卷），尚论后篇（4卷） ③寓意草	（清）喻昌著	①清乾隆黎川陈守诚刻本	01
			②清乾隆二十八年至清乾隆三十年（1763—1765年）嵩秀堂重刻本，12册	03
			③清乾隆年间三让堂刻本，19册	03
			④清乾隆刻本，18册	01
			⑤清光绪三十三年（1907年）上海校经山房书林石印本，6册	03
			⑥1932年上海锦章书局石印本，6册	03
0071	喻氏医书三种（14卷），1661年	（清）喻昌著	清三让堂刻本，19册	03
0072	喻氏医书三种（16卷，存15卷），1661年 子目： ①医门法律（6卷） ②尚论篇（4卷），卷首（1卷），后篇（4卷）	（清）喻昌著，陈守诚重梓	清光绪二十年（1894年）上海图书集成印书局铅印本，2册	03

续表

序号	书名和成书年	作者和著作形式	版本	收藏馆
0073	喻氏医书三种（31卷），1661年 子目： ①医门法律（22卷，存卷一至卷六、卷九至卷二十四） ②尚论篇（4卷），卷首（1卷），尚论后篇（4卷）	（清）喻昌著	清乾隆黎川陈守诚刻本，4册	03
0074	喻氏医书三种（34卷，存16卷），1661年 子目： ①医门法律（6卷） ②寓意草（1卷） ③尚论篇（4卷），卷首（1卷），尚论后篇（4卷）	（清）喻昌著	清光绪三十三年（1907年）上海校经山房石印本，6册	03
0075	医宗说约（4卷），1663年	（清）蒋示吉撰	①宝翰楼梓行古吴蒋示吉真本，4册	04
			②文奎堂梓，1函4册	05
0076	医宗说约（5卷），1663年	（清）蒋示吉撰	①清乾隆三十年（1765年）丽正堂刻后印本，2册	03
			②清道光戊子年（1828年）重镌松盛堂梓行，4册	04
			③版本不详，4册	04
0077	医宗说约（6卷），1663年	（清）蒋示吉撰	①清乾隆三十年（1765年）丽正堂刻本，4册	03
			②清道光八年（1828年）松盛堂重刻本，4册	04
			③清光绪十四年（1888年）上海江左书林昌记刻本，6册	01
			④玉尺堂校刻本，4册	04
			⑤宝翰楼刻本，5册	04
			⑥民国石印本，1册	01
0078	伤寒兼证析义（1卷），1665年	（清）张倬撰	①清康熙刻本，1册	01
			②1936年大东书局铅印本，1册	01
			③见张氏医书七种	01
			④见伤寒大成	03
0079	士材三书（又名合镌增补士材三书、合刻增补士材三书、善成堂增订士材三书），附寿世青编（2卷），1667年 子目： ①诊家正眼（3卷） ②本草通玄（2卷） ③病机沙篆（2卷）	（明）李中梓撰，（清）尤乘增辑	清乾隆三十四年（1769年）藜照书屋刻本，6册	03

续表

序号	书名和成书年	作者和著作形式	版本	收藏馆
0080	士材三书（6卷），附寿世青编（2卷），1667年 子目： ①诊家正眼（2卷） ②本草通元（2卷） ③病机沙篆（2卷）	（明）李中梓等撰	清乾隆三十四年（1769年）蔡照书屋刻本，6册	03
0081	增订士材三书（4卷），1667年 子目： ①诊家正眼（2卷） ②本草通元（2卷）	（明）李中梓撰，（清）尤乘增辑	清康熙六年（1667年）五尤侗题，文诚堂梓行，3册	06
0082	李士材三书，1667年	（明）李中梓撰	清光绪上海江左书林刻本，4册（现存3册）	04
0083	寿世青编（2卷，存卷七、卷八），1667年	（清）尤乘辑	版本不详，1册	06
0084	图注难经脉诀，1693年 子目： ①图注八十一难经辨真（4卷），（明）张世贤图注 ②删注脉诀规正（2卷），（清）沈镜删注	（明）张世贤图注，（清）沈镜删注	①清康熙大文堂刻本	03
			②清光绪十八年（1892年）宝庆经世书局刻本	01
			③清光绪二十三年（1897年）湖南经纶元记书局刻本	03
			④清光绪二十六年（1900年）通州酉山堂刻本	01
			⑤清宣统元年（1909年）大和书局刻本	03（仅存）
			⑥清宣统元年（1909年）仁记书局刻本	03（仅存）
			⑦清崇德堂刻本	03（仅存）
			⑧清刻本（题为图注脉诀辨真）	03
			⑨清刻本（题为濒湖脉学、脉诀考证、奇经八脉考）	03
			⑩清刻本	01
			⑪清浙江亦西斋刻本	03
			⑫民国上海昌文书局铅印本	03（仅存）
			⑬上海文瑞楼刻本，2册	04
0085	图注难经脉诀（又名王叔和难经脉诀规正）(4卷)，1693年 子目： ①图注八十一难经辨真（4卷） ②附删注脉诀规正	（明）张世贤图注	清光绪二十年（1894年）经元书局刻本，3册	03
0086	图注难经脉诀（4卷），1693年	（明）张世贤图注	扫叶山房刻本	01

续表

序号	书名和成书年	作者和著作形式	版本	收藏馆
0087	图注难经脉诀（4 卷），1693 年	（战国）扁鹊述	上海文瑞楼藏版，1 册	04
0088	图注难经脉诀（4 卷），1693 年	（晋）王叔和撰，（明）张世贤注	清刻本，6 册	01
0089	校正图注难经脉诀（4 卷），1693 年	（战国）扁鹊述，（明）张世贤注	民国上海锦章书局，2 册	01
0090	王李难经脉诀，1693 年	（晋）王叔和撰，（明）李时珍	上海启新书局石印本，1 函 5 册	05
0091	医学粹精（又名医家秘奥、医家秘奥五种），1694 年 子目： ①周慎斋先生脉法解（2 卷），（明）周之干撰，（清）陈嘉璴注 ②周慎斋先生三书（3 卷），（明）周之干撰 ③查了吾先生正阳篇选录（1 卷），（清）陈嘉璴选录 ④胡慎柔先生五书要语（1 卷），（明释）住想撰 ⑤笔谈（1 卷），（清）陈嘉璴撰	（清）陈嘉璴撰	① 1931 年北京翰文斋据明抄本影印本	03
			② 1931 年北京翰文全影印本，2 册	03
0092	影明本医家秘奥（又名医学粹精）（3 卷），1694 年	（清）陈嘉璴撰	1931 年北京翰文斋据明抄本影印本，1 函 2 册	05
0093	本草医方合编（11 卷），1694 年 子目： ①本草备要（8 卷） ②医方集解（3 卷）	（清）汪昂撰	①清乾隆五年（1740 年）绣谷胡氏芸生堂刻本	03
			②清乾隆四十二年（1777 年）刻本，6 册	03
			③清乾隆苏州小酉山房刻本	01
			④清咸丰上海扫叶山房刻本，6 册	04
			⑤清光绪九年（1883 年）长沙退龄精舍刻本，6 册	02、05
			⑥清光绪十三年（1887 年）上海鸿文书局石印本，6 册	02、03
			⑦清光绪十四年（1888 年）扫叶山房刻本，6 册	03
			⑧清光绪二十六年（1900 年）新化三味堂刻本，6 册	03
			⑨清光绪三十四年（1908 年）上海章福记书局石印本	01

续表

序号	书名和成书年	作者和著作形式	版本	收藏馆
			⑩清安定堂刻本	02（仅存）
			⑪清文光堂刻本	02
			⑫清令德堂刻本，6册	03
			⑬清刻本，令德堂苏州小酉山房梓，1函6册	05
			⑭清尚德堂刻本	02、04
			⑮版本不详，6册	04
0094	本草医方合编（12卷），1694年	（清）汪昂撰	清芸生堂刻本，6册	03
0095	增补医方本草合编三种（33卷），1694年	（清）汪昂撰	清光绪三十四年（1908年）上海章福书局石印本，4册	01
0096	增补医方本草合编（31卷，存23卷，增评童氏医方集解卷一至卷二十三），1694年	（清）汪昂撰，李保常批点，费伯雄加评	清光绪三十年（1904年）上海六艺书局石印本	02
0097	图注本草医方合编，1694年	（清）汪昂撰	①清咸丰双门底萃珍楼刻本，6册	04
			②清咸丰十年（1860年）新镌，双门底萃珍楼藏版，6册1部	04
0098	图注本草医方合编（10卷），卷首（1卷），1694年 子目： ①合订本草备要 ②合订医方集解	（清）汪昂撰	清乾隆四十二年（1777年）刻本，6册	03
0099	重订本草医方合编，1694年	（清）汪昂撰	①清西山堂刻本，6册	04
			②清三让堂刻本，6册	04
0100	重镌本草医方合编（6卷），1694年	（清）汪昂撰	①尚德堂藏版，6册	04
			②英秀堂藏版，6册	04
0101	重镌医方本草合编（11卷），1694年	（清）汪昂撰	清乾隆五年（1740年）刻本，西山堂藏版，6册	04
0102	重镌本草医方合编（14卷），1694年	（清）汪昂撰	清光绪十四年（1888年）扫叶山房刻本，12册	03
0103	重镌本草医方合编（15卷），1694年	（清）汪昂撰	清苏州小酉山房刻本，6册	01

续表

序号	书名和成书年	作者和著作形式	版本	收藏馆
0104	冯氏锦囊秘录，1694 年 子目： ①内经纂要（2 卷），（清）顾世澄撰 ②杂症大小合参（14 卷），（清）冯兆张撰 ③脉诀纂要（1 卷），（清）冯兆张撰 ④女科精要（3 卷），（清）冯兆张撰 ⑤外科精要（1 卷），（清）冯兆张撰 ⑥药按（1 卷），（清）冯兆张撰 ⑦痘疹全集（15 卷），（清）冯兆张撰 ⑧杂症痘疹药性主治合参（12 卷），（清）冯兆张撰	（清）冯兆张撰	①清嘉庆十八年（1813 年）刻本会成堂藏版	02、03
			②清嘉庆十八年（1813 年）合成堂重刻本，20 册	03
			③清嘉庆二十三年（1818 年）会成堂重修大文堂刻本	03
			④清嘉庆二十三年（1818 年）大文堂刻本	03
			⑤民国上海千顷堂书局石印本	01（残）、03
0105	冯氏锦囊秘录八种（50 卷），1694 年 子目： ①内经纂要（2 卷） ②杂症大小合参（14 卷） ③脉诀纂要（1 卷） ④女科精要（3 卷） ⑤外科精要（1 卷） ⑥药按（1 卷） ⑦痘疹全集（15 卷） ⑧杂症痘疹药性主治合参（12 卷），卷首（1 卷）	（清）冯兆张撰	①清嘉庆十八年（1813 年）会成堂刻本，20 册	03
			②清大文堂刻本，12 册	03
0106	冯氏锦囊秘录八种（56 卷，存四种 50 卷），1694 年 子目： ①内经纂要（2 卷） ②杂症大小合参（20 卷） ③痘疹全集（15 卷） ④杂症痘疹药性主治合参（12 卷），卷首（1 卷）	（清）冯兆张撰	清嘉庆至清同治汇刻本，23 册	02
0107	冯氏锦囊秘录（17 卷），1694 年 子目： ①秘录痘疹全集（15 卷） ②秘录难症痘疹药性主治合参（2 卷，存卷二至卷三）	（清）冯兆张撰	清刻本，6 册	03
0108	冯氏锦囊秘录杂症大小合参（20 卷），1694 年	（清）冯兆张撰	民国上海千顷堂书局石印本，11 册	01
0109	张氏医书七种，1695 年 子目： ①张氏医通（16 卷）（清）张璐撰 ②本经逢原（4 卷），（清）张璐撰 ③诊宗三昧，（清）张璐撰，张登编 ④伤寒绪论（2 卷），（清）张璐撰 ⑤伤寒统论（2 卷），（清）张璐撰 ⑥伤寒舌鉴，（清）张登撰 ⑦伤寒兼证析义，（清）张倬撰	（清）张璐等撰	①日本文化元年（1804 年）思德堂刻本，清光绪二十五年（1899 年）杭州浙江官书局重印本	01
			②清光绪二十年（1894 年）上海图书集成印书局铅印本	03
			③清光绪二十五年（1899 年）浙江书局重印日本思德堂刻本，26 册	01
			④清光绪三十三年（1907 年）上海书局石印本	03

续表

序号	书名和成书年	作者和著作形式	版本	收藏馆
0110	张氏医书七种（27 卷，存 23 卷），1695 年 子目： ①张氏医通（16 卷） ②诊宗三昧（1 卷） ③伤寒绪论（2 卷） ④伤寒缵论（2 卷） ⑤伤寒舌鉴（1 卷） ⑥伤寒兼证析义（1 卷）	（清）张璐、张登撰	清光绪三十三年（1907 年）上海书局石印本，7 册	03
0111	医宗己任编（8 卷），1725 年	（清）高鼓峰撰	清道光十年（1830 年）涵古堂重刻本	01
0112	医宗己任编，1725 年 子目： ①四明心法（3 卷），（清）高鼓峰撰 ②四明医案，（清）高鼓峰撰 ③东庄医案，（清）吕留良撰 ④西塘感症（3 卷），（清）董废翁撰	（清）杨乘六编	①清道光十年（1830 年）涵古堂刻本，4 册	01、03
			②清道光十年（1830 年）重刻本，4 册	03
			③清光绪十年（1884 年）有鸿斋刻本	01
0113	医宗己任编四种（8 卷），1725 年	（清）杨乘六辑	清道光十年（1830 年）涵古堂刻本，4 册	03
0114	己任编四种（8 卷，存二种 4 卷），1725 年 子目： ①四明心法（2 卷） ②西塘感症（2 卷，中下卷）	（清）杨乘六辑	清刻本，2 册	08
0115	御纂医宗金鉴，1742 年 子目： ①订正伤寒论注（17 卷） ②订正金匮要略注（8 卷） ③删补名医方论（8 卷） ④四诊要诀（1 卷） ⑤运气要诀（1 卷） ⑥伤寒心法要诀（3 卷） ⑦杂病心法要诀（5 卷） ⑧妇科心法要诀（6 卷） ⑨幼科心法要诀（6 卷） ⑩痘疹心法要诀（6 卷） ⑪种痘心法要旨（1 卷） ⑫外科心法要诀（16 卷） ⑬眼科心法要诀（2 卷） ⑭刺灸心法要诀（8 卷） ⑮正骨心法要旨（4 卷）	（清）吴谦等撰	①清乾隆刻本，48 册	01
			②清光绪九年（1883 年）扫叶山房刻本，64 册	02
			③1912 年、1949 年上海商务印书馆铅印本	01
			④1916 年、1934 年上海锦章书局石印本	01
			⑤1929 年上海昌文书局石印本	01
0116	御纂医宗金鉴内科（74 卷，存卷一至卷二十四），卷首（卷 1），1742 年	（清）吴谦等撰	清光绪二十九年（1903 年）上海飞鸿阁书林石印本，6 册	03
0117	御纂医宗金鉴（40 卷，存卷三十五至卷七十四），1742 年	佚名	版本不详，1 册	06

续表

序号	书名和成书年	作者和著作形式	版本	收藏馆
0118	御纂医宗金鉴（□□卷，存卷一、卷二、卷五、卷七至卷十），卷首（1卷），1742年	（清）吴谦、刘裕铎合修	清末刻本，7册	08
0119	御纂医宗金鉴（□□卷，存卷二十一至卷二十九），1742年	佚名	清末石印本，1册	08
0120	御纂医宗金鉴（16卷，存卷一至卷二），1742年	佚名	清末简青斋书局石印本，1册	08
0121	御纂医宗金鉴内科（74卷），外科（16卷），1742年	（清）吴谦等撰	1929年上海昌文书局石印本，20册	01
0122	医宗金鉴内科（74卷），1742年	（清）吴谦等撰	上海文华书局石印本，1册	01
0123	医宗金鉴（15卷，存卷七至卷十六、卷六十四至卷六十八），1742年	佚名	版本不详，2册	06
0124	医宗金鉴（90卷），1742年	（清）吴谦等撰	①1929年上海文昌书局石印本，20册	01
			②1933年商务铅印本，20册	01
			③上海锦章书局石印本，12册	01
			④1950上海锦章书局铅印本，20册	03
0125	校正医宗金鉴，1742年	上海文华书局	影印本，1册	10
0126	校正医宗金鉴内科（74卷），1742年	佚名	上海广益书局印行，上海文华书局石印，5册	06
0127	精校医宗金鉴内科（74卷），外科（16卷），1742年	（清）吴谦等撰	1930年上海锦章书局石印，16册	01
0128	医方全书，1751年 子目： ①神效脚气秘方（4卷） ②追痨仙方（2卷） ③妇科良方 ④幼科良方 ⑤痘疹良方 ⑥医碥（7卷）	（清）何梦瑶撰	1918年广东两广图书局铅印本	01、02（残）
0129	何氏医方全书，1751年	（清）何梦瑶撰	1918年两广图书局铅印本，1册	01

续表

序号	书名和成书年	作者和著作形式	版本	收藏馆
0130	徐氏医书四种，1764 年 子目： ①道德经注（4 卷） ②乐府传声（1 卷） ③洄溪道情（1 卷） ④评外科正宗（12 卷）	（清）徐大椿撰	清光绪十九年（1893 年）上海图书集成书局铅印本	01
0131	徐灵胎医略六书，1764 年 子目： ①内经诠释 ②脉诀启悟（2 卷），附经络诊视图 ③药性切用（6 卷） ④伤寒约编（8 卷），附舌鉴图 ⑤杂病证治（9 卷） ⑥女科指要（6 卷），附女科治验	（清）徐大椿撰	清光绪二十九年（1903 年）上海赵翰香居铅印本	03、04
0132	徐氏医书六种（16 卷），1764 年 子目： ①难经经释（2 卷），（战国）扁鹊撰，（清）徐大椿注 ②神农本草经百种录（1 卷），（清）徐大椿撰 ③医贯砭（2 卷），（清）徐大椿撰 ④医学源流论（2 卷），（清）徐大椿撰 ⑤伤寒论类方，（清）徐大椿撰 ⑥兰台轨范（8 卷），（清）徐大椿撰	（清）徐大椿撰	①清同治十二年（1873 年）湖北崇文书局刻本，10 册	02
			②清同治十二年（1873 年）刻本，10 册	01
0133	徐灵胎医略六书（32 卷），1764 年	（清）徐大椿撰	①清光绪二十九年（1903 年）上海赵翰香居敬刊，32 册	04
			②清光绪二十九年（1903 年）上海赵翰香居铅印本，24 册	03
0134	徐氏医书七种（17 卷），附杂著（5 卷），1764 年	（清）徐大椿撰	清光绪十四年（1888 年）刻本，12 册	01
0135	徐氏医书八种，1764 年 子目： ①难经经释（2 卷） ②神农本草经百种录 ③医贯砭（2 卷） ④医学源流论（2 卷） ⑤伤寒论类方 ⑥兰台轨范（8 卷） ⑦慎疾刍言 ⑧洄溪医案	（清）徐大椿撰	①清光绪四年（1878 年）扫叶山房刻本，12 册	01
			②清光绪四年（1878 年）、清光绪十五年（1889 年）扫叶山房刻本，12 册	01、03、04
			③清光绪十五年至清光绪二十三年（1889 —1897 年）江左书林刻本	01
			④清光绪十五年（1889 年）上海扫叶山房刻本，10 册	01
			⑤清光绪十七年（1891 年）湖北官书处刻本	01
			⑥清光绪十八年（1892 年）湖北官书处刻本，12 册	02、03

续表

序号	书名和成书年	作者和著作形式	版本	收藏馆
			⑦清光绪十七年至清光绪十八年（1891—1892年）湖北官书处刻本，2册	02
			⑧清光绪十九年（1893年）上海图书集成印书局铅印本（附杂著四种、外科正宗），12册	03、04
			⑨1928年江阴宝文堂刻本，12册	03
0136	徐灵胎医学全书前集八种（20卷），后集八种（13卷），1764年	（清）徐大椿撰	清光绪三十三年（1907年）章福记书局石印本，16册	02
0137	徐灵胎医书八种（上函）（7卷），1764年	（清）徐大椿撰，王世雄编	清光绪十五年（1889年）上海江左书林校，刘孙溪重校，6册	04
0138	徐灵胎医书八种（下函）（11卷），1764年	（清）徐大椿撰	清光绪十五年（1889年）重刊，扫叶山房藏版，6册	04
0139	徐氏医书八种（一）（18卷），1764年	（清）徐大椿撰	清光绪四年（1878年）重刊，扫叶山房藏版，12册	04
0140	徐氏医书八种（二）（18卷），1764年	（清）徐大椿撰	清光绪四年（1878年）重刊，扫叶山房藏版，12册	04
0141	徐氏医书八种（三）（18卷），1764年	（清）徐大椿撰	清光绪四年（1878年）重刊，扫叶山房藏版，12册	04
0142	徐氏医书八种（18卷），1764年	（清）徐大椿撰	清光绪四年（1878年）扫叶山房刻本，4册	03
0143	徐氏医书八种（54卷），1764年	（清）徐大椿撰	清光绪十九年（1893年）上海图书集成印书局印，12册	04
0144	徐氏医书八种（18卷），附一种（13卷），杂著四种（5卷），1764年 子目： ①难经经释（2卷） ②医学源流论（2卷） ③神农本草经百种录（1卷） ④医贯砭（2卷） ⑤兰台轨范（8卷） ⑥伤寒论类方（1卷） ⑦洄溪医案（1卷） ⑧慎疾刍言（1卷） 杂著目录： ①道德经注（2卷） ②阴符经注（1卷） ③乐府传声（1卷） ④洄溪道情（1卷） 附外科正宗（12卷），附录（1卷）	（清）徐大椿撰	①清光绪十九年（1893年）上海图书集成印书局铅印本，32册	03
			②清光绪二十二年（1896年）珍艺书局铅印本，4册	03

续表

序号	书名和成书年	作者和著作形式	版本	收藏馆
0145	徐氏医书八种（18卷，存17卷），1764年 子目： ①难经经释（2卷，上下卷） ②医贯砭（2卷，上下卷） ③医学源流论（2卷，上下卷） ④兰台轨范（8卷） ⑤神农本草经百种录（1卷） ⑥伤寒论类方（1卷） ⑦洄溪医案（1卷）	（清）徐大椿撰	清光绪十八年（1892年）湖北官书处刻本，4册	03
0146	徐氏医书八种（18卷，存16卷），1764年 子目： ①难经经释（2卷，上下卷） ②伤寒论类方（1卷） ③医学源流论（2卷，上下卷） ④医贯砭（2卷，上下卷） ⑤洄溪医案（1卷） ⑥兰台轨范（8卷）	（清）徐大椿撰	清光绪四年（1878年）扫叶山房刻本，5册	03
0147	徐氏医书八种，附杂著五种，1764年 子目： ①难经经释（2卷） ②伤寒论类方（1卷） ③神农本草经百种录（1卷） ④医贯砭（2卷） ⑤兰台轨范（8卷） ⑥慎疾刍言（1卷） ⑦洄溪医案（1卷） ⑧医学源流论（2卷） 杂著目录： ①道德经注（1卷） ②阴符经注（1卷） ③乐府传声（1卷） ④洄溪道情（1卷） ⑤太乙神针（1卷）	（清）徐大椿撰	清光绪十五年（1889年）据扫叶山房藏本重刻	01
0148	徐灵胎十二种全集，1764年 子目： ①难经经释（2卷） ②神农本草经百种录 ③伤寒论类方 ④医学源流论（2卷） ⑤医贯砭（2卷） ⑥兰台轨范（8卷） ⑦慎疾刍言 ⑧洄溪医案 ⑨洄溪道情 ⑩阴符经注 ⑪乐府传声 ⑫道德经注（2卷）	（清）徐大椿撰	①1941年宝庆富记书局刻本	01
			②文奎堂藏版，2函18册	05

续表

序号	书名和成书年	作者和著作形式	版本	收藏馆
0149	徐氏十三种医书（30卷），1764年	（清）徐大椿撰	清光绪十九年（1893年）上海图书集成印书局印行，9册	04
0150	徐氏医书十三种（34卷），1764年 子目： ①难经经释（2卷） ②医学源流论（2卷） ③神农本草经百种录（1卷） ④医贯砭（2卷） ⑤伤寒论类方（1卷） ⑥兰台轨范（8卷） ⑦洄溪医案（1卷） ⑧慎疾刍言（1卷） ⑨道德经注（1卷） ⑩洄溪道情（1卷） ⑪阴符经注（1卷） ⑫乐府传声（1卷） ⑬评外科正宗（12卷）	（清）徐大椿撰	清光绪十九年（1893年）图书集成书局印，12册	03、04
0151	徐洄溪先生十三种（36卷），1764年	（清）徐大椿撰	清光绪二十二年（1896年）珍艺书局校印，12册	04
0152	徐洄溪先生十三种（较八种增加下列五种），1764年 子目： ①道德经注（1卷） ②洄溪道情（1卷） ③阴符经注（1卷） ④乐府传声（1卷） ⑤评外科正宗（1卷）	（清）徐大椿撰	清光绪二十二年（1896年）珍艺书局印，12册	03
0153	徐氏医学十六种（较徐氏医书八种增加下列八种），1764年 子目： ①内经诠释（1卷） ②脉诀启悟注释（1卷） ③伤寒约编（6卷） ④杂病源（1卷） ⑤洄溪脉学（1卷） ⑥六经病解（1卷） ⑦舌鉴总论（1卷） ⑧女科医案（1卷）	（清）徐大椿撰	清光绪三十三年（1907年）上海章福记石印本，16册	01、03、04
0154	徐氏医书十六种（31卷），1764年	（清）徐大椿撰	①清光绪三十三年（1907年）清和月医学社重校本，上海章福记书局印行，16册	04
			②清光绪三十三年（1907年）清和月医学社重校本，上海章福记石印本，15册	04

续表

序号	书名和成书年	作者和著作形式	版本	收藏馆
0155	徐氏医书十六种，1764 年 子目： ①杂病源 ②女科医案 ③神农本草经百种录 ④医贯砭（2 卷，上下卷） ⑤徐灵胎医学全书前集 ⑥难经经释（2 卷，上下卷） ⑦医学源流论（2 卷，上下卷） ⑧六经病解 ⑨脉诀启悟注释 ⑩兰台轨范（8 卷） ⑪伤寒约编（6 卷） ⑫洄溪医案 ⑬伤寒论类方 ⑭徐灵胎医学全书后集 ⑮内经诠释 ⑯洄溪脉学	（清）徐大椿撰	①清光绪三十三年（1907 年）章福记书局石印本，2 函 16 册	05
			②版本不详，16 册	06
0156	徐灵胎医学全书，1764 年 子目： 前集 ①难经经释（2 卷） ②神农本草经百种录 ③医贯砭 ④医学源流论（2 卷） ⑤伤寒论类方 ⑥兰台轨范（8 卷） ⑦慎疾刍言 ⑧洄溪医案 后集 ⑨内经诠释 ⑩脉诀启悟注释 ⑪伤寒约编（6 卷） ⑫杂病源 ⑬洄溪脉学 ⑭六经病解 ⑮舌鉴总论 ⑯女科医案	（清）徐大椿撰	①清同治十二年（1873 年）湖北崇文书局刻本	02
			②清光绪三十三年（1907 年）上海章福记书局石印本	01（残）、02、03
			③清光绪三十三年（1907 年）上海六艺书局石印本	03
			④1936 年、1948 年上海广益书局铅印本	02
0157	徐灵胎医书三十二种，1764 年 子目： ①难经经释（2 卷） ②神农本草经百种录 ③医贯砭（2 卷） ④医学源流论（2 卷） ⑤伤寒论类方 ⑥兰台轨范（8 卷） ⑦慎疾刍言 ⑧洄溪医案 ⑨内经诠释	（清）徐大椿撰	民国上海锦文堂书局石印本，18 册	03、04

续表

序号	书名和成书年	作者和著作形式	版本	收藏馆
	⑩脉诀启悟注释 ⑪伤寒约编（6卷） ⑫杂病源 ⑬洄溪脉学 ⑭六经病解 ⑮舌鉴总论 ⑯女科医案 ⑰道德经注 ⑱阴符经注 ⑲洄溪道情 ⑳乐府传声 ㉑证治指南（8卷） ㉒药性切用 ㉓古方集解 ㉔种子要方 ㉕中风大法 ㉖六经脉诊 ㉗舌苔图说 ㉘药性诗解 ㉙叶案批缪 ㉚女科指要 ㉛汤引总义 ㉜经络诊视图			
0158	徐灵胎医书三十二种（54卷），1764年	（清）徐大椿撰	上海锦文堂印行石印本，6册	04
0159	徐灵胎医书全集（4卷），1764年	（战国）扁鹊著，（清）徐大椿撰，江忍庵增批，林直清校勘	1948年新一版广益书局刊行，8册（卷一、卷二，各2册）	06
0160	徐灵胎先生杂著五种（6卷），1767年	（清）徐大椿撰	清光绪十四年（1888年）江左书林刻本，3册	01
0161	医林指月十二种（22卷），1769年 子目： ①医学真传（1卷） ②质疑录（1卷） ③医家心法（1卷） ④易氏医案（1卷） ⑤芷园臆草存案（1卷） ⑥伤寒金镜录（1卷） ⑦疟疾论疏方（1卷） ⑧达生篇（2卷） ⑨扁鹊心书（3卷），神方（1卷） ⑩本草崇原（3卷） ⑪侣仙堂类辨（2卷） ⑫学古诊则（4卷）	（清）王琦辑	清光绪二十二年（1896年）上海图书集成印书局铅印本，33册	02、03、04

续表

序号	书名和成书年	作者和著作形式	版本	收藏馆
0162	医林指月（又名胥山老人王琢崖纂辑医书十二种），1769 年	（清）王琦辑	清光绪二十二年（1896 年）上海图书集成印书局印，6 册	06
0163	医书十二种（又名医林指月），1769 年 子目： ①芷园臆草存案，（明）卢复撰 ②敖氏伤寒金镜录，（元）杜清碧增定，（明）薛立斋润图 ③芷园素社疟论疏，（明）卢之颐疏 ④芷园素社疟疏方，（明）卢之颐疏 ⑤达生编上下帙，（清）亟斋居士著，寄轩主人校 ⑥学古诊则第三帙之下、第四帙上下，（明）卢之颐缉正	（清）王琦辑	① 1896 年年上海图书集成书局铅印本，1 函 2 册	05
			②版本不详，2 册	06
0164	沈氏尊生书，1773 年 子目： ①杂病源流犀烛（30 卷），卷首（2 卷） ②伤寒论纲目（16 卷） ③幼科释迷（6 卷） ④妇科玉尺（6 卷） ⑤要药分剂（10 卷）	（清）沈金鳌撰	①清同治十三年（1874 年）湖北崇文书局刻本，20 册	03
			②清光绪二十一年（1895 年）上海图书集成印书局铅印本，20 册	01、04
			③清光绪二十一年（1895 年）图书集成局印，6 册	06
			④ 1916 年上海章福记书局石印本	03
			⑤石印本	02（仅存）
0165	沈氏尊生书五种（72 卷，存二种 22 卷），1773 年 子目： ①杂病源流犀烛（9 卷，存卷二十二至卷三十） ②伤寒论纲目（11 卷），卷首（2 卷）	（清）沈金鳌撰	清宣统元年（1909 年）石印本，2 册	02
0166	沈氏尊生书（16 卷），1773 年	（清）沈金鳌撰	版本不详，7 册	04
0167	沈氏尊生书（30 卷），1773 年	（清）沈金鳌撰	版本不详，9 册	04
0168	沈氏尊生书（上）（32 卷），1773 年	（清）沈金鳌撰	版本不详，8 册	04
0169	沈氏尊生书（下）（40 卷），1773 年	（清）沈金鳌撰	版本不详，7 册	04
0170	沈氏尊生书，1773 年	（清）沈金鳌撰	清光绪二十一年（1895 年）图书集成局铅印本（残本），2 函 15 册（缺卷五、第 5 册）	05
0171	沈氏尊生书（72 卷），1773 年	（清）沈金鳌撰	①清同治十三年（1874 年）湖北崇文书局刻本，9 册	03
			②清光绪二十一年（1895 年）图书集成局铅印本，3 函 24 册	05

续表

序号	书名和成书年	作者和著作形式	版本	收藏馆
0172	六醴斋医书，1794 年 子目： ①褚氏遗书（1 卷），（南齐）褚澄撰 ②肘后备急方（8 卷），（晋）葛洪撰 ③元和纪用经（1 卷），（唐）王冰撰 ④苏沈内翰良方（10 卷），（宋）沈括等撰 ⑤十药神书（1 卷），（元）葛乾孙编 ⑥加减灵秘十八方（1 卷），（明）胡嗣廉撰 ⑦韩氏医通（2 卷），（明）韩懋撰 ⑧痘疹传心录（18 卷），附种痘（1 卷），（明）朱惠明撰 ⑨折肱漫录（7 卷），（明）黄承昊撰 ⑩慎柔五书（5 卷），（明）胡慎柔撰，石震订	（清）程永培编	①清乾隆五十九年（1794 年）修敬堂刻本（书口题于然室），24 册	03
			②1925 年上海千顷堂书局石印本，16 册	03
0173	六醴斋医书十种，1794 年	（清）程永培编	版本不详（残本），1 函 12 册（缺第 1～12 册）	05
0174	黄氏医书八种，1795 年 子目： ①四圣心源（10 卷） ②素灵微蕴（4 卷） ③四圣悬枢（5 卷） ④伤寒悬解（14 卷） ⑤伤寒说意（10 卷），卷首（1 卷） ⑥金匮悬解（22 卷），卷首（1 卷），卷末（1 卷） ⑦长沙药解（8 卷） ⑧玉楸药解（8 卷）	（清）黄元御著	①清咸丰十年（1860 年）长沙徐树铭燮和精舍刻本，16 册	01、03、04
			②清咸丰十一年（1861 年）燮和精舍刻本，24 册	01
			③清同治五年（1866 年）刻本，11 册	03（残）
			④清同治七年（1868 年）成都彭汝琮刻本，24 册	03
			⑤清宣统元年（1909 年）益元书局据燮和精舍刻本重刻本，16 册	02、03、04
			⑥1921 年上海锦章书局石印本	01、04
0175	黄氏遗书八种（又名黄氏医书八种）（77 卷），1868 年 子目： ①金匮悬解（22 卷） ②伤寒悬解（14 卷） ③四圣悬枢（5 卷） ④素灵微蕴（4 卷） ⑤玉楸药解（8 卷） ⑥伤寒说意（10 卷，缺卷一） ⑦长沙药解（4 卷） ⑧四圣心源（10 卷）	（清）黄元御著	清同治七年（1868 年）成都刊本，4 函 24 册	05
0176	黄氏医书八种（78 卷），1795 年	（清）黄元御著	①清咸丰十年（1860 年）5 月开雕燮和精舍，16 册	04
			②清宣统元年（1909 年）津义书局，20 册	04
			③民国元年（1912 年）上海江左书林石印白下李逊斋，12 册	04

续表

序号	书名和成书年	作者和著作形式	版本	收藏馆
0177	黄氏医书八种（又名黄氏遗书八种）（80卷，存五种61卷），1795年 子目： ①伤寒悬解（14卷） ②伤寒说意（10卷），卷首（1卷） ③金匮悬解（22卷），卷首（1卷），卷末（1卷） ④长沙药解（8卷） ⑤玉楸药解（8卷）	（清）黄元御著	清咸丰十年（1860年）长沙燮和精舍刻本，10册	02
0178	黄氏医书八种（80卷，存七种64卷），1795年 ①四圣心源（10卷） ②素灵微蕴（4卷） ③四圣悬枢（5卷） ④伤寒说意（10卷），首（1卷） ⑤金匮悬解（22卷） ⑥长沙药解（4卷） ⑦玉楸药解（8卷）	（清）黄元御著	清咸丰十年（1860年）长沙燮和精舍刻宣统元年（1909年）重印本，12册	03
0179	黄氏医书八种（80卷），1795年 子目： ①四圣心源（10卷） ②素灵微蕴（4卷） ③四圣悬枢（5卷） ④伤寒悬解（14卷） ⑤伤寒说意（10卷），首（1卷） ⑥金匮悬解（22卷），首（1卷），末（1卷） ⑦长沙药解（4卷） ⑧玉楸药解（8卷）	（清）黄元御著	①清咸丰十年（1860年）长沙燮和精舍刻本，5册	03
			②清同治七年（1868年）成都刻本，8册	03
0180	陈修园公余医录六种（6卷），1803年	（清）陈念祖著，陈道著纂集，林寿萱校订	清光绪二年（1876年）仲冬傚南雅堂开雕，懿惠堂藏版，1册	06
0181	公余医录六种（又名陈修园医书六种），1803年 子目： ①神农本草经读（4卷） ②医学三字经（4卷） ③时方妙用（4卷） ④时方歌括（2卷） ⑤女科要旨（4卷） ⑥景岳新方砭（4卷）	（清）陈念祖撰	①清嘉庆八年（1803年）经纶堂刻本，10册	02
			②清嘉庆年间绥定达县明重德堂重刻本，6册	03
			③清咸丰十年（1860年）经纶堂刻本	02
			④清同治九年（1870年）绥定达县明德善堂刻本	03

续表

序号	书名和成书年	作者和著作形式	版本	收藏馆
0182	新增医书九种（9卷，存六种6卷），1820年 （见陈修园医书三十二种、三十六种、四十种、五十种、六十种） 子目： ①咽喉脉证通论（1卷） ②救迷良方（1卷） ③洞主仙师白喉治法忌表抉微（1卷） ④福幼编（1卷） ⑤急救喉疹要法（1卷） ⑥养生镜（1卷）	佚名	清光绪三十一年（1905年）上海文盛堂石印本，1册	08
0183	南雅堂医书全集，1820年	（清）陈念祖撰	①1904年上海经香阁书庄石印本，12册	05
			②民国锦章书局石印本，10册	05
			③上海锦章书局石印本，24册	01、04
0184	南雅堂医书全集（下）（62卷），1820年	（清）陈念祖撰	上海锦章书局石印本，12册	04
0185	南雅堂医书全集十五种（88卷），1820年	（清）陈念祖撰	清同治维经堂刻本，40册	03
0186	南雅堂医书全集二十一种（95卷），1820年	（清）陈念祖撰	清光绪十八年（1892年）上海图书集成印书局铅印本，20册	03
0187	公余医录五种（又名陈修园医书五种），1820年 子目： ①神农本草经读（4卷） ②医学三字经（4卷） ③时方妙用（4卷） ④时方歌括（2卷） ⑤女科要旨（4卷）	（清）陈念祖撰	①1934年上海鸿文书局石印本	03、04
			②1934年上海共和书局石印本，29册	03
0188	精校公余医录五种，1820年	（清）陈念祖撰	1934年上海鸿文书局石印本，5册	04
0189	精校公余医录五种（17卷），1820年	（清）陈念祖撰	1934年上海鸿文书局发行，上海共和书局石印，1册	04
0190	校正公余医录五种（4卷），1820年	（清）陈念祖撰	1934年上海鸿文书局发行，上海共和书局石印，1册	04
0191	校正公余医录五种（15卷，存四种14卷），1820年 子目： ①医学三字经（4卷） ②时方妙用（4卷） ③时方歌括（2卷，上下卷） ④女科要旨（4卷）	（清）陈念祖撰	鸿文书局发行，1册	06

续表

序号	书名和成书年	作者和著作形式	版本	收藏馆
0192	陈修园医书十五种，1820 年 子目： ①灵素节要浅注（12 卷） ②金匮要略浅注（10 卷） ③金匮方歌括（6 卷） ④伤寒论浅注（6 卷） ⑤长沙方歌括（6 卷） ⑥医学实在易（8 卷） ⑦医学从众录（8 卷） ⑧女科要旨（4 卷） ⑨神农本草经读（4 卷） ⑩医学三字经（4 卷） ⑪时方妙用（4 卷） ⑫时方歌括（2 卷） ⑬伤寒真方歌括（6 卷） ⑭伤寒医诀串解（6 卷） ⑮十药神书注解	（清）陈念祖撰	清同治五年（1866 年）维经堂刻本，40 册	03 （仅存）
0193	陈修园医书十五种（存七种 26 卷），1820 年 子目： ①张仲景伤寒论原文浅注（6 卷） ②长沙方歌括（2 卷，存卷五、卷六） ③金匮要略浅注（2 卷，存卷三、卷四） ④医学实在易（2 卷，存卷三、卷四） ⑤医学从众录（8 卷） ⑥灵素提要浅注（2 卷，存卷五、卷六） ⑦神农本草经读（4 卷）	（清）陈念祖著	清刻本，13 册	08
0194	公余十六种（又名陈修园医书十六种）（121 卷），1820 年	（清）陈念祖著	学库山房藏版，48 册	04
0195	陈修园医书二十一种，1820 年 子目： ①灵素节要浅注（12 卷），（清）陈念祖集注 ②金匮要略浅注（10 卷），（清）陈念祖集注 ③金匮方歌括（6 卷），（清）陈念祖撰 ④伤寒论浅注（6 卷），（清）陈念祖集注 ⑤长沙方歌括（6 卷），（清）陈念祖撰 ⑥医学实在易（8 卷），（清）陈念祖著 ⑦医学从众录（8 卷），（清）陈念祖撰 ⑧女科要旨（4 卷），（清）陈念祖撰 ⑨神农本草经读（4 卷），（清）陈念祖撰 ⑩医学三字经（4 卷），（清）陈念祖撰 ⑪时方妙用（4 卷），（清）陈念祖撰 ⑫时方歌括（2 卷），（清）陈念祖撰 ⑬景岳新方砭（4 卷），（清）陈念祖撰 ⑭伤寒真方歌括（6 卷），（清）陈念祖撰 ⑮伤寒医诀串解（6 卷），（清）陈念祖撰 ⑯十药神书注解（1 卷），（清）陈念祖注 ⑰急救异痧奇方（1 卷），（清）陈念祖评	（清）陈念祖撰	清光绪十八年（1892 年）上海图书集成印书局铅印本，20 册	03

续表

序号	书名和成书年	作者和著作形式	版本	收藏馆
	⑱经验百病内外方（1卷），佚名 ⑲霍乱转筋（2卷），（清）王士雄撰 ⑳绞肠痧证，（清）王士雄撰 ㉑吊脚痧证，（清）王士雄撰			
0196	陈修园医书二十三种，1820年 子目： ①灵素节要浅注（12卷），（清）陈念祖集注 ②金匮要略浅注（10卷），（清）陈念祖集注 ③金匮方歌括（6卷），（清）陈念祖撰 ④伤寒论浅注（6卷），（清）陈念祖集注 ⑤长沙方歌括（6卷），（清）陈念祖撰 ⑥医学实在易（8卷），（清）陈念祖著 ⑦医学从众录（8卷），（清）陈念祖撰 ⑧女科要旨（4卷），（清）陈念祖撰 ⑨神农本草经读（4卷），（清）陈念祖撰 ⑩医学三字经（4卷），（清）陈念祖撰 ⑪时方妙用（4卷），（清）陈念祖撰 ⑫时方歌括（2卷），（清）陈念祖撰 ⑬景岳新方砭（4卷），（清）陈念祖撰 ⑭伤寒真方歌括（6卷），（清）陈念祖撰 ⑮伤寒医诀串解（6卷），（清）陈念祖撰 ⑯十药神书注解（1卷），（清）陈念祖注 ⑰急救异痧奇方（1卷），（清）陈念祖评 ⑱经验百病内外方（1卷），佚名 ⑲霍乱转筋（2卷），（清）王士雄撰 ⑳绞肠痧证，（清）王士雄撰 ㉑吊脚痧证，（清）王士雄撰 ㉒时疫证治，佚名 ㉓喉科急证，佚名	（清）陈念祖撰	清光绪三十四年（1908年）宝庆经元书局刻本，22册	03
0197	陈修园医书三十种，1820年 子目： ①灵素节要浅注（12卷），（清）陈念祖集注 ②金匮要略浅注（10卷），（清）陈念祖集注 ③金匮方歌括（6卷），（清）陈念祖撰 ④伤寒论浅注（6卷），（清）陈念祖集注 ⑤长沙方歌括（6卷），（清）陈念祖撰 ⑥医学实在易（8卷），（清）陈念祖著 ⑦医学从众录（8卷），（清）陈念祖撰 ⑧女科要旨（4卷），（清）陈念祖撰 ⑨神农本草经读（4卷），（清）陈念祖撰 ⑩医学三字经（4卷），（清）陈念祖撰 ⑪时方妙用（4卷），（清）陈念祖撰 ⑫时方歌括（2卷），（清）陈念祖撰 ⑬景岳新方砭（4卷），（清）陈念祖撰 ⑭伤寒真方歌括（6卷），（清）陈念祖撰 ⑮伤寒医诀串解（6卷），（清）陈念祖撰	（清）陈念祖撰	清光绪三十一年（1905年）商务印书馆铅印本，1册	01（残）

续表

序号	书名和成书年	作者和著作形式	版本	收藏馆
	⑯十药神书注解，（清）陈念祖注 ⑰急救异痧奇方（1卷），（清）陈念祖评 ⑱经验百病内外方（1卷），佚名 ⑲霍乱论（2卷），（清）王士雄撰 ⑳绞肠痧证，（清）王士雄撰 ㉑吊脚痧证，（清）王士雄撰 ㉒咽喉脉证通论（1卷），佚名 ㉓急救喉疹要法（1卷），佚名 ㉔白喉治法抉微（1卷），（清）耐修子录 ㉕喉痧正的（1卷），（清）曹心怡撰 ㉖修园心案，（清）陈念祖撰 ㉗太乙神针方（1卷），（清）范毓䓪撰 ㉘救迷良方（1卷），（清）何其伟撰 ㉙福幼编（1卷），（清）庄一夔撰 ㉚医学真传，（清）高世栻撰			
0198	陈修园医书四十八种，1820年 子目： ①灵素节要浅注（12卷），（清）陈念祖集注 ②金匮要略浅注（10卷），（清）陈念祖集注 ③金匮方歌括（6卷），（清）陈念祖撰 ④伤寒论浅注（6卷），（清）陈念祖集注 ⑤长沙方歌括（6卷），（清）陈念祖撰 ⑥医学实在易（8卷），（清）陈念祖著 ⑦医学从众录（8卷），（清）陈念祖撰 ⑧女科要旨（4卷），（清）陈念祖撰 ⑨神农本草经读（4卷），（清）陈念祖撰 ⑩医学三字经（4卷），（清）陈念祖撰 ⑪时方妙用（4卷），（清）陈念祖撰 ⑫时方歌括（2卷），（清）陈念祖撰 ⑬景岳新方砭（4卷），（清）陈念祖撰 ⑭伤寒真方歌括（6卷），（清）陈念祖撰 ⑮伤寒医诀串解（6卷），（清）陈念祖撰 ⑯十药神书注解（1卷），（清）陈念祖注 ⑰急救异痧奇方（1卷），（清）陈念祖评 ⑱经验百病内外方（1卷），（清）佚名 ⑲霍乱论（2卷），（清）王士雄撰 ⑳绞肠痧证，（清）王士雄撰 ㉑吊脚痧证，（清）王士雄撰 ㉒眼科捷径（1卷） ㉓伤寒舌诊，（元）杜清碧撰 ㉔咽喉脉证通论（1卷） ㉕白喉治法忌表抉微（1卷），（清）耐修子撰 ㉖急救喉诊要法（1卷） ㉗喉痧正的（1卷），（清）曹心怡撰 ㉘春温三字诀（1卷），（清）张汝珍撰 ㉙痢症三字诀（1卷），（清）唐宗海撰	（清）陈念祖撰	①1931年、1936年、1947年上海大文书局铅印本 ②民国上海锦章书局石印本，48册	03 01

续表

序号	书名和成书年	作者和著作形式	版本	收藏馆
	㉚湿热条辨（1卷），（清）薛雪撰 ㉛温热赘言（1卷），（清）寄瓢子述 ㉜疟疾论（3卷），（清）韩善征撰 ㉝达生编（1卷），（清）亟斋居士撰 ㉞妇科杂症（1卷），（清）文晟编 ㉟引痘略（1卷），（清）邱熺撰 ㊱救迷良方（1卷），（清）何其伟撰 ㊲太乙神针方（1卷），（清）范毓䄍撰 ㊳福幼编（1卷），（清）庄一夔撰 ㊴本草经百种录注解（1卷），（清）徐大椿撰 ㊵增补食物秘书（1卷） ㊶平辨脉法歌诀（1卷），（清）黄珏撰 ㊷本经便读（1卷），（清）黄珏撰 ㊸名医别录（1卷），（清）黄珏撰 ㊹局方发挥1卷，（元）朱震亨撰 ㊺医垒元戎（1卷），（元）王好古撰 ㊻医法心传（1卷），（清）程芝田撰 ㊼古今医论（1卷） ㊽刺疔捷法（1卷），（清）张镜撰			
0199	仿宋古本陈修园先生医书四十八种（存十六种），1820年 子目： ①医学实在易（8卷） ②医学从众录（8卷） ③医圣元戎 ④刺疔捷法 ⑤医法心传 ⑥女科要旨（4卷） ⑦妇科杂症 ⑧养生镜 ⑨时方妙用（4卷） ⑩时方歌括（2卷，上下卷） ⑪张介宾新方八阵砭（4卷） ⑫神农本草经读（4卷） ⑬医学三字经（4卷） ⑭颅囟经（2卷，上下卷） ⑮春温三字诀 ⑯痢症三字诀	（清）陈念祖撰	1936年2月出版上海大文书局印行	06
0200	陈修园医书四十八种（6卷），1820年	（清）陈念祖撰，陈道著纂集，林寿萱校订	清咸丰六年（1856年）吕佺孙序，中华书局发行，1册	06

续表

序号	书名和成书年	作者和著作形式	版本	收藏馆
0201	陈修园医书五十种，1820 年 子目： ①灵素节要浅注（12 卷），（清）陈念祖集注 ②金匮要略浅注（10 卷），（清）陈念祖集注 ③金匮方歌括（6 卷），（清）陈念祖撰 ④伤寒论浅注（6 卷），（清）陈念祖集注 ⑤长沙方歌括（6 卷），（清）陈念祖撰 ⑥医学实在易（8 卷），（清）陈念祖著 ⑦医学从众录（8 卷），（清）陈念祖撰 ⑧女科要旨（4 卷），（清）陈念祖撰 ⑨神农本草经读（4 卷），（清）陈念祖撰 ⑩医学三字经（4 卷），（清）陈念祖撰 ⑪时方妙用（4 卷），（清）陈念祖撰 ⑫时方歌括（2 卷），（清）陈念祖撰 ⑬景岳新方砭（4 卷），（清）陈念祖撰 ⑭伤寒真方歌括（6 卷），（清）陈念祖撰 ⑮伤寒医诀串解（6 卷），（清）陈念祖撰 ⑯十药神书注解（1 卷），（清）陈念祖注 ⑰急救异痧奇方（1 卷），（清）陈念祖评 ⑱瘟疫明辨（4 卷），（清）郑奠一撰 ⑲经验百病内外方（1 卷），佚名 ⑳白喉治法忌表抉微（1 卷），（清）耐修子撰 ㉑福幼编（1 卷），（清）庄一夔撰 ㉒咽喉脉证通论（1 卷），佚名 ㉓救迷良方（1 卷），（清）何其伟撰 ㉔太乙神针方（1 卷），（清）范毓錡撰 ㉕霍乱论（2 卷），（清）王士雄撰 ㉖吊脚痧方论（1 卷），（清）徐子默撰 ㉗烂喉丹痧辑要 1 卷（清）金德鉴撰 ㉘疟疾论（1 卷），（清）韩善征撰 ㉙喉痧正的（1 卷），（清）曹心怡撰 ㉚外科证治全生集（1 卷），（清）王维德撰 ㉛伤寒舌鉴（1 卷），（清）张登撰 ㉜眼科捷径（1 卷） ㉝养生镜（1 卷），（清）陆乐山撰 ㉞达生编（1 卷），（清）亟斋居士撰 ㉟春温三字诀（1 卷），（清）张汝珍撰 ㊱痢症三字诀（1 卷），（清）唐宗海撰 ㊲保婴要旨（1 卷），（清）毓兰居士编 ㊳引痘略（1 卷），（清）邱熺撰 ㊴湿热条辨（1 卷），（清）薛雪撰 ㊵急治喉痧要法（1 卷） ㊶本经便读（1 卷），（清）黄珏撰 ㊷温热赘言（1 卷），（清）寄瓢子述 ㊸神农本草经百种录（1 卷），（清）徐大椿撰 ㊹妇科杂症（1 卷），（清）文晟编	（清）陈念祖撰	清光绪三十一年（1905 年）上海商务印书馆铅印本，25 册	03

续表

序号	书名和成书年	作者和著作形式	版本	收藏馆
	㊺医垒元戎（1卷），（元）王好古撰 ㊻名医别录（1卷），（清）黄珏撰 ㊼平辨脉法歌诀（1卷），（清）黄珏撰 ㊽局方发挥（1卷），（元）朱震亨撰 ㊾医法心传（1卷），（清）程芝田撰 ㊿增补食物秘书（1卷）			
0202	陈修园医书六十种，1820年 子目： ①神农本草经读（4卷） ②医学三字经（4卷） ③时方妙用（4卷） ④时方歌括（2卷） ⑤景岳新方砭（4卷） ⑥女科要旨（4卷） ⑦医学实在易（8卷） ⑧医学从众录（8卷） ⑨金匮要略浅注（10卷） ⑩金匮方歌括（6卷） ⑪伤寒论浅注（6卷） ⑫长沙方歌括（6卷） ⑬灵素集注节要（12卷） ⑭伤寒医诀串解（6卷） ⑮伤寒真方歌括（6卷） ⑯十药神书注解（1卷） ⑰急救异痧奇方（1卷） ⑱瘟疫明辨（5卷） ⑲经验百病内外方（二卷） ⑳白喉治法忌表抉微（1卷） ㉑福幼篇（1卷） ㉒咽喉脉证通论（1卷） ㉓救迷良方（1卷） ㉔太乙神针（1卷） ㉕霍乱论（1卷） ㉖喉证要旨（1卷） ㉗吊脚痧方论（1卷） ㉘烂喉丹痧辑要（1卷） ㉙急救喉痧要法（1卷） ㉚疟疾论（1卷） ㉛喉痧正的（1卷） ㉜外科证治全生集（1卷） ㉝伤寒舌鉴（1卷） ㉞眼科捷径（1卷） ㉟养生镜（1卷） ㊱达生篇（1卷） ㊲春温三字诀（1卷） ㊳痢症三字诀（1卷） ㊴保婴要旨（1卷） ㊵引痘略（1卷） ㊶温热条辨（1卷） ㊷本经便读（1卷）	（清）陈念祖撰	1919年扫叶山房石印本，28册	01

续表

序号	书名和成书年	作者和著作形式	版本	收藏馆
	㊸温热赘言（1 卷） ㊹本草经百种录注解（1 卷） ㊺妇科杂证（1 卷） ㊻医垒元戎（1 卷） ㊼名医别录（1 卷） ㊽平辨脉法歌诀（1 卷） ㊾局方发挥（1 卷） ㊿医法心传（1 卷） (51)增补食物秘书（1 卷） (52)内科简效方（1 卷） (53)女科简效方（1 卷） (54)外科简效方（1 卷） (55)儿科简效方（1 卷） (56)古今医论（1 卷） (57)颅囟经（1 卷） (58)刺疔捷法（1 卷） (59)医学论（1 卷） (60)急救经验良方（1 卷）			
0203	陈修园医书七十种，1820 年 子目： ①灵素节要浅注（12 卷），（清）陈念祖集注 ②金匮要略浅注（10 卷），（清）陈念祖集注 ③金匮方歌括（6 卷），（清）陈念祖撰 ④伤寒论浅注（6 卷），（清）陈念祖集注 ⑤长沙方歌括（6 卷），（清）陈念祖撰 ⑥医学实在易（8 卷），（清）陈念祖著 ⑦医学从众录（8 卷），（清）陈念祖撰 ⑧女科要旨（4 卷），（清）陈念祖撰 ⑨神农本草经读（4 卷），（清）陈念祖撰 ⑩医学三字经（4 卷），（清）陈念祖撰 ⑪时方妙用（4 卷），（清）陈念祖撰 ⑫时方歌括（2 卷），（清）陈念祖撰 ⑬景岳新方砭（4 卷），（清）陈念祖撰 ⑭伤寒真方歌括（6 卷），（清）陈念祖撰 ⑮伤寒医诀串解（6 卷），（清）陈念祖撰 ⑯十药神书注解，（清）陈念祖注 ⑰颅囟经（2 卷），佚名 ⑱急救奇痧方，（清）陈念祖撰 ⑲霍乱论（2 卷），（清）王士雄撰 ⑳伤寒舌诊，（元）杜清碧撰 ㉑眼科捷径（1 卷） ㉒急救喉疹要法（1 卷） ㉓咽喉脉症通论（1 卷） ㉔白喉治法忌表抉微（1 卷），（清）耐修子撰 ㉕痢症三字诀（1 卷），（清）唐宗海撰 ㉖喉痧正的（1 卷），（清）曹心怡撰 ㉗春温三字诀（1 卷），（清）张汝珍撰	（清）陈念祖撰	1916 年上海广益书局石印本，1 册	01（残）

续表

序号	书名和成书年	作者和著作形式	版本	收藏馆
	㉘疟疾论（1卷），（清）韩善征撰 ㉙湿热条辨（1卷），（清）薛雪撰 ㉚温热赘言（1卷），（清）寄瓢子述 ㉛引痘略（1卷），（清）邱熺撰 ㉜达生编（1卷），（清）亟斋居士编 ㉝妇科杂症（1卷），（清）文晟编 ㉞福幼编（1卷），（清）庄一夔撰 ㉟救迷良方（1卷），（清）何其伟撰 ㊱太乙神针方（1卷），（清）范毓𪔂撰 ㊲平辨脉法歌诀（1卷），（清）黄珏撰 ㊳神农本草经百种录（1卷），（清）徐大椿撰 ㊴增补食物秘书（1卷） ㊵局方发挥（1卷），（元）朱震亨撰 ㊶本经便读（1卷），（清）黄珏撰 ㊷名医别录（1卷），（清）黄珏撰 ㊸古今医论（1卷） ㊹医垒元戎（1卷），（元）王好古撰 ㊺刺疗捷法（1卷），（清）张镜撰 ㊻医法心传（1卷），（清）程芝田撰 ㊼养生镜（1卷），（清）陆乐山撰 ㊽吊脚痧证，（清）王士雄撰 ㊾经验百病内外方（1卷） ㊿绞肠痧证，（清）王士雄撰 51～70附医学论二十种			
0204	陈修园先生医书新增七十二种（上函）（52卷），1820年	（清）陈念祖撰	锦章图书局印行，12册	04
0205	陈修园先生医书七十二种（存十七种），1820年 子目： ①时方妙用（4卷），（清）陈念祖撰，陈元豹、陈元犀同校字 ②时方歌括（2卷，上下卷），（清）陈念祖撰，陈元豹、陈元犀同校字 ③景岳新方砭（4卷），（清）陈念祖撰，陈元豹、陈元犀同校字 ④医学从众录（4卷，存卷五至卷八），（清）陈念祖撰，陈元犀参订，陈心典、陈心兰同校字 ⑤金匮要略浅注（10卷），（东汉）张仲景原文，（清）陈念祖集注，陈蔚、陈元犀同校字 ⑥金匮方歌括（6卷），（清）陈念祖撰，陈蔚参订，陈元犀韵注，陈心典、陈心兰同校字 ⑦女科要旨（4卷），（清）陈念祖撰，陈蔚参订，陈元犀韵注，陈心典、陈心兰同校字 ⑧医学实在易（4卷），（清）陈念祖撰，陈元犀参订，陈心典、陈心兰同校字	（清）陈念祖撰	上海锦章书局出版，5册	06

续表

序号	书名和成书年	作者和著作形式	版本	收藏馆
	⑨十药神书注解全卷，（元）葛乾孙撰，（清）陈念祖注，林寿萱韵 ⑩急救经验良方，（清）陈念祖原评 ⑪霍乱论（2卷，上下卷），王士雄撰 ⑫秘本眼科捷径 ⑬伤寒舌诊，（元）杜清碧撰，薛立斋润图 ⑭咽喉脉证通论 ⑮洞主仙师白喉治法忌表抉微，（清）耐修子撰 ⑯急救喉痧要法 ⑰喉痧正的，（清）曹心怡撰，郑伯蕃校			
0206	陈修园先生医书七十二种（存十四种），1820年 子目： ①长沙方歌括（6卷） ②灵素集注节要（12卷） ③伤寒医诀串解（6卷） ④春温三字诀 ⑤温热条辨 ⑥温热赘言 ⑦疟疾论（3卷，上中下卷） ⑧达生篇 ⑨妇科杂症 ⑩引痘略 ⑪救迷良方 ⑫太乙神针 ⑬福幼编 ⑭本草经百种录注解	（清）陈念祖著	1954年6月重版，上海锦章书局出版，11册	06
0207	陈修园先生晚余三书，1820年 子目： ①伤寒真方歌括（6卷） ②伤寒医诀串解（6卷） ③十药神书注解	（清）陈念祖撰	清光绪十五年（1889年）江左书林校刻本，2册	01
0208	陈修园医学丛书，1820年 子目： ①灵素节要浅注（8卷，存卷五至卷十二），（清）陈念祖集注，陈元犀参订，陈心典、陈心兰、林福年同校字 ②伤寒医诀串解（6卷），（清）陈念祖撰，陈道著纂集，林寿萱校订 ③女科要旨（4卷），（清）陈念祖撰，陈蔚参订，陈元犀韵注，陈心典、陈心兰同校字 ④医学实在易（8卷），附女科，（清）陈念祖撰，陈元犀参订，陈心典、陈心兰同校字 ⑤医学丛众录（8卷），（清）陈念祖撰，陈元犀参订，陈心典、陈心兰同校字 ⑥金匮要略浅注（10卷），附金匮歌括（6卷），（东汉）张仲景原文，（清）陈念祖集	（清）陈念祖撰	上海锦章书局石印，6册	06

续表

序号	书名和成书年	作者和著作形式	版本	收藏馆
	注，陈蔚、陈元犀同校字 ⑦十药神书注解（1卷），（元）葛乾孙撰，（清）陈念祖注，林寿萱韵			
0209	医门棒喝（13卷），1825年 子目： ①医论（4卷） ②伤寒论本旨（9卷）	（清）章楠撰	①清道光九年（1829年）刻本	03
			②清同治六年（1867年）聚文堂刻本	02、03
			③清宣统元年（1909年）蠹城三友斋石印本	01
			④1929年绍兴墨润堂书苑石印本	03
			⑤1929年绍兴墨润堂书苑发行，10册	04
0210	医门棒喝一集（4卷），二集（9卷），1825年	（清）章楠撰	①清道光九年（1829年）广东大生药局刻本，4册	03
			②清同治九年（1870年）聚文堂刻本，12册	03、04
			③清宣统元年（1909年）三友益斋石印本，10册	01、03
			④1929年绍兴墨润堂书苑本	03、04
0211	医门棒喝初集（4卷），医门棒喝二集（9卷），1825年	（清）章楠撰，王士雄增批评点	清宣统元年（1909年）三友益斋石印本，18册	01、03
0212	医门棒喝初集（4卷），医门棒喝二集伤寒论本旨（9卷），1825年	（清）章楠撰，孙廷钲考订，田晋元评点	清同治六年（1867年）刻本，16册	03
0213	医门棒喝（4卷），1825年	（清）章楠撰，孙廷钲考订，田晋元评点	清同治六年（1867年）刻本，4册	03
0214	医门棒喝（9卷），1825年	（清）章楠撰	清聚文堂发兑称山书屋藏版，12册	04
0215	医门棒喝二集（9卷），1825年	（清）章楠撰	清聚文堂发兑称山书屋藏版，12册	04
0216	医门棒喝二集伤寒论本旨活人新书（又名增批评点伤寒论本旨）（8卷，现存卷1），1825年	（东汉）张仲景原文，（清）章楠撰，陈祖望、钱昌校订，王士雄增批评点	清宣统元年（1909年）改良石印，蠹城三友益斋精校石印发行，1册	06

续表

序号	书名和成书年	作者和著作形式	版本	收藏馆
0217	增批评点医门棒喝（13 卷），1825 年	（清）章楠撰	清宣统元年（1909 年）蠧城三友益斋石印本，1 函 10 册	05
0218	六种新编（又名萍乡文氏所刻医书六种、萍乡文延庆堂六种新编、医方十种汇编），1850 年 子目： ①内科摘录（4 卷），卷首（1 卷） ②外科摘录（2 卷），补遗（1 卷），附急救便方（1 卷） ③慈幼便览（1 卷），附痘疹摘录（1 卷） ④增订达生编（2 卷），附妇科杂证（1 卷） ⑤偏方补遗（1 卷） ⑥药性摘录（1 卷），附常用药物（1 卷），食物（1 卷）	（清）文晟撰	①清同治十一年（1872 年）京江文成堂刻本，6 册	02
			②清光绪十一年（1885 年）刻本，京口文成堂藏版	02
0219	文氏医书（又名六种新编、萍乡文氏所刻医书六种、萍乡文延庆堂六种新编、医方十种汇编），1850 年	（清）文晟撰	清同治四年（1865 年）广州福云楼重刻本，8 册	04
0220	文氏医书八种，1850 年	（清）文晟撰	清同治四年（1865 年）重刊，延庆堂藏版，8 册 1 部	04
0221	王旭高临证医案（4 卷），1862 年	（清）王泰林撰	见珍本医书集成	01、03
0222	费氏全集，1863 年 子目： ①医醇剩义（4 卷） ②医方论（4 卷） ③留云山馆文抄 ④留云山馆诗抄（2 卷）	（清）费伯雄撰	1912 年孟河费氏耕心堂铅印本，6 册	03
0223	费氏全集，附诗余（1 卷），1863 年 子目： ①医醇剩义（4 卷） ②医方论（4 卷） ③留云山馆文抄（1 卷） ④留云山馆诗抄（2 卷）	（清）费伯雄撰，费应兰编次，孙荣祖、孙承祖、孙绍祖校字	孟河费耕心堂铸版，上海商务书馆代印，6 册	06
0224	费氏全集（7 卷），1863 年 子目： ①医方论（4 卷） ②留云山馆文抄（1 卷） ③留云山馆诗抄（2 卷）	（清）费伯雄撰	1912 年商务印书馆排印本，1 函 4 册	05

续表

序号	书名和成书年	作者和著作形式	版本	收藏馆
0225	世补斋医书正集六种，续集四种，1866年 子目： 正集 ①文集（16卷） ②不谢方（1卷） ③伤寒论阳明病释（1卷） ④内经运气病释（9卷），附内经拾遗篇病释（1卷） ⑤内经运气表（1卷） ⑥内经难字音义（1卷） 续集 ①重订傅青主女科（10卷） ②重订戴北山广温热论（5卷） ③重订绮石理虚元鉴〔5卷〕 ④校正王朴庄伤寒论注（12卷）	（清）陆懋修撰	①清光绪十二年（1886年）山左书局重印本，8册	03
			②清宣统元年（1909年）刻本，10册	03
			③上海东茂记书局重刻本，2册	03
			④上海江东书局印本，16册	03
0226	世补斋医书六种（33卷），1866年 子目： ①文集（16卷） ②不谢方（1卷） ③伤寒论阳明病释（4卷） ④内经运气病释（9卷），附内经拾遗篇病释（1卷） ⑤内经运气表（1卷） ⑥内经难字音义（1卷）	（清）陆懋修撰，沈彦模、方连轸、濮贤慈、庠凤石参校	清光绪十年（1884年）校刊，10册	06
0227	世补斋医书前、后集，1866年	（清）陆懋修撰	清光绪山左书局石印本，18册	04
0228	世补斋医书（33卷），1866年	（清）陆懋修撰	①清光绪十二年（1886年）季秋山左书局重印，18册	04
			②清光绪三十二年（1906年）山左书局刻本，2函18册	05
0229	世补斋医书前集（33卷），1866年	（清）陆懋修撰	清光绪十二年（1886年）山左书局重印，8册	04
0230	世补斋医书十种（58卷，存前集六种33卷），1866年 前集： ①文集（16卷） ②不谢方（1卷） ③伤寒论阳明病释（4卷） ④内经运气病释（9卷），附内经遗篇病释（1卷） ⑤内经运气表（1卷） ⑥内经难字音义（1卷）	（清）陆懋修撰	清光绪十二年（1886年）山左书局重印本，8册	03

续表

序号	书名和成书年	作者和著作形式	版本	收藏馆
0231	世补斋医书十种（58卷，存后集四种19卷），附五种（6卷），1866年 后集： ①女科（3卷，上中下卷） ②广温热论（4卷），方（1卷） ③理虚元鉴（5卷） ④伤寒论注（6卷） 附录子目： ①伤寒论附余（2卷） ②伤寒例新注（1卷） ③读伤寒论心法（1卷） ④回澜说（1卷） ⑤时节气候决病法（1卷）	（清）陆懋修撰	清光绪至宣统间刻本，10册	03
0232	世补斋医书十种（58卷，存后集三种13卷），1866年 后集： ①女科（3卷，上中下卷） ②广温热论（4卷），方（1卷） ③理虚元鉴（5卷）	（清）陆懋修撰	清光绪至宣统间刻本，4册	03
0233	世补斋医书（58卷），1866年	（清）陆懋修撰	清光绪十二年（1886年）山左书局重印，18册	04
0234	世补斋医书十种（58卷），1866年 前集： ①文集（16卷） ②不谢方（1卷） ③伤寒论阳明病释（4卷） ④内经运气病释（9卷），附内经遗篇病释（1卷） ⑤内经运气表（1卷） ⑥内经难字音义（1卷） 后集： ①女科（3卷） ②广温热论（4卷），方（1卷） ③理虚元鉴（5卷） ④伤寒论注（6卷） 附录子目： ①伤寒论附余（2卷） ②伤寒例新注（1卷） ③读伤寒论心法（1卷） ④回澜说（1卷） ⑤时节气候决病法（1卷）	（清）陆懋修撰	清光绪十二年（1886年）山左书局重印本，27册	03

续表

序号	书名和成书年	作者和著作形式	版本	收藏馆
0235	世补斋医书，1866 年 子目： 前集 ①文集（16 卷） ②不谢方（1 卷） ③伤寒论阳明病释（4 卷） ④内经运气病释（9 卷），附内经遗篇病释（1 卷） ⑤内经运气表（1 卷） ⑥内经难字音义（1 卷） 后集 ①重订傅青主女科（9 卷），（清）傅山撰 ②重订戴北山广温热论（5 卷），（清）戴天章撰 ③（重订）绮石理虚元鉴（5 卷），（明）汪绮石撰 ④校正王朴庄伤寒论注（6 卷），（清）王丙撰 附录子目： ①伤寒论附余（2 卷），（清）王丙撰 ②伤寒例新注（1 卷），（清）王丙撰 ③读伤寒论新法（1 卷），（清）王丙撰 ④回澜说（1 卷），（清）王丙撰 ⑤时节气候决病法（1 卷），（清）王丙撰	（清）陆懋修撰	①清光绪十年（1884 年）刻本，清光绪十二年（1886 年）山左书局重印本（前集）	03
			②清光绪十二年（1886 年）山左书局刻本，15 册	02
			③清光绪刻本，10 册	04
			④清光绪山左书局石印本，16 册	04
			⑤清光绪山左书局石印本，18 册	04
			⑥清宣统二年（1910 年）陆润庠刻本（后集）	02
			⑦民国元年（1912 年）至 1914 年上海江东书局石印本	02、03
			⑧1931 年上海中医书局铅印本	02（残）
0236	寿世汇编（又名增辑普济应验良方），1867 年 子目： ①普济应验良方（8 卷），（清）德轩氏编 ②达生编（1 卷），（清）亟斋居士编 ③福幼编（1 卷），（清）庄一夔撰 ④遂生编（1 卷），（清）庄一夔撰 ⑤时疫白喉捷要（1 卷），（清）张绍修撰	（清）祝韵梅编	①清光绪十一年（1885 年）金陵李光明庄刻本	01
			②清光绪十一年（1885 年）清江杨钟琛刻本，1 册	01
0237	寿世汇编（12 卷），1867 年	（清）祝韵梅编	清光绪十一年（1885 年）金陵刻本，1 函 1 册	05
0238	寿世汇编普济应验良方（8 卷），1867 年	（清）祝韵梅编	清光绪十一年（1885 年）刻本，1 册	01
0239	证治心得（12 卷），1876 年	（清）吴炳撰	1926 年铅印本，1 函 4 册	05

续表

序号	书名和成书年	作者和著作形式	版本	收藏馆
0240	当归草堂医学丛书初编（又名医学丛书初编），1878 年 子目： ①颅囟经（2 卷），（宋）佚名 ②传信适用方（4 卷），（宋）吴彦夔撰 ③卫济宝书（2 卷），（宋）东轩居士撰 ④太医局诸科释文（9 卷），宋太医局编 ⑤产育宝庆集方（2 卷），（宋）李师圣等编 ⑥济生方（8 卷），（宋）严用和撰 ⑦产宝诸方（1 卷），（宋）佚名 ⑧急救仙方（6 卷），（宋）佚名 ⑨瑞竹堂经验方（5 卷），（元）萨理弥实撰 ⑩痎疟论疏（1 卷），（明）卢之颐撰	（清）丁丙辑	清光绪四年（1878 年）钱塘丁氏当归草堂刻本，10 册	01、02（残）、03
0241	当归草堂医学丛书初编（12 卷），1878 年	（清）丁丙辑	清光绪四年（1878 年）钱塘丁氏当归草堂刊行，1 函 12 册	05
0242	当归草堂医学丛书初编十种（41 卷），1878 年 子目： ①颅囟经（2 卷） ②传信适用方（4 卷） ③卫济宝书（2 卷） ④太医局诸科释文（9 卷） ⑤产育宝庆集方（2 卷） ⑥济生方（8 卷） ⑦产宝诸方（1 卷） ⑧急救仙方（6 卷） ⑨瑞竹堂经验方（5 卷） ⑩补遗（1 卷） ⑪痎疟论疏（1 卷）	（清）丁丙辑	清光绪四年（1878 年）钱塘丁氏当归草堂刻本，22 册	03
0243	当归草堂医学丛书初编十种（41 卷，存 39 卷），1878 年 子目： ①颅囟经（2 卷，上下卷） ②传信适用方（4 卷） ③卫济宝书（2 卷，上下卷） ④太医局诸科释文（9 卷） ⑤济生方（8 卷） ⑥产宝诸方（1 卷） ⑦急救仙方（6 卷） ⑧瑞竹堂经验方（5 卷） ⑨补遗（1 卷） ⑩痎疟论疏（1 卷）	（清）丁丙辑	清光绪四年（1878 年）钱塘丁氏当归草堂刻本，3 册	03

续表

序号	书名和成书年	作者和著作形式	版本	收藏馆
0244	当归草堂医学丛书初编十种（41卷），附二种（17卷），1878年 附录子目： ①铜人针灸经（7卷），校勘记（1卷） ②西方子明堂灸经（8卷），校勘记（1卷）	（清）丁丙辑	清光绪四年（1878年）钱塘丁氏当归草堂刻本，1册	01
0245	𣝣园医学六种，1883年 子目： ①伤寒论类方（4卷），附长沙方歌括，（清）徐大椿撰，潘霨增辑 ②医学金针（8卷），（清）陈念祖撰 ③女科要略，附产宝，（清）潘霨撰 ④理论外治方要（2卷），附应验诸方，（清）吴尚先撰 ⑤外科症治全生集（4卷），（清）王维德编 ⑥十药神书，附霍乱吐泄方论、官药局示谕、夏令施诊歌诀，（元）葛乾孙编，（清）潘霨校注	（清）潘霨辑	清光绪九年至清光绪十年（1883—1884年）江西书局刻本，12册	02、03
0246	𣝣园医学六种（20卷），1883年 子目： ①女科要略 ②理论外治方要 ③十药神书 ④伤寒论类方 ⑤外科症治全生集 ⑥医学金针	（清）潘霨辑	清光绪九年（1883年）江西书局开雕，12册	05
0247	𣝣园医学六种（21卷），1883年	（清）潘霨辑	清光绪九年至清光绪十年（1883—1884年）江西书局刻本，12册	02
0248	𣝣园医学六种（24卷），1883年 子目： ①伤寒论类方（4卷） ②长沙方歌括（1卷） ③医学金针（8卷） ④女科要略（1卷） ⑤产宝（1卷） ⑥理论外治方要（1卷） ⑦外科症治全生集（4卷） ⑧十药神书（1卷） ⑨霍乱吐泄方论（1卷） ⑩官药局示谕（1卷） ⑪夏令施诊歌诀（1卷）	（清）潘霨辑	清光绪九年（1883年）江西书局刻本，12册	03
0249	雷氏慎修堂医书三种（又名医学三书、雷氏三种），1883年 子目： ①时病论（8卷），（清）雷丰撰 ②医家四要（4卷），（清）程曦等撰 ③医法心传（1卷），（清）程芝田撰	（清）雷丰等撰	①清光绪十年至清光绪十三年（1884—1887年）三衢雷慎修堂养鹤山房刻本，11册	03
			②1921年铅印本（仅存医法心传），1册	03

续表

序号	书名和成书年	作者和著作形式	版本	收藏馆
0250	医学三书三种（13 卷），1883 年 子目： ①医家四要（4 卷） ②医法心传（1 卷） ③时病论（8 卷）	（清）雷丰辑	清光绪中三衢雷慎修堂养鹤山房刻本，2 册	03
0251	医学三书三种（13 卷，存 1 卷），1883 年 子目： 医法心传（1 卷）	（清）雷丰辑	清光绪中三衢雷慎修堂养鹤山房刻本，1 册	03
0252	聿修堂医学丛书（又名聿修堂丛书），1884 年 子目： ①素问识（8 卷），（日本）丹波元简撰 ②难经疏证（2 卷），（日本）丹波元胤撰 ③伤寒论辑义（7 卷），（日本）丹波元简撰 ④伤寒论述义（5 卷），（日本）丹波元简撰 ⑤伤寒广要（12 卷），（日本）丹波元简撰 ⑥金匮要略辑义（6 卷），（日本）丹波元简撰 ⑦金匮述义（3 卷），（日本）丹波元简撰 ⑧药治通义（12 卷），（日本）丹波元简撰 ⑨脉学辑要（3 卷），（日本）丹波元简撰 ⑩救急选方（2 卷），（日本）丹波元简撰 ⑪医滕（3 卷），（日本）丹波元简撰 ⑫医略抄，（日本）丹波雅忠撰 ⑬经穴纂要（5 卷），（日本）小阪营升撰	（日本）丹波元简等辑注，（清）杨守敬辑	1935 年上海中医书局皇汉医学编译社铅印本，20 册	01、04
0253	聿修堂丛书（62 卷），1884 年	（日本）丹波元简等辑注	1935 年皇汉医学编译社出版，19 册	04
0254	中西汇通医书五种，1884 年 子目： ①中西汇通医经精义（2 卷） ②金匮要略浅注补正（9 卷） ③伤寒论浅注补正（7 卷），卷首（1 卷） ④血证论（8 卷） ⑤本草问答（2 卷）	（清）唐宗海撰	①清光绪二十年（1894 年）申江褒海山房印，10 册	04
			②清光绪三十四年（1908 年）上海锦章书局印，12 册	04
			③清光绪三十四年（1908 年）上海千顷堂书局石印本，15 册	01、03、04
			④清宣统二年（1910 年）成都文伦书局铅印本（附医易通说 2 卷）	03
			⑤1946 年上海育才书局铅印本	02

续表

序号	书名和成书年	作者和著作形式	版本	收藏馆
0255	中西汇通医书五种（28卷），1884年	（清）唐宗海撰	①清光绪二十年（1894年）袖海山房书局石印，10册	04
			②清光绪三十四年（1908年）上海千顷堂书局，12册	04
0256	中西汇通医书五种（28卷），1884年	（清）唐宗海撰	清光绪十八年（1892年）上海千顷堂书局石印本（残本），10册（缺第3册、第12册）	05
0257	中西汇通医书五种（29卷），1884年	（清）唐宗海撰	①清光绪三十四年（1908年）上海千顷堂书局石印本，5册	03
			②清上海千顷堂书局，7册	04
0258	中西汇通医书五种（29卷，存三种12卷），1884年 子目： ①中西汇通医经精义（2卷） ②血证论（8卷） ③本草问答（2卷）	（清）唐宗海撰	清光绪三十四年（1908年）上海千顷堂书局石印本，2册	03
0259	中西汇通医书六种（31卷），1884年 子目： ①中西汇通医经精义（2卷） ②本草问答（2卷） ③医易通说（2卷） ④血证论（8卷） ⑤金匮要略浅注补正（9卷） ⑥伤寒论浅注补正（7卷），卷首（1卷）	（清）唐宗海撰	清宣统二年（1910年）成都文伦书局铅印本，7册	03
0260	姜氏医学丛书（14卷），1887年 子目： ①神农本经，（清）姜国伊编 ②神农本经经释，（清）姜国伊编 ③王叔和脉经真本（10卷），卷首（1卷），（晋）王叔和编 ④伤寒方经解，（清）姜国伊编 ⑤姜氏医学六种，（清）姜国伊编	（清）姜国伊撰	清光绪十八年（1892年）成都茹古书局刻本，9册	03
0261	李仕才三书（6卷），1887年	（清）李仕才著	清光绪十三年（1887年）重校刊，上海北市江左书林藏版，3册	04

续表

序号	书名和成书年	作者和著作形式	版本	收藏馆
0262	周氏医学丛书，1891 年 子目： 初集（原名周澂之校刻医学丛书） ①本草经（3 卷），（魏）吴普等撰 ②本草经疏（30 卷），（明）缪希雍撰 ③脉经（10 卷），（晋）王叔和撰 ④脉诀刊误（2 卷），（元）戴起宗撰 ⑤难经本义（2 卷），（元）滑寿撰，（清）周学海增辑 ⑥中藏经（3 卷），附方（1 卷），（汉）华佗撰 ⑦内照法（1 卷），（汉）华佗撰 ⑧诸病源候论（10 卷），（隋）巢元方撰 ⑨脉因证治（4 卷），（元）朱震亨撰 ⑩钱氏小儿药证直诀（3 卷），（宋）钱乙撰 ⑪阎氏小儿方论（1 卷），（宋）阎孝忠著 ⑫董氏小儿斑疹备急方论（1 卷），（宋）董汲撰 二集 ⑬脉义简摩（8 卷），（清）周学海撰 ⑭脉简补义（2 卷），（清）周学海撰 ⑮诊家直诀（2 卷），（清）周学海撰 ⑯辨脉平脉章句（2 卷），（东汉）张仲景原文，（清）周学海撰 ⑰内经评文（36 卷），（清）周学海评注 ⑱读医随笔（6 卷），（清）周学海撰 ⑲诊家枢要（1 卷），附录（1 卷），（元）滑寿撰，（清）周学海评注 ⑳藏腑标本药式（1 卷），（金）张元素撰，（清）周学海校正 ㉑金匮钩玄（3 卷），（元）朱震亨撰，（清）周学海评注 ㉒三消论（1 卷），（金）刘完素撰，（清）周学海注 ㉓温热论（1 卷），（清）叶桂撰，周学海注 ㉔幼科要略（2 卷），（清）叶桂撰，周学海注 ㉕叶案存真类编（2 卷），（清）叶桂撰，周学海类评 ㉖印机草（1 卷），（清）马元仪撰，周学海评注 三集 ㉗评注史载之方（2 卷），（清）周学海注 ㉘慎柔五书（5 卷），（明）胡慎柔撰，（清）周学海评注 ㉙韩氏医通（2 卷），（明）韩懋撰 ㉚伤寒补例（2 卷），（清）周学海撰 ㉛形色外诊简摩（2 卷），（清）周学海撰 ㉜重订诊家直诀（2 卷），（清）周学海撰	（清）周学海撰辑	①清光绪十七年至清宣统三年（1891—1911 年）池阳周氏福慧双修馆刻本 ②1936 年建德周学熙据清宣统三年（1911 年）周氏福慧双修馆刻本影印本，72 册	03 01、02、03

续表

序号	书名和成书年	作者和著作形式	版本	收藏馆
0263	周氏医学丛书（180卷），1891年	（清）周学海撰辑	清光绪十七年至清宣统三年（1891—1911年）池阳周氏福慧双修馆刻本，6函72册（缺第38册）	05
0264	潜斋医书五种（又名潜斋遗书五种），1892年 子目： ①王氏医案（2卷），（清）周锦编 ②王氏医案续编（8卷），（清）张鸿编 ③随息居重订霍乱论（4卷），（清）王士雄撰 ④温热经纬（5卷），（清）王士雄撰 ⑤随息居饮食谱（8卷），（清）王士雄撰	（清）王士雄撰	①清光绪十八年（1892年）上海醉六堂刻本，22册	01、03
			②清光绪二十二年（1896年）上海图书集成印书局铅印本	03
			③1912年上海文瑞楼石印本，8册	01
			④1916年、1935年上海千顷堂书局石印本，16册	03、04
			⑤民国上海锦章书局石印本，4册	03
			⑥民国上海广益书局石印本，8册	02、03
			⑦上海萃英书局石印本，8册	04
0265	潜斋医书五种（20卷），1892年	（清）王士雄撰	①1904年石印本，6册	05
			②1935年上海千顷堂书局印行，8册	04
0266	潜斋医书五种（21卷），1892年 子目： ①王氏医案（2卷） ②王氏医案续编（8卷） ③温热经纬（5卷） ④随息居重订霍乱论（4卷） ⑤霍乱括要（1卷） ⑥随息居饮食谱（1卷）	（清）王士雄撰	清光绪十八年（1892年）上海醉六堂刻本，3册	03
0267	王氏潜斋医书五种（18卷），1892年	（清）王士雄撰	1926年仲春重校上海萃英书局发行，7册	04
0268	潜斋医学丛书，1892年	（清）王士雄撰	清宣统二年（1910年）版，4册	04
0269	潜斋医学丛书（11卷），1892年	（清）王士雄撰	民国元年（1912年）印行，4册	04
0270	潜斋医学丛书（14卷），1892年	（清）王士雄撰	1918年集古阁印行，4册	04

续表

序号	书名和成书年	作者和著作形式	版本	收藏馆
0271	潜斋医学丛书八种，1892年 子目： ①言医（1卷），（清）裴一中撰，王士雄评选 ②愿体医话良方（1卷），（清）史典撰，俞世贵补 ③慎疾刍言，（清）徐大椿撰，张鸿补辑 ④霍乱论（2卷），（清）王士雄撰 ⑤潜斋简效方（1卷），附医话，（清）王士雄撰 ⑥柳洲医话良方（1卷），（清）魏之琇撰 ⑦女科辑要（2卷），（清）沈又彭撰 ⑧重庆堂随笔（2卷），（清）王学权撰，王国祥注	（清）王士雄撰	①清宣统三年（1911年）上海李中钰校刻本，4册 ②1912年上海李钟珏铅印本	03 03
0272	潜斋医学丛书十四种，1892年 子目： ①重庆堂随笔（2卷），（清）王学权撰，王国祥注 ②慎疾刍言，（清）徐大椿撰，张鸿补辑 ③言医（1卷），（清）裴一中撰，王士雄评 ④愿体医话良方（1卷），（清）史典撰，俞世贵补 ⑤柳洲医话良方（1卷），（清）魏之琇撰，王士雄编 ⑥潜斋简效方（1卷），附医话，（清）王士雄撰 ⑦四科简效方（4卷），（清）王士雄辑 ⑧霍乱论（2卷），（清）王士雄撰 ⑨女科辑要（2卷），（清）沈又彭撰，徐政杰、王士雄注 ⑩古今医案按选（4卷），（清）俞震编，王士雄选，杨照藜评 ⑪王氏医案（2卷），（清）周镳编 ⑫王氏医案续编（8卷），（清）张鸿编 ⑬王氏医案三编（3卷），（清）徐然石编 ⑭归砚录（节录）（4卷），（清）王士雄撰	佚名	1918年、1928年集古阁石印本，1函16册	02、03、04、05
0273	潜斋医学丛书十四种（14种），1892年	（清）王士雄撰	1918年集古阁印行，16册	04
0274	绘图中西医学丛书十种（存九种10卷），1895年 子目： ①新译中西内症玄机（1卷） ②眼科指南（1卷） ③新译中西割症大全（1卷） ④绘图中西裹扎（1卷） ⑤新译中西医学要论（1卷） ⑥本草问答（2卷，上下卷） ⑦泰西用药新法（1卷） ⑧中西救急奇方（1卷） ⑨花柳解毒神效方（1卷）	佚名	清光绪二十三年（1897年）石印本，10册	03

续表

序号	书名和成书年	作者和著作形式	版本	收藏馆
0275	王旭高医书六种，1897 年 子目： ①退思集类方歌（1 卷） ②医方证治汇编歌诀（1 卷） ③增订医方歌诀（1 卷） ④医方歌括（1 卷） ⑤薛氏湿热论歌诀（1 卷） ⑥西溪书屋夜话录（1 卷）	（清）王泰林撰	① 1910 年年上海千顷堂书局石印本，4 册	04
			②民国上海千顷堂书局石印本	02
0276	王旭高医书六种（6 卷），1897 年	（清）王泰林撰	上海千顷堂书局印行石印本，4 册	04
0277	中西医学丛书，1897 年 子目： ①中西内症玄机 ②中西医学要论图考，（英国）合信氏撰 ③花柳白浊各种治毒方，（美国）嘉约翰译 ④中西眼科指南 ⑤本草问答，（清）唐宗海著 ⑥泰西救急奇方，（英国）秀耀春撰 ⑦泰西用药要法，（清）孔健良撰 ⑧泰西裹扎新法图解 ⑨泰西割症大全	佚名	清光绪二十三年（1897 年）石印本	03
0278	中西医学丛书九种，1897 年 子目： 本草问答（除本草问答一种外，其余均为西医内容，故不录）	佚名	清光绪二十三年（1897 年）石印巾箱本，11 册	03
0279	脉学本草医方全书，1906 年 子目： ①奇经八脉考，（明）李时珍撰 ②脉诀考证，（明）李时珍撰 ③濒湖脉学，（明）李时珍撰 ④四言举要，（宋）崔嘉彦撰 ⑤本草备要（4 卷），（清）汪昂撰 ⑥医方集解（6 卷），（清）汪昂撰	清太医院辑	清光绪善成堂刻本，6 册	01
0280	新增脉学本草医方全书八种（16 卷），1906 年	清太医院辑	清光绪三十二年（1906 年）善成堂刻本，6 册	01
0281	豫医双璧，1909 年 子目： ①伤寒补亡论（20 卷），（宋）郭雍撰 ②儒门事亲（15 卷），（金）张从正撰	（清）吴重憙编	清宣统元年（1909 年）海丰吴氏梁园节署铅印本，8 册	03
			清宣统元年（1909 年）排印于梁园节署铅印本，10 册	03
0282	霄鹏先生遗著，1911 年 子目： ①贻令堂医学三书 ②贻令堂杂俎（1 卷），卷首（1 卷） ③与婿遗言（1 卷）	（清）黄保康撰，黄任恒编	清宣统三年（1911 年）南海黄发堂刻本	02

续表

序号	书名和成书年	作者和著作形式	版本	收藏馆
0283	杂病论讲义（1卷），1914年	（民国）包一虚撰，包天白参订，孙应申校字	1930年出版，包氏医宗出版部出版，1册	06
0284	医药丛书六种，1916年 子目： ①研经言（4卷） ②周氏易简集验方（2卷） ③罗谦甫治验案（1卷，卷上） ④吴鞠通先生医案（1卷） ⑤惜分阴轩医案（1卷） ⑥人参考（1卷）	（民国）裘庆元辑	1916年绍兴裘氏刻本，1册	03
0285	医药丛书十一种，1916年 子目： ①研经言（4卷），（清）莫枚士撰 ②周氏易简方集验方（2卷），（清）周璟编 ③周氏集验方续编，（清）周璟撰 ④罗谦甫治验案（2卷），（元）罗天益撰 ⑤吴鞠通先生医案（4卷），（清）吴珊撰 ⑥惜分阴轩医案（4卷），（清）周镇撰 ⑦人参考（1卷），（清）唐秉钧撰 ⑧知医必辨（1卷），（清）李文荣撰 ⑨市隐庐医学杂著（1卷），（清）王德森撰 ⑩徐批叶天士晚年方案真本（2卷），（清）叶桂撰，徐大椿评 ⑪白喉证治通考，（清）张采田撰	（民国）裘庆元辑	1916—1921年绍兴医药学报社刻本	03（残）
0286	医药丛书，1916年	（民国）裘庆元辑	1918年绍兴医药学报刻本，1函6册	05
0287	国医百家，1918年 子目： ①增订伤寒全书（2卷） ②琉球百问（1卷），（清）曹存心撰 ③薛案辨疏（2卷），（清）徐莲塘编 ④叶氏伏气解（1卷），（清）叶霖撰 ⑤胎产指南（7卷），卷首（1卷），卷末（1卷），（清）单南山撰 ⑥重订幼科金鉴评，（清）费养庄撰 ⑦雪雅堂医案（2卷），附类中秘旨，（清）张士骧撰 ⑧简明眼科学（1卷），（明）程玠撰，王桂林校注	（民国）裘庆元辑	1918—1921年绍兴医药学报社铅印本，8册	01、03
0288	退思庐医书四种合刻，1921年 子目： ①感证辑要（4卷） ②女科证治约旨（4卷） ③女科精华（3卷） ④女科医案选粹（4卷）	（民国）严鸿志辑	①1918年上海千顷堂石印本，5册	04
			②1921年上海千顷堂书局石印本	02
			③1921年宁波汲绠书庄石印本，8册	02、03

续表

序号	书名和成书年	作者和著作形式	版本	收藏馆
0289	退思庐医书四种合刻（15卷），1921年	（民国）严鸿志辑	上海千顷堂书局印行，5册	04
0290	三三医书，1923年 子目： 第一集 ①温热逢源（3卷），（清）柳宝诒撰 ②医事启源（1卷），（日本）今邨亮撰 ③医经秘旨（2卷），（明）盛寅著 ④医病简要（1卷），（清）张畹香撰 ⑤医阶辨证（1卷），（清）汪必昌撰 ⑥喉科秘诀（2卷），（清）黄真人撰，何光编 ⑦痧科全书（1卷），（清）梁希曾撰 ⑧重订时行伏阴刍言（1卷），（清）田宗汉撰 ⑨村居救急方（7卷），附余（1卷），（清）魏祖清编 ⑩驱蛊燃犀录（1卷），（清）燃犀道人撰 ⑪外科方外奇方（4卷），（清）凌奂撰 ⑫咳论经旨（4卷），（清）凌德撰 ⑬临症验舌法（2卷），（清）杨乘六撰 ⑭沈氏经验方（1卷），附胎产良方（1卷），（清）沈维基撰 ⑮重订痧疫指迷（1卷），（清）费养庄编，顾晓澜评 ⑯重订灵兰要览（2卷），（明）王肯堂撰，顾金寿重订 ⑰凌临灵方（1卷），（清）凌奂撰 ⑱推蓬寤语（1卷），（明）李豫亨撰，（民国）王兰远节录 ⑲旧德堂医案（1卷），（清）李用粹撰，唐玉书记 ⑳内经辨言（1卷），（清）俞樾撰 ㉑新刊诊脉三十二辨（3卷），（清）管玉衡撰 ㉒专治麻痧初编（6卷），（清）凌德撰 ㉓评注产科心法（2卷），（清）汪舒编，（民国）徐召南评 ㉔本草衍句（1卷），佚名，（清）金山农录 ㉕先哲医话（2卷），（日本）浅田惟常撰 ㉖陈氏幼科秘诀（1卷），（清）苏州世医陈氏传 ㉗秋疟指南（2卷），（民国）林天佑撰 ㉘备急灸法（1卷），（宋）闻人耆年编 ㉙医源（1卷），（清）芬余氏撰，卢育和录 ㉚马培之医录（1卷），（清）马培之撰 ㉛类证普济本事方续集（10卷），（宋）许叔微撰 ㉜曹仁伯医案论（1卷），（清）曹存心撰 ㉝南病别鉴（3卷），续集（1卷），（清）叶桂撰，宋兆祺增注	（民国）裘庆元辑	1924年杭州三三医社铅印本	02（残）

续表

序号	书名和成书年	作者和著作形式	版本	收藏馆
	第二集 ㉞医脉摘要（2卷），（清）萧涣唐编 ㉟崇实堂医案（1卷），（清）姚龙光撰 ㊱千里医案（5卷），（清）张千里撰 ㊲医学课儿策（1卷），（清）高鼎汾撰，王泰林注 ㊳经历杂论（1卷），（清）刘恒瑞撰 ㊴痢疾明辨（1卷），（清）吴士英撰 ㊵伏邪新书（1卷），（清）刘恒瑞撰 ㊶鬼遗方（5卷），（南齐）龚庆宣撰 ㊷医医医（3卷），（清）孟今氏撰 ㊸察病指南（3卷），（宋）施发撰 ㊹温证指归（4卷），（清）周杓元撰 ㊺女科折衷纂要（1卷），（清）凌德编 ㊻延陵弟子纪要（1卷），（清）曹存心撰，吴元善录 ㊼过庭录存（1卷），（清）曹存心撰 ㊽医中一得（1卷），（清）顾仪卿撰 ㊾医学说约（1卷），（清）秋田散人撰			
0291	中西医学丛书四种，1926年 子目： ①中西合纂外科大全（5卷） ②中西合纂妇科大全（7卷） ③中西合纂幼科大全（12卷） ④中西合纂内科大全	（民国）顾鸣盛撰	1929年大东书局石印本	03
0292	药庵医学丛书，1928年 子目： 第一辑 ①论医集（2卷） ②医学评议（1卷） 第二辑 ③群经见智录（3卷） ④伤寒论研究（4卷） ⑤温病明理（4卷） ⑥热病学（1卷） 第三辑 ⑦生理新语（5卷） ⑧脉学发微（5卷） ⑨病理概论（1卷） ⑩病理各论（1卷） 第四辑 ⑪临证笔记（1卷） ⑫临证演讲录（1卷） ⑬金匮翼方选按（5卷） ⑭风劳臌病论（3卷） 第五辑 ⑮保赤新书（4卷） ⑯妇科大略（1卷）	（民国）恽铁樵撰	1948年上海新中国医学出版社铅印本	02

续表

序号	书名和成书年	作者和著作形式	版本	收藏馆
	⑰论药集（1卷） 第六辑 ⑱十二经穴病候撮要（1卷） ⑲神经系病理治疗（1卷） ⑳麟爪集（4卷） 第七辑 ㉑伤寒论辑义按（6卷） 第八辑 ㉒药庵医案全集（8卷）			
0293	回澜社医书，1929年 子目： ①叶桂家传秘诀（1卷），（清）叶桂撰 ②慎疾刍言（1卷），（清）徐大椿撰 ③李翁医记（2卷），（清）焦循记述 ④医事启源（1卷），（日本）今村亮撰	（民国）汪绍达辑	1929年上海回澜社影印本	02、03、04
0294	回澜社医书（4卷），1929年	（清）叶桂等撰，（民国）汪绍达辑	民国回澜社刻本，4册	04
0295	回澜社医书四种（4卷），1929年	（民国）汪绍达辑	1929年上海回澜社影印本，4册	04
0296	回澜社医书四种，1929年 子目： ①叶桂家传秘诀（1卷） ②慎疾刍言（1卷） ③李翁医记（2卷） ④医书启源	（民国）汪绍达辑	1929年上海回澜社影印本，4册	03
0297	包氏医宗，1930年 子目： 第一集 ①伤寒论章节 ②伤寒方法附歌括 ③伤寒表 ④伤寒论讲义 ⑤伤寒方讲义 第二集 ⑥杂病论章节 ⑦杂病方法 ⑧杂病表 ⑨杂病论讲义 ⑩杂病方讲义 第三集 ⑪国医学粹经解 ⑫国医学粹脉学 ⑬国医学粹证论 ⑭国医学粹药性	（清）包育华、（民国）包识生撰	①1930—1932年包氏医案出版部铅印本，16册 ②1930—1936年包氏医宗出版社铅印本	01、03 01（残）、02、03

续表

序号	书名和成书年	作者和著作形式	版本	收藏馆
0298	包氏医宗第一集（5卷），1930年 子目： ①伤寒论章节，（民国）包识生撰，包天白、包应申、包剑天参校 ②伤寒方法，（清）包育华著 ③伤寒表，（民国）包识生著 ④伤寒论讲义，（东汉）张仲景原文，（民国）包识生撰，包天白校字 ⑤伤寒方讲义，（民国）包识生著，包天白、包应申校字	（民国）包识生撰，包天白、包应申、包剑天参校	1930年出版，1936年再版，6册	06
0299	包氏伤寒论章节表第一集（1卷，存卷一），1930年	（民国）包识生撰，包天白、包应申、包剑天参校	1930年出版，2册	06
0300	包氏医宗杂病方法第二集（1卷，存卷二），1930年	（清）包育华著，（民国）包识生、包天白校字	1930年出版，1册	06
0301	包氏医宗杂病表第二集（1卷，存卷三），1930年	（民国）包识生著，包天白、包应申校字	1930年出版，1册	06
0302	包氏医宗杂病论章节第二集（1卷，存卷三），1930年	（东汉）张仲景原文，（民国）包识生著，包天白、包应申校字	1930年出版，1册	06
0303	包氏医宗杂病论讲义第二集（1卷，存卷四），1930年	（民国）包识生著，包天白、包应申校字	1930年出版，2册	06
0304	包氏医宗杂病方讲义第二集（1卷，存卷五），1930年	（民国）包识生著，包天白、包应申校字	1930年出版，1册（上册）	06
0305	包氏医宗第三集国医学粹（4卷），1930年	（民国）包识生著，包天白、包应申方校字	1933年出版（卷一、卷二），1936年出版（卷三），1936年出版（卷四），包氏医宗出版部出版发行，6册	06
0306	杂病方讲义（1卷），1930年	（民国）包识生著，包天白、包应申校字	1930年出版，包氏医宗出版部出版，1册	06
0307	杂病学方歌括，1930年	（清）包育华著，（民国）包识生、包天白校字	1930年出版，包氏医宗出版部出版，1册	06

续表

序号	书名和成书年	作者和著作形式	版本	收藏馆
0308	影印古本医学丛书第一集，1930 年 子目： ①难经阐注（2 卷） ②伤寒撮要（4 卷） ③辨脉平脉章句（2 卷） ④本草衍义（20 卷） ⑤女科秘旨（8 卷）	上海中华书局辑	1930 年上海中医书局影印本，10 册	01
0309	太仓傅氏医学三书，1930 年 子目： ①医经玉屑（2 卷） ②医案摘奇（4 卷） ③舌胎统志（1 卷），附课艺刍议析疑	（清）傅耐寒撰，（民国）傅雍言编	1930 年浏河傅氏学古堂铅印本，4 册	03
0310	新中医五种，1931 年 子目： ①气化真理 ②经脉穷源 ③症治会通 ④病案实录 ⑤药物格要	（民国）王仁叟编	① 1931 年上海中医书局铅印本，1 册	03
			② 1936 年上海中医书局铅印本	03
0311	孙氏医学丛书，1932 年 子目： ①伤寒杂病论章句（16 卷） ②伤寒杂病论读本（3 卷） ③难经章句（3 卷），卷末（1 卷） ④明堂孔穴（1 卷），附针灸治要（1 卷） ⑤脉经钞（2 卷），卷末（1 卷） ⑥医学三言	（民国）孙鼎宜编	① 1932 年中华书局聚珍仿宋本，10 册	01、03、04
			② 1936 年中华书局铅印本	01、02、03
0312	孙氏医学丛书（27 卷），1932 年	（民国）孙鼎宜编	1936 年再版，中华书局有限公司聚珍仿宋版，10 册	04
0313	孙氏医学丛书，1932 年	（民国）孙鼎宜编	1936 年中华书局铅印本，2 函 10 册	05
0314	民众医药指导丛书二十四种，1935 年 子目： ①伤寒病问答附中伤寒风病问答 ②温热病问答 ③暑湿病问答 ④燥火病问答 ⑤中风病问答 ⑥血症问答 ⑦痰饮病问答 ⑧虚痨病问答 ⑨疟痢病问答 ⑩霍乱病问答	（民国）蔡陆仙撰	1936 年上海华东书局铅印本	03

续表

序号	书名和成书年	作者和著作形式	版本	收藏馆
	⑪时疫病问答 ⑫肠胃病问答 ⑬水肿臌胀病问答 ⑭内科杂病问答 ⑮妇人科病问答 ⑯胎产科病问答 ⑰小儿科病问答 ⑱痧疹痘科病问答 ⑲外科病问答 ⑳咽喉科病问答 ㉑眼耳鼻齿科病问答 ㉒伤科急救科病问答 ㉓性病花柳科病问答 ㉔怪症奇症问答			
0315	中国医学大成，1936 年 子目： 第一集医经类 ①灵枢识（6 卷），（日本）丹波元简撰 ②黄帝内经素问集注（9 卷），（清）张志聪撰 ③黄帝内经灵枢集注（9 卷），（清）张志聪撰 ④研经言（4 卷），（清）莫枚土撰 ⑤针灸甲乙经（12 卷），（晋）皇甫谧撰 第二集药物类 ⑥神农本草经（3 卷），（清）孙星衍撰，孙冯翼编 ⑦本草衍义（20 卷），（宋）寇宗奭撰 ⑧雷公炮制药性赋（4 卷），（金）李杲撰 ⑨雷公炮制药性解（6 卷），（明）李中梓撰 ⑩药征（3 卷），（日本）吉益东洞撰 ⑪药征续编（2 卷），附录（1 卷），（日本）村井杶撰 第三集诊断类 ⑫脉经（10 卷），（晋）王叔和撰 ⑬玉函经（3 卷），（前蜀）杜光庭撰，（宋）崔嘉彦注 ⑭太素脉秘诀（2 卷），（明）张太素撰，刘伯祥注 ⑮医灯续焰（21 卷），（清）潘楫辑注 ⑯脉学辑要评（3 卷），（清）廖平撰 ⑰脉说（2 卷），（清）叶霖撰 ⑱重订诊家直诀（2 卷），（清）周学海撰 ⑲望诊遵经（2 卷），（清）汪宏撰 ⑳临症验舌法（2 卷），（清）杨乘六撰 ㉑察舌辨症新法（1 卷），（清）刘恒瑞撰 第四集方剂类 ㉒圣济总录纂要（26 卷），（清）程林辑	（民国）曹炳章辑	1936—1937 年上海大东书局铅印本	02（残）

续表

序号	书名和成书年	作者和著作形式	版本	收藏馆
㉓刘涓子鬼遗方（5卷），（南齐）龚庆宣撰				
㉔医方考（6卷），附脉语（2卷），（明）吴昆撰				
第五集通治类				
㉕巢氏诸病源候论（50卷），（隋）巢元方等撰				
㉖儒门事亲（15卷），（金）张从正撰				
㉗医林改错（2卷），（清）王清任著				
第六集外感病类伤寒丛刊				
㉘伤寒九十论（1卷），（宋）许叔微撰				
㉙伤寒六经辨证治法（8卷），（清）沈明宗撰				
㉚张卿子伤寒论（7卷），（明）张遂辰撰				
㉛伤寒明理论（3卷），（金）成无己撰				
㉜伤寒来苏集（8卷），（清）柯琴撰				
㉝伤寒兼证析义（1卷），（清）张倬撰				
㉞伤寒贯珠集（8卷），（清）尤怡注				
㉟伤寒补例（1卷），（清）周学海撰				
温暑丛刊				
㊱增订叶评伤暑全书（2卷），（明）张鹤腾撰，（清）叶霖订				
㊲温热暑疫全书（4卷），（清）周扬俊撰				
㊳温证指归（4卷），（清）周杓元撰				
㊴增补评注温病条辨（6卷），卷首（1卷）(清)吴瑭撰，王士雄等评注				
附：				
a. 温病条辨歌括（2卷），（民国）颜之馨撰				
b. 辑补温热诸方（1卷），（清）万潜斋编				
c. 辑温病条辨论（1卷），（民国）恒斋编				
d. 温病医方撮要（1卷），（清）杨璿撰				
e. 增补评注治温提要（1卷），（清）曹华峰撰				
f. 温病三字经（1卷），（清）张汝珍撰				
g. 温热经解（1卷），（民国）沈鳞撰				
㊵温热病指南集（1卷），（清）陈平伯撰				
㊶南病别鉴（3卷），续集（1卷），（清）宋兆淇增注				
㊷温热逢源（3卷），（清）柳宝诒撰				
㊸张氏温暑医旨（1卷），（清）张畹香撰				
㊹伏气解（1卷），（清）叶霖撰				
㊺伏邪新书（1卷），（清）刘恒瑞撰				
㊻湿温时疫治疗法（2卷），绍兴医学会撰				
㊼疟疾论（1卷），（清）韩善征撰				
瘟疫丛刊				
㊽瘟疫论（2卷），补遗（1卷），（明）吴有性著				
㊾瘟疫明辨（4卷），附方（1卷），（清）戴天章撰，曹炳章评				
㊿(重订)医门普度瘟疫论（3卷），（明）吴有性著，李砚庄订				

续表

序号	书名和成书年	作者和著作形式	版本	收藏馆
	(51)鼠疫抉微（4卷），（清）余伯陶撰 (52)羊毛瘟论（3卷），（清）随霖撰 (53)阴证略例（1卷），（元）王好古撰 (54)随息居霍乱论（1卷），（清）王士雄撰 (55)瘟疫霍乱答问（1卷），附利济瘟疫录验方（1卷），（清）陈虬撰 (56)霍乱审证举要（1卷），（清）连文仲撰 附： a.霍乱寒热辨正（1卷），（民国）曹炳章撰 b.霍乱吐泻方论（1卷） (57)伏阴论（2卷），（清）田宗汉撰 (58)痧胀玉衡（3卷），卷末（1卷），（清）郭志邃撰 第七集内科类 (59)（重刊）金匮玉函经二注（22卷），（明）赵良仁衍义，（清）周扬俊补注 附： a.补方（1卷），（元）赵以德衍义，（清）周扬俊补注 b.十药神书（1卷），（元）葛乾孙撰 (60)沈注金匮要略（24卷），（清）沈明宗编注 (61)金匮要略心典（3卷），（清）尤怡集注 (62)金匮翼（8卷），（清）尤怡撰 (63)脉因证治（4卷），（元）朱震亨撰 (64)韩氏医通（2卷），（明）韩懋撰 (65)周慎斋遗书（10卷），（明）周之干撰 (66)症因脉治（4卷），卷首（1卷），（明）秦昌遇撰 (67)医学心悟（6卷），（清）程国彭著 (68)医原（3卷），（清）石寿棠撰 (69)医学举要（6卷），（清）徐镛撰 (70)增订十药神书（1卷），（元）葛乾孙撰，（清）陈念祖注 (71)痰火点雪（4卷），（明）龚居中撰 (72)慎柔五书（5卷），（明释）住想撰，（清）周学海评注 (73)理虚元鉴（2卷），（明）汪绮石撰 (74)虚损启微（2卷），（清）洪辑庵撰 (75)何氏虚劳心传（1卷），（清）何炫撰 第八集外科类外科丛刊 (76)徐评外科正宗（12卷），（明）陈实功撰，（清）徐大椿评 (77)马评陶批外科全生集（4卷），附新增马氏试验秘方（1卷），（清）王维德撰，马培之评，陶祥忻批 (78)外科选要（2卷），附补遗方，（清）唐黉撰 (79)外科医镜（1卷），（清）张正撰 (80)疬科全书（1卷），（清）梁希曾撰			

续表

序号	书名和成书年	作者和著作形式	版本	收藏馆
㉛痰疬法门（1卷），附杨梅验方（1卷），喉蛾捷诀（1卷），（清）李庆申撰 ㉜正体类要（2卷），（明）薛己撰 喉科丛刊 ㉝口齿类要（1卷），（明）薛己撰 ㉞尤氏喉科秘书（1卷），（清）尤乘撰 ㉟（重刊）咽喉脉证通论（1卷） ㊱喉舌备要秘旨（1卷），附录（1卷） ㊲（重订）囊秘喉书（2卷），附录验方（1卷），增录（1卷），（清）杨龙九撰 附： 附录，（清）王景华辑增录，浦石师撰 ㊳包氏喉证家宝（1卷），附方（1卷），附咽喉七十二证考（1卷），（清）包三述撰 眼科丛刊 ㊴一草亭目科全书（1卷），附薛氏选方（1卷），（明）邓苑撰 ㊵异授眼科（1卷），佚名 ㊶银海指南（4卷），（清）顾锡撰 第九集妇科类 ㊷经效产宝（3卷），附续编（1卷），（唐）智殿撰，佚名辑 ㊸校注妇人良方（24卷），（宋）陈自明撰，（明）薛己注 ㊹女科经纶（8卷），（清）萧埙撰 ㊺女科切要（8卷），（清）吴道源撰 ㊻盘珠集胎产症治（3卷），（清）施雯、严洁等编 ㊼重订产孕集（2卷），附补遗（1卷），（清）张曜孙纂辑 ㊽胎产指南（8卷），卷首（1卷），（清）单南山撰 第十集儿科类 儿科丛刊 ㊾小儿卫生总微论方（20卷） ⑩活幼心书（3卷），（元）曾世荣编 ⑪慈幼新书（12卷），卷首（1卷），（清）程云鹏撰 ⑫幼科直言（6卷），（清）孟河撰 ⑬幼幼集成（6卷），（清）陈复正撰 痘科丛刊 ⑭原瘄要论（1卷），（清）袁氏撰 ⑮麻疹备要方论（1卷），（清）吴亦鼎撰 第十一集针灸类针灸丛刊 ⑯针灸素难要旨（3卷），（明）高武撰，（日本）冈本为竹订 按摩丛刊 ⑰巢氏病源补养宣导法（2卷），（清）廖平辑			

续表

序号	书名和成书年	作者和著作形式	版本	收藏馆
	第十二集医案类 ⑱孙文垣医案（5卷），（明）孙一奎撰，孙泰来等编 ⑲眉寿堂方案选存（2卷），（清）叶桂撰，郭濬维编 ⑩三家医案合刻，（清）吴金寿撰 a.叶桂医案（1卷），（清）叶桂撰 b.缪宜亭医案（1卷），（清）缪遵义撰 c.薛生白医案（1卷），（清）薛雪撰 ⑪程杏轩医案初集（1卷），附续录（1卷），辑录（1卷），（清）程文囿撰 ⑫吴鞠通医案（5卷），（清）吴瑭撰 ⑬何澹安医案（1卷），（清）何澹安撰 ⑭张畹香医案（2卷），（清）张畹香撰 ⑮邵兰荪医案（4卷），（清）邵兰荪撰，史久华评注 第十三集杂著类医论丛刊 ⑯重订灵兰要览（2卷），（明）王肯堂撰，（清）顾金寿订 ⑰肯堂医论（3卷），（明）王肯堂撰 ⑱医学源流论（2卷），（清）徐大椿撰 ⑲慎疾刍言（1卷），（清）徐大椿撰 ⑳叶选医衡（2卷），（明）沈时誉原撰，（清）叶桂撰 ㉑读医随笔（6卷），（清）周学海撰 ㉒医学读书记（3卷），续记（1卷），附静香楼医案（1卷），（清）尤怡撰 ㉓知医必辨（1卷），（清）李文荣撰 ㉔市隐庐医学杂著（1卷），（清）王德森撰，曹炳章评 医话丛刊 ㉕友渔斋医话六种，（清）黄凯钧撰 a.一览延龄（1卷） b.橘旁杂论（2卷） c.上池涓滴（1卷） d.肘后偶钞（2卷） e.证治指南（1卷） f.药笼小品（1卷） ㉖客尘医话（3卷），（清）计楠撰 ㉗先哲医话（2卷），（日本）浅田惟常撰 ㉘对山医话（4卷），附补编（1卷），（清）毛对山撰 ㉙冷庐医话（5卷），附补编（1卷），（清）陆以湉撰 ⑩柳洲医话（1卷），附方（1卷），（清）魏之琇撰，王士雄编 ⑬褐塘医话（1卷），附补编（2卷），（清）张景焘撰 ⑫潜斋医话（1卷），（清）王士雄撰 ⑬医暇卮言（2卷），（清）程林撰 ⑭徐批叶天士晚年方案真本（2卷），（清）叶桂撰，徐大椿评			

续表

序号	书名和成书年	作者和著作形式	版本	收藏馆
0316	仁盒医学丛书（又名国医读本、国医基础读本），1936 年 子目： ①中医系统学 ②内经读本 ③难经读本 ④伤寒读本 ⑤金匮读本 ⑥饮片新参 ⑦神农本草经新注 ⑧分类方剂	（民国）王一仁撰	1936 年杭州仁盒学舍铅印本	03
0317	珍本医书集成，1936 年 子目： 医经类 ①内经素问校义（1 卷），（清）胡澍撰 ②内经博义（4 卷），（清）罗美撰 ③难经古义（2 卷），（日本）滕万卿撰 ④难经正义（6 卷），（清）叶霖撰 ⑤古本难经阐注（2 卷），（清）丁锦注 本草类 ⑥神农本草经赞（3 卷），附月令七十二候赞，（魏）吴普等述 ⑦本草择要纲目（1 卷），（清）蒋居祉撰 ⑧本草撮要（10 卷），（清）陈其瑞编 ⑨本草思辨录（4 卷），卷首（1 卷），（清）周岩撰 ⑩食鉴本草（1 卷），（清）费伯雄撰 脉学类 ⑪订正太素脉秘诀（2 卷），（明）张太素撰，刘伯祥注 ⑫脉诀乳海（6 卷），（清）王邦傅撰 ⑬诊脉三十二辨（1 卷），（清）管玉衡撰 伤寒类 ⑭伤寒括要（2 卷），（明）李中梓撰 ⑮伤寒寻源（3 卷），（清）吕震名撰 ⑯伤寒捷诀（1 卷），（清）严官方撰 ⑰伤寒法祖（2 卷），（清）任越庵撰 通治类 ⑱松厓医径（2 卷），（明）程玠撰 ⑲古今医彻（4 卷），（清）怀远撰 ⑳医略十三篇（13 卷），附列方（1 卷）、关格考、人迎辨，（清）蒋宝素撰 ㉑医经小学（6 卷），（明）刘纯撰 ㉒通俗内科学（1 卷），张拯滋撰 ㉓杂症会心录（2 卷），（清）汪文绮撰 ㉔鸡鸣录（1 卷），（清）王士雄撰 ㉕医学传灯（2 卷），（清）陈岐撰 内科类 ㉖增订伤暑全书（2 卷），（明）张鹤腾撰，（清）叶霖增订	（民国）裘庆元辑	1936 年上海世界书局铅印本，14 册	01、02、03

续表

序号	书名和成书年	作者和著作形式	版本	收藏馆
㉗	辨疫琐言（1卷），附李翁医记（1卷），（清）李炳撰			
㉘	六气感证要义（1卷），（清）周岩撰			
㉙	鼠疫约编（1卷），（清）吴宣崇撰，罗汝兰增辑，郑奋扬参订			
㉚	湿温时疫治疗法（1卷），绍兴医学会编			
㉛	温热经解（1卷），（民国）沈麟撰			
㉜	温热论笺正（1卷），（民国）陈光淞撰			
㉝	医寄伏阴论（2卷），（清）田宗汉撰			
㉞	霍乱燃犀说（2卷），（清）许起撰			
㉟	六因条辨（3卷），（清）陆廷珍撰			
㊱	瘴疟指南（2卷），附黑热病证治指南，（明）郑全望撰			
㊲	疯门全书（1卷），附疯门辨症（1卷），（清）萧晓亭撰			
	外科类			
㊳	外科传薪集（1卷），（清）马培之撰			
㊴	外科方外奇方（4卷），（清）凌奂撰			
㊵	伤科方书（1卷），（清）江考卿撰			
	妇科类			
㊶	产宝（1卷），（清）倪枝维撰			
㊷	产孕集（2卷），（清）张曜孙纂辑			
㊸	胎产新书（20卷），（清释）竹林寺传			
㊹	女科百问（2卷），（宋）齐仲甫撰			
	儿科类			
㊺	儿科醒（12卷），（清）芝屿樵客撰			
㊻	麻疹阐注（4卷），（清）张廉撰			
	方书类			
㊼	惠直堂经验方（4卷），（清）陶承熹编			
㊽	绛囊撮要（1卷），（清）云川道人辑			
㊾	经验奇方（2卷），（清）周子芗编			
㊿	古方汇精（5卷），（清）爱虚老人辑			
51	医方简义（6卷），（清）王清源撰			
52	回生集（2卷），（清）陈杰编			
53	不知医必要（4卷），（清）梁廉夫撰			
54	医便（5卷），（明）王三才补辑			
55	春脚集（4卷），（清）孟文瑞撰			
56	外治寿世方（4卷），（清）邹存淦编			
57	文堂集验方（4卷），（清）何京撰			
58	疑难急症简方（4卷），（清）罗越峰辑			
59	扶寿精方（1卷），（明）吴旻撰			
60	孙真人海上方（1卷），（唐）孙思邈撰			
61	鲁府禁方（4卷），（明）龚廷贤编			
62	秘传大麻疯方（1卷），佚名			
63	喻选古方试验（4卷），（清）喻昌编			
	医案类			
64	得心集医案（6卷），（清）谢星焕撰			
65	杏轩医案初集（1卷），续录（1卷），辑录（1卷），（清）程文囿撰			
66	古今医案按选（4卷），（清）俞震编，王士雄选			

续表

序号	书名和成书年	作者和著作形式	版本	收藏馆
	⑥花韵楼医案（1卷），（清）顾德华撰 ⑥王旭高临证医案（厶卷），（清）王泰林撰 ⑥丛桂草堂医案（4卷），（民国）袁焯撰 ⑦黄澹翁医案（4卷），（清）黄述宁撰 ⑦诊余举隅录（2卷），（清）陈廷儒撰 ⑦也是山人医案（1卷），（清）也是山人撰，周镇订正 ⑦龙砂八家医案（1卷），（清）姜成之编 ⑦邵氏医案（1卷），（清）邵兰荪撰 ⑦沈氏医案（1卷），（清）沈璠撰 ⑦青霞医案（1卷），（清）沈登阶撰 ⑦素圃医案（4卷），（清）郑重光撰 ⑦扫叶庄一瓢老人医案（4卷），（清）薛雪撰 杂著类 ⑦寿世青编（2卷），附病后调理服食法（1卷），（清）尤乘辑 ⑧存存斋医话稿（2卷），（清）赵晴初撰 附： 吴山散记（1卷），沈仲圭撰 ⑧医权初编（2卷），（清）王三尊撰 ⑧一得集（3卷），（清释）心禅撰 ⑧医医偶录（2卷），（清）陈念祖撰 ⑧药症忌宜（1卷），（清）陈澈撰 ⑧蠢子医（4卷），（清）龙之章撰 ⑧宜麟策（1卷），续集（1卷），（明）张介宾撰 ⑧医医小草（1卷），附游艺志略（1卷），（清）宝辉撰 ⑧医门补要（3卷），（清）赵濂撰 ⑧履霜集（3卷），（清）臧达德撰 ⑨广嗣要语（1卷），（明）俞桥撰			
0318	皇汉医学丛书，1936年 子目： ①素问识（8卷），卷首（1卷），（日本）丹波元简撰 ②素问绍识（4卷），（日本）丹波元简撰 ③难经疏证（2卷），（日本）丹波元胤撰 ④医事启源，（日本）今邨亮撰 ⑤医家千字文，（日本）惟宗时俊撰 ⑥证治摘要（2卷），（日本）中川成章编 ⑦皇国名医传（3卷），附杏林杂话，（日本）浅田惟常撰 ⑧中国医籍考（80卷），附皇汉医学书目一览，（日本）丹波元胤编 ⑨中国内科医鉴（2卷），（日本）大塚敬节撰，汤本求真阅 ⑩伤寒之研究（5卷），（日本）中西惟忠编	（民国）陈存仁编	1936年上海世界书局铅印本，14册	01、02、03

续表

序号	书名和成书年	作者和著作形式	版本	收藏馆
	⑪伤寒论纲要,（日本）伊势橘春晖撰 ⑫伤寒广要（12卷）,（日本）丹波元简撰 ⑬伤寒论辑义（7卷）,（日本）丹波元简撰 ⑭伤寒论述义（5卷）, 附补遗,（日本）丹波元简撰 ⑮伤寒论集成（10卷）,（日本）山田正珍撰 ⑯伤寒用药研究（2卷）,（日本）川越正淑撰 ⑰伤寒脉证式（8卷）,（日本）川越正淑撰 ⑱金匮玉函要略述义（3卷）,（日本）丹波元简撰 ⑲金匮玉函要略辑义（6卷）,（日本）丹波元简撰 ⑳长沙证汇,（日本）田中荣信撰 ㉑伤风约言,（日本）后藤省撰 ㉒温病之研究（2卷）,（日本）源元凯撰 ㉓温疫论私评（2卷）,（日本）秋吉质评 ㉔泻疫新论（2卷）,（日本）高岛久贯撰, 高岛久也增补 ㉕脚气钩要（2卷）,（日本）今邨亮撰 ㉖脚气概论,（日本）浅田惟常撰, 冈田昌春等编 ㉗疝气证治论,（日本）大桥尚因撰 ㉘中国接骨图说,（日本）二宫献彦可撰 ㉙产科发蒙（6卷）,（日本）片仓元周撰 ㉚产论（4卷）,（日本）贺川玄迪撰 ㉛产论翼,（日本）贺川玄迪撰 ㉜中国儿科医鉴,（日本）大塚敬节撰 ㉝幼科证治大全,（日本）摄阳下津撰 ㉞痘科辨要（10卷）,（日本）池田独美撰 ㉟眼科锦囊（4卷）, 续集（2卷）,（日本）本庄俊笃撰 ㊱霉疠新书（2卷）,（日本）片仓元周撰 ㊲经穴纂要（5卷）,（日本）小阪营升撰 ㊳针学通论,（日本）佐藤利信著 ㊴针灸学纲要,（日本）管周桂撰 ㊵选针三要集（2卷）,（日本）杉山和一撰 ㊶药治通义（12卷）,（日本）丹波元简撰 ㊷脉学辑要（3卷）,（日本）丹波元简撰 ㊸方剂辞典,（日本）水走嘉言编 ㊹奇正方,（日本）贺古寿撰 ㊺丹方之研究,（日本）冈西为人撰 ㊻类聚方,（日本）吉益东洞撰			

续表

序号	书名和成书年	作者和著作形式	版本	收藏馆
	㊼方机，（日本）吉益东洞授，乾省守业记 ㊽救急选方（2卷），（日本）丹波元简撰 ㊾名家方选（2卷），（日本）山田元伦撰 ㊿家塾方与方极，（日本）吉益东洞撰 (51)医略抄，（日本）丹波雅忠撰 (52)古方分量考，（日本）平井氏撰 (53)医余四篇，（日本）尾台逸撰 (54)医賸（3卷），（日本）丹波元简撰 (55)先哲医话集，（日本）长尾藻城编 (56)青囊琐探（2卷），（日本）片仓元周撰 (57)藤氏医谈（2卷），（日本）藤明撰 (58)医断（1卷），附斥医断（1卷），（日本）鹤冲元逸撰 (59)北山医案（3卷），附录（1卷），（日本）北山友松撰，北山道修编 (60)生生堂治验（2卷），（日本）中神琴溪撰，门人小野匡辅编 (61)建殊录，（日本）吉益东洞撰，（民国）严恭编 (62)丛桂偶记（2卷），（日本）原昌克撰 (63)古书医言（4卷），（日本）吉益东洞撰 (64)药征（3卷），（日本）吉益东洞撰 (65)药征续编，（日本）村井杶撰 (66)汉药研究纲要，（日本）久保田晴光撰 (67)中国药物学大纲，（日本）伊豫专安著 (68)鹿茸之研究，（日本）峰下铁雄撰 (69)犀黄之研究，（日本）杉本重利撰 (70)中国药一百种之化学实验，（日本）中尾万三撰 (71)汉药良劣鉴别法，（日本）一色直太郎编 (72)中国医药论文集三十四篇，（日本）富士川游等撰			
0319	中国医药汇海，1936年 子目： ①第一编经部 a. 神农本草经 b. 黄帝内经，附医经精义 c. 难经，（战国）扁鹊撰 d. 伤寒杂病论，（东汉）张仲景撰 e. 中藏经，（汉）华佗撰 f. 脉经，（晋）王叔和撰 g. 针灸甲乙经，（晋）皇甫谧撰 h. 颅囟经，佚名 ②第二编史部 ③第三编论说部 ④第四编药物部 ⑤第五编方剂部 ⑥第六编医案部 ⑦第七编针灸部	（民国）蔡陆仙编	1941年上海中华书局铅印本	02、03

续表

序号	书名和成书年	作者和著作形式	版本	收藏馆
0320	中国医学约编，1938年 子目： ①生理约编 ②病理约编 ③诊断约编 ④药物约编 ⑤处方约编 ⑥内科约编 ⑦妇科约编 ⑧儿科约编 ⑨瘟疫约编 ⑩医剩约编	（民国）周禹锡撰	1941年天津中西汇通医社铅印本	03

（四）汇编类丛书中的中医著作

序号	书名和成书年	作者和著作形式	版本	收藏馆
0001	宝颜堂秘笈，1602年 子目： ①脉望（8卷），（明）赵台鼎撰 ②男女绅言，（明）包遵叙撰 ③饮食绅言，（明）包遵叙撰 ④祈嗣真诠，（明）袁黄撰	（明）陈继儒辑	1922年上海文明书局石印本	01、02
0002	津逮秘书，1644年 子目： ①黄帝授三子玄女经（1卷） ②胎息经（1卷），幻真先生注	（明）毛晋辑	1922年上海博古斋据明汲古阁刻本影印本	01
0003	武英殿聚珍版书，1777年 子目： ①苏沈良方（8卷），拾遗（2卷），校勘记（1卷），（宋）苏轼、沈括撰 ②小儿药证直诀（3卷），（宋）钱乙撰	佚名	清乾隆武英殿木活字本	02
0004	函海，1784年 子目： ①产育宝庆集（2卷），（宋）郭稽中编 ②颅囟经（1卷），佚名	（清）李调元辑	①清乾隆绵州李氏万卷楼刻本清嘉庆十四年（1809年）李鼎元重校印本	01
			②清道光五年（1825年）李朝夔补刻本	01
0005	唐代丛书，1806年 子目： ①食谱（1卷），（唐）韦巨源撰 ②药谱（1卷），（唐）侯宁极撰 ③异疾志（1卷），（唐）段成式撰 ④大藏治病药（1卷），（唐释）灵沼撰	（清）王文诰辑	清嘉庆十一年（1806年）弁山楼刻本	02（残）

续表

序号	书名和成书年	作者和著作形式	版本	收藏馆
0006	平津馆丛书，1808年 子目： ①华氏中藏经（1卷），（汉）华佗撰 ②素女方（1卷），佚名 ③秘授清宁丸方（1卷），（清）孙星衍辑 ④千金宝要（6卷），（宋）郭思辑	（清）孙星衍辑	清光绪十一年（1885年）吴县朱氏槐庐刻本	02
0007	借月山房汇抄，1812年 子目： ①本心斋蔬食谱（1卷），（宋）陈达叟撰 ②救荒野谱（1卷），（明）姚可成撰 ③参谱（1卷），（清）黄叔灿撰 ④种痘心法（1卷），（清）朱奕梁撰 ⑤种痘指掌（1卷），佚名 ⑥喉科秘本（1卷），附喉科附方（1卷），（清）尤乘撰	（清）张海鹏辑	1920年上海博古斋据清张氏刻本影印本	02
0008	士礼居黄氏丛书，1818年 子目： ①伤寒总病论（6卷），附札记（1卷），（宋）庞安时撰 ②洪氏集验方（5卷），（宋）洪遵撰	（清）黄丕烈辑	①清光绪十三年（1887年）上海蜚英馆据黄氏刻本影印本	01
			②1922年上海博古斋据清黄氏刻本增辑影印本	02
0009	士礼居黄氏丛书（存伤寒总病论6卷），1818年	（宋）庞安时撰	清道光十三年（1833年）士礼居影宋重雕，2册	06
0010	选印宛委别藏，1820年 子目： ①陈氏小儿病源方论（4卷），（宋）陈文中撰 ②类编朱氏集验医方（15卷），（宋）朱佐撰	故宫博物院辑	1935年商务印书馆影印本	01、02
0011	艺海珠尘，1820年 子目： ①黄帝授三子玄女经 ②苏沈良方（8卷），（宋）苏轼、沈括撰 ③一草亭目科全书（1卷），（清）邓苑撰 ④治蛊新方（1卷），（清）路顺德撰，缪福照重订 ⑤伤寒论翼（2卷），（清）柯琴撰	（清）吴省兰辑，钱熙辅增辑	清嘉庆南汇吴氏听彝堂刻本	01（残）、02

续表

序号	书名和成书年	作者和著作形式	版本	收藏馆
0012	学海类编，1831 年 子目： ①学医随笔（1 卷），（宋）魏了翁撰 ②上池杂说（1 卷），（明）冯时可撰 ③延寿第一绅言（1 卷），（宋）愚谷老人编 ④摄生消息论（1 卷），（元）丘处机撰 ⑤饮食须知（8 卷），（元）贾铭撰 ⑥四时宜忌（1 卷），（元）瞿佑撰 ⑦馔史（1 卷），佚名 ⑧修龄要旨（1 卷），（明）冷谦撰 ⑨二六功课（1 卷），（明）石室道人撰 ⑩摄生要语（1 卷），（明）息斋居士撰 ⑪养生肤语（1 卷），（明）陈继儒撰 ⑫摄生三要（1 卷），（清）袁黄撰 ⑬养小录（3 卷），（清）顾仲编 ⑭怡情小录（1 卷），（清）马大年撰	（清）曹溶辑，陶樾增订	1920 年上海商务印书馆据清六安晁氏刻本	02
0013	惜阴轩丛书，1840 年 子目： ①卫生宝鉴（24 卷），补遗（1 卷），（元）罗天益撰 ②小儿药证直诀（3 卷），（宋）钱乙撰	（清）李锡龄辑	清道光二十六年（1846）宏道书院刻本	01、02
0014	守山阁丛书，1844 年 子目： ①难经集注（5 卷），（明）王九思撰 ②脉经（10 卷），（晋）王叔和撰	（清）钱熙祚辑	清光绪十五年（1889 年）上海鸿文书局据清钱氏刻本影印本	01（残）、02
0015	海山仙馆丛书，1850 年 子目： ①调燮类编（4 卷） ②女科（2 卷），产后编（2 卷），（清）傅山撰	（清）潘仕成辑	清道光至清咸丰年间番禺潘氏刻本光绪中补刻本	01、02
0016	长恩书室丛书，1854 年 子目： ①旅舍备要方（1 卷），（宋）董汲撰 ②伤寒微旨论（2 卷），（宋）韩祗和撰 ③全生指迷方（4 卷），（宋）王贶撰	（清）庄肇麟辑	清咸丰四年（1854 年）新昌庄氏过客轩刻本	02（残）

续表

序号	书名和成书年	作者和著作形式	版本	收藏馆
0017	逊敏堂丛书，1861年 子目： ①异疾志（1卷），（唐）段成式撰 ②大藏治病药（1卷），（唐释）灵沏撰 ③药谱（1卷），（唐）侯宁极撰 ④本草经解要附余（1卷），（清）杨守敬撰 ⑤麻疹证治要略（1卷），卷（清）郑志旸撰 ⑥本草纲目正误（1卷），（清）赵学敏撰 ⑦奇证秘录（1卷），（清）黄秩模撰 ⑧食谱（1卷），（唐）韦巨源撰 ⑨居家宜忌（1卷），（明）瞿佑撰	（清）黄秩模辑	清道光至清咸丰年间宜黄黄氏木活字本	02（残）
0018	小石山房丛书，1874年 子目： ①山家清供（1卷），（宋）林洪撰 ②勿药须知（1卷），（清）尤乘撰	（清）顾湘辑	清同治十三年（1874年）虞山顾氏刻本	02
0019	十万卷楼丛书，1876年 子目： ①本草衍义（20卷），（宋）寇宗奭撰 ②注解伤寒发微论（2卷），（宋）许叔微撰 ③注解伤寒百证歌（5卷），（宋）许叔微撰 ④阴证略例（1卷），（元）王好古撰 ⑤史载之方（2卷），（宋）史堪撰 ⑥卫生家宝产科备要（8卷），（宋）朱端章撰 ⑦医经正本书（1卷），（宋）程迥撰 ⑧圣济经（10卷），（宋）赵佶敕撰	（清）陆心源辑	清光绪二年至清光绪十三年（1876—1887年）归安陆氏刻本	01
0020	啸园丛书，1883年 子目： ①洄溪医案（1卷），附（1卷），（清）徐灵胎撰 ②慎疾刍言（1卷），（清）徐大椿撰 ③景岳新方砭（4卷），（清）陈念祖撰 ④理虚元鉴（2卷），（明）汪绮石撰 ⑤保生胎养良方（1卷），佚名	（清）葛元煦撰	清光绪二年至清光绪九年（1876—1883年）仁和葛氏刻本	02（残）
0021	咫进斋丛书，1883年 子目： ①咽喉脉证通论（1卷），佚名 ②慎疾刍言（1卷），（清）徐大椿撰	（清）姚觐元辑	清光绪九年（1883年）归安姚氏刻本	01、02
0022	春在堂全书，1899年 子目： ①枕上三字诀（1卷） ②废医论（1卷）	（清）俞樾撰	清光绪二十五年（1899年）德清俞氏刻本	01、02

续表

序号	书名和成书年	作者和著作形式	版本	收藏馆
0023	申报馆丛书，1908 年 子目： ①外科全生集，（清）王维德撰 ②一草亭目科全书，（清）邓苑撰 ③异授眼科，佚名	（清）尊文阁主辑	清光绪上海申报馆铅印本	01（残）
0024	云南丛书，1914 年 子目： ①医门擥要（2 卷），（明）兰茂撰 ②滇南本草（3 卷），（明）兰茂撰	（民国）赵藩、陈荣昌等辑	1914 年年云南图书馆刻本	02
0025	四部丛刊，1919 年 子目： ①重广补注黄帝内经素问（24 卷），（唐）王冰注，（宋）林亿等校正 ②灵枢经（12 卷），（宋）史崧音释 ③王翰林集注黄帝八十一难经（5 卷），（明）王九思撰 ④注解伤寒论（10 卷），（金）成无己注 ⑤新编金匮要略方论（3 卷），（晋）王叔和编 ⑥新刊王氏脉经（10 卷），（晋）王叔和编 ⑦重修政和经史证类备用本草（30 卷），（宋）唐慎微撰，寇宗奭衍义，（金）张存惠重修 ⑧抱朴子内篇（20 卷），外篇（50 卷），（晋）葛洪撰	（民国）张元济等辑	①1919 年、1929 年上海商务印书馆影印本	02
			②1936 年上海商务印书馆缩印本	01（残）、02
0026	五朝小说大观，1926 年 子目： ①南方草木状（3 卷），（晋）嵇含撰 ②褚氏遗书（1 卷），（南齐）褚澄撰 ③相儿经（1 卷），（晋）严助撰 ④大藏治病药（1 卷），（唐释）灵沏撰 ⑤食谱（1 卷），（唐）韦巨源撰 ⑥药谱（1 卷），（唐）侯宁极撰 ⑦蔬食谱（1 卷），（宋）陈达叟撰 ⑧禅本草（1 卷），（宋释）慧日撰 ⑨药议（1 卷），（宋）沈括撰 ⑩惠民药局记（1 卷），（宋）沈括撰 ⑪病逸漫记（1 卷），（明）陆釴撰 ⑫脚气集（1 卷），（宋）车若水撰 ⑬医间漫记（1 卷），（明）贺钦撰	佚名	1926 年上海扫叶山房石印本	02
0027	四库全书珍本初集，1934 年 子目： ①脚气治法总要（2 卷），（宋）董汲撰 ②集验背疽方（1 卷），（宋）李迅撰 ③扁鹊神应针灸玉龙经（1 卷），（元）王国瑞撰	中央图书馆筹备处辑	1934—1935 年上海商务印书馆据文渊阁本影印本	01、02

续表

序号	书名和成书年	作者和著作形式	版本	收藏馆
0028	丛书集成初编，1935 年 子目： ①参同契正文（2 卷），（汉）魏伯阳撰 ②神农本草经（3 卷），（魏）吴善等述，（清）孙星衍、孙冯翼辑 ③本草衍义（20 卷），（宋）寇宗奭撰 ④南方草木状（3 卷），（晋）嵇含撰 ⑤石药尔雅（3 卷），（唐）梅彪撰 ⑥服盐药法（1 卷），（清）孙星衍撰 ⑦本心斋蔬食谱（1 卷），（宋）陈达叟撰 ⑧山家清供（2 卷），（宋）林洪撰 ⑨饮食须知（8 卷），（元）贾铭撰 ⑩养小录（3 卷），（清）顾仲撰 ⑪黄帝内经太素（30 卷，原佚 7 卷），（隋）杨上善撰 ⑫素问玄机原病式（1 卷），（金）刘完素撰 ⑬素问病机气宜保命集（3 卷），（金）刘完素撰 ⑭黄帝内经明堂（1 卷），附录（1 卷），（隋）杨上善注，（晋）王叔和集，（宋）林亿诠次 ⑮新编金匮要略方论（3 卷），（东汉）张仲景述 ⑯华氏中藏经（3 卷），（汉）华佗撰，（清）孙星衍校 ⑰宋徽宗圣济经（10 卷），（宋）赵佶撰，吴福注 ⑱窦太师流注指要赋（1 卷），（金）窦杰撰 ⑲伤寒发微论（2 卷），（宋）许叔微撰 ⑳注解伤寒百证歌（5 卷），（宋）许叔微撰 ㉑伤寒总病论（6 卷），附札记（1 卷），（宋）庞安时撰 ㉒阴证略例（1 卷），（元）王好古撰 ㉓伤寒微旨论（2 卷），（宋）韩祗和撰 ㉔伤寒九十论（1 卷），校伪（1 卷），续校（1 卷），（宋）许叔微撰 ㉕伤寒明理论（4 卷），（金）成无己撰 ㉖伤寒标本心法类萃（2 卷），（金）刘完素撰 ㉗伤寒直格论（3 卷），（金）刘完素撰，（元）葛雍编 ㉘伤寒医鉴（1 卷），（元）马宗素撰 ㉙伤寒心要（1 卷），（金）镏洪撰 ㉚伤寒药截江网（1 卷），（明）陶华撰 ㉛伤寒明理续论（1 卷），（明）陶华撰 ㉜伤寒一提金（1 卷），（明）陶华撰	商务印书馆辑	1935—1937 年上海商务印书馆铅印本	01、02

续表

序号	书名和成书年	作者和著作形式	版本	收藏馆
	㉝伤寒琐言（1卷），（明）陶华撰			
	㉞伤寒家秘的本（1卷），（明）陶华撰			
	㉟伤寒杀车槌法（1卷），（明）陶华撰			
	㊱脾胃论（3卷），（金）李杲撰			
	㊲内功图说（1卷），（清）潘霨撰			
	㊳伤寒论翼（2卷），（清）柯琴撰			
	㊴逍遥子导引诀（1卷），（元）逍遥子撰			
	㊵赤凤髓（3卷），（明）周履靖辑			
	㊶胎息经（1卷），（唐）幻真先生注			
	㊷胎息经疏略（1卷），（明）王文禄撰			
	㊸颅囟经（1卷），（宋）佚名			
	㊹产育宝庆集（2卷），（宋）郭稽中编			
	㊺卫生家宝产科备要（8卷），（宋）朱端章撰			
	㊻女科（2卷），（清）傅山撰			
	㊼产后编（2卷），（清）傅山撰			
	㊽小儿药证直诀（3卷），（宋）钱乙撰			
	㊾脉诀刊误（2卷），（元）戴起宗撰			
	㊿脉望（8卷），（明）赵台鼎撰			
	51千金宝要（2卷），（唐）孙思邈撰，（宋）郭思辑			
	52秘制大黄清宁丸方（1卷），（清）孙星衍辑			
	53素女方（1卷）			
	54局方发挥（1卷），（元）朱震亨撰			
	55苏沈良方（8卷），拾遗（2卷），（宋）苏轼、沈括撰			
	56旅舍备要方（1卷），（宋）董汲撰			
	57增广太平惠民和剂局方（10卷），用药总论（3卷），（宋）陈师文等编			
	58全生指迷方（4卷），（宋）王贶撰			
	59洪氏集验方（5卷），（宋）洪遵撰			
	60史载之方（2卷），（宋）史堪撰			
	61兰室秘藏（3卷），（金）李杲撰			
	62证治要诀及类方（4卷），（明）戴思恭撰			
	63杂类名方（1卷），（元）杜思敬撰			
	64类证活人书（22卷），附释音（1卷）、辨误（1卷）、伤寒药性（1卷），（宋）朱肱撰			
	65医经正本书（1卷），札记（1卷），（宋）程迥撰			
	66学医随笔（1卷），（宋）魏了翁撰			
	67内外伤辨惑论（3卷），（金）李杲撰			
	68丹溪先生心法（5卷），附录（1卷），（元）朱震亨撰			
	69格致余论（1卷），（元）朱震亨撰			
	70四时宜忌（1卷），（明）瞿佑撰			
	71云岐子保命集论类要（2卷），（元）张璧撰			

续表

序号	书名和成书年	作者和著作形式	版本	收藏馆
	⑭治蛊新方（1卷），（清）路顺德撰，繆福照重订 ⑮海藏癥论萃英（1卷），（元）王好古撰 ⑯田氏保婴集（1卷） ⑰种痘心法（1卷），（清）朱奕梁撰 ⑱种痘指掌（1卷），佚名 ⑲刘涓子鬼遗方（5卷），（南齐）龚庆宣撰 ⑳外科精义（2卷），（元）齐德之撰 ㉑一草亭目科全书（1卷），（明）邓苑撰 ㉒尤氏喉科秘本（1卷），附方（1卷），（清）尤乘辑 ㉓咽喉脉证通论（1卷） ㉔怪病单（1卷），（元）朱震亨撰 ㉕医经溯洄集（1卷），（元）王履撰 ㉖慎疾刍言（1卷），（清）徐大椿撰 ㉗病榻遗言（1卷），（明）高拱撰 ㉘延寿第一绅言（1卷），（宋）愚谷老人编 ㉙摄生消息论（1卷），（元）丘处机撰 ㉚食色绅言（2卷），（明）龙遵叙著 ㉛调燮类编（4卷） ㉜抱朴子内篇（20卷），外篇（50卷），（晋）葛洪撰 ㉝天隐子（1卷），（唐）司马承祯撰 ㉞医先（1卷），（明）王文禄撰			
0029	四部备要，1936年 子目： ①黄帝内经素问（24卷），灵枢（12卷），附遗篇（1卷），（唐）王冰注，（宋）林亿等校正，孙兆重改误 ②难经集注（5卷），（明）王九思撰 ③本草经（3卷），（魏）吴普等述，（清）孙星衍、孙冯翼辑 ④注解伤寒论（10卷），（东汉）张仲景撰，（晋）王叔和编，（金）成无己注 ⑤金匮玉函要略方论（3卷），（东汉）张仲景撰，（晋）王叔和编，（宋）林亿等诠次	中华书局辑	1936年上海中华书局铅印本	01（残）、02
0030	四部备要·子部·素问王冰注、灵枢经、难经集注，1936年	佚名	上海中华书局据明顾氏影宋本校刊，1册	05
0031	影印元明善本丛书十种（存一种），1938年 子目： 济生拔粹，（元）杜思敬辑	商务印书馆辑	1938年上海商务印书馆据元刻本影印本	01、02（残）

续表

序号	书名和成书年	作者和著作形式	版本	收藏馆
0032	道藏举要，1940年 子目： ①四气摄生图（1卷） ②图经集注衍义本草（5卷），（宋）寇宗奭撰 ③图经衍义本草（42卷），（宋）寇宗奭撰 ④养性延命录（2卷），（梁）陶弘景集 ⑤混俗颐生录（2卷），（宋）刘词编 ⑥黄帝内经素问（50卷），（唐）王冰注 ⑦黄帝内经灵枢略（1卷） ⑧黄帝素问灵枢集注（23卷） ⑨黄帝内经素问遗篇（5卷），（宋）刘温舒原本 ⑩素问入式运气论奥（3卷），（宋）刘温舒撰 ⑪素问六气玄珠密语（17卷），（唐）王冰撰 ⑫黄帝八十一难经纂图句解（7卷），注义图序论（1卷），（宋）李駉撰 ⑬孙真人备急千金要方（93卷），目录（2卷），（唐）孙思邈撰，（宋）林亿等校正 ⑭急救仙方（11卷），（宋）佚名 ⑮仙传外科秘方（11卷），（明）赵宜真撰 ⑯肘后备急方（8卷），（晋）葛洪撰 ⑰黄帝授三子玄女经（1卷）	商务印书馆辑	民国上海商务印书馆据明刻本影印本	02（残）

（五）教材

序号	书名和成书年	作者和著作形式	版本	收藏馆
0001	广东中医学校外科学讲义，1924年	佚名	广东中医药专门学校印刷部印，1册	06
0002	广东中医药专门学校方剂学讲义，1927年	（民国）卢朋著编	广东中医药专门学校印刷部印，2册	06
0003	广东中医药学校方剂学，1927年	佚名	广东中医药专门学校印刷部印，1册	06
0004	广东中医药学校花柳病学讲义，1927年	（民国）管霈民编	广东中医药专门学校印刷部印，2册	06
0005	中医学院金匮讲义及伤寒论讲义，1933年	（民国）季裴手录	版本不详，1部4册	04
0006	广东中医药专门学校救护科讲义，1936年	（民国）管炎威编	广东中医药专门学校印刷部印，2册	06
0007	广东中医药专门学校西药概要讲义，1936年	贺氏疗学为底本，原书太繁择要节录	广东中医药专门学校印刷部印，2册	06

续表

序号	书名和成书年	作者和著作形式	版本	收藏馆
0008	广东中医药专门学校诊断学讲义，1936 年	（民国）梁翰芬编辑	广东中医药专门学校印刷部印，4 册	06
0009	广东中医校针灸学讲义（第 6～8 章），1936 年	佚名	广东中医药专门学校印刷部印，1 册	06
0010	广东中医药学校眼科学，1936 年	（民国）梁翰芬编辑	广东中医药专门学校印刷部印，1 册	06
0011	广东中医药专门学校喉科学讲义，1936 年	（民国）古昭典编	广东中医药专门学校印刷部印，1 册	06
0012	广东中医药专门学校医学源流讲义，1936 年	（民国）卢朋著	广东中医药专门学校印刷部印，1 册	06
0013	广东中医药学社医学史讲义目录，1936 年	（民国）卢朋著编	广东中医药学社印刷部印，1 册 4 章	06
0014	广东中医药专门学校内科杂病学讲义，1936 年	（民国）陈汝来辑	广东中医药专门学校印刷部印，4 册（16 章，存第 1～9 章、14 章、15 章）	06
0015	广东中医药学校伤科讲义，1937 年	（民国）管炎威编	广东中医药专门学校印刷部印，9 册（存第 3 册）	06
0016	广东中医药专门学校教科参考书，1949 年	（民国）李桢华编	铅印本	02

十三、其他类

序号	书名和成书年	作者和著作形式	版本	收藏馆
0001	洗冤录集证，1247 年	（宋）宋慈撰	清道光二十四年（1844 年）省城翰墨园重刻本，6 册	04
0002	元亨疗马集（7 卷），1608 年	（明）喻仁、喻杰编	1923 年马启新书局石印本，1 函 5 册	05
0003	绘图元亨疗马集（又名改良绘图元亨疗马集）（6 卷），附牛经上下卷、驼经，1608 年	（明）喻本编定	上海锦章图书局印行，12 册	06
0004	洗冤录集证全纂（6 卷），1796 年	（宋）宋慈撰	本衙藏版，4 册	04
0005	洗冤录集证全纂，1796 年	（清）李虚舟补编	版本不详，4 册	04

续表

序号	书名和成书年	作者和著作形式	版本	收藏馆
0006	洗冤录辨正（1卷），附二种（2卷），1827年 附录子目： ①附刊检验合参（1卷），（清）郎锦骐撰 ②附刊洗冤录解（1卷），（清）姚德豫撰	（清）瞿中溶撰	清刻本，1册	02
0007	洗冤录补注全纂（4卷），附一种（2卷），1831年 附录子目： 洗冤录集证（2卷），（清）郎锦骐纂辑，钟殿选等校订	（清）王又槐辑，李观澜补辑，阮其新补注	清刻朱墨套印本，6册	03
0008	重刊补注洗冤录集证（4卷），附刊检骨图格（1卷）、附刊宝鉴编（1卷）、附刊急救方（1卷）、附刊石香秘录（1卷），1835年	（宋）宋慈撰，（清）王又槐辑	清道光刻朱墨套印本，4册	01
0009	重刊补注洗冤录集证（5卷），附刊（1卷），1835年	（清）李观澜补辑	①清道光十五年（1835年）浙江三义堂刻本	03
			②清道光二十四年（1844年）翰墨园重刻本	03
			③清光绪三年（1877年）浙江书局刻本	03
0010	重刊补注洗冤录集证（6卷，存5卷），1835年	（清）王又槐增辑，李观澜补辑，孙光烈参阅，阮其新补注	清道光二十四年（1844年）刻四色套印本，2册	01
0011	重刊补注洗冤录集证（6卷，1835年	（清）王又槐增辑，李观澜补辑，瞿中溶原撰，李章煜重订，文晟校	①清道光二十四年（1844年）广州翰墨园刻四色套印本，2册	03
			②清光绪三年（1877年）浙江书局刻四色套印本，5册	03
0012	重刊补注洗冤录集证（6卷），1835年	（清）王又槐增辑，李观澜补辑，瞿中溶原撰，李章煜重订，史朴、文晟、陆孙鼎校	清光绪三年（1877年）浙江书局刻四色套印本，2册	03
0013	续增洗冤录辨证参考，1841年	（宋）宋慈撰	清道光二十一年（1841年）刻本，5册	04

续表

序号	书名和成书年	作者和著作形式	版本	收藏馆
0014	续增洗冤录辨证参考（6卷），1841年	（宋）宋慈撰	清道光二十七年（1847年）朱墨蓝黄四色套印本，5册	04
0015	补注洗冤录集证（4卷，存卷一），作吏要言（1卷），1843年	（宋）宋慈撰	清道光二十三年（1843年）江都钟淮刻三色套印本，1册	02
0016	补注洗冤录集证（4卷），检骨图格（1卷），附一种（1卷），1843年 附录子目： 作吏要言（1卷），（清）叶镇著，朱春增	（清）王又槐辑	清道光二十三年（1843年）江都钟淮刻三色套印本，4册	01
0017	补注洗冤录集证（6卷），1843年	佚名	清道光二十四年（1844年）重校刊翰墨园藏版，11册	04
0018	洗冤录详义（5卷），1854年	（清）许梿编校	清光绪三年（1877年）湖北潘署刊本，6册	04
0019	洗冤录详义（4卷），1854年	（宋）宋慈著	清咸丰刊本古均阁许氏藏版，4册	04
0020	洗冤录详义，1854年	（清）许梿编校	①清咸丰六年（1856年）古均阁许氏刻本	04
			②清光绪三年（1877年）湖北藩署重刻本	04
0021	洗冤录详义（4卷），附二种，1854年 附录目录： ①洗冤录撮遗上下卷 ②洗冤录撮遗补	（宋）宋慈叙，（清）许梿编校，潘介繁校	清光绪纪元湖北崇文书局开雕，4册	06
0022	洗冤录详义、洗冤录撮遗（6卷），1854年	（清）许梿编校	清光绪三年（1877年）湖北藩署重刊本，2函10册	05
0023	洗冤录详义（4卷），首（1卷），附二种（4卷），1854年 附录子目： ①洗冤录撮遗（2卷），（清）葛元熙撰 ②洗冤录撮遗补（2卷），（清）张开运编	（清）许梿编校	清光绪十六年（1890年）湖北官书处刻本，4册	01

续表

序号	书名和成书年	作者和著作形式	版本	收藏馆
0024	洗冤录详义（4 卷），首（1 卷），附三种（5 卷），1854 年 附录子目： ①洗冤录撮遗（2 卷），（清）葛元熙撰 ②洗冤录撮遗补（2 卷），（清）张开运编 ③经验方十二则（1 卷），（清）张开运编	（清）许梿编校	清光绪元年（1875 年）湖北崇文书局刻本，6 册	02
0025	西医略论（3 卷），1857 年	（英国）合信氏著，（清）管茂材撰	清咸丰七年（1857 年）江苏上海仁济医馆刻本，3 册	01、02
0026	西医五种（5 卷），1858 年	（英国）合信氏著	版本不详，8 册	04
0027	西医五种（不分卷），1858 年 子目： ①全体新论 ②妇婴新说 ③西医略论 ④博物新编 ⑤内科新说	（英国）合信氏著	民国石印本，1 函 5 册	05
0028	西药略释（2 卷），1875 年	（美国）嘉约翰口译，（清）林湘东笔述	清光绪二年（1876 年）羊城博济医局刻本，2 册	02
0029	西药略释（4 卷），总论（1 卷），1875 年	（清）孔继良译，（英国）嘉约翰著	清光绪十二年（1886 年）羊城博济医局刻本，4 册	01
0030	西药略释（4 卷），1875 年	（清）孔继良译	1914 年重印羊城博济医局藏版，4 册	04
0031	洗冤录撮遗（2 卷），附一种（1 卷），1876 年 附录子目： 洗冤录撮遗补（1 卷），（清）张开运编	（清）葛元熙撰	清刻本，1 册	02
0032	西药大成（10 卷），首（1 卷），1887 年	（英国）来拉、海得兰撰，傅兰雅口译，（清）赵元益笔述	清光绪十三年（1887 年）江南制造局刻本，16 册	02
0033	家畜病医治法（1 卷），1911 年	佚名	清宣统铅印本，1 册	02
0034	医药姻缘录，1915 年	（民国）潘陆仙著，潘健雄、潘健闲、陈敏功、黄络乌、马子材、邱世钰校字	1915 年，1 册	06
0035	明季西洋传人之医学，1942 年	（民国）范行准撰	1942 年中华医史学会铅印本，4 册	03、04

广西中医药民族医药是广西各族人民千百年防病治病经验的总结，在不同历史时期，对这些医疗卫生经验的总结和保存方式也丰富多样，其中石刻和口头传承是早期的保存途径，文字形成后医药抄本则成为主要途径。这些保存方法和载体对民间医药的鲜活经验完成了持续记录，成为广西各族医药经验的源头活水。本编以持续多年的民间医药资源调研为依据，对各类载体的民间医药文献加以收集整理，共采集到 89 种民间医药文献，包括 46 种民间抄本及藏书、6 种石刻文献、37 种口传文献。

【第二编】

广西民间医药抄本提要

凡　例

1　收录范围

1.1　本编收录文献原则上为 1911 年以前形成的文献。纸质文献以成书时间为依据，石刻文献以该领域权威考证结论为依据，口传文献以收录的权威工具书为依据。

1.2　民间纸质文献如为抄本，抄录时间应早于 1911 年；如抄录时间晚于 1911 年，所依据底本的成书时间应早于 1911 年。对于印制的纸质文献，印制时间应早于 1949 年。

1.3　口传文献的收录不以记录时间和记录文字为依据，而以专业工具书的考证结论为依据。

2　内容结构

正文内容采用叙录体，依次包括序号、文献名、基本情况、主要内容、版本、收藏情况，共 6 种基本信息。石刻文献与口传文献的著录顺序或有不同。每种文献对不同信息的收集或有缺失，则不著录。

3　编撰体例

依据文献载体作一级分类，依次为民间抄本及藏书、石刻文献、口传文献。每类文献依据形成时间排序，如形成时间无法确定，则以记录或发现时间排序。

4　著录原则

4.1　序号：采用单独编号方式。在本编中每种文献只有 1 个编号。同一种文献的重订、校注、辑录版本，视为不同文献，列为独立序号。

4.2　文献名：对本书的正式名称进行记录，如有别称，可以在"（　）"中加以说明。

4.3　基本情况：从分卷情况、保存册数、实际页数、作者、所属领域、所用文字等方面，对该文献的基本情况依次说明；如有缺失则不著录。

4.4　文献内容：对文献的基本结构、主要内容进行概述，力求对其学术价值进行简单评述。

4.5　版本：对文献的版本性质、版本时间、保存形态、基本规格、精选概述，如缺失则不著录；如为抄本，应尽可能记录抄写时间；如抄写时间持续多年，应记录抄写完成时间。

4.6　收藏情况：对保存场所、收藏人等信息加以说明，如缺失则不著录；如收藏者为个人，力求注明收藏者的主要地理信息。

一、民间抄本及藏书

1. 祖传秘方

不分卷，1 册，40 页；佚名撰；壮族医药书。该书记录了壮族民间常见病，如伤寒、呕吐、腹痛、中风、毒疮、小儿惊风等的治疗方法和数百条药方，反映了壮族民间医药的发展演变过程，对研究壮族医药史有参考价值。清抄本；绵纸，毛装，楷体，墨书；成品 20.5cm×15.5cm，8 ～ 9 行字，每行 3 ～ 26 字；内文为古壮字和汉文合璧，有人体穴位图和符箓。保存完好，今藏广西壮族自治区少数民族古籍保护研究中心（简称"广西少数民族古籍保护研究中心"）。

2. 医摹单方

不分卷，1 册，73 页；佚名撰；壮族医药书。"医摹"为壮语，意为新的药方。该书含《扁鹊华佗察声色秘诀》《药性赋》《药本五味歌》《十八反歌》《炮制火歌》《诸病主药》《杂病主药》等 10 个篇章，记录了民间常见病的药方和治疗方法，涉及内科、外科、妇科、儿科、骨科、疑难杂症等，列举药方超过千条，对壮族地区常见的毒疮、痢疾、蛇咬伤、小儿惊风等治疗方法记录尤详，反映了壮族民间医药的发展演变过程，对研究壮族医药史有参考价值。1942 年韦云辉抄本；绵纸，毛装，楷体，墨书；成品 25cm×21cm，17 ～ 19 行，每行 5 ～ 36 字；内文有三十六惊风引烧图。保存完好，今藏广西少数民族古籍保护研究中心。

3. 鸡骨占像

不分卷，1 册，68 页；佚名撰；壮族鸡卜经。卦名为古壮字，卦辞为汉字，偶夹古壮字。该书记录了壮族历代布麼占鸡卜所遇到的各种卦象，共 186 卦，卦名描述"娄"（壮语，我方，指事主）和"晚"（壮语，他方，指所占卜之事）两方卦签的方向、数量或形状；卦辞涉及葬坟、婚姻、看病、建房、迁徙、出行、节庆、耕种、求财、求官、求学、求子、求寿、打贼、狩猎、请神、驱鬼等方面；所记鸡卜卦类齐全，在封面标明"鸡衫""鸡就""鸡岜""鸡消""鸡陋""鸡桥""鸡林"等；封底有古壮字记录鸡卜卦类吉凶的五言韵文，有助于理解鸡卜卦名的含义；该书对研究壮族历史、古俗、信仰、民间医药、古代社会等有参考价值。1984 年田阳县罗汉知抄本；绵纸，毛装，楷体，墨书；成品 21cm×15cm，10 ～ 13 行，每行 1 ～ 22 字；每页有卦象图。保存完好，今藏广西少数民族古籍保护研究中心。

4. 田林福达本

不分卷，1 册，102 页；佚名撰；壮族鸡卜经。该书记录了壮族历代麽公占鸡卜所遇到的各种卦象 302 卦，卦名描述"娄"和"晚"两方卦签的方向、数量或形状；在每卦卦辞中详细记录各种占卜事项的吉凶情况，有葬坟、婚姻、看病、建房、迁徙、出行、节庆、耕种、求财、求官、求学、求子、求寿、打贼、狩猎、请神、驱鬼等内容；每个卦象旁还注明所犯的神名，其中多数与壮族麽经记载的神名相同，如雷王、汉王、祖王等，表明鸡卜与麽的关系密切；对研究壮族历史、古俗、信仰、民间医药、古代社会等有参考价值。1960 年田林县盘财元抄本；绵纸，毛装，楷体，墨书；成品 28cm×30cm，12 行，每行 2 ～ 20 字；每页有卦象图。保存完好，今藏广西少数民族古籍保护研究中心。

5. 鸡骨通用卷

不分卷，1 册，32 页；佚名撰；壮族鸡卜经。该书记录了壮族历代麽公占鸡卜所遇到的各种卦象 127 卦，卦名描述"娄"和"晚"两方卦签的方向、数量或形状；在每卦卦辞中详细记录各种占卜事项的吉凶情况，有葬坟、婚姻、看病、建房、迁徙、出行、节庆、耕种、求财、求官、求学、求子、求寿、打贼、狩猎、请神、驱鬼等内容；对研究壮族历史、古俗、信仰、民间医药、古代社会等有参考价值。1984 年黄道真抄本；绵纸，毛装，楷体，墨书；成品 28cm×30cm，16 行，每行 3 ～ 34 字；每页有卦象图。保存完好，今藏广西少数民族古籍保护研究中心。

6. 立部样骨鸡早晚通用

不分卷，1 册，46 页；佚名撰；壮族鸡卜经。该书记录了壮族历代麽公占鸡卜所遇到的各种卦象 127 卦，卦名描述"娄"和"晚"两方卦签的方向、数量或形状；在每卦卦辞中详细记录各种占卜事项的吉凶情况，有葬坟、婚姻、看病、建房、迁徙、出行、节庆、耕种、求财、求官、求学、求子、求寿、打贼、狩猎、请神、驱鬼等内容；对研究壮族历史、古俗、信仰、民间医药、古代社会等有参考价值。旧抄本；绵纸，毛装，楷体，墨书；成品 17cm×14.3cm，13 行，每行 1～15 字；每页有卦象图。保存完好，今藏广西少数民族古籍保护研究中心。

7. 板龙板聆

不分卷，1 册，123 页；佚名撰；壮族鸡卜经。该书是壮族麽公为村寨进行战事、农事生产占卜及为主家举行建房、治病、祛灾祈福仪式之前或之后占卜时所用；计鸡卜卦象 246 卦，每卦含卦象、卦名、卦辞；卦象为手绘的图画，表示鸡骨卜的形状；卦名是对卦象的描述；卦辞是占卜的结果，记载婚姻、出行、建房、治病、求财、求官、打猎、打贼、保平安等内容；对研究壮族历史、古俗、信仰、民间医药、古代社会等有参考价值。清代抄本；绵纸，毛装，楷体，墨书；成品 24cm×12.5cm，6 行，每行 14 字；每页有卦象图。保存完好，今藏广西少数民族古籍保护研究中心。

8. 小儿花根歌诀

不分卷，1 册，6 页；佚名撰；壮族道公经书。壮族民间习俗认为，小儿遇到生病或发育不顺，是因"花根不稳，需要培土除虫"，才能保小儿健康成长；该书记录了恭请花林圣母、婆王等诸神，献上三牲、钱粮、花饭等供品，破除各种关煞，给小儿缝背带，还小儿健康的内容；对研究壮族道医结合习俗有参考价值。1981 年重抄本；绵纸，毛装，楷体，墨书；成品 26.7cm×15.3cm，7 行，每行 21 字；古壮字、汉字合璧。保存完好；今藏广西少数民族古籍保护研究中心。

9. 清醮疹疫科

不分卷，1 册，31 页；佚名撰；壮族道公经书。该书将人身体不同部位的病痛与民间信仰的具体信仰对象一一对应，强调"对症请神"的原则；书中细致描述了以道公仪式进行心理疾病的治疗过程，从壮族民间信仰的角度阐释医理；对研究壮族医理具有参考价值。清光绪三十三年（1907 年）陆玄道抄本；棉纸，毛装，楷体，墨书；成品 25cm×13cm，6 行，每行 7～17 字；有符箓。部分书页被虫蛀，原件今藏广西少数民族古籍保护研究中心。

10. 全解四九六害秘诀

不分卷，1 册，37 页；佚名撰；壮族道公经书。该书记录了有白虎六害、猿猴六害、青蛇六害、走胎六害等三十六类六害法，每条六害法则都详细记载了相关禁忌和破解方法，部分法则还附有事例说明；其中多与妇科相关，如保胎、备孕、走胎等，并从壮族民间信仰的角度提出相应治疗对策；对研究壮族历史、古俗、民间医药等有参考价值。清光绪二十九年（1903 年）张承录抄本；棉纸，毛装，楷体，墨书；成品 25cm×13cm，8 行，每行 5 ～ 19 字；内文为古壮字和汉文合璧。多页破损，原件今藏广西少数民族古籍保护研究中心。

11. 殄伤杂疏

不分卷，1 册，35 页；佚名撰；壮族道公经书。该书记录了 41 条殄伤疏符（文），其中有妇科、毒药等与医学相关的疏文，从壮族民间信仰的角度阐释壮族医药；对研究壮族医药史有参考价值。张承录抄本；棉纸，毛装，楷体，墨书；成品 26cm×13cm，8 行，每行 2 ～ 20 字；内文为古壮字和汉文合璧。部分书页被虫蛀，原件今藏广西少数民族古籍保护研究中心。

12. 遣殄科

不分卷，1 册，24 页；佚名撰；壮族道公经书。该书记录了在民间丧葬仪式过程中所举行的驱邪除秽法事，并借此达到为家人抚慰亡灵、护身消灾、祈愿求福的目的，从壮族民间信仰的角度阐释医理。清光绪甲午年（1894 年）王宝印抄本；棉纸，毛装，楷体，墨书；成品 26cm×12cm，6 行，每行 2 ～ 16 字。保存完好，原件今藏广西少数民族古籍保护研究中心。

13. 占病书

不分卷，1 册，14 页；佚名撰；壮族麽公经书。该书主要分为两部分，一是记载人身体与阴阳干支三合历相结合的占病法则或卦象，并在每条法则或卦象中详细阐述禁忌与吉凶；二是记录符文，符文用途与生活密切相关，其中与民间医药相关的符文共有 34 个，既有"头痛符""治黄痢符""治红痢符""腰骨疼"等针对性治疗符文，又有"退病符""治病重符""解病符""治诸病符"等通用型治疗符文；该书从壮族民间信仰的角度阐释壮族医药，反映了壮族民间医药的发展和演变过程，对研究壮族医药史有参考价值。旧抄本；棉纸，毛装，楷体，墨书；成品 15cm×22cm，13 行，每行 5～15 字；有各类治病符。多页破损，原件今藏广西少数民族古籍保护研究中心。

14. 求花

不分卷，1 册，28 页；佚名撰；壮族麽公经书。该书记录了壮族麽公举行的"求花"仪式；壮族有着"花人合一"的生命哲学观，相信新生命的诞生取决于花的生殖力量，而能否得到花则完全取决于"花婆"（或"花王"）的意愿，故随之出现一系列的求花（子）仪式；求花仪式还具体分为"架桥求花""围花""护花""解节""开花"等几种不同功效的仪式环节；反映了壮族民间信仰对人类生育繁衍与生命发展的解读，对研究壮族历史、古俗、信仰、民间医药、古代社会等有参考价值。旧抄本；棉纸，毛装，楷体，墨书；成品 22cm×18cm，7 行，每行 7～16 字；有符箓。多页破损，原件今藏广西少数民族古籍保护研究中心。

15. 鸡卦

不分卷，1 册，36 页；佚名撰；壮族鸡卜经。该书记录了壮族历代麽公占鸡卜所遇到的各种卦象 216 卦，卦名描述"娄"和"晚"两方卦签的方向、数量或形状；在每卦卦辞中详细记录各种占卜事项的吉凶情况，有葬坟、婚姻、看病、建房、迁徙、出行、节庆、耕种、求财、求官、求学、求子、求寿、打贼、狩猎、请神、驱鬼等内容；对研究壮族历史、古俗、信仰、民间医药、古代社会等有参考价值。旧抄本；棉纸，毛装，楷体，墨书；成品 25cm×24cm，18 行，每行 11～17 字；每页有卦象图。多页破损，原件今藏广西少数民族古籍保护研究中心。

16. 增广验方新编正集

存卷八、卷九，1 册，30 页；佚名撰；民间医药书。该书卷八记录了人的臀部、腿部、足部等 59 种病例、99 条处方；卷九记录了妇女调经、备孕、分娩及其他妇科杂症等妇科相关 207 种病例、300 多条处方；对研究民间医药有参考价值。旧印本；新闻纸，毛装，楷体，墨书；成品 20cm×14cm，20 行，每行 4～41 字。多页破损，原件今藏广西少数民族古籍保护研究中心。

17. 祖传良方治各种惊风火烧图

　　不分卷，1册，17页；佚名撰；民间医药书。该书主要内容为病例的症状和治疗方法，有病理、对症处方、看诊指导，以及常见中药说明；共记录十余则关于出痘、腹痛、发热等病症，有夜啼惊风、肚胀气风、乌鸦风、鸡爪风等 40 种惊风病症，其中有 33 种惊风病症旁画各相配穴位简图、火灸位置等；此外，书中还记载有 59 条处方、3 份看诊指导，以及 1 份常用中药使用说明；对研究民间医药有参考价值。唐毓贤新抄本；棉纸，毛装，楷体，墨书；成品 28cm×25cm，17 行，每行 4～15 字；有人体穴位图和掌图。保存完好，原件今藏广西少数民族古籍保护研究中心。

18. 看探病时书一本

　　不分卷，1册，36页；佚名撰；瑶族师公经书。该书以阴阳干支三合历为基础，记载了在不同时辰出现病痛所对应的规律与法则，每条法则还详细说明所犯的神名、禁忌与吉凶；部分法则会注明缓解病痛之道，如"六七月厨灶、宅房伏龙在中宫上，口眼脚肚痛是家先有犯，一吹便好"，并在法则旁辅以人体穴位图；从侧面反映出瑶族民间医理，对研究瑶族古俗、信仰、民间医药、古代社会等具有参考价值。赵才金旧抄本；棉纸，毛装，楷体，墨书；成品 16cm×14cm，7 行，每行 6～15 字；有人体穴位图与手掌图。保存完好，原件今藏广西少数民族古籍保护研究中心。

19. 送瘟神十方应用书

　　不分卷，1册，28页；佚名撰；瑶族师公经书。该书从内容上可大致分为两个部分，一是描述"送瘟神"仪式的细节内容，如"买桐油过板底""把石灰批两边"，以及相关的"请神"过程等；二是罗列针对不同用途的"送瘟神"法则，如"变屋""度莲塘""退毒""变花子"等；对研究瑶族古俗、信仰、民间医药、古代社会等有参考价值。清光绪二十六年（1900 年）龙荣显抄本；棉纸，毛装，楷体，墨书；成品 19cm×13cm，6 行，每行 5～15 字；有符箓。保存完好，原件今藏广西少数民族古籍保护研究中心。

20. 医方摘要・内外科备要全集

不分卷，1册，74页；清末民初（1854—1921年）谭云锦撰；毛南族医药书。该书记录了240多种病例，近800种处方；以病例列条，病例多有脉象和症状，如痢疾、脉弦数滑实顺；每个病例处方有一至数个，分汤剂和丸剂，均有方剂名称，如治痢疾的"香连化湿汤"、治水肿的"金不换木香丸"，可见医术成熟；对研究毛南族医药史有参考价值。1923年谭乾体重抄本；绵纸，毛装，楷体，墨书；成品22cm×12cm，14～16行，每行2～30字。部分书页被虫蛀，原件今藏广西河池市环江毛南族自治县下南乡波川村塘龙屯谭乾体处，广西少数民族古籍保护研究中心存有复印件。

21. 验病观方药

不分卷，1册，88页；清末民初覃玉显撰；毛南族医药书。该书主要内容为病例的症状和治疗方法，有病理，也有对症处方，记录了150多种病例，200多条处方；对研究毛南族医药史有参考价值。新抄本；绵纸，毛装，楷体，墨书；成品19cm×14cm，8行，每行2～18字。多页破损，原件今藏广西河池市环江毛南族自治县下南卫生院谭恩广处，广西少数民族古籍保护研究中心存有复印件。

22. 潘耀明药方

不分卷，1册，82页；清末民初潘耀明撰；毛南族医药书。该书分三个部分：一是治疗家畜疾病的处方，二是各种植物、动物、矿物的药用功效250多条，三是各种病例的处方，以记录药物功效为主；对研究毛南族医药史有参考价值。新抄本；绵纸，毛装，楷体，墨书；成品23cm×18cm，13行，每行2～16字；内文有1957年种药记录，估计是1957年以后的抄本。部分页面已破损，原件今藏广西河池市环江毛南族自治县下南乡卫生院谭恩广处，广西少数民族古籍保护研究中心存有复印件。

23. 百纳掌

不分卷，1册，38页；佚名撰；壮族道公经书。该书记录了壮族道公治疗疾病、缓解疲劳、妇女接生、解太岁、救苦等相关仪式的符咒，对收集壮族民间偏方，研究壮族民间信仰有参考价值。新抄本；绵纸，毛装，楷体，墨书；成品25.5cm×17cm，每页 8 行，每行 5 ～ 22 字；有相关符咒符。多页破损，原件今藏广西少数民族古籍保护研究中心。

24. 正一本张天师探病

不分卷，1 册，20 页；佚名撰；壮族麼公经书。该书主要将患者生病的时间与症状、福祸、鬼神联系起来，进而推断康复时间及病情的进一步发展状况，反映了壮族民间对于常见疾病的认识发展过程，对研究壮族民间信仰、壮医发展历史有参考价值。1930 年韦葱珩抄本；绵纸，毛装，楷体，墨书；成品 27cm×12.4cm，5 ～ 6 行，每行 6 ～ 21 字。部分书页破损，原件今藏广西少数民族古籍保护研究中心。

25. 回人弄倒法

不分卷，1 册，12 页；佚名撰；壮族道公经书。该书中记录了壮族道公做法的口诀及相关的仪式符文，在书末清晰地记录了肚子疼痛、重病和止痛 3 个治病符；对研究壮族道教、传统医学的发展历史有参考价值。清朝光绪年间抄本；绵纸，毛装，楷体，墨书；成品 21.9cm×14cm，5 ～ 8 行，每行 5 ～ 18 字；有治病符。中度破损，原件今藏广西少数民族古籍保护研究中心。

26. 卜卦一本书

不分卷，1 册，15 页；佚名撰；壮族鸡卜经。该书中记录了历代壮族麼公所遇到的各种卦象总计 12 卦，卦名描述"娄"和"晚"两方卦签的方向、数量或形状；在每卦卦辞中都详细记录了各种占卜事项的凶吉情况；有风水、婚事、财运、官运、疾病、婚姻、寻物、防贼等内容，在书末配有禁鬼符；对研究壮族地区发展史、医学史有参考价值。1930 年王巨正抄本；绵纸，毛装，楷体，墨书；成品 26.4cm×24cm，5 ～ 16 行，每行 5 ～ 21 字。轻度破损，原件今藏广西少数民族古籍保护研究中心，存有复印件。

27. 医术星象书

不分卷，1 册，53 页；佚名撰；仫佬族民间医术星象书。该书内容分医术和星象、凶星注解两个部分；医术为专治小儿各种病症的方法，主要为火灸疗法，即在既定穴位或痛点用灯草烧熨，利用火的热力和药物作用刺激经络穴脉，达到通调气血、平息病痛的目的；每类病症有病名、图、症状及治法，共有慢惊疯、夜啼疯、脐惊疯、挽弓惊疯、月家惊疯、鸟缩惊疯、内吊惊疯、迷魂惊疯、双眼惊疯等共 49 种疾病，旁画各相配穴位简图，注症状及火灸位置、焦数等；医术后列有上述各种病症"宝诀"，主要记载各种病症小儿的症状，如"迷沉疯——小儿眼闭不开""过头疯——小儿口开眼沉头顶脐冷"等；该书后半部分为星象和凶星注解，记载各种星象吉凶情况及遇凶星后果；对研究仫佬族民间医术和相术有参考价值。新抄本；洋纸，毛装，行体，墨书；成品 21cm×16cm，15 行，每行 4～22 字；有人体针灸穴位图。保存完好，原件藏广西河池市罗城仫佬族自治县水利局吴代群处，广西少数民族古籍保护研究中心存复印件。

28. 天罡时书全本

不分卷，1 册，14 页；佚名撰；壮族道公经书。该书记录了壮族地区如何根据北斗七星斗柄的位置进行占卜的方法，其中包括寻物、看病等内容，并配有八仙时掌、泰山掌、六寅时掌、仙人时掌四幅掌心图，一幅藏鬼画符和一幅男女和合符；是壮族地区占卜、判断事情凶吉的重要参考依据；对研究壮族民间信仰、壮族传统医学有参考价值。新抄本；绵纸，毛装，楷体，墨书；成品 14cm×10.5cm，每页 4～6 行，每行 4～16 字。保存完好，原件今藏广西少数民族古籍保护研究中心。

29. 救病符书

不分卷，1 册，79 页；佚名撰；壮族医药书。该书主要记载了壮族治病符总符、百病常见治病符、净痘神符、催生贴符、催生食符、退热清凉食符、治大便不通符等多幅治病符；符文内容清晰可见，符文旁附有大量使用咒语；除了治病符，还记载了诸多例如治鱼骨鲠、治遍身痛、治蛇咬伤、治蜈蚣咬伤、治犬咬伤、治妇人经血不调等壮族民间偏方，内容详细，通俗易懂；对研究壮族民间医药有参考价值。旧抄本；绵纸，毛装，楷体，墨书；成品 22cm×13cm，2～6 行，每行 3～12 字。中度破损，原件今藏广西少数民族古籍保护研究中心。

30. 退弄法

不分卷，1 册，13 页；佚名撰；壮族麽公经书。该书是壮族麽公为村子进行驱邪、治病、治丧所用；其记录了 20 余种壮族麽公法事做法，其中瘟疫内外诀法内容详尽，并配有相关治病符画；对研究壮族民间信仰、民间医药有参考价值。1936 年抄本；绵纸，毛装，楷体，墨书；成品 18.6cm×13cm，5～6 行，每行 3～22 字；有治病符。轻度破损，原件今藏广西少数民族古籍保护研究中心。

31. 本草备要

6 卷，1 册，48 页；佚名撰；民间医药书。该书主要由木部、果部、谷部、金石水土部、禽兽部、鳞介鱼虫部、人部共七个部分组成；记录了 285 种常见动植物药材的属性、疗效和适用病症等信息，是治疗常见疾病的指导用书；对研究民间医学、中医发展史有参考价值。旧印本；绵纸，毛装，楷体，墨书；成品 20cm×13.8cm，5～23 行，每行 2～41 字；有药材画图。轻度破损，原件今藏广西少数民族古籍保护研究中心。

32. 遂生福幼编

不分卷，1 册，73 页；佚名撰；民间医药书。该书内容主要有三编，分别是《达生编》《遂生编》和《福幼编》。《达生编》包含临产、宜忌、试痛、验案、保胎、饮食、小产、产后、胎死腹中、胞衣不下、乳少、格言、方药共十三个部分内容，记录了妇女临盆时的注意事项及产后处理，其中所记录的药方丰富，有保护胎儿和产妇的保胎、安胎方，补充气血的当归补血汤，治疗奶水不足的治乳少方和无乳方等；《遂生编》由痘症总论、治法、痘有四宜、痘有四忌、发热、形色、起胀、养浆、收结、痘毒、麻疹、看耳法、认痘法及痘症药方十四个部分组成，主要记录常见痘症的病理、起因、辨认方式以及常见药方；《福幼编》专论小儿慢惊，对小儿慢惊的病因病机和症状作了具体描述，并在最后附上了医案 4 则；为清代著名医书，对研究古代少数民族地区医药发展史、民间传统医学历史具有参考价值。旧印本；绵纸，毛装，楷体，墨书；成品 22.3cm×13cm，5～8 行，每行 1～23 字；有人体针灸穴位图。保存完好，原件今藏广西少数民族古籍保护研究中心。

33. 图注本草纲目求真

12 卷，1 册，142 页；江宁秦鉴泉校，上海锦章图书局印；民间医药书。该书主要由《本草纲目求真卷》和《脉理求真卷》两个部分组成；《本草纲目求真卷》部分内含 244 张常见药材的插画，并详细记录其属性、形状、功效、适用症状等多方面信息；

《脉理求真卷》部分记录了不同类型脉象所对应疾病，以及不同症状、病症的脉象表现，其中包含呕吐、咳嗽、霍乱、瘟疫等常见疾病的脉象记录；对研究传统中医药发展史有参考价值。1926 年印本；绵纸，毛装，楷体，墨书；成品 20.1cm×13.5cm，5 ～ 33 行，每行 1 ～ 47 字；有药材插画。轻度破损，原件今藏广西少数民族古籍保护研究中心。

34. 请师

不分卷，1 册，10 页；佚名撰；侗族医药书。该书记录了小儿痘疹症方、治吐血方、小儿肚痛草药方等 50 个医药方，内容包含治疗咳嗽、缓解肚痛、止血、治疗蚊虫叮咬等；每个药方中都记录有药材的名称，部分注有服用时的禁忌事项，内容详尽、具体；对研究侗族地区民间医学、医药发展史有重要的参考价值。新抄本；棉纸，毛装，楷体，墨书；成品 26.5cm×19cm，8 ～ 10 行，每行 3 ～ 18 字。轻度破损，原件今藏广西少数民族古籍保护研究中心。

35. 同人科方

不分卷，1 册，60 页，线装；1920 年季夏月望三吉日冯子横撰；壮族医药抄本。该书的主要内容是关于内、妇、儿科常见病的人体穴位图；书中记录了 50 多种病症的相应穴位图；1920 年冯子横抄本；绵纸，毛装，楷体，墨书；成品 20.4cm×14cm，每幅穴位图抬头有一行用于描述病症或诊断名称，每行 2 ～ 8 字，穴位图的右侧有 1 ～ 3 行字解释症状和取穴方法，满格 24 字。2 页破损，原件今藏广西防城港市民间医生冯满洲（冯子横重孙）处，防城港市中医医院存有复印件。

36. 冯子横方剂抄本

不分卷，1 册，132 页；1921 年仲春月朔五日冯子横撰；壮族医药抄本。该书记录壮族民间常见病如伤寒、呕吐、腹痛、中风、毒疮、小儿惊风、不孕等的治疗方法，包含 70 余条药方、治病符文及点灸穴位图。1921 年冯子横抄本；绵纸，毛装，楷体，墨书；成品 15.4cm×14.2cm，10 行，满格 19 字。部分页面有破损，原件今藏广西防城港市民间医生冯满洲（冯子横重孙）处，防城港市中医医院存有复印件。

37. 送瘟送怪造船书

不分卷，1 册，6 页；佚名撰；瑶族民间宗教经书，瑶族民间举行禳解仪式时师公用书，骈文体。该书主要内容为颂扬鲁班造水再造船，有水船才能送走瘟神鬼怪；唱述姊妹到南山寻青秀木，请鲁班锯断做成一船，任官员使用运粮运钱的全过程；对研究瑶族民间宗教文化及民俗文化有参考价值。清光绪十八年（1892 年）二月二十五日冯春周抄本；绵纸，册页装，楷体，墨书；成品 20.7cm×12.6cm，6 行，每行 14 字。保存基本完好，原件藏广西荔浦市蒲芦瑶族乡福文村纳兑瑶屯冯成均处，广西少数民族古籍整理出版规划领导小组办公室有复印件。

38. 为病人除患祭香火用经

不分卷，1 册，5 页；佚名撰；瑶族民间宗教经书，瑶族民间宗教举行祭香火仪式时用书。该书包括请讨伐元帅、东斗王帝、太白天娘、社王盘古大圣、香火上门北府等圣神下坛，为群众摆脱困境，祈求健康等；对研究瑶族宗教文化有参考价值。1917 年 10 月抄本；绵纸，册页装，楷体，墨书；成品 28cm×22.5cm，9 行，每行 14 字；布封面、封底。保存基本完好，原件原藏云南文山壮族苗族自治州瑶族人民处，今藏云南少数民族古籍整理出版规划办公室。

39. 医生救人书

不分卷，1 册，104 页；佚名撰；瑶族民间宗教经书，瑶音汉字。过去排瑶缺医少药，有人患病久治不愈，便认为是瘟鬼、野鬼缠身，请先生公做法事念此经文，将瘟鬼、野鬼赶走；有些懂医药知识的先生公，边念经做法赶鬼，边给患者服用中草药（符水）。该书包括请神、敕水、招魂、敕符等二十二个部分；对研究古代排瑶以巫治病风俗有参考价值。清道光六年（1826 年）抄本；草纸，线订册页装，楷体，墨书；成品 14cm×20cm，15 行，每行 20 字，汉文页码。封面、封底残破，纸质风化呈黑色，能看清文字，原件今藏广东清远市连南瑶族自治县大麦山镇新寨村马岭墩许六斤处。

40. 送瘟神目

不分卷，1 册，8 页；佚名撰；茶山瑶族师公举行送瘟神仪式时的请神名册。茶山瑶族师公举行送瘟神仪式时的请神名册。瑶族民间视流行性的畜禽瘟、人瘟、禾瘟等为天神作怪，由瘟疫发生地的村屯长者商议，各户捐钱物置办牲禽等祭品，请师（道）公做法事驱瘟鬼及送瘟神，法事在村外举行。所祭神祇百余位，有三清三元神、盘王神始祖神、苏灵公、苏太公等。送瘟神目中有三类化身释迦尊佛等佛名；对研究瑶族民间宗教文化有参考价值。清道光九年（1829 年）苏胜坊抄本；绵纸，册页装，楷体，墨书；成品 14cm×17.5cm，7 行，每行 8 字。保存完好，原件原藏广西来宾市金秀瑶族自治县金秀镇白沙村苏玉龙处，今藏广西少数民族古籍整理出版规划领导小组办公室。

41. 大上设众圣六庙年例送瘟歌唱

不分卷，1 册，35 页；佚名撰；瑶族民间宗教经书。茶山瑶族师公在修建庙宇和举行年例送瘟神群众集体祭祀活动时唱诵。仪式过程为请众神降临神坛，众神进香、献酒茶、供牲品，做法事，送众神。该书中记有 50 多位神灵的名称、籍贯（驻地）、主要神绩，多个神灵的来源，出现瑶族的地名，如护国甘王安居象州阳受县古皆村（今金秀瑶族自治县七建乡皆村）、三圣尊官住在本州善落香（今金秀瑶族自治县罗香乡）；对研究瑶族民间宗教文化有参考价值。清道光九年（1829 年）韦法明抄本；绵纸，册页装，楷体，墨书；成品 26cm×18cm，墨框 24.2cm×16.5cm，7 行，每行 14 字，汉字页码。保存基本完好，原件原藏广西来宾市金秀瑶族自治县金秀镇白沙村苏玉龙处，今藏广西来宾市少数民族古籍整理出版规划领导小组办公室。

42. 除瘟神目

不分卷，1 册，12 页；佚名撰；瑶族民间宗教经书，金秀茶山瑶在打醮除瘟仪式上用书。该书记录除瘟仪式所请神目及送瘟神神目；后附除瘟仪式榜文，表明仪式的目的是祈求五谷丰登、六畜兴旺、人口安康；对研究瑶族民间宗教文化有参考价值。旧抄本；绵纸，册页装，楷体，墨书；成品 15cm×18cm，半页，7 行，每行 8 字。保存完好，原件今藏广西来宾市金秀瑶族自治县瑶族博物馆。

43. 医术书

不分卷，1 册，21 页；佚名撰；瑶医验方书。该书以口诀的形式，描述各种病症、各种草药形态及医治各种病痛的治疗药方，对研究瑶族医学有参考价值。1916 年许兵公二重抄本；草纸，线装，楷体，墨书；成品 14cm×20cm，四周双栏，汉文，7 行，每行 17 字，汉文页码。保存完好，原件今藏广东清远市连南瑶族自治县大麦山镇新寨村马岭墩许六斤公处。

44. 医病救人书

不分卷，1 册，35 页；佚名撰；瑶医验方书。该书记录了广东连南排瑶医治跌打、肝炎、蛇伤、妇科、风湿、枪伤等各种病痛的药方，以及各种草药的形状等；对研究瑶族医学有参考价值。1917 年抄本；草纸，线装，楷体，墨书；成品 29.0cm×20.5cm，12 行，每行 26 字。保存完好，今藏广东清远市连南瑶族自治县三排镇油岭村唐朝氏家族处。

45. 瑶医验方书

不分卷，1 册；佚名撰。该书记录了广东连南过山瑶医治跌打、肝炎、蛇伤、枪伤、妇科及各种奇难杂症处方 40 余首；对研究瑶族医学有参考价值。1929 年抄本；麻纸，线装，楷体，墨书；成品 12.0cm×17.5cm，四周双栏，汉文，8 行，每行 17 字。保存完好，原件今藏广东清远市连南瑶族自治县寨南镇山联村邵氏家族处。

46. 天保五十方

不分卷，1 册，34 页；北齐天保年间（550—559 年）佚名撰。该书记录了古代瑶族地区瑶族人民医治疑难疾病之药秘方，对研究、挖掘瑶族地区医药秘方之宝库有参考价值。旧刻本；楮纸，线装，行书；成品 14cm×20cm，版框 11cm×16cm，四周双栏，9 行，每行 13 字；有插图。保存完好，湖南《道县志》办公室蒋聪顺 2001 年复印收藏。

二、石刻文献

1. 养气汤方石刻

原刻为广西桂林市南溪山刘仙岩上之摩崖石刻。石刻长 67cm、宽 45cm。上题"宣和四年（1122 年）朝请朗提举广南西路常平等事，晋江吕渭记"字样，记录了养气汤方的组成、药物炮制方法及服用方式。全文共 202 字，采用了正书体，字径 3cm，注径 2cm。方剂只有 3 味药：附子、甘草和姜黄，文本中有一处字损缺，后人推测应为"姜黄"，碑上详细描述了方剂的制作和服用方法；按照《广南摄生论》载《养气汤方》：用四两去了黑皮的附子微炒，加上二两经过漫泡、焙干的姜黄，再配以一两炙甘草，将此三味药同捣成细末，经网罗筛过即成；每日清晨，于饭前空腹，加入少许盐，服用一大钱，可保一整天健康，每天坚持如此，将有助于维持终生健康。这份石刻文献非常宝贵，提供了有关古代养生药物和疗法的详细信息，反映了宋代医学和保健知识的一部分。

2. 佘先生论金液还丹歌诀

原刻为广西桂林市南溪山刘仙岩上之摩崖石刻，刊刻于宋高宗绍兴二十二年（1152 年）。石刻高 125cm、宽 85cm，全文共 1056 字，采用正书，字径 2cm。碑额的字径为 8.5cm。该歌诀记录了佘先生对金液还丹的讨论和看法，以及有关方药加减应用的内容。这些观点和指导以编成歌诀的形式，传颂给后人。这份石刻提供了关于金液还丹疗法的历史见解，反映了宋代医学和疗法的一部分。这也是中国古代医学和疗法的文化遗产的重要资料。

3. 崇华医学会碑记

原刻为广西桂林市叠彩山风洞外之摩崖石刻，刊刻于清宣统三年（1911 年）。石刻高 69cm、宽 38.5cm，全文共 282 字，采用了隶书，字径 2cm。该碑文记录了 100 多年前桂林市医学家吴仲复创立崇华医学会的初衷和愿望，详细描述了医学会的活动，包括义诊、国学讲座、文化促进等方面的内容；碑文还列举了会员名单和发起会员，凸显了当时医学和文化的交融。这份碑文是珍贵的历史文献，反映了医学和文化活动在桂林地区的发展，也为后人提供了有关吴仲复和他所创建的医学会的宝贵资料。

4. 金佐基游勾漏诗

原刻为广西玉林市北流市勾漏洞之摩崖石刻。清光绪十四年（1888 年）广东番禺县（今番禺区）举人金佐基留草。全文共 153 字。该诗辑录了金佐基光绪年间任北流县知县时，游览勾漏洞拜访葛仙祠，并作诗怀念葛洪的事迹。

5. 党庆奎和金佐基葛仙祠诗

原刻为广西玉林市北流市勾漏洞之摩崖石刻。清光绪十四年（1888 年）玉林市北流县人党庆奎留草，同县人廖广行忠刊字。全文共 171 字。该诗辑录了党庆奎依据金佐基葛仙祠诗的韵律所作的和诗。

6. 重修容县城东真武阁记

碑文矗立于广西玉林市容县真武阁公园内，建于明万历元年（1573 年），碑高1.5m、宽 0.8m，全文共 623 字。碑文由容州知县（今玉林市容县）张漤编写，详细记述了真武阁名字由来、历史发展及重修的背景；在古代容州，道教信仰盛行，而都峤山被道家封为天下第三十六洞天中的第二十洞天，洞天指有灵气的风景。真武阁的建立和命名源自道家的五行相生相克理论；都峤山位于真武阁之南，又被称为南山；道家信仰认为南方属丙丁火，克得容州的茅房经常发生火灾；因此明代的容州人在古经略台上建造了真武阁，内部供奉着踏龟蛇的玄武大帝（亦称真武大帝或水神北帝）像，以祈祷玄武大帝的庇佑以防火灾。这份碑文记录了容州人民古代信仰和修建真武阁背后的文化背景，也凸显了对火灾的重视，弘扬了道家信仰和传统文化。

三、口传文献

1. 瘟王歌

4页；瑶族方言祭祀仪式歌；流传于云南文山州麻栗坡县蓝靛瑶聚居区。李发友唱述，李云章记录、译成汉文。瘟王是瑶族道教神话中的降瘟之神，传说畜禽病死皆因其所害，故每年五月五日都要祭祀他，祭祀时唱诵道："瘟王受皇一道敕，不分四季昼夜游；索取牛魂捉牛死，贫穷人家眼泪流；更季推春无牛使，众多人家心里愁；今日斋坛杀牲祭，瘟王远走不回头。"该歌词对研究瑶族宗教文化有参考价值。成品16开纸，54行。稿存云南文山州麻栗坡县瑶族文化研究小组。

2. 节气歌

2页；瑶族勉语方言劳动歌；流传于湖南江华瑶族自治县。唱述一年二十四个节气的生产特点，祈望获得丰收、过美好日子。该歌词对研究瑶族生产习俗有参考价值。成品16开纸，350字。收入《中国歌谣集成·湖南卷·江华瑶族自治县资料本》，湖南江华瑶族自治县民间文学集成办公室1988年编印。

3. 六十甲子歌

3页；瑶族蓝靛瑶支系汉语方言生活知识歌；流传于广西百色市凌云县瑶族聚居区。广西百色市凌云县逻楼镇李永明唱述，1962年黄承辉等笔录、整理。由六十甲子歌和字谜组成；甲子歌唱述六十甲子表及所属五行，并引用陈知、豆女、刘表、孙坚、石崇、文星、包公、神农、谭清等10位民间传说的人物典故；字谜以一、十、木、口、火等10个字作谜底，编出歌唱，让对方对答。该歌词对研究瑶族社会生活有参考价值。成品16开纸，179行。收入广西民间文学研究会编《瑶族文学资料》第九集（歌谣），广西民族大学中文系民间文学教研室1980年翻印。

4. 甲子唱诀

3页；瑶族蓝靛瑶支系汉语方言生活知识歌；流传于广西壮族自治区。广西河池市凤山县平乐瑶族乡李永明唱述，1962年黄承辉等笔录、整理。含历法和生活知识两个部分内容，历法部分唱述六十甲子由老君造，一年十二个月包含于六十甲子中，六十甲子又分为六甲和七元，各由二十八宿统属，不同天干的月和日其建寅及子时的天干也不同，十二地支的二十八宿暗天门不同；生活知识部分唱述人们在日常生活中的自然现象、文化知识等。该歌词对研究瑶族社会生活有参考价值。成品 16 开纸，188 行。收入广西民间文学研究会编《瑶族文学资料》第九集（歌谣），广西民族学院中文系民间文学教研室 1980 年翻印。

5. 十二月虫歌

2 页；瑶族蓝靛瑶支系汉语方言生活知识歌；流传于广西河池市凤山县瑶族聚居区。广西河池市凤山县平乐瑶族乡李书长唱述，1962 年刘保元等笔录、整理。唱述一至十二月虫候：一月琴虫鸣叫，二月秋虫，三月更贵叫，四月木琶虫，五月丹虫，六月更丝，七月蚁虫，八月叶虫，九月火虫，十月清线虫，十一月新虫，十二月里虫。该歌词对研究瑶族社会生活有参考价值。成品 16 开纸，78 行。收入广西民间文学研究会编《瑶族文学资料》第九集（歌谣），广西民族学院中文系民间文学教研室 1980 年翻印。

6. 十二月节气歌

2 页；瑶族蓝靛瑶支系汉语方言生活知识歌；流传于广西河池市凤山县瑶族聚居区。广西河池市凤山县平乐瑶族乡李文斌唱述，1962 年曹廷伟等笔录、整理。唱述一至十二月的节气：一月立春雨水，二月惊蛰春分，三月清明谷雨，四月立夏小满，五月芒种夏至，六月小暑大暑，七月立秋处暑，八月白露秋分，九月寒露霜降，十月立冬小雪，十一月大雪冬至，十二月小寒大寒。该歌词对研究瑶族社会生活有参考价值。成品 16 开纸，100 行。收入广西民间文学研究会编《瑶族文学资料》第十集（歌谣），广西民族学院中文系民间文学教研室 1980 年翻印。

7. 时令歌

1 页；瑶族方言生活知识歌；流传于云南红河哈尼族彝族自治州河口瑶族自治县蓝靛瑶、过山瑶聚居区。佚名唱述，罗洪庆、盘朝恩记录。该歌唱述一年十二个月中的二十四个节气，歌中唱道："正月立春雨水到，二月惊蛰春分来，三月清明谷雨至，四月立夏小满临。五月芒种夏至节，六月小暑大暑行。七月立秋处暑时，八月白露连秋分，九月寒露遇霜降，十月立冬小雪逢，冬月大雪送冬至，腊月小寒催大寒。"该歌词对研究瑶族社会生活有参考价值。成品 16 开纸，12 行。收入《中国歌谣集成·云南卷》，2003 年出版。

8. 季节歌

1 页；瑶族方言生活知识歌；流传于云南文山壮族苗族自治州广南县盘瑶聚居区。潘正林唱述，陆贵庭记录。该歌唱述了一年十二个月中的二十四个节气，以及各个节气的气候特点和人们相应的生产生活状况，歌中唱道："正月立春雨水起，桃李枝头花正开。阳雀飞来树上啼，一年岁首应在春。二月惊蛰春分到，蝴蝶相缠满天飞。林木逢春枝叶茂，田里五谷禾苗壮。三月清明谷雨日，岭头四处有行人。五色香饭摆台前，家家烧香祭祖先。"该歌词对研究瑶族的社会生活有参考价值。成品 16 开纸，48 行。收入《中国歌谣集成·云南卷》，2003 年出版。

9. 动物生息歌

2 页；瑶族方言生活知识歌；流传于云南文山壮族苗族自治州广南县蓝靛瑶聚居区。潘正林唱述，陆连芬记录、译成汉文。该歌唱述一年十二个月当中十二种动物的生理特性及活动规律，歌中唱道："正月蛇儿在草底，年年春到脱老衣。二月猪儿关入厩，猪儿口利斩厩栏……七月猿猴林中叫，四边树叶落纷纷。八月虎狼顺梁走，一夜行游十寨门。"该歌词反映了蓝靛瑶人对一些动物习性及自然规律的认识，对研究瑶族社会生活有参考价值。成品大 32 开纸，24 行。稿存云南文山壮族苗族自治州麻栗坡县魁角路陆连芬处。

10. 又到瘟王唱咏

2 页；瑶族蓝靛瑶支系汉语方言宗教经词；流传于广西防城港市上思县瑶族聚居区。广西防城港市上思县叫安乡李广良念唱，1980 年张有隽等笔录、整理。该歌唱述瘟王住在岳州庙，受命到法坛受用招兵酒，之后尝尽四方果，并造药；用第一服药杀皇帝，第二服杀蛮王，所喝的乌蛮药带到下界害其王，放在山岭石头上，山猪、马鹿齐中毒；现打鼓送瘟王上船，永不回还。该歌词对研究瑶族宗教文化有参考价值。

成品 16 开纸，28 行。收入《广西瑶族社会历史调查》(第六册)，广西民族出版社 1987 年版。

11. 沐浴娘子唱

2 页；瑶族蓝靛瑶支系汉语方言宗教经词；流传于广西防城港市上思县瑶族聚居区。广西防城港市上思县叫安乡李广良念唱，1980 年张有隽等笔录、整理。该歌唱述沐浴娘子（玉女）净坛过程：沐浴娘子是龙树法师，头戴明珠，住在海门；海内分两条水路，一条出圣人，二条出贤人；沐浴娘子带八角、霄香，经过都阳江三条分流，一条向东流过桃源洞，一条向南流入污江，一条流过龙王殿；沐浴娘子左拿龙牙杯，右执龙树枝，向东南西北中央洒水净坛，又洒净台、合盆、灯司、盏杯、香司、花司、茶司、酒司、食司、菜司、禾司、榜司、表司、旗司、锣鼓等，将法坛内外洒净。该歌词对研究瑶族宗教文化有参考价值。成品 16 开纸，78 行。收入《广西瑶族社会历史调查》(第六册)，1987 年出版。

12. 女子生育唱词

2 页；瑶族蓝靛瑶支系汉语方言宗教经词；流传于广西防城港市上思县瑶族聚居区。广西防城港市上思县叫安乡李广良念唱，1980 年张有隽等笔录、整理。该歌唱述蓝靛瑶生育习俗：九天玄女设坛，女主人受孕，降生孩儿，经割脐、洗浴、哺乳、养育等过程。该歌词对研究瑶族宗教文化有参考价值。成品 16 开纸，108 行。有九字脱落，收入《广西瑶族社会历史调查》(第六册)，1987 年出版。

13. 二至十月唱

3 页；瑶族蓝靛瑶支系汉语方言宗教经词；流传于广西防城港市上思县瑶族聚居区。广西防城港市上思县叫安乡李广良念唱，1980 年张有隽等笔录、整理。该歌唱述蓝靛瑶生育习俗：女子元宵看灯回家，深夜梦见一老妇人牵手去看花，取了一朵有灵性的花；三月以后，不思饮食，身体逐渐发生变化，女子暗哭，天婆帝母告诉她这是伏羲盘古造出来的；女子八月又梦得一珍珠，公婆都高兴；十月临盆时肚子很痛，不知求什么人，怕死了没有子女，害怕与公婆、丈夫、朋友离别。该歌词对研究瑶族宗教文化有参考价值。成品 16 开纸，122 行。有九字脱落，收入《广西瑶族社会历史调查》。

14. 吹眼咒

1页；瑶族方言祭祀仪式歌；流传于云南文山壮族苗族自治州西畴县蓝靛瑶聚居区。蒋炳明念唱，蒋云珠记录、译成汉文。蓝靛瑶人认为，若有异物飞进眼睛引起眼睛红肿疼痛，是鬼怪作祟所致，此时便要请人施用巫术，并念诵咒词，词中诵道："黑黑扬扬，十照十方，金盆打水，玉女来装。大玉吹落，小玉吹散，急吹急散，若还不散，弟子使了黄蜂来吹散。"该咒词对研究瑶族宗教文化有参考价值。成品32开纸，9行。收入《中国歌谣集成·云南卷》，2003年出版。

15. 治伤咒词

1页；瑶族方言祭祀仪式歌；流传于云南文山壮族苗族自治州富宁县蓝靛瑶聚居区。李正昌念唱，蒋云珠记录、译成汉文。蓝靛瑶人在治刀伤此类外伤时，除了用药，还要念此词，以增强疗效，词中诵道："天精地一灵，治伤一灵令。铁师父一灵，师父请下来……皮断皮相连，骨断骨相接，接起高楼千万丈。"该咒词对研究瑶族宗教文化有参考价值。成品大32开纸，16行。稿存云南文山壮族苗族自治州西畴县瑶族文化研究小组。

16. 化骨刺咒词

1页；瑶族方言祭祀仪式歌；流传于云南文山壮族苗族自治州富宁县蓝靛瑶聚居区。李正昌念唱，蒋云珠记录、译成汉文。蓝靛瑶人在骨头、鱼刺等硬物卡于喉咙时，便念此词，词中诵道："七眼观星天，专渡师父在眼前，黄龙化大海，五龙化水下长江，鸡骨鱼刺化成九天云。"该咒词对研究瑶族宗教文化有参考价值。成品大32开纸，22行。稿存云南文山壮族苗族自治州西畴县瑶族文化研究小组。

17. 产妇勒腹束腰咒词

1页；瑶族方言祭祀仪式歌；流传于云南文山壮族苗族自治州西畴县蓝靛瑶聚居区。邓光荣念唱，蒋方珠记录、译成汉文。蓝靛瑶产妇生育以后，要用布条勒腹束腰，以防产后腰身变粗。在束腰勒腹时要念词，词中诵道："我是一座山，布是一条龙，血变水往东海流，我身变成一座美丽的山。我是一座山，线是一条厄（水怪），缠在我身，堵住东洋海水干。"该咒词对研究瑶族宗教文化有参考价值。成品 32 开纸，12 行。稿存云南文山壮族苗族自治州西畴县瑶族文化研究小组。

18. 取草药祭词

1 页；瑶族方言祭祀仪式歌；流传于云南文山壮族苗族自治州麻栗坡县、西畴县等蓝靛瑶聚居区。蒋发贵念唱，蒋云珠记录、译成汉文。蓝靛瑶人在挖取草药前，要将谷米撒在药根下，意为向药神求药，同时吟诵此祭词，词中诵道："世上粮食为大，今天我用粮食来换你。'你成药不成？''成''你医病灵不灵？''灵'。"该内容反映了蓝靛瑶"万物有灵"的自然崇拜，对研究瑶族宗教文化有参考价值。成品 16 开纸，11 行。稿存云南文山壮族苗族自治州西畴县文化馆。

19. 扫瘟歌

1 页；瑶族方言祭祀仪式歌；流传于云南红河哈尼族彝族自治州河口瑶族自治县蓝靛瑶聚居区。蒋大恩念唱，罗洪庆记录。按当地蓝靛瑶风俗，家中若有人生病，久治不愈，就要举行扫瘟仪式，届时要念诵此词，词中诵道："屋上有尘扫落地，地下有尘扫出门，东方扫除木德鬼，南方扫除火煞神。西方扫除金德鬼，北方扫除水煞神。中央扫除暗跃鬼，坛心扫除瘟病神。四方八面扫洁净，全家老幼得康宁。扫去败禾禾成熟，扫去枯蕉蕉长根。蕉叶肥壮又旺盛，入食五谷健如神。"该内容对研究瑶族宗教文化有参考价值。成品 32 开纸，22 行。收入《中国歌谣集成·云南卷》，2003 年出版。

20. 驱瘟谣

3 页；瑶族方言祭祀仪式歌；流传于云南红河哈尼族彝族自治州河口瑶族自治县蓝靛瑶聚居区。佚名念唱，罗洪庆搜集、整理。按当地蓝靛瑶风俗，家中有人生病时，要请祭司来驱除瘟疫，祭司要念诵此词，词中诵道："做斋不见铙和钹，做醮不听铜锣声。打鼓正是还愿鼓，问你做事有何原……告君我是邓家子，婚娶盘氏作妇人，良辰之日身着病，鬼神缠我到如今……灵师卜出香火鬼，祖宗要喷此方灯，要用高术捉鬼法，捉拿瘟神病脱身。"该内容对研究瑶族宗教文化有参考价值。成品 32 开纸，80 行。收入《云南民间文学集成·河口县卷》，云南红河哈尼族彝族自治州河口瑶族自治县文化局 1992 年编印。

21. 蟑螂能解蜈蚣毒

4 页；壮语南部方言药物传说；流传于广西崇左市宁明县。农沛兴、苏当丰口述，黄鹤笔录并译成汉文。该传说讲述县令在审判一对夫妻的案件中，发现丈夫吃了蜈蚣爬过的带有蜈蚣毒性的鸡肉致死，妇人同样吃了有毒的鸡肉，但喝了被蟑螂爬过的汤后没有死亡，最终发现蟑螂可以解蜈蚣毒。该内容对研究壮族医药有参考价值。成品32 开，1876 字。收入广西民间文艺研究室、广西民间文艺家协会编《广西民间文学作品精选·宁明县卷——花山风韵》，1998 年出版。

22. 头发止血物

1 页；壮语南部方言药物传说；流传于广西崇左市宁明县。韦有佳口述，黄鹤笔录并译成汉文。该传说讲述一位木匠在干活时手指被砍破，用妻子的头发烧灰敷上，立刻止血；之后帮医生做工时脚被割破，用同样的方法止血亦见效；此后医生采纳此法，止血药方多了一味药物。该内容对研究壮族医药有参考价值。成品32 开，252 字。收入广西民间文艺研究室、广西民间文艺家协会编《广西民间文学作品精选·宁明县卷——花山风韵》，1998 年出版。

23. 扛板归

2 页；壮语南部方言药物传说；流传于广西崇左市宁明县。苏汉丰口述，黄鹤笔录并译成汉文。该传说讲述一位名为冯寿长的人在放牧时被蛇咬伤，停止呼吸；将棺材扛上山后，一位老人用贯叶蓼医治，冯寿长起死回生；人们又把棺材扛回村，从此将贯叶蓼命名为"扛板归"。该内容对研究壮族医药有参考价值。成品32 开，672 字。收入广西民间文艺研究室、广西民间文艺家协会编《广西民间文学作品精选·宁明县卷——花山风韵》，1998 年出版。

24. 走马胎

2 页；壮语南部方言药物传说；流传于广西崇左市宁明县各乡镇。农沛兴口述，黄鹤笔录并译成汉文。该传说讲述一位名为陈冬的农民因孩子过多而担忧；大女儿亚兰在放马时，意外发现一种小灌木的嫩叶可以让受孕的马提前生育，陈冬便用该嫩叶使妻子流产，从此该草药被称为"走马胎"。该内容对研究壮族医药有参考价值。成品 32 开，784 字。收入广西民间文艺研究室、广西民间文艺家协会编《广西民间文学作品精选·宁明县卷——花山风韵》，1998 年出版。

25. 蜈蚣

1 页；壮语南部方言药物传说；流传于广西崇左市宁明县各乡镇。农沛兴口述，黄鹤笔录并译成汉文。该传说讲述一位叫郑文奇的壮族人腰痛难忍，做饭时发现大蜈蚣，将其煨熟吃下后腰痛得以缓解，之后到田间地头寻找蜈蚣煨食，最后腰痛症逐渐消失的故事。该内容对研究壮族医药有参考价值。成品 32 开，280 字。收入广西民间文艺研究室、广西民间文艺家协会编《广西民间文学作品精选·宁明县卷——花山风发燕源床韵》，1998 年出版。

26. 金不换

2 页；壮语南部方言药物传说；流传于广西崇左市宁明县明江一带。王显星口述，黄鹤笔录并译成汉文。该传说讲述一位叫华富的地主腹泻，名医也无法医治，他便悬赏千两黄金寻找能够治病者的故事；一位叫易天佑的年轻人用一味无名草药将华富的病治好，提出不要黄金只要田地，华富将该草药命名为"金不换"。该内容对研究壮族药物有参考价值。成品 32 开，952 字。收入广西民间文艺研究室、广西民间文艺家协会编《广西民间文学作品精选·宁明县卷——花山风韵》，1998 年出版。

27. 黄精

2 页；壮语南部方言药物传说；流传于广西崇左市宁明县各乡镇。农沛兴口述，黄鹤笔录并译成汉文。该传说讲述一位叫祁天福的孤儿，成年结婚后 10 余年都没有孩子；有一次上山采药忘记带饭，饥饿难忍，吃下一棵多年生的草后顿觉元气恢复，过一段时间祁天福的妻子喜怀身孕；县令认为该草有奇效，将之进贡给皇帝，皇帝服后也恢复了生育能力，将其命名为"皇精"，后改为"黄精"。该内容对研究壮族医药有参考价值。成品 32 开,728 字。收入广西民间文艺研究室、广西民间文艺家协会编《广西民间文学作品精选·宁明县卷——花山风韵》，1998 年出版。

28. 鲤鱼治腹水病

1 页；壮语南部方言药物传说；流传于广西崇左市宁明县各乡镇。农沛兴口述，黄鹤笔录并译成汉文。该传说讲述一位叫张亚大的农民，患有腹胀病，自觉性命难保；他儿子张清捉了条鲤鱼，放肉桂与车前草同煮，给父亲服下，腹胀消失，身体恢复健康；从此鲤鱼汤加车前草（后改用车前子）可以治腹水的事就传开了。该内容对研究壮族医药有参考价值。成品 32 开，448 字。收入广西民间文艺研究室、广西民间文艺家协会编《广西民间文学作品精选·宁明县卷——花山风韵》，1998 年出版。

29. 解风疾

1 页；壮语南部方言巫辞；流传于云南文山壮族苗族自治州广南县壮族聚居区。陆仕荣念诵，王明富和陆朝光录音、翻译、整理。如有人生病，占卜认为是风邪作祟，壮族民间常举行驱邪祭风仪式，请布摩念诵此巫词，念诵道："坝中间的风，地面的风，田头地角的风，三十股天风下地，五十股风在天，三十个如风出猎，一百二十个追击在山坡，风吹山梁土垱，风吹山汇集，风吹土成堆，风吹树叶聚成塔。"念诵完毕，布摩同时施巫术于患者，以此预示驱除邪风所害。该内容对研究壮族民间信仰有参考价值。成品 32 开，12 行。稿存云南省文山壮族苗族自治州民间文艺家协会。

30. 探病歌

2 页；壮语北部方言情歌；流传于广西百色市乐业县；又名《十二度桥》。黎氏共、黄氏秀演唱，周桂栅和郑星照搜集、翻译。该歌唱述热恋中的女子听闻爱人患病，借过桥的意象表达不畏艰难险阻也要与爱人相见的决心，唱诵道："十二桥皆过，相思见分晓，钟情成眷属，和谐齐眉老。"该内容反映了壮族青年在表达爱恋上的习俗和心理，对研究壮族传统爱情观有参考价值。成品 16 开，56 行。收入农冠品主编《中国歌谣集成·广西卷》，1992 年出版。

31. 斋磅

32 页；壮语北部方言巫辞；流传于广西百色市凌云县泗城镇。唐远明演唱，黄兰芬和唐远明搜集、整理。该巫辞唱述解厄驱邪的过程：在凌云泗城壮族地区，民间认为身上带有某种邪气时就会做事不顺心，如果不驱除邪气，人就会不得安宁；唱道："巫辞请各路鬼魂吃完饭就走，不要再来干扰人间，保佑主家安宁。如还有邪来骚扰，把邪砍杀不留情。请三公五公上锁画符，不让妖魔再回头。"该内容对研究壮族民间信仰有参考价值。成品16开，187行。收入黄兰芬、唐远明主编《凌云泗城壮族巫调》，2009年出版。

32. 驱邪鸦

2页；壮语南部方言巫辞；流传于云南红河哈尼族彝族自治州河口瑶族自治县壮族聚居区。陆来华念诵，熊德世记录，罗洪庆整理。壮族婚礼仪式上，新娘出嫁，如果在路上听到乌鸦的叫声，人们认为不吉利，送亲的队伍要念驱邪鸦巫辞，驱赶乌鸦，唱诵道："叫坏去远叫歹去遥……你去别处叫，九十九年不回。"该内容对研究壮族民间信仰有参考价值。成品32开，22行。收入《云南民间文学集成·河口县卷》，云南红河哈尼族彝族自治州河口瑶族自治县文化局1992年编印。

33. 驱邪经

1页；壮语南部方言巫辞；流传于云南文山壮族苗族自治州广南县壮族聚居区。陆仁荣念诵，王明富和陆廷山录音、翻译、整理。若遇稻秧枯萎，壮族民间常认为有人放魔作祟，便默念此咒，认为可驱除邪魔，使秧苗生长，念诵道："三个女人作祟，四位妇女放邪，放邪在地里，作祟在稻田。吉日吉时我来解，取三张茅叶来拴，拿四枝茅草来解，拴你们枯死，捆你们死绝，大地浪海水，吃水不留根。"该内容对研究壮族民间信仰有参考价值。成品32开，12行。稿存云南文山壮族苗族自治州民间文艺家协会。

34. 多巴卡喉

1页；壮语南部方言巫辞；流传于云南文山壮族苗族自治州西畴县壮族聚居区。陆兰仙念诵，王明富翻译、整理。壮语"多巴卡喉"意为"鱼骨刺卡喉"，吃鱼的时候，若遇鱼刺卡在喉咙，壮族民间常对着一碗清水念此巫辞，而后让被鱼刺卡住喉咙的人喝下三口清水，预示鱼刺随水下喉，念诵道："我有三十二只黑狗，一百二十只水獭，驱鱼下深潭……"该内容对研究壮族民间信仰有参考价值。成品16开，12行。稿存云南文山壮族苗族自治州民间文艺家协会。

35. 占病

32 页；壮语南部方言巫辞；流传于云南文山壮族苗族自治州西畴县壮族聚居区。杨荣富、王良吉演唱，王明富翻译、整理。壮族民间病危时请布摩占卜，判断病是何鬼邪作祟，唱述："进了这一年，每天时热时冷，吃饭咽不下。人的命像柞木树，每天剥一节两节；人的命像芦苇命，每天干枯一节两节。身体虚弱不能起，越抬你越睡，越抬你越倒。四处找布摩，请布摩查病……"祭司查看病因，并诵此歌祭祀，以驱除病魔。该内容对研究壮族民间信仰有参考价值。成品 16 开，114 行。稿存云南文山壮族苗族自治州民间文艺家协会。

36. 产妇失魂

2 页；壮语南部方言巫辞；流传于云南文山壮族苗族自治州广南县壮族聚居区。陆仁荣演唱，王明富和陆朝光录音、翻译、整理。壮族民间认为，产妇失魂体弱，需请布摩诵此祭歌，唱述："隐形的那位妇人保佑你，'官丁色'护命，三女抬水淋，七妇用水洗，从头顶往下洗，从上往下淋……"祭诵后产妇康复。该内容对研究壮族民间信仰有参考价值。成品 32 开，12 行。稿存云南文山壮族苗族自治州民间文艺家协会。

37. 生殖

2 页；壮语南部方言巫辞；流传于云南文山壮族苗族自治州广南县壮族聚居区。陆仕荣演唱，王明富和陆远培录音、翻译、整理。在祈求生殖的祭祀仪式上，布摩及参与仪式的人，要诵此词；仪式上，女人手握量米竹筒，男人握一节木杵，一边念诵，一边对着竹筒做出连续的敲打动作。该内容对研究壮族民间信仰有参考价值。成品 32 开，24 行。稿存云南省文山壮族苗族自治州民间文艺家协会。

第三编

广西古代地方志医药文献目录

　　古代地方志是全面系统记录特定行政区域不同历史时期自然风貌和社会历史的资料性文献，也是研究中医药古代典籍的重要资源。本编依据《中国地方志联合目录》《广西地方史志文献联合目录》等方志目录学工具书，对280余种广西古代地方志版本进行整理，并对其原文所载的医家著述加以系统辑录，共整理51种医著文献，涵盖几乎所有中医古籍种类，以医理和方书最为常见，体现了广西医家将中医医理与本地防治疾病经验融合发展的医学成就。本编依据现行行政区划方法，对所录医著目录加以分类，并列出作者和文献来源，部分对其内容和保存情况加以概述，供研究者参考。

凡　例

1　收录范围

1.1　本卷收录的每一条目均来源于广西古代方志记载，且明确列为医家著述成果。

1.2　广西民国时期方志所列医家，如其著述未见于方志，但有版本传世且有明确收藏地，以附录方式列于相同作者医著之后，不作为条目。

2　内容结构

正文内容采用叙录体，依次包括文献名、卷数、作者、文献出处、文献内容、文献版本及其保存地，如有内容缺失则忽略。

3　编撰体例

3.1　全部条目按照广西市级行政区划分类排序，并以行政区域名称作为标题，依次为南宁、柳州、桂林、梧州、贵港、百色、贺州、来宾、崇左。若该地区无文献著录则不列名称。

3.2　每类依据县级行政区划顺序对文献进行排序。

3.3　对于籍贯不详或非广西籍的医家著述，按医著的方志来源进行分类和排序。

4　其他

4.1　每一条目依据不同方志版本记载，对作者及其著述加以校订。

4.2　每条提要涉及的文献学信息，均依据中医文献工具书、期刊论文等文献开展专题研究，力求充分反映文献研究的新成果。

4.3　部分在当代仍有流传的医著，依据《中国中医古籍总目》对其实际馆藏情况进行说明。

一、南宁

1. 医门心镜

6 卷。作者为清代屈遵德。屈遵德，字明古，永淳县古辣镇刘村（今属横州市陶圩镇）人。清乾隆五十一年（1786 年）中举人，曾任宜山县（今属河池市宜州区）教谕。他精通经术，旁通诸子百家，尤精岐黄之术。按《永淳县志》（民国）载，屈遵德"著有《医门心镜》6 卷，无力梓行，遭乱，稿已被毁，与其他著作皆无"。

2. 临症经验医案选录

5 卷。作者为清代王少卿。王少卿，隆山县（今属南宁市马山县）人。据《隆山县志》（民国）载，王少卿将其临证用药经验汇集成《临症经验医案选录》，未刊。全书分 5 卷，列血症、虚劳、咳嗽、肿症、呕吐、痢疾、温病、气喘、眩晕、惊悸、腹痛、头痛、梦遗、盗汗、泄泻、霍乱、抽筋、风寒湿痹、黄疸、妇儿科、外科、伤寒及论不治之死症、论生草药之治效、论中风急救法、论太乙神针治效等，共二十七门。

二、柳州

3. 治蛊新编

1 册。作者为清代路顺德。路顺德，融县（今柳州市融水苗族自治县）古鼎村人。《融县志》（民国）第五编称其"殚精医学，著有《治蛊新编》一册"。

4. 融州百病诗集

卷数不详。作者为清代余子昭。余子昭，号有容。据《融县志》（民国）载，余子昭"著有《融州百病诗集》，未刊"。

三、桂林

5. 灵枢内经体用精蕴

16 卷。作者为民国黄周。黄周，字达成，号扫云，阳朔县高田乡（今桂林市阳朔县高田镇）人。《阳朔县志》（民国）称其"精通医学，著有《灵枢内经体用精蕴》一书"，认为该书"能与科学暗合，分脏腑、经脉、经病、经方经药，为四大纲，而以诊候、审治、调摄三类殿之。后论针灸之法，援引经文，而以己意为之。归纳意思，一贯体最精，而用亦宏"。现有国医研究社石印本（1933 年）藏于广西壮族自治区桂林图书馆。

6. 医学撮要

1 卷。作者为民国黄周。《阳朔县志》（民国）第六编"文化·著述"中载"《医学撮要》1 卷，刊行于世"。现有慎独斋抄本（1916 年）藏于黑龙江省图书馆，中医研究社石印本（1931 年）藏于广西壮族自治区桂林图书馆。

7. 选择慎用行文口诀

2 卷。作者为清代周启烈。周启烈，灵川县江头洲（今桂林市灵川县九屋镇江头洲村）人。按《灵川县志》（民国）卷六载，周启烈著有《选择慎用行文口诀》2 卷。

8. 续方书撮要

6 卷。作者为清代周启烈。据《灵川县志》（民国）卷六载，周启烈著有《续方书撮要》6 卷。

9. 方脉秘传

2 卷。作者为清代周启烈。据《灵川县志》（民国）卷六载，周启烈著有《方脉秘传》2 卷。

10. 脉理素精

卷数不详。作者为清代谢济东。谢济东，全州县万乡桥渡村（今桂林市全州县龙水镇桥渡村）人。按《全县志》（民国）载，谢济东"精通医理，善于著书作诗，著有《适园诗抄》《脉理素精》"。

11. 医学纂要

卷数不详。作者为清代蒋励常。蒋励常（1751—1838 年），字道之，号岳麓，全州县龙水（今属桂林市全州县龙水镇）人。清乾隆四十五年（1780 年）中省试副榜第一，清嘉庆六年（1801 年）就任融县（今柳州市融水苗族自治县）训导，6 年后返乡主讲清湘书院（柳山书院）。按《全县志》（民国）载，蒋励常著有《医学纂要》。

12. 医学初步

卷数不详。作者为清代唐式谷。唐式谷，全州县长乡新鲁村（今属桂林市全州县）人，当地名医，擅外科，按《全县志》（民国）载，唐式谷著有《医学初步》。

13. 外科手法

卷数不详。作者为清代唐式谷。按《全县志》（民国）载，唐式谷著有《外科手法》。

14. 心法

卷数不详。作者为清代唐式谷。按《全县志》（民国）载，唐式谷著有《心法》。

15. 医科备要

卷数不详。作者为清代唐锡祀。唐锡祀，全州县（今属桂林市全州县）人。据《全县志》（民国）载，"光绪二十八年大疫，治愈数百人，贫者且助药费，著有《地理丛谈》《医科备要》《养元居诗草》"。

16. 惺斋医案

卷数不详。作者为清代蒋励惺。蒋励惺，全州县万乡龙水村（今属桂林市全州县龙水镇龙水村）人。据《全县志》（民国）载，蒋励惺"少因多病求医，遂成国手。著有《惺斋医案》待梓"。

17. 医学

2卷。作者为民国唐载生。唐载生，字斋圃，全州县思乡白茆屋（今属桂林市全州县）人，曾任财务局长。按《全县志》（民国）载，唐载生"著有《文集》8卷、《诗集》8卷、《解颐碎史》4卷、《尺牍》4卷、《偶待录》4卷、《医学》2卷、《口文便览》4卷，均待梓"。

18. 至善剂

卷数不详。作者为清代赵廷桢。赵廷桢，号松涛，永宁州（今属桂林市永福县）人。按《永宁州志》（清光绪）载，赵廷桢"尤精岐黄，著有《至善剂》，待刊"。

19. 各种奇方

卷数不详。作者为清代唐征濂。唐征濂，字慕周，灌阳县（今属桂林市灌阳县）人。按《灌阳县志》（民国）载，唐征濂"幼精岐黄，年二十随宦至黔中，每遇逆症随手奏效，著有《各种奇方》"。

20. 医案秘要

3卷。作者为清代王振秩。王振秩，字慎五，号叙斋，灌阳县（今属桂林市灌阳县）新街镇江口村人。按《灌阳县志》（清道光）载，王振秩"尤精医，著有《医案秘要》3卷"。

21. 急症良方

1卷。作者为清代周庆扬。周庆扬，恭城北乡（今属桂林市恭城瑶族自治县栗木镇）人。按《恭城县志》（清光绪）载，周庆扬精岐黄之术，"地方疫症盛行，以经验方活多人。著有《急症良方》1卷，兵燹后失传"。

22. 伤寒检验提要

3 卷。作者为清代吴汝兰。据《恭城县志》（清光绪）卷三载，吴汝兰精岐黄之术，"手纂《伤寒检验提要》3 卷，待梓"。

四、梧州

23. 瘴疟论

卷数不详。作者为宋代李璆。李璆（？—1151 年），河南省开封市人。宋高宗绍兴年间客居苍梧县，感于瘴疟失治误治，遂依据经典著成《瘴疟论》。《广西通志辑要》（清光绪）辑有《李璆瘴疟论》。

24. 集验医案

1 卷。作者为清代李世瑞。李世瑞（1659—1737 年），字非凡，号月庵。祖居苍梧县长洲，后迁至苍梧县长行（今梧州市龙圩区广平镇）。据《梧州府志》（清乾隆）载，"著有《天文》4 卷，《诗文》1 卷，《集验医案》1 卷，皆梓行"。另据《广西通志辑要》（清光绪）（续刻）称该书"今未见"。

五、贵港

25. 医书撮要

1 卷。作者为清代龚振家。龚振家（1830—1907 年），郭西里桐岭村（今属贵港市覃塘区桐岭村）人。据《贵县志》（民国）载，龚振家通岐黄之术，"著《医书撮要》，梁廉夫为之序"。

26. 医学粗知

2 卷。作者为清代龚彭寿。龚彭寿（1862—1926 年），字介眉，郭西里桐岭村（今贵港市覃塘区桐岭村）人。清庠生，旁通岐黄卜筮之术。该书成书于 1890 年，四万余字。《贵县志》（民国）辑录其自序。

27. 占病必要

卷数不详。作者为清代龚彭寿（1862—1926 年）。按《贵县志》（民国）载，该书为龚彭寿稿本。

28. 不知医必要

4 卷。作者为清代梁廉夫。梁廉夫，字子材，贵县城厢（今属贵港市）人。清道光丙午科副贡，历任灵川县教谕、百色厅学正、南宁府教授等职。按《贵县志》（清光绪），梁廉夫"尤精岐黄，老而不倦，著有《不知医必要》编行世"。该书刊于清光绪六年（1880 年），卷首简述诊法，卷一至卷三分述内科杂病、儿科，卷四记述妇科、外科。民国时期裘庆元辑《珍本医书集成》（1936 年），将《不知医必要》收入第三册"方书类"。

今存版本及馆藏情况：

清光绪六年（1880 年）庚辰蒋立贤刻本，藏于安徽中医药大学图书馆。

清光绪六年（1880 年）庚辰刻本，藏于中国人民解放军医学图书馆、北京中医药大学图书馆、济南市图书馆、江西省图书馆。

清光绪七年（1881 年）辛巳粤东刻本，藏于南京中医药大学图书馆、中南大学医学图书馆、成都中医药大学图书馆、广西壮族自治区桂林图书馆、广西中医药大学图书馆、广东省立中山图书馆。

清光绪七年（1881 年）辛巳桂林蒋存远堂刻本，藏于内蒙古自治区图书馆、广州中医药大学图书馆。

清光绪七年（1881 年）辛巳刻本，藏于中国医学科学院图书馆、中国中医科学院图书馆、吉林省图书馆、上海中医药大学图书馆、南京中医药大学图书馆、浙江大学图书馆。

清光绪十六年（1890 年）庚寅益元堂刻本，藏于中国中医科学院图书馆、湖北中医药大学图书馆。

清光绪十七年（1891 年）辛巳岑春熙益元堂刻本，藏于广西壮族自治区桂林图书馆。

清光绪二十六年（1900 年）庚子武陵章氏刻本，藏于中国中医科学院图书馆、天津中医药大学图书馆、南京图书馆、浙江中医药大学图书馆、南昌大学图书馆医学分馆。

清光绪刻本（年代不详），藏于首都图书馆、天津医学高等专科学校图书馆（残本）、中华医学会上海分会图书馆。

江山奇气楼铅印本（1915 年），藏于中国中医科学院图书馆、陕西中医学院图书馆、陕西省中医药研究院图书馆、中国医科大学图书馆、黑龙江中医药大学图书馆、上海图书馆、复旦大学医学院图书馆、中华医学会上海分会图书馆、上海交通大学医学院图书馆、上海中医药大学图书馆、南京中医药大学图书馆、苏州大学图书馆、安徽医科大学图书馆、安徽中医学院图书馆、浙江图书馆、浙江省中医药研究院、湖北省图书馆、湖南中医药大学图书馆、广州中医药大学图书馆。

杭州兴业书局铅印本（1915 年），藏于苏州市中医医院图书馆。

广西中医药大学图书馆藏有清文华阁书局刻本、清光绪七年（1881 年）粤华阁书局版本、清光绪七年（1881 年）桂林杨占元堂刻本共 3 种，中国中医科学院图书馆藏有抄本 1 种。

另收录于《珍本医书集成》"方书类"，有 1936 年上海书局铅印本，藏于中国国家图书馆、中国医学科学院图书馆、首都图书馆、中国中医科学院图书馆、故宫博物院图书馆、中国人民解放军医学图书馆、北京大学医学部图书馆、北京中医药大学图书馆、首都医科大学图书馆、天津医科大学图书馆、天津市医学科学技术信息研究所、天津医学高等专科学校图书馆（存 85 种）、河北医科大学图书馆、山东省图书馆、青岛市图书馆、山东大学图书馆、青岛大学图书馆、河南中医药大学图书馆、山西省图书馆、内蒙古中蒙医研究所图书馆、甘肃省图书馆、兰州大学图书馆、辽宁省图书馆、中国医科大学图书馆、吉林省图书馆、上海图书馆、复旦大学医学院图书馆、中华医学会上海分会图书馆、上海辞书出版社图书馆、上海交通大学医学院图书馆、上海中医药大学图书馆、镇江市图书馆、安徽医科大学图书馆、浙江图书馆、浙江中医药大学图书馆、湖北省图书馆、湖北中医药大学图书馆、华中科技大学同济医学院图书馆、湖南省图书馆、中南大学医学图书馆、湖南中医药大学图书馆、四川省图书馆、重庆市图书馆、四川大学图书馆医学图书馆、贵州省图书馆、云南省图书馆、云南中医药大学图书馆、成都中医药大学图书馆、福建省图书馆、福建中医药大学图书馆、广西壮族自治区桂林图书馆、广西壮族自治区图书馆、广西中医药大学图书馆、广东省立中山图书馆、广州中医药大学图书馆、广东省医学情报研究所。

29. 经验良方

4 卷。作者为程尹扬。程尹扬，军陵里官河村（今属桂平市）人。据其医案，应擅妇产科，曾批注《朱批人身脏腑脉络全图》。按《桂平县志》（民国）载，程尹扬"其学于今古方术，无所不窥，而能由博归约，故治病悉桴应吉""著《经验良方》4 卷"。

30. 星洲实录

卷数不详。作者为清代程士超。程士超（1803—1887 年），号上达，军陵里竹山塘村（今属桂平市）人。按《桂平县志》（民国）载，程士超于清咸丰五年（1855 年）"将平日经验诸方及各病体用辑成一书，名《星洲实录》"。

31. 医中参考论

6 卷。作者为清代程兆麟。程兆麟，又名程石麟，程士超之子。幼得父亲传授，后参学朱丹溪、张志聪、陈修园等学派，著《医中参考论》。按《桂平县志》（民国）载，该书"藏于家，多发古人所未发"。

32. 本草经验·质性篇

卷数不详。作者为清代程兆麟。按《桂平县志》（民国）载，该书作者"未成而卒，年四十八"。

33. 兰溪医案

卷数不详。作者为清代陆兰溪。陆兰溪，桂平县上秀里南乔村（今属桂平市下湾镇）人。按《桂平县志》（民国）载，陆兰溪平生"治病专尚温补，至谓温热发斑，亦未尝遇一热症，盖东垣派也"；并称该书"未刊"。

34. 内外科医书讲义

卷数不详。作者为黄啸梅。黄啸梅（1876—1958 年），名琼珠，广西桂平市社步镇北流村人。18 岁拜本县儒医黄咏琴为师，后师从上海名医丁福保，尤精通运气学说。20 世纪 20—30 年代任军医，1949 年后历任南宁中医药研究所所长、广西中医药研究所所长。按《桂平县志》(民国) 载，黄啸梅著有《内外科医书讲义》。

35. 伤寒论讲义

卷数不详。作者为黄啸梅。按《桂平县志》(民国) 载，黄啸梅著有《伤寒论讲义》。

36. 内科杂议

卷数不详。作者为黄啸梅。按《桂平县志》(民国) 载，黄啸梅著有《内科杂议》。

37. 病理问答

卷数不详。作者为黄啸梅。按《桂平县志》(民国) 载，黄啸梅著有《病理问答》。

38. 参考西药学粹

卷数不详。作者为黄啸梅。按《桂平县志》(民国) 载，黄啸梅著有《参考西药学粹》。附志书未载黄啸梅的现存医著共 2 种。

1.《增订脉学新义》，卷数不详。现有铅印本（1934 年）藏于广西壮族自治区图书馆；另有南宁铅印本（1937 年）保存于广西壮族自治区桂林图书馆。

2.《国医释疑》，卷数不详。现有南宁集成印刷所铅印本（1937 年）藏于广西壮族自治区图书馆、广东省医学情报研究所。

39. 家传验方集

卷数不详。作者为清代黄道章。黄道章，字万年，后改名有章。祖父黄锡遐、父黄应桂皆以医术闻名乡里，黄道章承家学，并能博览医籍。《桂平县志》(民国) 载其"于内伤、虚痨、外伤、金疮各症尤见专长，平生治案颇多，有《家传验方集》"。

40. 药性赋

卷数不详。作者为清代甘庸德。甘庸德，字元夫，另一字玉山，人称"一剂先生"，广西平南县人。《平南县志》（光绪）称其"善太素脉经，深得刘河间、朱丹溪医中之意，然不执古方。自炼药丸，以朱砂为衣，如绿豆形，常能起九死而俱生。甘庸德著有《药性赋》《锡葫芦赋》《药王游猎赋》"。

41. 锡葫芦赋

卷数不详。作者为清代甘庸德。《平南县志》（光绪）载其著有《锡葫芦赋》。

42. 药王游猎赋

卷数不详。作者为清代甘庸德。《平南县志》（光绪）载其著有《药王游猎赋》。

六、百色

43. 济人录

卷数不详。作者为清代孙澄熙。孙澄熙，号镜潭，广西凌云县人。据《凌云县志》（民国）载，孙曾担任"清县丞，风规和畅，绍承家学，踵乃祖，为时名医，著有《济人录》一书传世。卒年八十有三"。

七、贺州

44. 静耘斋集验方

卷数不详。作者为清代黄元基。黄元基，桂岭（今属广西贺州市）人，历任广东海康县、揭阳县、灵山县知县。《静耘斋集验方》成书于清乾隆二十八年（1763 年），全书按病证分为 8 卷，26 万字，共载方剂 1640 余首。《临桂县志》《潮州府志》均有记载。清嘉庆四年（1799 年）德轩据此书辑成《普济应验良方》5 卷本，清同治二年（1863 年）来云鹤增辑为《增补普济良方》。现有清嘉庆四年己未刻本、静耘斋藏版清嘉庆四年（1799 年）保存于中国中医科学院图书馆、上海中医药大学图书馆，有清刻本（版本不详）藏于天津中医药大学图书馆（残）、广州中医药大学图书馆（存卷一、卷三至卷五），此外尚有抄本藏于首都图书馆（不分卷）、中国中医科学院图书馆（残）。

45. 寄尘草庐医案

卷数不详。作者为清代邓达亮。邓达亮，贺县莲塘坪（今属广西贺州市）人。清光绪十八年（1892 年）起，曾在英属南洋槟榔屿南华医院担任医师达 20 余年。按《钟山县志》（民国）载，邓达亮"著有《寄尘草庐医案》书一部，抄本未刊"。

46. 救溺戒淫合编

卷数不详。作者为清代潘珝瑾。潘珝瑾，字昆山。据《钟山县志》（民国）载，潘珝瑾"刊有手订《救溺戒淫合编》及《达生编》诸书，附刻《神效各方》在内送人"。

47. 达生编

卷数不详。作者为清代潘珝瑾，据《钟山县志》（民国）载，潘珝瑾著《达生编》。

八、来宾

48. 戒溺女文

卷数不详。作者为清代张炳辰。张炳辰，字西垣。据《武宣县志》载，张炳辰于"道光癸卯年（1843 年）数上春官不第，改教职，选怀集教谕"。张炳辰著有《戒溺女文》。

49. 拯婴汇编

卷数不详。作者为清代张炳辰。据《武宣县志》载，张炳辰著有《拯婴汇编》。

50. 四诊记

卷数不详。作者为清代谭祚延。谭祚延，号寿丞，象县（今属来宾市象州县）人。自幼习医，中年迁居广州，后至澳门镜湖医院研究西法治疗。按《象县志》（民国）载，谭祚延"意欲沟通中外医术，著有《四诊记》"。

九、崇左

51. 心安医话

卷数不详。作者为清代区景荣。区景荣，字心安，龙津县（今属崇左市龙州县）人。据《龙津县志》（民国）载，区景荣曾"负笈游粤，从明师习中医，学成悬壶粤市中，回里以术济世"。区景荣著有《心安医话》。

第四编

目录学专著所载广西医药古籍目录

　　目录学专著是反映某一领域文献学成果、检索文献信息的重要工具书。将含有广西医药古籍的多领域学者组织编撰的目录学工具书反复检索比较，现选择 7 种代表性目录学著作，对其收录的广西医药古籍进行整理，并以存目形式加以著录。这些目录学专著或为中医药专业目录，如《中国分省医籍考》，或为综合性目录学专著；如《广西文献名录》，并有全国性与地域性之分，都从不同层面和视角展现了广西医药古籍整理现状，共形成广西古籍文献书目 800 余条。对这些目录学成果加以整理汇编，有助于更加全面地开展广西中医药、民族医药古籍目录学整理工作。将各种目录工具书的整理成果汇编于此，可与第一编"广西馆藏医药古籍书"相互印证，系统展示广西中医药古籍的文献底蕴。

凡　例

1　收录范围

1.1　本编纳入目录学专著的依据，一是能反映当代学者在中医药目录学领域的研究成果，二是新中国成立以后出版的目录学专著。对于低水平重复收录、老版本为新版本收录的著作，则加以剔除。

1.2　对各种目录学专著的书目辑录，只纳入其明确为广西医药古籍的部分。

2　内容结构

正文内容以存目形式为主，重点对文献名、作者、文献来源加以记录，部分提供保存地的一并著录。

3　编撰体例

3.1　本编按目录学专著的出版时间进行分类。

3.2　每类的文献条目，如原书中有分类方法，则作二次分类，原文无分类则忽略。

3.3　部分工具书对期刊亦有收录，本编一并纳入。

一、中国分省医籍考

《中国分省医籍考》由郭霭春主编，天津科学技术出版社出版（上册出版于 1984 年，下册出版于 1987 年）。该著作依据我国省级行政区划（1980 年），对各地古代地方志记录的中医古籍加以整理，共收集全国近 3000 种地方志中的医籍 8000 多种，每省又按医经、伤寒、诊法、本草、针灸、方论、医史、医案、医话、养生、法医等进行分类。其中，"广西壮族自治区"部分依据 154 种地方志，共摘录医籍记载 61 种，按医经、诊法、伤寒、本草、方论、医案医话共六个部分加以分类。现择其目录精要，辑录如下。

第一类　医经　附脏象

1.《灵枢内经体用精蕴》(16 卷)，（民国）黄周

　　见 1936 年《阳朔县志》卷三《文化·医学》。

　　同上《阳朔县志》卷三《文化·著述》。

2.《朱批人身脏腑脉络全图》，（清）程尹扬

　　见 1920 年《桂平县志》卷三十八《纪人·艺术传》。

第二类　诊法

1.《脉理素精》，（清）谢济东

　　见 1942 年《全县志》第十编《文化·著作汇载》。

　　同上《全县志》第十编《文化·艺术》。

2.《脉理素精》，（清）俞廷举

　　见 1942 年《全县志》第十编《文化·著述汇载》。

3.《四诊记》，（清）谭祚延

　　见 1948 年《象县志》第五编《文化》。

第三类　伤寒　附金匮

1.《伤寒检验提要》(3 卷)，（清）吴汝兰

见清光绪十五年（1889 年)《恭城县志》卷三《乡贤·学行》。

2.《批伤寒论》，（清）庞鹏展

见 1933 年《武宣县志》第七编《列传·技术》。

3.《伤寒科（学）释》，（清）石德培

见 1947 年《藤县志稿》卷四《文化》。

4.《批金匮要略》，（清）庞鹏展

见 1933 年《武宣县志》第七编《列传·技术》。

5.《金匮科学释》，（清）石德培

见 1947 年《藤县志稿》卷四《文化》。

第四类　本草　附食疗

1.《本草经验质性篇》，（清）程兆麟

见 1920 年《桂平县志》卷三十八《纪人·艺术传》。

2.《药性赋》，（清）甘庸德

见清光绪九年（1883 年)《平南县志》卷二十二《列传》。

3.《本草摄要》，（清）何耀庚

见 1947 年《藤县志稿》卷四《文化》。

4.《何氏食谱》，（清）何耀庚

见 1947 年《藤县志稿》卷四《文化》。

第五类　方论

1.《医藏十经》，（清）谢济世

见清同治六年（1867 年）重校清道光八年（1828 年)《永州府志》卷十《寓贤传》。

2.《静耘斋集验方》(8 卷)，（清）黄元基

见清光绪十八年〔1892 年)《临桂县志》卷十九《艺文志》。

同《临桂县志》卷二十九《人物志·先贤》。

3.《济世良方》(1 卷),（清）谢文徽

见清道光九年（1829 年)《庆远府志》卷十八《艺文志·著作》。

同《庆远府志》卷十七《人物志·流寓》。

4.《星洲实录》,（清）程士超

见 1920 年《桂平县志》卷三十八《纪人·艺术传》。

5.《医中参考论》(6 卷),（清）程兆麟

见 1920 年《桂平县志》卷三十八《纪人·艺术传》。

6.《医学纂要》,（清）蒋励常

见 1942 年《全县志》第十编《文化·著作汇载》。

7.《医门心镜》(6 卷),（清）屈遵德

见 1924 年《永淳县志》卷七《乡贤》。

8.《医宗揽要》,（清）伍家榕

见 1942 年《全县志》第十编《文化·著作汇载》。

同上《全县志》第十一编《人物·乡望》。

9.《不知医必要》(4 卷),（清）梁廉夫

见 1934 年《贵县志》卷十二《学艺·著述汇载》。

10.《验方》(4 卷),（清）程尹扬

见 1920 年《桂平县志》卷三十八《纪人·艺术传》。

11.《经验良方》(4 卷),（清）程炳珍

见 1920 年《桂平县志》卷二十八《纪人·艺术传》。

12.《张炳辰医书》,（清）张炳辰

见 1914 年《武宣县志》卷十一《纪人·列传》。

13.《占病必要》,（清）龚彭寿

见 1934 年《贵县志》卷十二《学艺·著述汇载》。

14.《急症良方》(1 卷),（清）周庆扬

见清光绪十五年（1889 年)《恭城县志》卷三《乡贤·学行》。

15.《医学辑要》(1 卷),（清）龚振家

见 1934 年《贵县志》卷十二《学艺·著作汇载》。

同上《贵县志》卷十六《人物·列传》。

16.《至善剂》,（清）赵廷桢

见清光绪十一年（1885 年）增刻清道光六年（1826 年）《永宁州志》卷十三《人物·贤良》。

17.《各种奇方》,〔清〕唐征濂

见 1914 年《灌阳县志》卷十二《人物·乡贤》。

18.《家传验方集》,（清）黄道章

见 1920 年《桂平县志》卷三十八《纪人·艺术传》。

19.《方书摄要》(6 卷),（清）周启烈

见 1929 年《灵川县志》卷四《艺文》。

同上《灵川县志》卷六《技术》。

20.《续方书摄要》(6 卷),（清）周启烈

见 1929 年《灵川县志》卷六《技术》。

21.《方脉秘传》(2 卷),（清）周启烈

见 1929 年《灵川县志》卷四《艺文》。

22.《选择慎用》(1 卷),（清）周启烈

见 1929 年《灵川县志》卷四《艺文》。

23.《神效各方》,（清）潘珆瑾

见 1933 年《钟山县志》卷十四《列传志》。

24.《医学粗知》(2 卷),（清）龚彭寿

见 1934 年《贵县志》卷十二《学艺·著述汇载》。

25.《治蛊新编》,（清）路顺德

见 1936 年《融县志》第五编《文化》。

26.《医学摄要》(1 卷),（民国）黄周

见 1936 年《阳朔县志》卷三《文化·著述》。

27.《经验医方》(8 卷),（清）莫以悌

见 1937 年《邕宁县志》卷四十二《艺文志》。

28.《良方汇编》(4 卷),（清）刘启芳

见 1937 年《邕宁县志》卷四十二《艺文志》。

29.《医学初步》,（清）唐式谷

见 1942 年《全县志》第十编《文化·艺术》。

30.《医科备要》，（清）唐锡祀

见 1942 年《全县志》第十编《文化·艺术》。

31.《批医学三字经》，（清）庞鹏展

见 1933 年《武宣县志》第七编《列传·技术》。

32.《医学》(2 卷)，（清）唐载生

见 1942 年《全县志》第十一编《人物·乡望》。

33.《外科心法》，（清）唐式谷

见 1942 年《全县志》第十编《文化·艺术》。

34.《外科手法》，（清）唐式谷

见 1942 年《全县志》第十编《文化·艺术》。

35.《增补达生篇》，（清）俞廷举

见 1942 年《全县志》第十一编《人物·乡望》。

36.《手订达生篇》，（清）潘珝瑾

见 1933 年《钟山县志》卷十四《列传志》。

37.《童人二面》，（清）程炳珍

见 1920 年《桂平县志》卷三十八《纪人·艺术传》。

第六类　医案、医话

1.《集验医案》，（清）李世瑞

见清光绪十七年（1891 年)《广西通志》卷二百七十《艺文》。

清同治十三年（1874 年)《苍梧县志》卷十五《列传》。

2.《惺斋医案》，（清）蒋励惺

见 1942 年《全县志》第十编《文化·著作汇载》。

同《全县志》第十编《文化·艺术》。

3.《医案秘要》(3 卷)，（清）王振秩

见清道光二十四年（1844 年)《灌阳县志》卷十一《人物·列传》。

4.《兰溪医案》，（清）陆兰溪

见 1920 年《桂平县志》卷三十八《纪人·艺术传》。

5.《寄尘草庐医案》,（清）邓达亮

见 1934 年《贺县志》卷十《杂记部》。

6.《临症经验医案选录》（5 卷）,（清）王少卿

见 1948 年《隆山县志》第七编《文化·科学》。

7.《金台医话》,（清）俞廷举

见 1942 年《全县志》第十编《文化·著作汇载》。

同上《全县志》第十一编《人物·乡望》。

8.《心安医话》,（清）区景荣

见 1946 年《龙津县志》第九编《文化·著作》。

同上《龙津县志》第九编《文化·艺术》。

9.《锡葫芦赋》,（清）甘庸德

见清光绪九年（1883 年)《平南县志》卷二十二《列传》。

10.《药王游猎赋》,（清）甘庸德

见清光绪九年（1883 年)《平南县志》卷二十二《列传》。

二、广西文献名录

《广西文献名录》由广西壮族自治区图书馆（简称"区图"）、广西壮族自治区桂林图书馆（简称"桂图"）合编，收集了两馆所藏新中国成立前各个时期的广西地方文献，包括图书资料、地方志、报纸期刊三个部分。其中，图书资料部分包括各个时期有关广西的线装、平装图书，广西公开或内部出版的图书、文稿、文件汇编，以及学校、机关、团体等编印的有关资料；地方志部分收录了明嘉靖十年（1531 年）至 1948 年的广西地方志；报纸期刊部分收录两馆所藏的 1910—1949 年广西各地出版的报纸。这些图书文献是研究广西政治经济、社会历史的重要资料。该书由广西人民出版社于 2009 年出版。现对其医学文献进行辑录，按照医经、基础理论、金匮伤寒、诊法、针灸推拿、本草、方书、临证各科、医案医话医论、综合性著作、其他共十一个部分进行分类；辑录时对其原文提要的关键信息加以整理，以便检索。

第一类　医经

1.《灵枢内经体用精蕴》（第一编第一、二册），（民国）黄周著

1931 年中医学者谢玉鉴等组织中医研究社，请黄周担任教授，传授医学，黄周即以本书为课本进行教学授课，影响颇大。桂图有藏。

2.《医学撮要》，（民国）黄周编辑

医界学者陆川县谢玉鉴等组织中医研究社，请黄周主教授，黄周即以《灵枢内经体用精蕴》为课本，后将其编为《医学撮要》。全书分为七章。桂图有藏。

第二类　基础理论

《中国医学的基础智识》，（民国）粲殊著

本书为医学专著，分四编。桂图有藏。

第三类　伤寒金匮

1.《广西省立南宁区医药研究所伤寒学讲义》，（民国）黄樨门编

本讲义是黄樨门博采诸家对《伤寒论》的注释、集注等编辑而成。全书分辨太阳病脉证治上篇、中篇、下篇进行讲述，并加按语。桂图有藏。

2.《伤寒论析议》，（民国）范敏言著

本书是范敏言 1944 年在省立医学研究所教书时，因感东汉张仲景的《伤寒论》古文难懂，且较凌乱，他参证各家版本，勘定字句，用现代生理病理学原理译阐其义理。桂图有藏。

第四类　诊法

《脉学新义》，（民国）黄啸梅著

本书是黄啸梅主讲桂南医学讲习所时编著而成。全书分为上、下两编，系统地叙述了动脉的构造，心脏、血管、血液、动脉神经系的生理状况，诊脉的部位、方法，脉搏异常的原因，介绍了平脉的性状和各种病脉的性状等内容。桂图有藏。

第五类　针灸推拿

1.《针灸精粹》，（民国）李文宪著

本书是李文宪将历年讲学讲义删削修订而成。全书十四章。桂图有藏。

2.《针灸说明书》，（民国）罗兆琚著

本书收入了罗兆理、丁尧镜、胡丰然、黄慧慈、汪大良、黄翰、王聚瑶等七人的文章。内容包括告中医各科同志书、针灸学术为医家必修说，针灸便于汤药学，金针能统治百病说，劝告同志研习针灸宣言，论针术、提倡针灸说、针灸浅说、针灸问答等。桂图有藏。

3.《针灸学新传》，（民国）罗兆琚著

本书分别从针治学和灸治学两个方面进行了系统的阐述，对针治学、灸治学的定义、种类、生理作用、原理、功效，以及晕针的预防法、解救法，折针的处理法，针的保存法、消毒法、制造法，灸治痕化脓的原由及预防法，灸疮的疗法，药灸的制法，艾的保存法等进行了详细阐述。桂图有藏。

第六类　本草

1.《广西省立南宁区医药研究所处方学讲义》，（民国）梁春如辑

本书是梁春如在南宁区医药研究所讲学的讲义汇编。全书以《素问》为据，阐述药理、药性、医理、医性。桂图有藏。

2.《广西省立梧州区医药研究所药物学讲义》，（民国）广西省立梧州区医药研究所编

本书是广西省立梧州区医药研究所药物学讲义，共分上中下三册，广西图书馆仅藏中、下2册，共列出了197种药物的名称、类科、性味、功用；并按药物功用将它们分为七类。区图有藏。

第七类　方书

《药方》，（清）况澍辑录

本书首列医治痔疮药方 10 余则，有散、汤、丸；次为治疗癣疮、鸡眼等症药方几十则；后列妇科、儿科药方若干。每方不注明抄录出处。方下列药名、剂量及服法。某些部分，对病症别名及症状进行论述。桂图有藏。线装。

第八类　临证各科

1.《传染病看护法》，（民国）李兆时著

本书分三章论述了法定传染病看护法、非法定传染病看护法和慢性传染病看护法。书中对上述传染病从病因、病症状、病经历及愈后情况的护理、预防方法等进行了详细的介绍。桂图有藏。

2.《痘疹心法》，（清）必良斋主人编

本书正文分为两个部分，页上部分为《看痘法》，页下部分为《痘疹心法歌诀》。桂图有藏。线装。

3.《广西军医院对于疗治流行性脑脊髓膜炎之报告》，（民国）英延龄著

本书是英延龄当时写的关于防治流行性脑膜炎的报告。英延龄就脑膜炎流行的历史、原因、病源、病菌侵入和传播途径及脑膜炎的诊断、临床症状、继发疾患（后遗症）、预防、治疗、脑膜炎死者尸体检查、脑膜炎球菌培养等方面的问题进行了详细的阐述。本书是英延龄总结 2 年临床经验，并吸收欧美学者理论而撰写的。区图有藏。

4.《救疫全生篇》，（清）梁玉池编撰

本书是讲述医治瘟疫方法的专著。书中提到的瘟疫指烈性传染病和一般性传染病。过去常把瘟疫同温病和霍乱等病混淆起来，因此作者特别指出瘟疫的特殊性，列举许多瘟疫发病的症候、特点，并提出防治的方法。桂图有藏。线装。

5.《民国廿四年广西省防治流行性脑脊髓膜炎经过汇刊》，（民国）广西军区医院编

本书记载了广西 1935 年在新兵中流行脑膜炎的发生经过和治疗情况。本书介绍了脑膜炎发现的时间、地点、发病的诱因、流行的警报，及各地卫生机关的防治情况。桂图有藏。

6.《性病·痔疮》，（民国）周泽昭著

本书是 1936 年广西军医院健社出版部出版的卫生丛书之一。本书就性病和痔疮的病因、临床症状、对健康的危害及防治问题做了介绍。区图有藏。

7.《种痘新编》，（民国）白坤公撰

本书是白坤公行医时所著。全书分十六章。桂图有藏。线装。

第九类　医案医话医论

1.《两广瑶山调查》，（民国）庞新民编著

20 世纪 30 年代初，庞新民跟随中山大学生物系学生到广西瑶山采集标本，在亲自采访、调查和浏览大量资料的基础上写成此书。书中分广东、广西两个部分，其中包含卫生、疾病与医疗。区图、桂图有藏。

2.《临床日记》（9 卷），（民国）庞石顽撰

庞石顽从医，本书即其根据临床诊断所得病情状况而录载成册。桂图有藏。线装。

第十类　综合性著作

1.《不知医必要》（4 卷），（清）梁廉夫撰

全书 4 卷。书中包含要言、望色、闻声、问症、观形等理论。桂图有藏。线装。

2.《方验辑成》，（清）龙启鹏编辑

本书所录药方分为十二门。每门内，药方均有题识，如救急门内有治阴证欲死立效方、治中暑昏眩烦闷欲死方。每方下列药名及药量。某些药方名下，注明其功效。全书收录药方约 120 则。桂图有藏。线装。

3.《医医医》（3卷），（清）孟今氏撰

本书共 3 卷，卷一为朝廷对于医者之医方，卷二为世界对于医者之医方，卷三为医者自医之医方。行文中对清朝设立太医院、医者的俸禄、医疗政策等问题进行了论述。桂图有藏。线装。

第十一类　其他

1.《宾阳行政汇刊》，（民国）宾阳县政府编

本书内容有报告、公牍、法规、调查、特载、附录等六个方面，其中包括医药内容。桂图有藏。

2.《筹备广西省立百色医院计划书》，（民国）邹锡祁著

本书内容介绍建设百色省立医院的重要性，及医院人员组织设置、经费预算，包括药品、家具、器械、修理、病人、留医、门诊等预算及章程。桂图有藏。

3.《调查民情风俗习惯问题藤县第一次报告书》，（民国）陈思撰述

本书分为十三类，以问答形式，将藤县的民情风俗习惯等问题做一大略介绍，内容包括医药卫生。桂图有藏。线装。

4.《东园存稿》（9卷），（民国）黄华元著，黄辉清编刊

本书分 9 卷。区图有藏。线装。

5.《风俗资料摘抄》，（民国）广西省立第二图书馆集

本资料集是广西省立第二图书馆（广西壮族自治区图书馆）于 20 世纪 60 年代根据云南省图书馆藏书摘抄收集的。书中主要记述了少数民族的不同风俗，如婚丧、祭祀活动、房屋建筑、岁时、民族节日的方式，简要介绍了各地区各民族不同方言、蓄发、文身、染齿、医药卫生等情况。区图有藏。

6.《广西大事记》（专记民国三十五年大事），（民国）闭树准编

本书为专记 1946 年广西大事的资料。内容主要是记录广西当年有关政治、经济、军事、文化教育、卫生医药等事宜。区图有藏。线装。

7.《广西省二十九年度卫生行政工作报告》,（民国）广西省民政厅卫生处编

本书是广西全省卫生行政工作报告，内容有广西省卫生机关分布图、广西省卫生行政系统。全书共七章。区图有藏。

8.《广西省二十六、七两年度卫生行政工作报告》,（民国）广西省政府民政厅编印

本书分七章，包括总述、行政组织、卫生经费、各级卫生机关之设置情形、工作概况、战时卫生设施、附录。区图有藏。

9.《广西省三十五年度地方行政会议钟山县政府工作报告》,（民国）钟山县政府编

本书为钟山县政府于1946年10月召开的地方行政会议所作的工作报告。报告分为十七个大类，其中包括医疗设备、卫生防疫。桂图有藏。

10.《广西省卫生行政会议报告书》,（民国）广西省政府编印

广西省卫生行政会议于1936年4月召开，会议总结了全省的卫生工作。区图有藏。

11.《广西省现行法规汇编》（卫生）,（民国）广西省政府编纂法规委员会编

本书是关于广西卫生事项的单项法规汇编，全书分四类，汇集了有关广西卫生事业的组织、医政、保健、防疫等法规52条，附中央法规64条。区图有藏。

12.《广西卫生行政讲义》,（民国）虞乔僧编

本书是一份有关卫生行政管理的讲义稿。全书共五章。区图有藏。

13.《广西梧州医师节特训》,（民国）梧州医师庆祝首属医师节筹委会编

本书是梧州市医药卫生界于1948年为庆祝医师节而出版的特刊，其内容分言论、学术、概况三个部分。桂图有藏。

14.《桂林市政府民国三十七年度工作计划》,（民国）桂林市政府编印

本书是桂林市政府工作计划（1948年），分为十四个部分。区图有藏。

15.《桂游日记》，（清）张维屏著

清道光十七年（1837 年）张维屏与朱凤梧、李云甫等人遍游桂林诸岩洞，作《桂游日记》。全书共 3 卷。桂图有藏。线装。

16.《洪鳌先生哀悼录》，（民国）

本书是洪鳌先生逝世后，其儿子编印的哀悼录。本书前半部分是一些人写的挽词，后半部分是洪鳌先生儿子口述的悼文。桂图有藏。线装。

17.《龙胜乡土风情》，（民国）李达权著

全书分二十四节，其中包括疾病与医药。1986 年桂图有藏。线装。

18.《日本货调查汇编》（第一辑），（民国）广西民众抗日救国委员会编印

编者把当时在国内销售的日货汇辑成册，分为六大门，其中包括医药门。桂图有藏。

19.《省立龙州医院工作报告书》，（民国）省立龙州医院编

本书是省立龙州医院成立一年的工作报告书。全书分概述、筹备工作、正式成立后院务概况、筹备省立龙州麻风病院四章。区图有藏。

20.《天学浅说》，（清）钟章元撰

本书分为九重天说、北极南极赤道、黄道白道、五星行道、经度纬度、日月行度、晦朔弦望、气盈朔虚、五星伏见迟疾、日月交食几个部分。桂图有藏。线装。

21.《卫生运动特刊》，（民国）

本书收集了当时广西军医院内科主任英延龄等人所写的 30 多篇医学卫生文章。区图有藏。

22.《五年来之广西卫生行政》（民国二十一年至二十五年），（民国）广西省政府民政厅第四科编

本书总结了 1932—1936 年广西的卫生行政工作。全书分九个部分。区图有藏。

23.《**幼保集览**》，（清）况澄编辑

本书为况氏抄录各种医书及汇编其他材料而成，共分 10 册。桂图有藏。线装。

24. 其他

《**广西卫生半月刊**》广西梧州医院，梧州市，1936—1939 年，区图、桂图有藏

《**广西医讯**》广西省立医学院，桂林市，1946 年，桂图有藏

《**广西医学杂志**》广西医学院，桂林市，1946 年，桂图有藏

《**广西省立医学院医学月刊**》广西省立医学院，桂林市，1949 年，区图、桂图有藏

《**广西省立梧州区医药研究所汇刊**》广西省立梧州区医药研究所，梧州市，1935—1937 年，区图有藏

《**广西僮社医学月刊**》广西军医学校，南宁市，1934—1938 年，区图、桂图有藏

《**中医学校期刊**》广西省立南宁高级中医职业学校，南宁市，1946—1948 年，桂图有藏

《**复兴医药杂志**》复兴医药杂志社，桂林市，1941—1944 年，区图、桂图有藏

《**贺县公立医院公报**》朱聃主编，贺县，1949 年，桂图有藏

《**梧州医报**》中华医学会梧州分会，梧州市，1949 年，桂图有藏

《**现代中医**》邕宁公会县中医师，南宁市，1947 年，区图、桂图有藏

三、广西壮族自治区图书馆古籍普查登记目录

《广西壮族自治区图书馆古籍普查登记目录》由广西壮族自治区图书馆编，是该馆 2010—2013 年开展古籍纸本普查登记的成果。该目录首次对广西壮族自治区图书馆收藏的 1912 年以前成书的汉文古籍进行全面整理，收录数量共 4776 部，并按题名卷数、著者、版本、存卷、行款、批校题跋等十一个项目进行著录，由国家图书馆出版社于 2017 年 4 月出版，现对其医学部分进行辑录。

1.《**类经**》(32 卷)，(明) 张介宾著注

2.《**奇经八脉考**》(1 卷)，《**濒湖脉学**》(1 卷)，《**脉学考证**》(1 卷)，(明) 李时珍撰

3.《濒湖脉学》(1卷),《脉学考证》(1卷),《奇经八脉考》(1卷),(明)李时珍撰

4.《伤寒六书》(6卷),(明)陶华撰

5.《女科证治准绳》(5卷),(明)王肯堂撰,张绋校

6.《御纂医宗金鉴》(90卷),卷首(1卷),(清)吴谦编

7.《医学源流论》(2卷),(清)徐大椿撰

8.《喻氏医书三种》(34卷),(清)喻昌著

9.《伤寒兼证析义》(1卷),(清)张倬撰

10.《外科十法》(1卷),(清)程国彭著

11.《重刊补注洗冤录集证》(6卷),(清)王又槐增辑,李观澜补辑,孙光烈参阅,阮其新补注

12.《伤寒论注》(4卷),(东汉)张仲景原文,(清)柯琴编注

13.《伤寒论浅注补正》(7卷),卷首(1卷),(东汉)张仲景原文,(清)陈念祖浅注,(清)唐宗海补正

14.《本草纲目拾遗》(10卷),卷首(1卷),(清)赵学敏撰

15.《中西汇通医书五种》(29卷),(清)唐宗海撰

16.《汤液本草》(3卷),(元)王好古著

17.《伤寒医诀串解》(6卷),伤寒真方歌括(6卷),(清)陈念祖著

18.《沈氏尊生书》五种(72卷),(清)沈金鳌撰

19.《金匮方歌括》(6卷),(清)陈念祖著

20.《张仲景伤寒论原文浅注》(6卷),(清)陈念祖集注

21.《金匮要略浅注》(10卷),(东汉)张仲景原文,(清)陈念祖集注

22.《金匮要略心典》(3卷),(东汉)张仲景著,(清)尤怡集注

23.《徐氏医书八种》(18卷),(清)徐大椿撰

24.《医方丛话》(8卷),附钞(1卷),(清)徐士銮辑

25.《仲景伤寒补亡论》(20卷),(宋)郭雍撰

26.《增补医方本草合编三种》(33卷),(清)汪昂撰

27.《重镌本草医方合编》(15卷),(清)汪昂撰

28.《伤寒来苏全集》,(东汉)张仲景原文,(清)柯琴撰

29.《伤寒瘟疫条辨》(5卷),《本草类辨》(1卷),(清)杨璿撰

30.《张氏医书七种》（27 卷），（清）张璐等撰

31.《石室秘录》（6 卷），（清）陈士铎撰

32.《长沙方歌括》（6 卷），（清）陈念祖著

33.《外科正宗》（12 卷），附录（1 卷），（明）陈实功撰，（清）徐大椿评

34.《产科心法》（2 卷），（清）汪喆撰；《福幼编摘刻》（1 卷），（清）庄一夔著，拜松居士增订

35.《孙真人千金方衍义》（30 卷），（清）张璐著

36.《黄氏医书八种》（77 卷），（清）黄元御著

37.《普济应验良方》（8 卷），补遗（1 卷），卷末（1 卷），（清）德轩氏撰

38.《医门棒喝初集》（4 卷），二集（9 卷），（清）章楠撰，王士雄增批评点

39.《验方新编》（8 卷），卷首（1 卷），增补方（1 卷），（清）鲍相璈编

40.《医方集解》（21 卷），（清）汪昂撰

41.《新增脉学本草医方全书八种》（16 卷），清太医院辑

42.《唐王焘先生外台秘要方》（40 卷），（唐）王焘撰，（明）陆锡明校阅，程衍道订梓

43.《医学从众录》（8 卷），（清）陈念祖撰

44.《叶案括要》（8 卷），（清）潘名熊编

45.《陈修园先生晚余三书四种》（9 卷），（清）陈念祖撰

46.《医宗必读》（10 卷），（明）李中梓撰

47.《医效秘传》（3 卷），（清）叶桂述，吴金寿纂

48.《中西汇通医经精义》（2 卷），（清）唐宗海撰

49.《大生要旨》（5 卷），（清）唐千顷撰

50.《增补秘传痘疹玉髓金镜录真本》（4 卷），图像（1 卷），（清）翁仲仁辑著，仇天一参阅

51.《女科辑要》（2 卷），（清）沈又彭撰

52.《仲景归真》（7 卷），（清）陈焕堂撰

53.《钱氏小儿药证直诀》（3 卷），（宋）钱乙撰，阎孝忠辑；附方（1 卷），（宋）阎孝忠撰；《钱仲阳传》（1 卷），（宋）刘跂撰

54.《串雅内编》（4 卷），（清）赵学敏编，吴康生校注

55.《珍珠囊指掌补遗药性赋》（4 卷），（金）李杲撰

56.《瘰疬花柳良方录要》（1 卷）

57.《胎产心法》（3 卷），（清）阎纯玺撰

58.《小儿月内出痘神方》（1 卷），佚名

59.《小儿推拿广意》（3 卷），（清）陈世凯重订

60.《疮疡经验全书》（6 卷），（宋）窦汉卿辑著

61.《临证指南医案》（10 卷），《种福堂公选温热论医案》（4 卷），（清）叶桂著

62.《温热经纬》（5 卷），（清）王士雄撰

63.《当归草堂医学丛书初编十种》（40 卷），（清）丁丙辑

64.《鼠疫汇编》（1 卷），（清）罗汝兰增辑

65.《外科正宗》（12 卷），（明）陈实功撰，（清）徐大椿评

66.《恶核良方释疑》（1 卷），（清）劳守慎撰

67.《驱蛊燃犀录》（1 卷），（清）燃犀道人撰

68.《图注难经脉诀二种》（9 卷），附三种（3 卷）

69.《产后编》（2 卷），（清）傅山撰

70.《删注脉诀规正》（2 卷），（清）沈镜删注

71.《痧胀玉衡书》（3 卷），后卷（1 卷），（清）郭志邃著

72.《理瀹骈文摘要》（不分卷），（清）吴尚先撰

73.《鼎锲幼幼集成》（6 卷），（清）陈复正辑订，刘勷校正

74.《医学金针》（8 卷），（清）陈念祖原本，潘霨增辑

75.《新刊补注铜人腧穴针灸图经》（5 卷），（清）王惟一撰

76.《针灸大成》（10 卷），（明）杨继洲撰，（清）章廷珪重修

77.《江阴柳氏医学丛书》，（清）柳宝诒选评

78.《外科精义》（2 卷），（清）齐德之撰

79.《温病条辨》（6 卷），卷首（1 卷），（清）吴瑭著

80.《脉诀指掌》（1 卷），（元）朱震亨著

81.《疡医大全》（40 卷），（清）顾世澄撰

82.《伤寒微旨论》（2 卷），（宋）韩祗和撰

83.《补注洗冤录集证》（4 卷），《检骨图格》（1 卷），（清）王又槐增辑；《作吏要言》

（1卷），（清）叶镇著，朱椿增

84.《素问灵枢类纂约注》（3卷），（清）汪昂撰

85.《临证指南医案》（10卷），（清）叶桂著

86.《达生遂生福幼合编》（4卷），（清）庄一夔撰

87.《喉牙口舌各科秘旨》（1卷），佚名

88.《医效秘传》（3卷），（清）叶桂述

89.《洗冤录详义》（4卷），卷首（1卷），（清）许梿编校；《洗冤录撮遗》（2卷），（清）葛元熙撰

90.《沈氏麻科》（1卷），（清）赵开泰辑

91.《医学心悟》（6卷），（清）程国彭撰

92.《洗冤录详义》（4卷），卷首（1卷），（清）许梿编校；《洗冤录撮遗》（2卷），（清）葛元熙撰；《洗冤录撮遗补》（1卷），（清）张开运撰

93.《吴门治验录》（4卷），（清）顾金寿撰

94.《注解伤寒论》（10卷），论图（1卷），（汉）张仲景撰，（晋）王叔和编，（金）成无己注；《伤寒明理论》（4卷），（金）成无己著

95.《增辑伤寒论类方》（4卷），（清）徐大椿等编，潘霨增辑；《长沙方歌括》（1卷），（清）陈念祖原本，萧庭滋、潘霨增辑

96.《医方歌括》（1卷），（清）王泰林撰

97.《问斋医案》（5卷），（清）蒋宝素撰

98.《便宜经验集》（1卷），《济世养生集》（1卷），《养生经验补遗》（1卷），《续刊经验集》（1卷），（清）毛世洪等辑

99.《医宗说约》（6卷），（清）蒋示吉撰

100.《疡科临证心得集》（3卷），《疡科心得集方汇》（1卷），（清）高秉钧撰，吴辰灿参订，高观海校

101.《黄帝内经素问》（9卷），（清）张志聪集注

102.《伤寒舌鉴》（不分卷），（清）张登撰

103.《金匮心典》（3卷），（汉）张仲景著，（清）尤怡集注

104.《金匮要略方论本义》（22卷），（汉）张仲景著，（清）魏荔彤释义

105.《伤寒论三注》（16卷），（清）周扬俊撰

106.《证治汇补》(8 卷),(清)李用粹撰

107.《活幼心法》(不分卷),(明)聂尚恒著

108.《寓意草》(1 卷),(清)喻昌著

109.《西医略论》(3 卷),(英国)合信氏著

110.《陶节庵全生集》(4 卷),(明)陶华撰

111.《随息居重订霍乱论》(4 卷),(清)王士雄纂

112.《内科新说》(2 卷),(英国)合信氏著

113.《温热赘言》(1 卷),(清)寄瓢子述

114.《针灸甲乙经》(12 卷),(晋)皇甫谧撰

115.《古今名医汇粹》(8 卷),(清)罗美撰

116.《集验良方》(2 卷)

117.《随息居饮食谱》(不分卷),(清)王士雄撰

118.《产孕集》(2 卷),(清)张曜孙纂辑;补遗(1 卷),(清)包诚增订

119.《增补痘疹金镜录》(3 卷),卷首(1 卷),(清)翁仲仁著

120.《雷公炮制药性解》(6 卷),(明)李中梓撰,(清)王子接重订

121.《痘疹定论》(4 卷),(清)朱纯嘏撰

122.《幼科铁镜》(6 卷),(清)夏鼎撰

123.《本草从新》(6 卷),(清)吴仪洛撰

124.《经验选秘》(6 卷),(清)胡增彬编

125.《珍珠囊药性赋医方捷径合编》(□□卷),(明)罗必炜参订

126.《补注黄帝内经素问》(24 卷),《灵枢》(12 卷),(唐)王冰注,(宋)林亿等校正;《素问遗篇》(1 卷),(宋)刘温舒原本

127.《胎产秘书》(3 卷),附《保婴要诀》(1 卷),经验各方(1 卷),(清)陈笏庵原本,(清)翁元钧增刊

128.《三家医案合刻》(4 卷),(明)陶华撰

129.《笔花医镜》(4 卷),(清)江涵暾著

130.《本草三家合注》(6 卷),《神农本草经百种录》,(清)郭汝聪编

131.《林氏眼科简便验方》(□□卷),(清)林士纶撰

132.《食物本草会纂》(12 卷),(清)沈李龙撰

133.《伤寒寻源》（3 卷），（清）吕震名撰

134.《当归草堂医学丛书（初编十种）》（41 卷），附二种（17 卷），（清）丁丙辑

135.《眼科锦囊》（4 卷），续（2 卷），（日本）本庄俊笃著

136.《本经序疏要》（8 卷），《本经续疏》（6 卷），（清）邹澍撰

137.《寿世汇编五种》（12 卷），（清）祝韵梅辑

138.《伤寒缵论》（2 卷），（清）张璐撰

139.《胡庆余堂丸散膏丹全集》（不分卷），（清）胡光墉辑

140.《珍珠囊指掌补遗药性赋》（4 卷），（金）李杲撰；《雷公药性解》（6 卷），（明）李中梓撰

141.《内经灵枢素问》（□□卷），（清）张志聪集注

142.《雷公炮制药性解》（6 卷），（明）李中梓撰

143.《东医宝鉴》（23 卷），目录（2 卷），（朝鲜）许浚撰

144.《医门补要》（3 卷），《采集先哲察生死秘法》（1 卷），（清）赵濂撰；《青囊立效秘方》（2 卷）

145.《医方汤头歌诀》（1 卷），（清）汪昂撰

146.《治蛊新方》（不分卷），（清）应侯氏手辑

147.《医宗己任编四种》（8 卷），（清）杨乘六辑

148.《洄溪医案》（1 卷），（清）徐大椿撰

149.《图注八十一难经辨真》（4 卷），（明）张世贤图注

150.《伤寒辨证录》（14 卷），《洞垣全书脉诀阐微》（1 卷），（清）陈士铎著述

151.《温疫论补注》（2 卷），（清）吴有性著，郑重光补注

152.《嵩厓尊生书》（15 卷），（清）景日昣撰

153.《本经逢原》（4 卷），（清）张璐撰

154.《喉症全科紫珍集方本》（2 卷），（清）朱翔宇辑

155.《幼科证治准绳》（9 卷），（明）王肯堂撰

156.《笔花医镜》（4 卷），附《新增奇方》（1 卷），（清）江涵暾著

157.《喉科摘要》（1 卷），（清）佚名

158.《葛仙翁肘后方》（8 卷），（晋）葛洪撰

159.《济阴纲目》（14 卷），附《保生碎事》（1 卷），（明）武之望著，（清）汪淇笺释

160.《银海精微》(4 卷),(唐)孙思邈撰

161.《白喉证治通考》(1 卷),(清)张采田撰

162.《卫生鸿宝》(1 卷),(清)祝勤撰

163.《妇婴至宝》(6 卷),(清)呕斋居士原编,三农老人附注,拜松居士增订

164.《傅氏眼科审视瑶函》(6 卷),卷首（1 卷),(明)傅仁宇撰,林长生校补

165.《濒湖脉学》(1 卷),(明)李时珍撰

166.《潜斋医书五种》(21 卷),(清)王士雄撰

167.《慎疾刍言》(1 卷),(清)徐大椿撰

168.《金疮铁扇散方》(1 卷),(清)沈大润述

169.《西药略释》(4 卷),总论（1 卷),(清)孔继良译,(美国)嘉约翰著

170.《痧症指微》(1 卷),(清释)普净著,(清)奚佳述,邱天序辑

171.《鼠疫抉微》(不分卷),余伯陶撰

172.《胡庆余堂丸散膏丹全集》(不分卷),续增（不分卷),(清)胡光墉撰

173.《卫济余编》(18 卷),(清)王缠堂编

174.《汇刊经验方》(不分卷)

175.《问心堂温病条辨》(6 卷),卷首（1 卷),(清)吴鞠通撰

176.《儒门医学》（3 卷),附（1 卷),(英国)海得兰撰,傅兰雅口译,(清)赵元益笔述

177.《丹溪心法附余》(24 卷),卷首（1 卷),(元)朱震亨撰,(明)方广编

178.《徐灵胎先生杂著五种》(6 卷),(清)徐大椿撰

179.《产科秘要》(2 卷),(清)周复初辑

180.《张仲景伤寒论贯珠集》(8 卷),(清)尤怡注,朱陶性校

181.《勉学堂针灸集成》(4 卷),(清)佚名

182.《伤寒论注》（4 卷),(东汉)张仲景撰,(清)柯琴编注,马中骅校订,叶天士评;附翼（2 卷),(清)柯琴撰,马中骅校

183.《徐氏医书六种》(16 卷),(清)徐大椿撰

184.《古本难经阐注》(2 卷),(战国)秦越人撰,(清)丁锦注

185.《胎产金针》(3 卷),(清)何荣撰;《胎产续要》(1 卷),(清)刘莱辑

186.《麻疹阐注》(3 卷),《谢心阳瘄子家传》(1 卷),(清)张廉撰

187.《快志堂医案》(不分卷)

188.《福幼编》(1卷),《遂生编》(1卷), 庄一夔著, 谢霖订;《幼幼集成》(1卷), (清) 陈复正著

189.《目疾总论》(1卷)

190.《类经》(32卷),《类经附翼》(4卷),《类经图翼》(11卷), (明) 张介宾著

191.《古今医统正脉全书》, (明) 王肯堂辑

192.《增注类证活人书》(22卷), 释音 (1卷), 药性 (1卷), (宋) 朱肱撰, (明) 吴勉学校

193.《妇科秘方》(1卷)

194.《伤寒悬解》(14卷), 卷首 (1卷), 卷末 (1卷), (清) 黄元御著, 徐澍铭校

195.《胎产护生篇》(1卷), 补遗 (1卷), (清) 李长科辑

196.《证治准绳六种》(44卷), (明) 王肯堂辑, (清) 程永培校

197.《瘟疫论》(3卷), (清) 吴有性著

198.《理医冰鉴》(1卷), 姚权著

199.《惊风辨证必读书》(2卷), (清) 刘德馨辑

200.《女科》(2卷), 产后编 (2卷), (清) 傅山撰

201.《全体新论》(10卷), (英国) 合信氏注

202.《疫痧草辨论章》(1卷), 见象章 (1卷), 汤药章 (1卷), (清) 陈耕道、襟凤荳撰

203.《本草述钩元》(32卷), (清) 杨时泰辑

204.《尚论张仲景伤寒论重编三百九十七法》(4卷), 卷首 (1卷),《尚论后篇》(4卷), (清) 喻昌撰

205.《重刊补注洗冤录集证》(4卷), 附刊《检骨图格》(1卷), 附刊《宝鉴编》(1卷), 附刊《急救方》(1卷), 附刊《石香秘录》(1卷), (宋) 宋慈撰

206.《丹溪心法》(5卷), 附录 (1卷), (元) 朱震亨撰, (明) 吴中珩校

207.《赤水玄珠》(30卷),《医案》(5卷),《医旨绪余》(2卷), (明) 孙一奎著, 黄廉等校阅, 王甘节等校梓

208.《广瘟疫论》(4卷), 卷末 (1卷), (清) 戴天章撰

209.《成方切用》(12卷), 卷首 (1卷), 卷末 (1卷), (清) 吴仪洛撰

210.《温热暑疫全书》（4 卷），（清）周扬俊撰，薛雪、吴蒙重校

211.《类证普济本事方》（10 卷），（清）叶桂释义

212.《伤寒论后条辨》（15 卷），（清）程应旄条注，（清）王式钰校

213.《千金翼方》（30 卷），（唐）孙思邈撰

214.《幼科医学指南》（4 卷），（清）周震撰

215.《伤寒证治准绳》（1 卷），（明）王肯堂撰，（清）程永培校

216.《黄帝内经素问吴注》（24 卷），（明）吴昆注，江子振参阅

217.《吴医汇讲》（11 卷），（清）唐大烈辑，沈文燮校订

四、广西壮族自治区桂林图书馆古籍普查登记目录

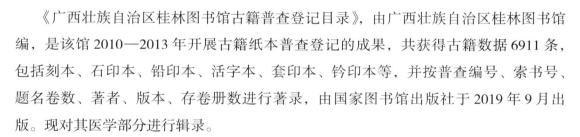

《广西壮族自治区桂林图书馆古籍普查登记目录》，由广西壮族自治区桂林图书馆编，是该馆 2010—2013 年开展古籍纸本普查登记的成果，共获得古籍数据 6911 条，包括刻本、石印本、铅印本、活字本、套印本、钤印本等，并按普查编号、索书号、题名卷数、著者、版本、存卷册数进行著录，由国家图书馆出版社于 2019 年 9 月出版。现对其医学部分进行辑录。

1.《痘疹集成》（4 卷），（清）朱楚芬编

2.《医方集解本草备要合刻》（31 卷），（清）汪昂撰

3.《痘疹正宗》（3 卷），（清）宋麟祥撰

4.《增补医方本草合编》（31 卷），（清）汪昂著辑，李保常批点，费伯雄加评

5.《增补秘传痘疹玉髓金镜录真本》（4 卷），（明）翁仲仁辑著，（清）陆南旸补遗，陆明旸参补

6.《医方集解》（3 卷），（清）汪昂撰

7.《增订医方集解》（6 卷），《本草备要》（6 卷），（清）汪昂著辑

8.《麻疹集成》（2 卷），（清）朱楚芬编

9.《痘疹定论》（4 卷），（清）朱纯嘏撰，赵克宜校定

10.《删定痘疹定论》（4 卷），（清）朱纯嘏撰，王世润删订

11.《痘疹心法歌诀》(1卷)，附《看痘法》(1卷)，麻疹(1卷)，（明）聂尚恒撰，（清）必良斋主人改编

12.《痘疹世医心法》(12卷)，附《碎金赋》(1卷)，（明）万全撰

13.《增订痘疹辑要》(4卷)，（清）白振斯撰

14.《痘痧全书》(不分卷)，（清）刘玺著

15.《冯氏锦囊秘录痘疹全集》(15卷)，（清）冯兆张撰

16.《增订医门初学万金一统要诀分类》(9卷)，（明）罗必炜参订；《四言举要》(1卷)，（宋）崔嘉彦著，（明）李言闻删补

17.《秘录痘疹全集》(15卷)，（清）冯兆张撰

18.《秘录痘疹全集》(15卷，存卷一、卷二、卷十一至卷十四)，（清）冯兆张撰

19.《痘疹精详》(10卷)，音注(1卷)，（清）周冠撰

20.《痘证宝筏》(6卷)，（清）强健编

21.《痘证慈航附补遗》(1卷)，（明）欧阳调律撰，（清）金文彬订，郭士珩编辑；《秘本种子金丹》(1卷)，（清）徐士珩编辑

22.《冯氏锦囊秘录八种》(56卷)，（清）冯兆张撰

23.《翁仲仁先生痘科金镜赋》(6卷)，（明）翁仲仁撰，（清）俞茂鲲集解，于人龙参评

24.《疮疡经验全书》(6卷)，（宋）窦汉卿辑著

25.《疮疡经验全书》(6卷，存卷三、卷四、卷六)，（宋）窦汉卿辑著

26.《疡科临证心得集》(3卷)，（清）高秉钧撰

27.《痘科百问》(1卷)，（清）宽夫校抄

28.《外科正宗》(4卷)，（明）陈实功撰

29.《痧症全书》(3卷)，（清）林森纂录，王凯辑，何江，何浦删订

30.《痧证指微》(1卷)，（清释）普净著，（清）奚佳述，邱天序辑

31.《痧胀玉衡书》(3卷)，后(1卷)，（清）郭志邃著

32.《疫痧草》(3卷)，（清）陈耕道撰

33.《疫喉浅论》(2卷)，补遗(1卷)，（清）夏云撰

34.《疮疡经验全书》(13卷，存卷一至卷四)，（宋）窦汉卿辑著

35.《麻科活人全书》(4卷)，（清）谢玉琼撰

36.《麻科活人全书》(4卷，存卷二、卷四)，(清)谢玉琼撰

37.《麻科活人全书》(4卷，存卷二)，(清)谢玉琼撰

38.《补注黄帝内经素问》(4卷)，(唐)王冰注，(宋)林亿等校正，孙兆重改误；《黄帝内经灵枢》(12卷)，《黄帝内经素问遗篇》(1卷)，(宋)刘温奇辑

39.《医林改错》(2卷)，(清)王清任著

40.《重刊巢氏诸病源候总论》(50卷)，(隋)巢元方等撰

41.《公民医学必读》(1卷)，(清)丁福保编

42.《增注类证活人书》(22卷)，附释音(1卷)，伤寒药性(1卷)，(宋)朱肱撰，(明)吴勉学校

43.《医学心悟》(5卷)，(清)程国彭著

44.《徐氏医书八种》(18卷)，(清)徐大椿撰

45.《笔花医镜》(2卷)，(清)江涵暾著

46.《医学白话》(4卷)，(清)洪寿曼、彪蒙编，译所校阅

47.《景岳全书发挥》(4卷)，(清)叶桂撰

48.《儒门医学》(3卷)，附(1卷)，(英国)海得兰撰，傅兰雅口译，(清)赵元益笔述

49.《寿身小补》(9卷)，(清)黄兑楣辑

50.《黄帝内经太素》(30卷)，遗文(1卷)，明堂(1卷)，(隋)杨上善撰；《黄帝内经太素》附录(1卷)，(清)黄以周撰

51.《寓意草》(1卷)，续篇(1卷)，(清)喻昌著

52.《西医略论》(3卷)，(英国)合信氏著，(清)管茂材撰

53.《金匮要略浅注》(10卷)，(东汉)张仲景著，(清)陈念祖撰

54.《医学实在易》(8卷)，(清)陈念祖著，陈元犀参订

55.《普救回生草前集》(1卷)，后集(1卷)，(清)知医悯人居士纂辑

56.《医宗备要》(3卷)，(清)曾鼎撰

57.《六科准绳六种》(44卷)，(明)王肯堂撰

58.《图注脉诀辨真》(4卷)，(晋)王叔和撰，(明)张世贤注

59.《奇经八脉考》(1卷)，《校正濒湖脉学》(1卷)，(明)李时珍撰

60.《温热经纬》(5卷)，(清)王士雄纂，杨照藜、汪日桢评

61.《温病条辨》（6 卷），卷首（1 卷），（清）吴瑭著，朱彬点评

62.《问心堂温病条辨》（6 卷），卷首（1 卷），（清）吴瑭著，汪廷珍参订，朱彬点评

63.《医学心悟》（6 卷），（清）程国彭著

64.《伤寒卒病论读》（10 卷），《医经读》（4 卷），（清）沈又彭撰

65.《广温热论》（4 卷），（清）戴天章撰，陆懋修校订

66.《张仲景伤寒论原文浅注》（6 卷），（清）陈念祖集注

67.《伤寒论浅注补正》（7 卷），卷首（1 卷），（汉）张仲景撰，（清）陈念祖浅注，唐宗海补正

68.《外科症治全生集》（4 卷），（清）王维德撰，潘霨原本，张介祺校正

69.《外科正宗》（12 卷），（明）陈实功撰，（清）许楣订，徐大椿评

70.《重订产孕集》（2 卷），（清）张曜孙纂辑，包诚补遗

71.《傅青主女科》（4 卷），（清）傅山撰

72.《大生要旨》（4 卷），（清）唐千顷撰；《福幼编》（1 卷），《遂生编》（1 卷），（清）庄一夔撰，海庆订

73.《新订小儿脐风惊风合编》（1 卷），（清）鲍雲韶辑刊

74.《遂生福幼合编》（1 卷），（清）庄一夔撰

75.《惊风辨证必读书》（2 卷），（清）刘德馨辑

76.《万国药方》（8 卷），（美国）洪士提译

77.《西药大成》（10 卷），卷首（1 卷），（英国）来拉、海得兰撰，傅兰雅口译，（清）赵元益笔述

78.《内科理法前编》（6 卷），《内科理法后编》（10 卷），附（1 卷），（英国）虎伯撰，茄合、哈来参订，（清）舒高第口译，赵元益笔述

79.《本草经三家合注》（6 卷），（清）郭汝聪辑，李佐尧校

80.《本草崇原》（5 卷），（清）张志聪撰，高世栻编订

81.《病理撮要》（1 卷），（清）尹端模译

82.《医理略述》（2 卷），（清）尹端模译

83.《本草经解要》（4 卷），附余（1 卷），（清）叶桂撰

84.《内科新说》（2 卷），（英国）合信氏著，（清）管茂材撰

85.《皮肤新编》（1 卷），（美国）嘉约翰口译，（清）林湘东笔述

86.《增补医林状元寿世保元》(10 卷)，(明) 龚廷贤编，(清) 周亮登校

87.《外科学一夕谈》(1 卷)，(清) 丁福保译

88.《增补医方一盘珠全集》(10 卷)，(清) 洪金鼎纂，洪濂参订

89.《种福堂公选良方》(4 卷)，(清) 叶桂撰

90.《易简方便医书》(6 卷)，(清) 周茂五撰

91.《裹扎新法》(1 卷)，(美国) 嘉约翰口译，(清) 林湘东笔述

92.《割症全书》(7 卷)，(美国) 嘉约翰译

93.《妇科》(不分卷)，(美国) 汤麦斯著，(清) 舒高第口译，郑昌棪笔述

94.《妇科图》(1 卷)，(美国) 汤麦斯著，(清) 舒高第口译，郑昌棪笔述

95.《分娩生理篇》(1 卷)，(日本) 今渊恒寿著，(清) 华文祺、丁福保译

96.《竹氏产婆学》(1 卷)，(日本) 竹中成宪著，(清) 丁福保译

97.《三家医案合刻》(3 卷)，(清) 吴金寿撰

98.《达生篇》(1 卷)，(清) 亟斋居士撰，顾奉璋增纂；《救急篇》(1 卷)，(清) 顾兰圃编，顾奉璋增纂

99.《推拿小儿手法秘传》(不分卷)，佚名

100.《异授眼科》(1 卷)，(明) 程玠编

101.《时疫白喉捷要》(1 卷)，(清) 张绍修撰

102.《女科仙方》(2 卷)，(清) 傅山撰

103.《增补达生编》(3 卷)，(清) 亟斋居士编，俞廷举补正

104.《大生要旨》(5 卷)，(清) 唐千顷撰，江桢订；《福幼编》(1 卷)，(清) 庄一夔撰，海庆订；《遂生编》(1 卷)，(清) 庄一夔撰

105.《保婴易知录》(2 卷)，(清) 吴宁澜撰

106.《验方新编》(16 卷)，卷末 (1 卷)，(清) 鲍相璈编撰

107.《验方新编》(24 卷)，(清) 鲍相璈编撰

108.《方验辑成》(1 卷)，(清) 龙敬业堂辑

109.《急救经验良方》(1 卷)，(清) 佚名

110.《医医医》(3 卷)，(清) 于风八著

111.《医学指南诸症》(5 卷)，诸方 (5 卷)，(清) 韦进德编辑

112.《不知医必要》(4 卷)，卷后 (1 卷)，(清) 梁廉夫撰

113.《伤寒括要》（1卷），（清）钟远洋著

114.《普济应验良方》（8卷），卷末（1卷），（清）德轩氏撰

115.《简明中西汇参医学图说》（2卷），（清）王有忠撰

116.《订补明医指掌》（10卷），（明）皇甫中撰，（清）王肯堂订补；《订补明医指掌》附《刻诊家枢要》（1卷），（元）滑寿编

117.《聱园医学六种》（21卷），（清）潘霨辑

118.《金镜录》（1卷），（元）杜清碧辑

119.《景岳全书》（64卷），（明）张介宾著

120.《编注医学入门》（7卷），卷首（1卷），（明）李梴辑

121.《详校医宗必读》（10卷），（明）李中梓撰

122.《新刊医林状元寿世保元》（10卷），（清）龚廷贤撰

123.《四圣心源》（10卷），（清）黄元御著

124.《四圣悬枢》（5卷），（清）黄元御著

125.《医理不求人》（8卷），卷首（1卷），（清）黄元吉编

126.《医学指归》（2卷），图（1卷），卷首（1卷），（清）赵术堂编

127.《御纂医宗金鉴十五种》（90卷），卷首（1卷），（清）吴谦等辑

128.《辨证录》（14卷），（清）陈士铎著

129.《医林指月十二种》（24卷），（清）王琦辑

130.《徐灵胎医学全书前集八种》（20卷），后集八种（13卷），（清）徐大椿撰

131.《徐氏医书六种》（16卷），（清）徐大椿撰

132.《东垣十书十二种》（22卷），（明）王肯堂辑

133.《黄氏医书八种》《黄氏遗书三种》（80卷），（清）黄元御著

134.《素灵微蕴》（4卷），（清）黄元御著

135.《陈修园公余鉴医路六种合刻》（10卷），（清）陈念祖著

136.《世补斋医书前集》六种附一种（33卷），后集四种（25卷），（清）陆懋修著

137.《中西汇通医经精义》（2卷），（清）唐宗海撰

138.《黄帝素问直解》（9卷），（清）高世栻注

139.《古本难经阐注》（2卷），（战国）秦越人撰，（清）丁锦注

140.《素问集注》（9卷），（清）张志聪集注

141.《图注八十一难经辨真》（4 卷），（战国）秦越人著，（明）张世贤图注

142.《黄帝内经素问》（24 卷），（明）吴昆注

143.《素问灵枢类纂约注》（3 卷），（清）汪昂撰

144.《图注八十一难经》（2 卷），（战国）秦越人著，（明）张世贤图注

145.《素灵节要浅注》（12 卷），（清）陈念祖集注

146.《黄帝内经素问灵枢合编注证发微》（18 卷），附补遗（1 卷），（明）马莳注

147.《黄帝内经灵枢注证发微》（9 卷），附补遗（1 卷），（明）马莳注

148.《中西脏腑图象合纂》（3 卷），卷首（1 卷），（清）朱沛文撰

149.《中西医判》（2 卷），（清）唐宗海撰

150.《丹溪朱氏脉因证治》（2 卷），（元）朱震亨撰

151.《删注脉诀规正》（2 卷），（清）沈镜删注

152.《诊家正眼》（2 卷），（明）李中梓撰

153.《奇经八脉考》（1 卷），（明）李时珍撰

154.《校正濒湖脉学》（1 卷），《奇经八脉考》（1 卷），（明）李时珍撰

155.《脉理求真》（不分卷），（清）黄宫绣撰

156.《四诊抉微》（8 卷），《管窥附余》（1 卷），（清）林之翰撰

157.《脉诀合参》（不分卷），（清）章氏校刊

158.《景岳全书摘要》（3 卷），（明）张介宾撰，（清）陈逸斋辑

159.《经脉图考》（4 卷），（清）陈惠畴撰

160.《医悟》（12 卷），（清）马冠群撰

161.《三指禅》（3 卷），（清）周学霆撰

162.《医宗备要》（3 卷），（清）曾鼎辑

163.《辨证奇闻》（10 卷），（清）钱松撰

164.《理瀹骈文摘要》（不分卷），（清）吴尚先撰

165.《针灸易学》（2 卷），（清）李守先撰

166.《太乙神针》（不分卷），（清）樊师仲撰

167.《针灸大成》（10 卷），（明）杨继洲撰，（清）章廷珪重修

168.《增补绘图针灸大成》（12 卷），（明）杨继洲撰，（清）章廷珪重修

169.《中西汇参铜人图说》（1 卷），（清）刘仲衡撰

170.《铜人腧穴针灸图经》(3卷)，(宋)王惟一撰

171.《推拿广意》(3卷)，(清)熊应雄撰

172.《推拿广意》(3卷)，卷首(1卷)，(清)熊应雄撰

173.《小儿推拿方脉活婴秘旨全书》(2卷)，(明)龚廷贤撰

174.《推拿舌形》(不分卷)，(清)佚名

175.《幼科推拿广意》(3卷)，(清)熊应雄撰

176.《新刻伤寒六书纂要辩疑》(4卷)，卷首(1卷)，(明)童养学纂辑

177.《刘河间伤寒三书》(20卷)，(金)刘完素撰

178.《刘河间伤寒六书》(11卷)，附一种(1卷)，(金)刘完素撰

179.《松峰说疫》(6卷)，(清)刘奎撰

180.《新编张仲景注解伤寒发微论》(2卷)，《新编张仲景注解伤寒百证歌》(5卷)，(宋)许叔微撰

181.《温热经纬》(5卷)，卷首(1卷)，(清)王士雄撰

182.《重订霍乱论病情》(4卷)，《良方选录》(1卷)，(清)王士雄撰

183.《时病论》(8卷)，(清)雷丰撰

184.《伤寒缵论》(2卷)，(清)张璐撰

185.《春温三字诀》(1卷)，(清)张汝珍撰

186.《金匮要略浅注补正》(9卷)，(东汉)张仲景撰，(清)陈念祖集注，唐宗海补正

187.《金匮要略浅注》(9卷)，(东汉)张仲景撰，(清)陈念祖集注

188.《痢疾论》(4卷)，(清)孔以立撰

189.《温热证治歌括》(2卷)，附《喉证汇参》(5卷)，(明)张介宾撰

190.《外科秘录图》(2卷)，佚名

191.《金疮铁扇散药方》(1卷)，(清)明德辑

192.《伤寒论直解》(6卷)，(清)张锡驹撰

193.《治疫全书》(6卷)，附《辨孔琐言》(1卷)，(清)熊立品编辑

194.《伤寒论直解》(6卷)，《伤寒附余》(1卷)，(清)张锡驹撰

195.《傅青主男科》(2卷)，(清)傅山撰

196.《理虚元鉴》(2卷)，(明)汪绮石著

197.《金匮钩玄》(3 卷),(元)朱震亨撰,(清)周学海评注

198.《伤寒论本义》(18 卷),卷首（1 卷）,卷末（1 卷）,(清)魏荔彤撰

199.《温热赘言》(1 卷),(清)寄瓢子述

200.《扁鹊心书》(3 卷),《神方》(1 卷),卷首（1 卷）,(战国)扁鹊传,(宋)窦材撰,(清)胡珏参论

201.《扁鹊心书》（3 卷）,《神方》(1 卷),(战国)扁鹊传,(宋)窦材撰,(清)胡珏参论

202.《张仲景金匮要略》(24 卷),(东汉)张仲景撰,沈宗明编注

203.《伤寒论纲目》(16 卷),卷首（2 卷）,(清)沈金鳌撰

204.《张仲景注解伤寒百证歌》(5 卷),(宋)许叔微撰

205.《订正仲景伤寒论释义》(不分卷),(清)李缵文撰

206.《伤寒论注》(4 卷),附翼（2 卷）,(清)柯琴编注

207.《瘟疫明辨》(4 卷),卷末（1 卷）,(清)戴天章撰

208.《张仲景伤寒论贯珠集》(8 卷),(清)尤怡注

209.《金匮心典》(3 卷),(东汉)张仲景著,(清)尤怡集注

210.《伤寒说意》(10 卷),卷首（1 卷）,(清)黄元御著

211.《金匮悬解》(22 卷),(清)黄元御著

212.《伤寒悬解》(14 卷),卷首（1 卷）,卷末（1 卷）,(清)黄元御著

213.《广瘟疫论》(5 卷),卷末（1 卷）,(清)戴天章撰

214.《金匮玉函经二注》(22 卷),补方（1 卷）,附《十药神书》(1 卷),(明)赵良仁衍义,(清)周扬俊补注

215.《伤寒瘟疫条辨》(7 卷),(清)杨璿撰

216.《寒温条辨》(7 卷),附《温病坏证》(1 卷),(清)杨璿撰

217.《伤寒大白》(4 卷),(清)秦之桢撰

218.《伤寒补天石》(2 卷),《续伤寒补天石》(2 卷),(明)戈维城撰

219.《医醇剩义》(4 卷),(清)费伯雄撰

220.《医醇剩义》(4 卷),附《医方论》(4 卷),(清)费伯雄撰

221.《明吴又可先生瘟疫论》(2 卷),(明)吴有性撰

222.《续伤寒补天石》(2 卷),(明)戈维城撰

223.《医效秘传》（3 卷），（清）叶桂述

224.《尚论张仲景伤寒论重编三百九十七法》（4 卷），后篇（4 卷），卷首（1 卷），（清）喻昌著

225.《尚论篇》（4 卷），后篇（4 卷），《寓意草》（1 卷），（清）喻昌著

226.《霉疮秘录》（2 卷），（明）陈司成著

227.《石室秘录》（6 卷），（清）陈士铎撰

228.《伤寒医诀串解》（6 卷），（清）陈念祖撰，陈道著纂集

229.《医学从众录》（8 卷），（清）陈念祖撰

230.《陶节庵全生集》（4 卷），（明）陶华撰

231.《再重订伤寒集注》（13 卷），（清）舒诏撰

232.《兴化宝济局霍乱论》（1 卷），（清）江曲春撰；《兴化宝济局霍乱麻痧辨证》（1 卷），（清）赵履鳌纂

233.《外科证治全生集》（5 卷），附《金疮铁扇散方》（1 卷），《治癫狗咬伤毒发》

234.《欲死经验救急神效方》（1 卷），（清）王维德撰

235.《增订治疗汇要》（3 卷），（清）过铸辑

236.《外科证治全书》（5 卷），卷末（1 卷），（清）许克昌、毕法辑

237.《疡医大全》（40 卷），（清）顾世澄撰

238.《伤科补要》（不分卷），（清）钱秀昌撰

239.《傅氏眼科审视瑶函》（6 卷），《前贤医案》（1 卷），卷首（1 卷），（明）傅仁宇撰

240.《眼科约编》（不分卷），（清）颜尔格撰

241.《眼科百问》（2 卷），（清）王行冲撰

242.《眼科良方》（1 卷），《脚气良方》（1 卷），（清）叶桂撰

243.《增补经验喉科紫珍青囊济世录》（不分卷），（清）窦氏撰

244.《时疫白喉捷要》（1 卷），（清）张绍修撰

245.《白喉证治通考》（1 卷），（清）张采田撰

246.《喉科指掌》（6 卷），（清）张宗良撰

247.《洞主仙师白喉治法忌表抉微》（1 卷），（清）耐修子撰

248.《白喉治法忌表抉微》（1 卷），（清）耐修子撰

249.《咽喉脉证通论》（1卷），佚名

250.《白喉捷要合编》（1卷），（清）黄炳乾撰

251.《图注喉科指掌》（4卷），（清）包永泰撰

252.《喉科心法》（2卷），（清）沈善谦编

253.《喉科秘本》（不分卷），（清）尤乘撰

254.《白喉辨症》（1卷），（清）黄维翰撰

255.《喉科种福》（5卷），卷首（1卷），（清）易方撰

256.《重楼玉钥》（1卷），《洞主仙师白喉忌表抉微》（1卷），（清）郑宏纲撰

257.《女科辑要》（8卷），附单养贤《胎产全书》（1卷），（清）周纪常撰

258.《万氏妇人科》（3卷），卷首（1卷），（明）万全撰；《达生编》（1卷），（清）亟斋居士撰

259.《万氏妇科汇要》（4卷），（明）万全撰

260.《济阴纲目》（4卷），附《保生碎事》（1卷），（明）武之望著，（清）汪淇笺释

261.《女科》（2卷），《产后编》（2卷），（清）傅山撰

262.《产孕集》（2卷），补遗（1卷），（清）张曜孙纂辑

263.《妇人良方》（24卷），（宋）陈自明撰，（明）薛己注

264.《女科要旨》（4卷），（清）陈念祖著

265.《广达生编》（1卷），（清）亟斋居士著

266.《广生编》（1卷），《十剂解》（2卷），（清）包诚撰

267.《产科心法二集》，（清）汪喆撰

268.《胎产辑萃》（4卷），（清）汪家谟辑

269.《胎产心法》（3卷），附一种（1卷），目录（3卷），（清）阎纯玺撰

270.《产育宝庆集方》（2卷），（宋）李师圣等编

271.《保生衍庆》（2卷），《慈幼万全》（1卷），（清）庄大椿撰

272.《达生编》（1卷），（清）亟斋居士撰；《遂生编》（1卷），（清）庄一夔撰

273.《胎产心法》（3卷），目录（3卷），（清）阎纯玺撰

274.《钦定古今图书集成》（10000卷），考证（24卷），目录（40卷），（清）蒋廷锡等辑

275.《慈幼便览》(1 卷),《痘疹摘录》(1 卷),（清）文晟编

276.《小儿书》(不分卷),（清）刘正隆抄

277.《幼科准绳》(9 卷),（明）王肯堂撰

278.《保赤须知》(1 卷),（清）雪凡道人编

279.《种痘新书》(12 卷),（清）张琰撰

280.《沈虚明先生痘疹全集》(2 卷),（明）沈虚明撰

281.《幼科释谜》(6 卷),（清）沈金鳌撰

282.《牛痘新编》(2 卷),（清）沈善丰撰

283.《福幼编》(1 卷),《广生编》(1 卷),（清）庄一夔撰

284.《救偏琐言》(5 卷),《备用良方》(1 卷),（清）费启泰撰

285.《引痘略合编》(1 卷),（清）邱熺撰

286.《引痘略》(1 卷),（清）邱熺撰

287.《小儿药证直诀》(3 卷), 附方（1 卷),（宋）钱乙撰,（宋）阎孝忠著

288.《阎氏小儿方论》(1 卷),（宋）阎孝忠著

289.《钱氏小儿直诀》(4 卷),（宋）钱乙撰，阎孝忠著,（明）薛己注

290.《弦雪居重订遵生八笺》(19 卷),（明）高濂撰

291.《本草问答》(2 卷),（清）唐宗海著

292.《医方十种汇编》(□□卷),（清）文晟撰

293.《本草述钩元》(32 卷),（清）刘若金撰，杨时泰辑

294.《良方集腋》(2 卷),（清）谢元庆编集

295.《本草三家合注》(6 卷),（清）郭汝聪集注;《神农本草经百种录》(1 卷),（清）徐大椿撰

296.《绛雪园古方选注》(3 卷),（清）王子接注

297.《绛囊撮要》(1 卷),（清）云川道人辑

298.《绛囊撮要》(5 卷),（清）云川道人辑

299.《东皋握灵本草》(10 卷), 补遗（1 卷）, 序例（1 卷）,（清）王翃编

300.《王鸿翥丸散膏丹集》(不分卷),（清）王鸿翥撰

301.《汇集经验方》(不分卷),（清）汪汲辑

302.《重订唐王焘先生外台秘要方》(40 卷),（唐）王焘撰

303.《千金翼方》（30 卷），（唐）孙思邈撰

304.《汇刊经验方□□种》（□□卷），（清）毛世洪等编

305.《普济应验良方》（8 卷），补遗（1 卷），（清）德轩氏撰

306.《邹闰安先生本经疏证》（12 卷），续疏（6 卷），《本经序疏要》（8 卷），（清）邹澍撰

307.《经验良方》（不分卷），（清）佚名

308.《经验百方》（1 卷），（清）汪氏、叶桂堂辑

309.《经验简便良方》（1 卷），《备用药物》（1 卷），（清）佚名

310.《良方集腋合璧》（1 卷），（清）谢元庆编集

311.《增订医方集解》（3 卷），《本草备要》（4 卷），（清）汪昂著辑

312.《食物本草会纂》（8 卷），图（6 卷），（清）沈李龙撰

313.《经验方》（2 卷），（清）沈善兼辑

314.《尚志庐经验方》（1 卷），（清）涤洺子撰

315.《类证普济本事方》（10 卷），（宋）许叔微撰，（清）叶桂释义

316.《雷公炮制药性解》（6 卷），（明）李中梓撰

317.《本草原始》（12 卷），（明）李中立纂辑

318.《珍珠囊指掌补遗药性赋》（4 卷），（金）李杲撰

319.《本草纲目》（52 卷），图（3 卷），（明）李时珍撰；《本草纲目拾遗》（10 卷），（清）赵学敏撰；《万方针线》（8 卷），卷首（1 卷），（清）蔡烈先辑

320.《增订医方易简》（10 卷），（清）龚自璋撰

321.《十药神书注解》（1 卷），（元）葛乾孙撰，（清）陈念祖注；《霍乱论》（2 卷），（清）王士雄撰；《神授急救异痧奇方》（1 卷），（清）陈念祖评

322.《十药神书注解》（1 卷），（元）葛乾孙撰，（清）陈念祖注；《霍乱论》（2 卷），（清）王士雄撰

323.《长沙药解》（4 卷），（清）黄元御著

324.《本草求真》（11 卷），（清）黄宫绣撰

325.《戒烟断瘾前后两方总论》（1 卷），（清）林则徐撰

326.《本草纲目拾遗》（10 卷），（清）赵学敏撰

327.《胡庆余堂丸散膏丹全集》（14 卷），续增（1 卷），（清）胡光墉撰

328.《本草纲目万方类编》（32卷），（清）曹绳彦辑

329.《怪疾奇方》（1卷），（清）费伯雄编

330.《医方药性合编》（2卷），（明）罗必炜参订

331.《增订医门初学万金一统要诀分类》（8卷），（明）罗必炜参订

332.《医方药性合编》（4卷），（明）罗必炜参订

333.《增订医门初学万金一统要诀分类》（8卷），卷首（1卷），卷末（1卷），（明）罗必炜参订

334.《种福堂精选良方兼刻古吴名医精论》（4卷），（清）叶桂论

335.《寿世良方》（4卷），卷首（1卷），（清）陈劢编

336.《回生集》（2卷），补《编杂方》（1卷），补编（1卷），（清）陈杰辑

337.《辨证奇闻》（15卷），（清）陈士铎撰

338.《长沙方歌括》（6卷），（清）陈念祖撰

339.《集验良方拔萃》（2卷），续补（1卷），（清）恬素辑

340.《王氏医案》（回春录）（2卷），（清）王士雄撰

341.《神农本草经读》（4卷），附录（1卷），（清）陈念祖撰

342.《时方妙用》（4卷），《时方歌括》（2卷），（清）陈念祖撰

343.《景岳新方砭》（4卷），（清）陈念祖撰

344.《回春录》（2卷），（清）王士雄撰

345.《王氏医案续编》（8卷），（清）王士雄撰

346.《得心集医案》（6卷），（清）谢星焕撰

347.《折肱漫录》（7卷），（明）黄承昊撰

348.《临证指南医案》（10卷），（清）叶桂著

349.《临证指南医案》（10卷），《种福堂公选温热论医案》（4卷），（清）叶桂著

350.《种福堂续选临证指南医案》（4卷），（清）叶桂著

351.《吴门治验录》（4卷），（清）顾金寿撰

352.《万氏家传痘疹心法》（23卷），（明）万全著

353.《西药略释》（2卷），（美国）嘉约翰口译，（清）林湘东笔述

354.《补注洗冤录集证》（4卷），《作吏要言》（1卷），（宋）宋慈撰

355.《洗冤录详义》（4卷），卷首（1卷），（清）许梿编校；《洗冤录撮遗》（2卷），

（清）葛元煦撰；**《洗冤录摭遗补》**（1 卷），附**《经验方十二则》**（1 卷），（清）张开运撰

356.**《洗冤录摭遗》**（2 卷），（清）葛元煦撰；**《洗冤录摭遗补》**（1 卷），（清）张开运撰

357.**《洗冤录辨正》**（1 卷），（清）瞿中溶撰；附刊**《检验合参》**（1 卷），（清）郎锦骐撰；附刊**《洗冤录解》**（1 卷），（清）姚德豫撰

358.**《秘传花镜》**（6 卷），（清）陈淏子撰

359.**《保赤慢惊条辨》**（1 卷），（清）黄仲贤著

360.**《张氏医通》**（16 卷），（清）张璐撰，张登诞等参订

361.**《赤水玄珠》**（30 卷），**《医旨绪余》**（2 卷），（明）孙一奎著，黄廉等校

362.**《玉机微义》**（50 卷），（明）刘纯续增，（清）张延绥等校

363.**《素问病机气宜保命集》**（3 卷），（金）刘完素撰

364.**《伤寒论注》**（4 卷），（东汉）张仲景撰，（清）柯琴编注，马中骅校订

365.**《伤寒论翼》**（2 卷），（清）柯琴撰，郑重光参订

366.**《瘟疫论补注》**（2 卷），（明）吴有性著，（清）郑重光补注

367.**《疡医准绳》**（6 卷），（明）王肯堂辑，（清）程永培校

368.**《洞天奥旨》**（16 卷），（清）陈士铎著，陶式玉评

369.**《傅氏眼科审视瑶函》**（6 卷），卷首（1 卷），（明）傅仁宇撰，张文凯参阅，林长生校补，傅维藩编集，张秀微订正，张公猷等次

370.**《济阴纲目》**（14 卷），（明）武之望著，（清）张志聪订正，汪淇笺释

371.**《黄帝素问宣明论方》**（15 卷），（金）刘完素撰

372.**《本经逢原》**（4 卷），（清）张璐撰，张登等参订

373.**《本草从新》**（6 卷），（清）吴仪洛撰

374.**《成方切用》**（12 卷），卷首（1 卷），卷末（1 卷），（清）吴仪洛撰

375.**《奇方类编》**（2 卷），（清）吴世昌编；**《奇疾方》**（1 卷），（清）王远辑

376.**《名医方论》**（4 卷），（清）罗美评定，柯琴参阅

377.**《沈氏尊生书五种》**（72 卷），（清）沈金鳌撰

378.**《伤寒论集注》**（6 卷），（东汉）张仲景撰，（清）张志聪撰，高世栻纂集

379.**《温病条辨》**（6 卷），（清）吴瑭著，朱彬点评

380.**《医效秘传》**（3 卷），（清）叶桂述，吴金寿纂

381.《生草药性备要》（2 卷），（清）何谏撰

382.《增补食物本草备考》（2 卷），（清）何克谏、何省轩撰，阮遂松订正

383.《增订图注本草备要》（6 卷），（清）汪昂撰

384.《绛雪园古方选注》（4 卷），（清）王子接注

385.《医方捷径合编》（2 卷），（清）佚名

386.《中医外科方杂钞》（1 卷），（清）佚名

387.《针灸大成》（12 卷），（清）章廷珪重修

388.《家畜病医治法》（1 卷），（清）佚名

五、广西地方志联合目录

《广西地方史志文献联合目录》由广西壮族自治区通志馆等主编，全书分上、下 2 册，由广西人民出版社于 1988 年出版。该目录收录了广西历史沿革、行政区划、文化风俗、历史事件、名人事迹、人口民族、自然资源、地理地貌、民俗宗教等方面的广西史志目录，包括地方史志、期刊、报纸等类别。现将其 1949 年以前的医学部分进行辑录。

1.《广西卫生行政》，虞乔僧编，广西县政公务员政治训练班印，1937 年发行，1 册，桂图。

2.《广西省卫生行政会议报告》，广西省政府编，1936 年 5 月发行，1 册，区图、桂图、广西壮族自治区档案馆（简称“区档”）。

3.《五年来之广西卫生行政》（民二十一年至二十五年），广西省民政厅第四科编，1937 年发行，1 册，广西壮族自治区通志馆、区图、桂图、区档。

4.《广西省民二十六、二十七两年度卫生行政工作报告》，广西省民政厅编广西省民政厅印，1938 年发行，1 册，区图、桂图、区档。

5.《广西省民二十九年度卫生行政工作报告》，广西省民政厅卫生处编，广西省民政厅卫生处印，1940 年发行，1 册，区图、桂图、区档。

6.《第二次卫生行政报告书》，广西省民政厅编，广西省民政厅印，1938 年发行，

1 册，桂图、区档。

7.《广西梧州医师节特刊》，梧州市医师庆祝首届医师节筹备委员会编，梧州市医师庆祝首届医师节筹备委员会印，1948 年发行，1 册，桂图。

8.《中医学校期刊》(1 ～ 4 期)，广西省立南宁高级中医职业学校编，区图。

9.《广西制药厂工作报告》，广西制药厂编，1935 年发行，1 册，桂图。

10.《广西省立医药研究所第一班毕业纪念特刊》，广西省立医药研究所编，广西省立医药研究所印，1942 年 6 月发行，1 册，桂图。

11.《广西省立梧州区医药研究所汇刊》(创刊号)，广西省立梧州区医药研究所教务处编，1935 年 6 月发行，1 册，桂图。

12.《广西省立梧州区医药研究所汇刊》(第三期)，广西省立梧州区医药研究所教务处编，1936 年 7 月发行，1 册，桂图。

13.《广西省立梧州区医药研究所汇刊》(第五期)，广西省立梧州区医药研究所教导处编，广西省立梧州区医药研究所印，1937 年 12 月 5 日发行，1 册，桂图。

14.《广西省立梧州区医药研究所药物学讲义》，广西省立梧州区医药研究所编，1 册，区图。

15.《广西省立南宁区医药研究所处方学讲义》，梁春如编，桂图。

16.《南宁瑞福药房开幕专号》，瑞福药房南宁分行编，瑞福药房南宁分行印，1935 年 9 月发行，1 册，桂图。

17.《广西省限期购用药膏章程》，广西省政府编，1 册，桂图。

18.《修仁卫生民三十年度的剪影》，广西省修仁县卫生院编，1942 年发行，1 册，桂图。

19.《广西省南宁区各县乡镇村街长卫生训练讲义》，广西省南宁卫生局各县乡镇村街长卫生训练班编，广西南宁卫生区卫生事务所印，1939 年发行，1 册，桂图。

20.《广西大学医学院附属医院民二十四年度工作情况表》，广西大学医学院附属医院编，1935 年发行，石印本，1 册，区图、桂图。

21.《筹备广西省百色医院计划书》(附八种)，周锡祁编，1934 年发行，油印本，1 册，桂图。

22.《广西省立医学院工作报告》(八周年纪念专号)，广西省立医学院编，1942 年 11 月发行，1 册，桂图。

23.《桂林市公立医院一年来工作报告》，桂林市公立医院编，1947年发行，石印本，1册，桂图、区图。

24.《民三十年桂林市联合卫生展览会纪念刊》，阎君薇等编，桂林卫生事务所印，1941年5月发行，1册，桂图、区图。

25.《广西龙州卫生区省立医院工作报告书》，广西省龙州卫生区省立医院编，广西省龙州卫生区省立医院印，1936年发行，1册，桂图、区图。

26.《兴安县卫生院周年纪念刊》，兴安县卫生院编，1942年9月发行，1册，桂图。

27.《广西省东兰县卫生院民三十年工作报告书》，东兰县卫生院编，油印本，1册，桂图。

28.《广西省卫生法规第一辑》，广西省民政厅卫生处编，该处印，1942年10月发行，1册，区图、桂图。

29.《卫生运动特刊》，许汉琛等著，1929年发行，1册，区图。

30.《梧州市卫生运动大会卫生特刊》（第1号），梧州市卫生运动大会编，1928年发行，1册，桂图。

31.《民二十七年度广西省桂林卫生区防治霍乱概况》，桂林卫生区省立医院编，油印本，1册，桂图。

32.《广西省三十一年度防治霍乱工作报告》，广西省政府民政厅卫生处编，1943年发行，石印本，1册，桂图。

33.《民二十四年广西省防治流行性脑脊髓膜经过汇刊》，广西军医院编，该院印，1935年发行，1册，桂图。

34.《广西军区医院对于治疗流行性脑脊髓膜炎之报告》，莫延龄著，广西军医院健社印，1935年发行，区图。

35.《一年来广西军医院之脚气病》，莫延龄编，广西军医院健社印，1934年发行，1册，桂图。

36.《卫生行政》，广西民团干校编，1936年7月发行，1册，桂图、区图。

37.《卫生行政讲义》，翁文渊编，广西省地方行政干部训练班委员会印，1941年发行，1册，桂图。

38.《卫生常识》，张锁华编著，广西省地方行政干部训练团印，1942年发行，1册，区图、桂图。

39.《卫生宝袋》，广西桂林广西大药房桂林总行，1 册，桂图。

40.《卫生小丛书》，广西省政府卫生委员会编，1 册，桂图。

41.《素食养生论》，杨章等编译，上海中华书局，1923 年 11 月，1 册，桂图。

42.《食物》，广西军医院健社出版部编，1936 年 4 月发行，1 册，区图。

43.《大众营养知识》，张诚著，桂林文献委员会，1941 年 12 月发行，1 册，桂图。

44.《健康教育》，陈云生著，广西省地方行政干部训练班印，1941 年发行，1 册，桂图。

45.《灵芝益寿草》，潘尉辑，桂垣书局刻本，清光绪二十二年（1896 年）发行，线装 1 册，桂图。

46.《军事训练高级看护学》，国民革命军第四集团军总司令部辑，1935 年发行，1 册，桂图。

47.《传染病看护法》，李兆时编著，南宁广西军医学校编辑部出版，1938 年发行，1 册，桂图。

48.《中国医学的基础知识》，桀殊编著，南宁大成印书馆，1934 年 6 月发行，1 册，桂图。

49.《中国军医外科学》，卜四海著，叶培译，南宁广西军医健社出版部，1936 年发行，1 册，桂图。

50.《医学指南》，韦进德编，桂林杨鸿文堂藏版，清咸丰八年（1858 年）发行，10 卷，桂图。

51.《医医医》，孟今氏著，广州风桥文茂局，清宣统元年（1909 年）发行 1 册，桂图。

52.《广东德隆药房光远堂药品指南》，桂林德隆药房，1918 年发行，线装 1 册，桂图。

53.《不知医必要》，梁廉夫著，粤东文华阁书局，清光绪七年（1881 年）发行，线装 4 册，桂图。

54.《救疫全生篇》，梁王池辑，清光绪二十五年（1899）发行，广益，2 卷，桂图。

55.《医学撮要》，黄周编，中医研究社，1931 年发行，石印本，1 册，桂图。

56.《脉学新义》，黄啸梅著，南宁集成印务局，1937 年发行，1 册，桂图。

57.《韩氏舌苔图说》，刘绍汉编，桂林经益堂藏版，1917 年发行，线装 2 册，桂图。

58.**《金匮要略补正册简歌括》**，唐宗海补正，孙毅删减，歌括，1946 年灵川孙毅手抄本，1 册，桂图。

59.**《针灸精粹》**，李文宪著，上海中华书局，1937 年发行，1 册，桂图。

60.**《针灸学新传》**，罗兆琚著，柳州神州针灸学社，1936 年发行，1 册，桂图。

61.**《实用针灸指要》**，罗兆琚著，中国针灸学研究社广西分社邵阳刘玉阶抄录，1937 年发行，抄本，1 册，桂图。

62.**《针灸说明书》**，罗兆琚等编著，1 册，桂图。

63.**《新著中国针灸外科治疗学》**，罗兆琚编著，无锡中国针灸学研究社，1936 年 12 月发行，1 册，桂图。

64.**《中国针灸经穴学讲义》**，罗兆琚著，稿本，1 册，桂图。

65.**《中国针灸学配穴精义》**，罗兆琚著，抄本，1 册，桂图。

66.**《中国针灸学讲习所诊断学讲义》《消毒学讲义》**，罗兆琚编，柳州罗氏自刊，1 册，桂图。

67.**《针灸经穴分寸》《穴腧治疗歌合编》**，罗兆琚著，刘星阶抄本，线装 1 册，桂图。

68.**《针法入门》**，罗兆琚著，刘星阶抄本，线装 1 册，桂图。

69.**《时疫白喉捷要》**，张绍修著，清光绪十四年（1888 年）发行，线装 1 册，桂图。

70.**《验方新编》**，鲍相璈编撰，1921 年新增重刊，线装 16 册，桂图。

71.**《方验辑成》**，龙启鹏编辑，桂林龙敬业堂刊，线装 1 册，桂图。

72.**《急救应验良方》**，费山寿等纂辑，桂林蒋文成堂刊板，清光绪五年（1879），线装 2 册，桂图。

73.**《痘疹症治辑要》**，陆钧衡编，1935 年发行，1 册，桂图。

74.**《种痘新编》**，白坤公编，1934 年 1 月发行，1 册，桂图。

75.**《痘疹心法歌诀》**，聂久吾撰，桂林王辅街杨六也堂刊，清光绪二十八年（1902）发行，1 册，桂图。

76.**《伤寒括要》**，钟远洋著，玉林翰文堂，清光绪三十四年（1908 年）发行，线装 1 册，桂图。

77.**《伤寒论析义》**，范敏言著，1948 年发行，1 册，桂图。

78.**《伤寒论讲义》**，黄樨门编，广西省立南宁区医药研究所，1 册，桂图。

79.《疟疾》，英延龄著，广西军医院健社出版部，1936 年 1 月发行，1 册，桂图。

80.《性病·痔疮》，广西军医院健社编，1936 年发行，1 册，区图。

81.《异授眼科》，程玠编，清光绪二年（1876 年）发行，线装 2 册，桂图。

82.《保婴易知录》，吴宁澜撰，桂林贺广文堂刊，清嘉庆十七年（1812 年）发行，线装 2 册，桂图。

83.《儿科推拿辑要》，罗兆琚编著，抄本，1 册，桂图。

84.《推拿小儿手法秘传》，佚名著，清嘉庆十四年（1809 年）民间抄本，1 册，桂图。《临床日记》，龙石顽著，1933 年发行，稿本，9 册，桂图。

85.《增补达生编》（注：又名《产科摘要》），呕斋居士编，俞延举补正，清同治三年（1864 年）发行，全州集贤堂刻本，线装 1 册，桂图。

86.《急救良方》，陈锡春编，桂平仁荫堂敬送梧州九坊路大文堂承印，线装 1 册，区图。

六、中医文献辞典

《中医文献辞典》由余瀛鳌、李经纬主编，由北京科学技术出版社于 2000 年出版。该辞典选收中医药文献书籍、期刊条目共约 6100 条。条目按笔画顺序编排，画数相同的按起笔笔形先后排序。经对该辞典的广西籍医家医著检索，共梳理广西医著 2 种，辑录于此。

1.《针灸精粹》

针灸著作。李文宪编于 1936 年。该书集历代针灸名著精粹编成，选材以实用为主。本书内容概述针灸源流、选穴、配穴、施针方法、诊治等；列常用穴百余，配穴 40 余；引述古今医案，结合编者治验，末附正奇经脉、十五络脉以资备考。其于配穴精义，颇多心得。而所言"神经系者，即吾国之十二经也"，论断不够确切。现有 1937 年由上海中华书局排印本，1949 年后再版。

2.《医医医》

医论著作。3 卷。清孟今氏撰。首刊于清宣统元年（1909 年），该书主要阐述"医治医生"之法，故以《医医医》为书名。清末朝廷不重视医药，世人更视医者为"小道浅工"，患者或有骄奢淫逸、重财轻命者，医生亦不乏不学无术、误人性命者。孟今氏指出学医最忌先看本草与各方书；学医大忌误解《伤寒论》；学医必须知凡病随脏腑六气而变，又随药气而变；学医必须讲究气化传变，明阴阳。论述颇有独到的见解。现有清宣统元年（1909 年）广州清风桥文茂印局排印本，后又收入《三三医书》。

七、民国医学期刊总目图录

《民国医学期刊总目图录》编写组编，由广西师范大学出版社于 2021 年出版。该图录收录医学期刊 178 种，含创刊号近 50 种，出版时间为 1904—1949 年，出版地涵盖北京、上海、南京、长沙、重庆等 40 多个地区。期刊类型包括综合性医学刊物、基础医学刊物、专门医学领域期刊。出版者涉及医院、学校等单位或民间协会。现对出版地为广西的医学期刊加以辑录。

1.《广西省立梧州区医药研究所汇刊》

首次出版地：梧州

责任者：广西省立梧州区医药研究所教务处

出版者：广西省立梧州区医药研究所

出版时间：1935—1937 年

2.《广西健社医学月刊》

首次出版地：南宁

出版者：广西军医学校南宁军医院健社

发行者：广西军医院健社

出版周期：月刊

起止时间：1937 年 2 月—1938 年 11 月

3.《广西医刊》

首次出版地：桂林

出版者：广西省立医学院校友会

发行者：广西省立医学院校友会

出版周期：季刊

起止时间：1941 年 7 月—1943 年 12 月

4.《复兴医药杂志》

首次出版地：柳州

主编：张子英

发行者：桂林青年书店

出版周期：月刊

起止时间：1941 年 4 月—1944 年 1 月

5.《广西省立医学院药品自给研究委员会研究报告》

首次出版地：桂林

出版者：广西省立医学院出版组

发行者：广西省立医学院出版组

起止时间：1942 年—?

6.《中央畜牧兽医汇报》

首次出版地：桂林

出版者：农林部中央畜牧实验所

发行者：不详

出版周期：季刊

起止时间：1942 年 7 月—1948 年 12 月

7.《广西省立医学院医学月刊》

首次出版地：桂林

出版者：广西省立医学院出版委员会

发行者：广西省立医学院出版委员会

出版周期：月刊

起止时间：不详

8.《中医学校期刊》

出版地：南宁

责任者：广西省立南宁高级中医职业学校

出版者：中医学校期刊社

出版时间：1946 年—?

出版周期：半年刊

9.《现代中医》

首次出版地：南宁

出版者：广西邕宁县中医师公会

发行者：广西邕宁县中医师公会

出版周期：月刊

起止时间：1947 年 4 月—?

参考文献

［1］中医研究院,北京图书馆.中医图书联合目录［M］.北京：北京图书馆,1961.

［2］薛清录.全国中医图书联合目录［M］.北京：中医古籍出版社,1991.

［3］薛清录.中国中医古籍总目［M］.上海：上海辞书出版社,2007.

［4］李鸿涛.新编中国中医古籍总目［M］.北京：中医古籍出版社,2023.

［5］广西壮族自治区图书馆.广西壮族自治区图书馆古籍普查登记目录［M］.北京：国家图书馆出版社,2017.

［6］广西壮族自治区桂林图书馆.广西壮族自治区桂林图书馆古籍普查登记目录［M］.北京：国家图书馆出版社,2019.

［7］李义凡.玉林石刻调查与研究［M］.南宁：广西人民出版社,2016.

［8］杜海军.桂林石刻总集辑校［M］.北京：中华书局,2013.

［9］国家民族事务委员会全国少数民族古籍整理研究室.中国少数民族古籍总目提要·壮族卷［M］.北京：民族出版社,2019.

［10］国家民族事务委员会全国少数民族古籍整理研究室.中国少数民族古籍总目提要·瑶族卷［M］.北京：中国大百科全书出版社,2013.

［11］郭霭春.中国分省医籍考［M］.天津：天津科学技术出版社,1984.

［12］广西壮族自治区图书馆,广西壮族自治区桂林图书馆.广西文献名录［M］.南宁：广西人民出版社,2009.

［13］广西壮族自治区通志馆．广西地方史志文献联合目录［M］．南宁：广西人民出版社，1988.

［14］余瀛鳌，李经纬．中医文献辞典［M］．北京：北京科学技术出版社，2000.

［15］民国医学期刊总目图录编写组．民国医学期刊总目图录［M］．桂林：广西师范大学出版社，2021.

民国医学期刊指民国时期医药界创办的各类医学杂志，因其历史阶段是古代医学向现代医学传承发展的重要时期，大量作者立足中医典籍发表了一批中医药论文，是近代中医药学术成果的集中体现。为系统展示民国时期广西中医药界对历代古籍的研究应用经验，本编对民国时期广西的医学期刊的目录加以收集整理，共涉及3个地区、9个机构创办的9种期刊，累计收录医学文献1107条。

【附录一】 广西民国医学期刊目录

凡　例

1　收录范围

1.1　本编纳入的民国医学期刊均为民国期间创办和出版，且出版地明确为广西。

1.2　本编优先纳入中医类（含国医）医学期刊，因部分西医、畜牧等专业期刊也包含有中医药文献，故一并收录，并力求对每期医药论文题目加以著录。

2　内容结构

本编所收录的各种期刊，按期刊名、期刊简介、期刊序号、期刊目录进行著录。如遇各种期刊收集信息不全、内容体例存有差异，在著录时尊重原刊。

3　编撰体例

3.1　本编按各种期刊创刊时间进行排序，并按期刊种类进行分类。

3.2　每种期刊按期（卷）次进一步分类，详细收录每期目录。

3.3　每期目录包括序号、标题、作者3种信息；部分期刊如提供页码，则一并收录。

一、广西省立梧州区医药研究所汇刊

《广西省立梧州区医药研究所汇刊》由广西省立梧州区医药研究所教务处负责，不定期出版，1935 年创刊，1937 年停办，由广西省立梧州区医药研究所出版，出版地为梧州市。刊发内容以学术研究、省内外医学新闻、医学讲座、医案汇录及所务概况等为主。主要栏目包括公开讲座、学术研究等。

1. 第三期（民国二十四年）

公开讲座

关于西医所谓脑脊髓膜炎的研究……………………………………编　者

伤寒与温病其治法不可混乱说……………………………………钟云樵

伤寒桂枝汤以热粥发汗、理中汤以热粥温中、三物白散以热粥导利、

　　冷粥止利说……………………………………………………刘俊臣

论妇人妊娠痨与抱儿痨之症治……………………………………区仲钧

白喉症一夕谈………………………………………………………陈务斋

三一七国医节的提倡………………………………………………刘俊臣

验案二则……………………………………………………………陈务斋

　　（甲）鼠疫

　　（乙）痘科

学术研究

甲　医经释义

中医科学化的我见…………………………………………………谢子长

内经记载食道肠道之测量与血液循环之我见……………………戚伟光

内经的"营卫生会"适合于近世科学谈…………………………韦　甲

脉搏与病变的关系及其分析………………………………………潘　泽

内经云"九野为九脏，故形脏四，神脏五"试举形神的理论证以近

　　世解剖生理的实迹分别说明其义………………………………程伯清

内经云"阴阳者，万物之纲纪，变化之父母，生杀之本始"试根据

　　近世科学的理论申明其义………………………………………莫善骥

医案汇录

甲　内治类

2. 第三期（民国二十五年）

二、复兴医药杂志

《复兴医药杂志》，月刊，1941年创刊，1944年停办，张子英主编，桂林青年书店（柳州）发行；第二卷第二期起由复兴医药杂志社发行。刊发内容以中医为主。主要栏目包括学术研究、专著、卫生常识等。

1. 第一卷　第一期

学术研究

专著

　　脉学复古评注……………………………………………………姚心源

卫生常识

　　肺结核之早期发现与疗养………………………………………张子英

2. 第一卷　第二期

学术研究

　　论六经病情提纲…………………………………………………张子英

　　述仲景书治温病之法度…………………………………………友　声

　　国民营养问题的探讨……………………………………………张承椿

　　诊脉为找寻病根之线索…………………………………………缪允中

　　胃痉挛的特效疗法………………………………………………天　治

专著

　　脉学复古评注（续）……………………………………………姚心源

卫生常识

　　阳痿之原因及疗法………………………………………………沈仲圭

　　述上古卫生之道…………………………………………………守　真

3. 第一卷　第三期

学术研究

　　脑膜炎之诊断与辨别……………………………………………张子英

　　述仲景书治温病之法度（续）…………………………………友　声

　　细菌与六气之辩论………………………………………………编　者

　　温热病治疗概论…………………………………………………吴湘孙

　　脑脊髓膜炎治疗法漫谈…………………………………………罗笑章

　　炙甘草汤之方论…………………………………………………张子英

专著

　　脉学复古评注（续）……………………………………………姚心源

卫生常识

　　种子秘诀…………………………………………………………张汝伟

　　特效种子方………………………………………………………时逸人

4. 第一卷　第四期

学术研究

长篇专载

卫生常识

5. 第一卷　第五期

长篇专载

学术研究

卫生常识

6. 第一卷 第六期

7. 第一卷 第七、八期合刊

8. 第一卷　第九、十期合刊

9. 第二卷　第十一、十二期合刊

第十一期

第十二期

10. 第二卷　第十三、十四期合刊

第十三期

第十四期

第二十期

14. 第三卷　第二十一、二十二期合刊
第二十一期

第二十二期

三、中医学校期刊

　　《中医学校期刊》由广西省立南宁高级中医职业学校（现广西中医药大学）负责，半年刊，1946年创刊，停刊时间不详，由中医学校期刊社出版，出版地南宁。刊发内容以中医、西医为主。主要栏目包括学术研讨、药物研究、验案记录等。

1. 第一期

学术研讨

甲 医著

乙 验案

2. 第二期

内科研讨

3. 第三期

验案

4. 第四期

学生习作

四、现代中医

　　《现代中医》由广西邕宁县中医师公会出版，月刊，1947 年 4 月创刊，1947 年 9 月停办，由广西邕宁县中医师公会发行，出版地南宁。刊发内容以中医为主。

1. 创刊号

2. 第四、五、六期合刊

【附录二】 广西馆藏医药古籍图书馆一览表

广西馆藏医药古籍图书馆一览表

编码	馆藏机构	种类（种）	册数（册）
01	广西壮族自治区图书馆	1237	1417
02	广西壮族自治区桂林图书馆	444	1844
03	广西中医药大学图书馆	1281	2327
04	广西医科大学图书馆	425	2275
05	广西中医药研究院图书馆	326	2199
06	广西中医药大学第一附属医院图书馆	255	1115
07	柳州市图书馆	37	79
08	合浦县图书馆	36	81
09	广西师范大学图书馆	20	173
10	百色市右江区图书馆	7	10
11	广西民族大学图书馆	6	12
12	广西玉林师范学院图书馆	6	6
13	玉林市图书馆	1	1